TOTAL PRODUCTION MANAGEMENT

TPM

종합 실천 프로세스

TPM 종합 실천 프로세스

발 행 일	2016년 5월 23일 초판 1쇄 발행
	2018년 9월 30일 초판 2쇄 발행
저 자	이영상, 김수용, 한승선, 이성종
발 행 인	권 기 수
발 행 처	한국표준협회미디어

출판등록	2004년 12월 23일(제2009-26호)
주 소	서울시 금천구 가산디지털1로 145
	에이스하이엔드 3차 11층
전 화	02-2624-0361
팩 스	02-2624-0369
홈페이지	www.ksam.co.kr

I S B N	978-89-92264-64-8(93320)
정 가	25,000원

TOTAL PRODUCTION MANAGEMENT

TPM
종합 실천 프로세스

이영상 · 김수용 · 한승선 · 이성종 공저

한국표준협회미디어

체질혁신! 기업이 어려움에 부딪힐 때마다 외치는 이 말! 얼마나 많은 사람과 기업이 이 구호에 매료되었으며, 이것을 위하여 얼마나 많은 노력을 경주해 왔습니까? 그러나 실제로 기업이 이것을 어떻게 구현하여 난관을 극복했는지 구체적으로 나온 사례는 별로 없습니다.

TPM은 원래 제조 현장에서 가장 중요한 이슈 중의 하나인 설비 보전을 위하여 관계되는 모든 요소들의 체질을 어떻게 개선할 것인가에 대한 해답으로부터 시작되었습니다. 이것의 성공으로부터 제조현장뿐만 아니라 기업 전반에 걸친 체질혁신을 통하여 기업을 강한 체질로 변화시키는 활동, 즉 Total Production Management까지 이어지고 있습니다.

초기의 TPM이 한국에 소개된 지 30여 년이 지났지만, 많은 성공 사례가 있는 반면, 실패하거나 형식적으로 추진된 예가 적지 않은 것도 사실입니다. 그래서 여기에 이 분야에서 학문적으로나 실제 경험으로나 유능한 TPM 전문가가 TPM을 성공적으로 추진할 수 있는 요소와 구체적인 추진 방법을 제시하고 있습니다.

이영상 박사와 그의 팀은 TPM의 성공적 추진 요소 중 하나를 기업의 모든 업무와의 긴밀한 연계, 특히 경영평가 시스템에 두고 있습니다. 이 책은 TPM이 기업 체질혁신의 원동력이라는 사실을 자세히 제시하고 있습니다. 이것이 지금까지의 TPM과 차별되는 사항이 아닌가 생각합니다.

무한 경쟁, IT연계 제조현장, 스마트 Factory 등 기업이 달성하려는 목표가 가까운 듯 보이지만 멀리 떨어져 있는 지금, 이를 위한 체질혁신은 바로 TPM으로부터 시작된다고 여겨집니다.

저자들은 여러 기업에서의 컨설팅, 국가품질경영대회나 전국품질분임조경진대회 등에서의 경험을 통하여 기업 체질개선의 키(key)가 무엇인지, 그리고 그 결과가 무엇이 되어야 하는지 독자들에게 설득하고 있습니다. 이 책이 산업현장의 전문가들에게 체질개선의 구체적 방법을 제시해줄 뿐만 아니라 공학이나 경영학 등을 전공하는 학생들에게도 기업의 핵심과제에 대한 이해를 도와줄 거라고 여기며 일독을 권합니다.

공학박사 **함효준**
아주대학교 명예교수
(사)대한설비관리학회 명예회장

최근 세계 경제가 저성장의 시대로 접어들면서 기업의 생존을 위한 변화는 더욱 가속화되고 있다. 제조 현장에도 스마트 기술을 활용한 변화의 속도가 이제까지의 모습과는 현저히 다르게 전개되고 있다. 이런 시점에서 '설비'라는 자산에 대한 가치는 어떠한 역할을 해야 할 것인가에 대해 근본적으로 되새겨 볼 필요가 있다.

제조 기술이 복잡해지고 고도화될수록 리스크의 발생 확률이 높아지게 되며, 이에 따라 설비의 신뢰성에 대한 필요성도 더욱 요구된다. 설비의 신뢰성을 절대적으로 확보하기 위해서는 설비가 설계되고 설치될 시점의 바람직한 기능 조건을 지속적으로 유지하여야 하며 이를 위한 적절한 방법을 활용하여야만 한다.

TPM(Total Production Management)은 사람과 설비의 체질을 개선하여 기업을 강한 체질로 변화시켜 나가기 위한 활동이다. 설비의 전 생애에 대한 전반적인 관리의 중요성이 증대되면서 생산 부문은 물론 기업의 전 부문이 참여하는 활동이 요구됨에 따라, 경영 혁신 활동으로서의 역할을 담당하고 있다.

최근 TPM은 그 활동 방법에 있어서 많은 변화를 보이고 있다. 얼마 전까지만 해도 오퍼레이터에 의한 자주보전 활동을 중심으로 실시되어 오고 있었으나, 설비 기능이 고도화되고 설비의 신뢰성이 중요시되면서 계획보전과 초기관리 기능 활동의 비중이 커지고 있다.

또한 제품 수익성을 확보하기 위한 성과창출 기능으로서의 개별 개선 활동도 제 역할을 하여야만 한다. TPM이 기업의 경쟁력을 강화시키기 위한 수단으로, 보다 가치 있는 혁신의 도구가 되기 위해서는 '3정 5S' 활동을 통한 기본의 확립은 당연하며, 이제부터는 '8대 기능' 활동을 보다 적절하게 활용하여야 한다.

이에 필자들은 오랫동안 기업 현장에서의 지도와 강의, 국가품질상인 '설비혁신상' 심사 등의 실무 경험을 바탕으로 TPM의 본질을 제대로 이해하고 사람·설비·기업의 체질개선을 위한 TPM 8대 기능의 기본 이론과 실제 사례를 집약하여 한 권의 책으로 정리하였다.

이 책은 모두 11장으로 구성되어 있다. 1장에서는 TPM의 전반적인 사항을 이해할 수 있도록 하였고, 2장은 모든 혁신 활동의 기본이 되는 3정 5S 실천 사항을 다루었으며, 3장에서 10장까지는 TPM의 기본적인 8대 기능 활동에 대해 상세히 기술하였다. 마지막 11장에서는 TPM 활동의 성과에 대한 효과를 측정하는 사항에 대한 내용을 포함하였다.

TPM을 처음 도입하는 기업이나 오랜 기간 추진하면서 지속적으로 유지·발전시켜 나가고 있는 기업에게 이 책이 도움이 되었으면 하는 바람이다.

이 책을 발간하기까지 많은 도움이 있었다. 국내 TPM의 보급과 발전을 위해 노력하는 한국표준협회 TPM 실무 관계자와 이 책의 출간에 많은 도움을 주신 한국표준협회미디어 박재우 사장님과 관계자께 감사의 마음을 전한다. 또한 직업 특성상 많은 시간을 함께하지 못함에도 항상 사랑으로 용기를 주는 아내와 가족에게 깊이 감사한다.

극심한 변화의 시대에 TPM 활동이 기업의 생존과 성장을 위한 디딤돌이 되도록 최선의 노력을 다했으나, 되돌아보면 아직 아쉬운 부분이 많은 것 같다. 지금 이 순간에도 기업경영과 실무 현장에서 묵묵히 자신에게 부여된 사명을 완수하고자 최선을 다하고 있는 분들과 그 가정에 하나님의 축복이 가득하시기를 기원한다.

2016년 5월
대표 저자 **이영상**

• 차 례 •

제1장
TPM 개론

TPM의 역할은 우선 'management'로의 체계 정립에서 시작되어야 한다. 어떤 혁신 활동이든 경영자의 강한 리더십이 선행되지 않고서는 결코 성공을 기대할 수 없기 때문이다. 이제까지 국내 기업의 TPM 활동은 현장 중심의 활동이 대부분이었다고 볼 수 있는데, 이는 TPM에 대한 인식이 'management' 측면보다는 'maintenance'라는 관점에서 접근했기 때문이다. 예를 들면, 자주보전 활동의 경우 오퍼레이터의 기본 보전 능력을 향상시켜 강제열화가 없는 현장을 만들어 나가는 것도 중요하지만, 이를 통한 기업경영의 성과에 어떤 기여를 할 수 있는지의 관점에서 추진방법을 설정해야 한다.

TPM은 사람과 설비의 체질을 개선하여 기업을 강한 체질로 변화시켜 나가기 위한 경영혁신 활동이다. TPM 활동의 보급 초기에는 생산 부문을 중심으로 하는 생산보전 활동이 위주였다. 그러나 생산설비 기능이 고도화되고 설비의 전 생애에 대한 전반적인 관리의 중요성이 증대하면서 기업경영의 전 부문에서 TPM의 필요성이 요구됨에 따라 경영혁신 활동의 일환으로 추진하고 있다.

TPM은 'Total Productive Maintenance'의 약어로, 일반적으로 '전사적인 생산보전 활동'이라고 알고 있다. 그러나 2000년대 들어서 TPM을 제창한 일본 JIPM(Japan Institute of Plant Maintenance, TPM을 교육·지도·홍보하는 일본 사단법인)에서도 TPM 활동의 본질을 보다 명확하게 하기 위하여 'Total Productive Maintenance'에서 'Total Production Management'로 표기하고 있다. 여기서 PM의 본뜻은 생산보전을 의미하는 것으로, 생산시스템의 효율을 극대화하기 위한 분야로 설비에 대한 합리적인 관리를 통하여 생산설비를 트러블 없이 활용하기 위한 보수·유지 활동이라고 볼 수 있다.

시대의 변화에 따라 설비의 역할은 단순히 생산공정상의 제품을 생산하기 위한 보조 수단이 아니라 공장의 제조원가에 영향력을 미칠만큼 점차 커지고 있는데, 이는 수요자 중심의 공급체계로 전환되는 데에도 기인한다. 이는 설비가 점차 기업의 중요 자산으로 역할이 증대되고 있다는 의미인데, 이런 측면에서 TPM 활동은 기업의 경영목표 달성에 기여를 해야 한다. 설비기술이 점차 발전되면서 자동화시스템의 도입으로 생산공정도 급격한 변화를 보이고 있다. 이에 따라 TPM 활동도 자동화 시대에 대비한 역할의 정립이 요구되고 있다.

현재 자동화 공정에서 나타나고 있는 문제점 중 하나는 신기술의 발전 속도에 비해 이를 운영하는 사람의 능력이 뒤따르지 못한다는 것이다. 이를 해결하기 위해서는 자동화시스템을 해석하고 리드할 수 있는 메인터넌스 체계의 확립과 능력 있는 보전 기술자를 양성하는 것이 필요하다. 기술이 발전할수록 이를 운영하는 사람의 역할은 더욱더 중요해진다. 따라서 자동화시스템을 구축할 때에는 반드시 사람의 역할을 중시하는 설계가 되어야 한다. 이것은 최근 제조혁신의 키워드로 떠오르고 있는 'Smart Factory(스마트 공장)'에서도 TPM이 중요한 역할을 할 것이라고 기대하는 이유이다.

2 TPM의 발전 과정

(1) TPM의 보급

1971년에 일본에서 시작된 TPM은 초기에 자동차 공업 분야에 보급되어 도요타, 닛산, 마쓰다 등의 기업에 빠른 속도로 확산되었다. 이어 가전·전자부품, 기계산업, 필름공업 부문에 도입되어 생산보전 활동인 PM을 적용하던 장치산업인 반도체·식품·석유·정제·화학·시멘트·가스·철강·제지산업 등으로 확산되었다. TPM 활동 초기에는 제조 부문과 설비와 직접 관련되는 부문으로 한정되어 있었으나, 최근에는 지원 부문이나 개발·영업 부문으로까지 확대되고 있다.

이렇게 TPM이 기업의 경쟁력을 향상시킨다는 사실이 확인되면서 우리나라를 비롯한 세계 여러 나라의 제조업 관련 기업에서 TPM 도입이 증가하고 있다.

전 세계적으로 500개 이상의 공장을 가지고 있는 다국적 기업 유니레버는 모든 공장에서 TPM을 도입하고 있다. 유니레버는 TPM 도입 초반에 동남아시아에 있는 모델공장을 선정하여 시범적으로 실시하였는데, 그곳에서 얻은 원가절감, 품질 및 설비 신뢰성 향상 등의 성과는 경이적이었다. 그 성과가 확인된 TPM 활동은 전 세계 공장으로 확산되었으며, 현재 유니레버는 가장 많은 TPM 공장을 보유하고 있다.

우리나라의 경우에는 1980년대 중반 일본 제조업의 생산관리 방법을 벤치마킹하는 과정에서 TPM에 대한 관심을 가지게 되었고, 공식적으로 도입된 것은 우리 정부에서 주관하는 '설비관리상(일명 TPM상으로, 현재는 설비혁신상으로 변경)'이 제정·시행된 1989년이다. 그러나 당시에는 설비관리상을 수여받은 기업도 없었고, TPM의 전반적인 활동 체계를 제대로 갖추지 못하였으며, TPM 활동에 대한 인식도 낮아 생산 부문의 활동으로 제한되었다. 이후 1990년대에 들어서 대기업을 중심으로 TPM 추진 전담부서가 구성되는 등 본격적인 도입을 준비하였다.

〈그림 1.1〉 JIPM 선정 우수 사업장 분포로 본 TPM 추진 현황

또한 한국표준협회 등 국내 전문 교육기관들이 TPM에 대한 교육과 지도를 시작하였고, 이를 계기로 1990년대 중반부터는 공장혁신 활동의 성공사례도 발표되기 시작하였다. 〈그림 1.1〉은 일본플랜트메인터넌스협회(JIPM)에서 선정한 TPM 우수 사업장의 분포로 알아본 TPM 추진 현황이다.

(2) TPM의 최근 동향

1971년 TPM 활동이 시작된 이후 많은 변화가 있었다. 가공·조립 부문에서 시작된 TPM은 장치산업 부문으로 확산되며, 일본 외에도 많은 국가에서 공장혁신 활동을 넘어 경영혁신 활동의 한 축으로 그 역할이 확대되었다. 국내에서도 그동안 대기업 중심으로 추진되어 온 TPM 활동이 점차 중견기업, 중소기업으로까지 확대되고 있다.

이렇듯 그동안 많은 혁신 활동이 변화의 도구로 다양하게 활용되어 왔으나, TPM처럼 제조기업의 현장에서 지속적으로 적용되어 온 사례는 드물다. 이는 TPM이 추구하는 본질적인 목적이 체질개선에 있기 때문에 가능했다. 체질을 개선한다는 것은 근본적인 변화가 요구되며, 근본의 변화 없이는 큰 성과를 기대하기 어렵다. 결국 TPM 활동이 큰 역할을 한 것으로 드러났다.

이와 같이 국내에서 TPM 활동이 기업 발전에 많은 기여를 해 온 것은 사실이다. 하지만 시대가 요구하는 변화가 너무 빠르기 때문에 이에 적절하게 대응해야 한다. 따라서 이익이 나는 기업체질 확립, 예방철학, 전원참가, 현장·현물주의라는 기본이념을 바탕으로 일시적인 변화가 아닌, 근본적인 체질개선을 통한 TPM 활동의 수준을 점차 향상시켜 나가야 한다. TPM의 최근 동향은 경영혁신 활동의 역할을 보다 명확히 하고 있으며, 산업별로 TPM 활동의 특성화를 요구하고 있다. 물론 그렇다고 해서 TPM의 기본적인 특징을 간과해서는 안 될 것이다. 산업별로 공정상의 형태가 다르기 때문에 이에 따라 추진방법은 달라져야 하지만, 사람의 체질개선과 3현주의에 의한 현장 체질개선을 기본 목적으로 하는

TPM의 본질적인 특성을 잊어서는 안 된다. 기초가 탄탄해야 응용에 의한 발전도 가능하기 때문이다. 〈그림 1.2〉는 TPM을 포함하여 제품생산 제조시스템의 삼위일체 형태를 나타낸 것이다.

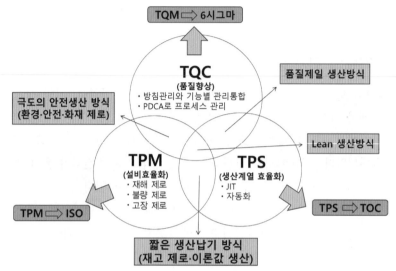

〈그림 1.2〉 제품생산 제조시스템의 삼위일체 형태

3 ▷ TPM의 정의 및 목적

(1) TPM의 정의

TPM은 사람과 설비의 체질을 개선시켜 기업을 강한 체질로 변화시키기 위한 경영혁신 활동이다. TPM 활동을 시작한 초기에는 생산 부문을 중심으로 한 생산보전 활동이 주였다. 〈표 1.1〉은 생산 부문 중심의 TPM에 대한 정의이다. 그러나 생산설비 기능이 고도화되고 설비 전 생애에 대한 전반적인 관리의 중요성이 증대되자 생산지원관리, 개발, 영업 등 기업 내 모든 부문에 걸쳐서 TPM을 전사적으로 전개하게 되었다.

이에 따라 JIPM에서는 TPM을 전사적으로 전개하기 위한 새로운 정의를 제시하였고, 그 내용은 〈표 1.2〉와 같다.

〈표 1.1〉 생산 부문 중심의 TPM 정의

1. 설비효율을 최고로 하는 것(종합적 효율화)을 목표로
2. 설비의 전 생애를 대상으로 하는 PM의 토털시스템을 확립하여
3. 설비의 계획 부문, 사용 부문, 보전 부문 등 모든 부문에 걸쳐
4. 최고경영자로부터 현장 작업자에 이르기까지 전원이 참가하여
5. 중복소집단 활동, 즉 소집단 자주 활동을 통해 PM을 추진하는 일을 말한다.

〈표 1.2〉 TPM의 새로운 정의(전사적 TPM)

1. 생산시스템 효율화의 극한을 추구(종합적 효율화)하는 기업체질 구축을 목표로 하여
2. 생산시스템의 라이프 사이클 전체를 대상으로 하는 '재해 제로·불량 제로·고장 제로' 등 모든 로스를 미연에 방지하는 체제를 현장·현물에 구축하고
3. 생산 부문을 비롯해서 개발·영업·관리 등 모든 부문에 걸쳐
4. 최고경영자에서 현장 작업자에 이르기까지 전원이 참가하여
5. 중복소집단 활동을 통해 로스 제로를 달성하는 일을 말한다.

〈표 1.2〉의 TPM의 새로운 정의는 다시 말하면, 기업의 전체 생산시스템 전 생애(Life Cycle)를 통해 종합적 효율화를 추구하며, 타 경영혁신 활동과의 연계를 통해 기업의 경쟁력을 강화하고자 하는 의미가 포함되어 있다.

특히 최근에는 많은 기업에서 TPM 활동을 다른 혁신 활동과 병행하여 추진하고 있는 경우가 대부분이다. 따라서 기업의 혁신 목적을 달성하기 위해서 혁신 활동 간의 상호 유기적인 관계 정립이 매우 중요하다고 할 수 있다. 〈표 1.3〉은 프로젝트를 중심으로 성과를 추구하는 6시그마 활동과 TPM의 역할을 비교한 것이다.

〈표 1.3〉 TPM과 6시그마 혁신 활동의 비교

구 분		TPM	6시그마	비고
추진목적		• 고객만족의 품질 지향 • 설비, 공정의 최적화 구축	• 고객만족의 품질 지향	
목 표 및 성 과	추진목표 설정	• PQC(DSM)로 구분 설정 • 주요 관리지표 　－ 설비 종합효율 외 [재해·불량·고장 '제로' 지향]	• 연도별 목표 달성 [최종 목표 : 6시그마 　　　　　 수준 지향]	
	성과금액 산출	• 수익성 금액과 미수익 금액 　으로 구분(경영성과와 연계)	• Q-Cost	
기 능 활 동	자주보전 계획보전	• 스텝별 단계적 실시	－	
	개별개선	• 16대 로스 '제로'화 추진 • 원가, 설비 관련 로스 중점 • 팀 및 분임조 활용	• 불량 로스에 관련된 　프로젝트 활동 　(CTQ, CTP 관점)	프로젝트 팀은 전임 자 구성
	품질보전	• 8자 전개법 실시 　(QM 매트릭스 작성 활용)	• 만성불량에 대한 개선 　－ 프로젝트팀 구성	
	교육훈련	• TPM 사내 컨설턴트 육성 　－ 생산 : 프로덕션 엔지니어 　－ 보전 : 감독자	• 품질전문가 육성 　(블랙벨트 외)	

(2) TPM의 목적

　　TPM 활동의 목적은 사람과 설비의 체질개선으로 인한 기업의 체질개선이다. 여기서 사람의 체질개선이란 자동화·정보화·스마트 시대에 대응할 수 있는 인재를 양성하는 것으로, 생산 부문의 오퍼레이터뿐만 아니라 보전 부문의 정비기술자 및 생산기술 부문의 엔지니어도 포함하여 현재의 능력을 레벨업시켜 나가는 것을 의미한다.

　　사람의 체질개선이란, 생산 부문의 오퍼레이터는 '마이머신' 측면에서의 자주보전 능력을, 보전 부문의 정비기술자는 메카트로닉스(기계와

전기·제어기능을 모두 포함하는 의미의 합성어) 설비의 보전 능력을, 생산기술 부문의 엔지니어는 보전 불필요의 설비·설계 능력을 습득하여 자신의 업무에 활용할 수 있도록 하고, 지원·영업 부문의 담당자는 업무의 효율과 고객만족을 위한 대응 능력을 갖출 수 있도록 하는 것이다.

설비의 체질개선이란 현재 설비에 대한 개선과 새로운 설비에 대한 개선 측면으로 구분된다. 현재 설비는 설비효율을 극대화할 수 있도록 생산 및 업무 로스를 철저히 제거하고, 새로운 설비는 LCC(Life Cycle Cost : 설비의 전 생애 비용) 설계의 반영과 조기 안정화 측면의 체질개선을 의미한다.

이러한 사람과 설비의 체질개선을 통하여 기업의 경쟁력을 강화하여 어떤 환경적 변화에도 흔들리지 않고, 글로벌 선진기업으로 성장할 수 있도록 하는 것이 TPM 혁신 활동의 목적이라고 할 수 있다. 〈그림 1.3〉은 TPM 활동의 목적을 정리한 것이다.

사람의 체질개선	스마트 공장 시대에 대응할 수 있는 요원 육성 ① 오퍼레이터 : 자주보전 능력 ② 보전담당자 : 메카트로닉스 설비의 보전 능력 ③ 생산기술자 : 보전 불필요 설비·설계 능력

설비의 체질개선	① 현재 설비의 체질개선에 의한 효율화 ② 새로운 설비의 LCC(Life Cycle Cost) 설계와 　조기 안정화

기업의 체질개선

〈그림 1.3〉 TPM 활동의 목적

4 ▷ TPM의 구조 및 특성

(1) TPM의 구조

1) TPM의 추진 조직

TPM의 큰 특징 중 하나는 추진 조직이 중복소집단의 형태로 구성되어 있다는 것이다. TPM의 정의가 '중복소집단 조직에 의해 로스 제로화를 달성하는 것'이라고 명시되어 있듯이 TPM에서 추구하는 목표를 성공적으로 달성하기 위해서는 전원 참여가 선행되어야 하며, 모든 조직이 상호 연계되어 움직여야 한다.

이제까지의 일반적인 소집단 활동은 모두 현장 작업자의 몫이었다. 이에 비해 TPM에서는 최고경영자층, 중간 관리자층부터 현장 작업자에 이르기까지 모든 계층에서 소집단 활동 전개가 요구된다. 여기서 반드시 유의해야 할 사항은 중복소집단 활동을 극대화하기 위해서는 새로운 조직을 따로 구성하지 말고, 기존 조직을 최대한 활용하는 것이 바람직하다는 것이다. 국내의 L사에서는 공장의 TPM추진위원회의 기능을 기존의 경영실적 분석회의 등으로 활용하고 있다.

중복소집단 활동에 의한 TPM 활동이 성과를 거두기 위해서는 경영자의 적극적인 추진의지가 필요하다. 기업의 체질개선은 경영자의 몫이기 때문이다. TPM은 '사람과 설비의 체질개선에 의한 기업의 체질개선'이 목적이므로, TPM 도입준비 단계부터 강한 리더십이 필요하다. 따라서 TOP의 TPM 추진에 대한 의지가 성공의 절대적인 조건이라고 여겨진다.

여기서 TOP은 최고경영자를 의미하지만 공장 단위의 추진에서는 공장장이 TOP의 역할을 하게 된다. 또한 실무 부서에서는 부서장이 소집단의 리더가 되며, 분임조 단위의 현장 실무 조직에서는 분임조장이 리더로서의 역할을 하여야 한다. 〈그림 1.4〉는 TPM에서의 중복소집단 조직의 형태를 보여 주고 있다.

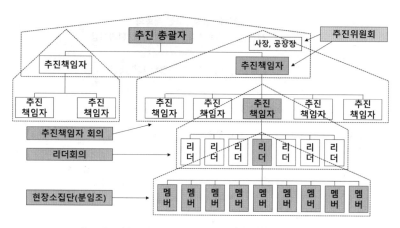

〈그림 1.4〉 TPM에서의 중복소집단 조직의 형태

2) 8대 기능

TPM은 생산 부문에서 중점적으로 실시하는 자주보전을 비롯하여 8개의 기능(일본식 표현은 本柱라고 하며, 영어로는 pillar)으로 구성되어 있다.

TPM 활동은 조직 전 부문에 걸친 활동이기 때문에 활동의 영역이 매우 넓다. 따라서 처음부터 전사적으로 확대할 것이 아니라, 생산 부문부터 시작하여 단계적으로 확산·전개하는 것이 바람직하다. 전사적으로 TPM을 추진하기 위해서는 8개의 기능별 활동이 필요하다. 〈그림 1.5〉는 8대 기능 관점에서 TPM의 기본 구성도를 나타낸 것이다.

자주보전 활동은 생산 부문을 중심으로 전원이 참여하는 소집단 활동이 기본이 되는 오퍼레이터에 의한 보전 활동을 말한다. 즉, 설비의 기본 정비(청소, 급유, 더 조이기)를 실시하고, 사용조건을 준수하며, 설비 총 점검 교육을 실시하여 유지·관리하고, 설비에 강한 오퍼레이터를 양성하여 설비의 결함 및 열화를 지속적으로 발견·복원하는 활동이다.

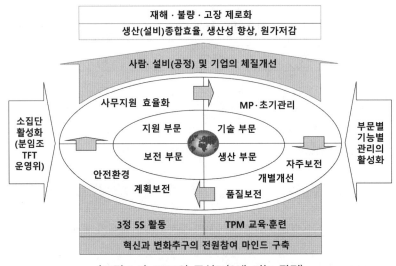

재해 · 불량 · 고장 제로화
생산(설비)종합효율, 생산성 향상, 원가저감

사람· 설비(공정) 및 기업의 체질개선

소집단
활성화
(분임조
TFT
운영위)

사무지원 효율화   MP·초기관리

지원 부문   기술 부문

보전 부문   생산 부문

안전환경   자주보전
                              개별개선
계획보전   품질보전

3정 5S 활동   TPM 교육·훈련

혁신과 변화추구의 전원참여 마인드 구축

부문별
기능별
관리의
활성화

〈그림 1.5〉 TPM의 구성도(8대 기능 관점)

계획보전 활동은 전문 보전 부서에서 추진하는 활동이다. 설비의 설계, 설치, 운전, 폐기에 이르기까지 설비의 전 생애를 통하여 생산성과 품질을 극대화시키고, 보전비용을 최소화하는 것을 목표로 하는 활동이다.

TPM 초기에 자주보전, 계획보전 활동과 함께 중점적으로 추진하는 것이 개별개선 활동이다. 개별개선이란 '설비, 장치, 프로세스 및 플랜트 전체에 대해서 철저한 로스의 배제와 성능 향상을 꾀함으로써 최고의 효율화를 이루기 위한 모든 개선·혁신 활동'이라고 정의할 수 있다.

TPM에서 추구하는 중요한 목표 중 하나는 바로 불량(최근에는 부적합이라고 표기하기도 함)을 줄이는 것이며, 이와 직접적으로 관련된 기능이 품질보전 활동이다. 품질보전이란 불량이 생기지 않는 조건을 찾아 표준화하는 것을 말한다. 또 잠재된 불량 요인을 찾아 개선하고 이를 반영하여 표준을 개정 및 유지하는 활동을 기본으로 한다.

생산시스템 효율화의 극한을 추구하다 보면 생산 부문의 효율화만으로는 부족하다. 따라서 제품 개발에서 양산·안정화까지의 기간을 단축하는 수직 안정가동을 목적으로 설비·제품에 대한 초기관리 활동을 실시해야 한다.

TPM은 전사적 생산보전 활동이기 때문에 생산 관련 부서뿐만 아니라 사무·지원 부문에서의 역할도 필요하다. TPM에서는 이러한 활동을 사무·지원 부문 효율화 활동이라고 한다.

TPM 8대 기능 활동 중 가장 기본이 되는 활동은 두 가지이다. 안전·환경보전 활동과 교육훈련 활동이다. 재해는 불안전한 상태와 불안전한 행동이 나타날 때 발생하므로, TPM에서는 자주보전 등 여러 활동과 연계시켜 근본적인 재해 요인을 제거시키는 것이 특징이다.

마지막으로 교육훈련 활동은 고유기술과 관리기술적인 측면에서 추진된다. 이는 각 기능 활동을 원활히 추진하기 위한 기본적인 역할이다.

(2) TPM의 특성

1) 현장·현물주의

TPM은 현장, 현물을 중시한다. 현장의 작업자는 이론보다 아이디어에 의한 개선을 실행한다. 따라서 자신들이 개발한 도구의 개선이나 직접 만든 설비가 회사에서 구매한 설비보다 더 우수한 것도 많다. 무동력으로 물품을 이동시키는 장치, 콤팩트한 설비, 예방조치된 장치, 개선의 지혜를 발휘한 설비 등 TPM을 실시하는 공장의 현장·현물주의에서 생겨난 설비는 셀 수 없이 많다.

2) 예방철학

TPM은 사고가 일어나서 대처하는 것이 아니라, 사전에 예방하는 것이다. '어떻게 하면 트러블을 예상하여 미연에 방지할까?'에 대해 고민하며 사고를 방지하는 것이 설비의 예방보전이다. PM과 TPM은 사고나 순간정지는 기본이고 품질불량, 공상·재해, 공해, 환경오염의 예방 등 예방철학의 철저화가 중요하다. 한 번 일어난 트러블이 두 번 다시 일어나지 않도록 재발방지를 강화한다.

3) 스텝 방식

TPM 활동은 다른 활동에 비해 지속적인 활동이 가능하다. 이 요인 중 하나는 자주보전 활동을 중심으로 대부분의 기능 활동이 단계적으로 추진하는 스텝(step) 방식으로 되어 있기 때문이다. 자주보전 활동은 7단계로 나뉘어져 있으며, 다른 기능 활동도 스텝별로 실행 항목을 설정하여 추진하도록 하고 있다. 이러한 스텝 추진의 목적은 단계별 과정을 통하여 활동에 대한 체계적인 시스템을 구축하는 것이다. 이런 추진 과정 중에 활동의 본질을 자연스럽게 이해할 수 있다.

4) 로스 제로화

TPM 활동의 목표는 '재해 제로, 불량 제로, 고장 제로'로, 다소 이상적인 목표를 설정하고 있다. 이러한 3대 목표를 달성하기 위해서는 기본적으로 모든 생산 및 업무현장에서 발생되는 로스를 철저하게 배제하는 것이 절대적으로 필요하다.

TPM에서는 보통 생산효율화와 관련해서 16대 로스로 정의되는데 설비의 효율화와 관련된 8대 로스, 사람의 효율화와 관련된 5대 로스, 원단위의 효율화와 관련된 3대 로스로 구분하고 있다. 이러한 로스를 체계적이고 지속적이며 정량적으로 파악하여 개별개선 테마로 연결시키는 것이 중요하다. 로스에 대한 세부적인 분류 및 개선방안 등은 4장 개별개선 활동에서 자세하게 설명할 것이다.

5) 단계(PART)별 추진

TPM 활동이 많은 기업에서 기대 이상의 추진 성과를 나타내고 있는 요인 중 하나는 지속적인 활동 때문이다. TPM 활동에서는 이러한 지속적인 추진 단계를 PART Ⅰ, Ⅱ, Ⅲ 활동이라고 하며, 활동 기간과 내용별로 구분하여 실시하고 있다.

TPM 활동을 위한 도구는 여러 가지가 있는데, TPM 추진 기업에서 공통적으로 많이 활용되는 도구는 다음과 같다.

- TPM 활동판
- OPL(One Point Lesson)
- 분임조 회합(분임조 활동의 일환으로 실시)
- TPM 진단
- 분석기법(왜-왜 분석, PM 분석 등)
- 눈으로 보는 관리
- 이벤트 행사
- TPM 발표대회
- 인센티브 제도
- 설비보전 기능교육

이러한 TPM 활용도구 중에서도 특히 TPM 활동판, OPL, 회합의 3가지 도구를 'TPM 활동의 3대 보물'이라고 한다. 옛날 임금은 자신의 보위를 후계자에게 물려줄 때 '거울·무기·보석' 3가지를 반드시 포함시켰다고 한다. 이를 TPM 활동에 접목하면 활동판은 자신들의 활동 모습을 나타내는 거울이며, OPL은 자신들의 약점을 강화시켜 나가기 위한 무기이고, 분임조 회합은 중복소집단의 자주관리 활동에서 보석의 역할에 비유될 수 있다.

(1) OPL

OPL은 'One Point Lesson'의 약자로, TPM 추진 활동 중 OJT 교육을 위해 사용되는 도구이다. 이는 설비기기의 구조, 기능, 점검방법이나 학습을 의미한다. 이때 학습은 자신의 업무와 관련되는 사항 중 5분

이내에 설명 가능한 하나의 항목을 한 장의 시트에 작성하여, 질문을 포함하여 10분 이내에 자주적으로 학습하는 것을 말한다.

현장에서는 교육에 많은 시간을 할애하는 것이 어려운 경우가 많다. 또 교육을 받아도 일상적으로 반복하지 않으면 체득이 되지 않기 때문에 조회 시간 등을 이용하여 일상생활 중에 학습하는 것이 효율적이다.

OPL은 개인이 가지고 있는 지식 또는 노하우를 자신이 속한 분임조 원들과 공유함으로써 분임조 전체가 발전하게 된다. 또한 OPL을 작성하면서 자신이 모르고 있던 부분을 다시 확실히 알 수 있다. 이런 의미에서 OPL은 자신의 약점을 강화시켜 나가는 무기[劍]라고도 볼 수 있다. 자세한 OPL 활용 방법은 제10장 교육훈련 내용을 참조하길 바란다.

(2) 소집단 활동

소집단 활동은 TPM 활동의 일환으로 각 부서(팀)의 담당 업무를 중심으로 직제에 의한 일체화로 자기계발, 상호계발을 꾀한다. 전원이 참여하는 과학적·경제적·실질적인 방법의 소그룹 활동으로 현장 실무조직에서는 분임조 활동이라고도 한다. 이 소그룹은 효율적인 TPM 활동을 추진하기 위해서 PM, QC, VE 등의 관리기법을 활용하여 업무의 개선, 관리 유지를 지속적으로 전원 참가를 통하여 실행하여야 한다.

1) 소집단의 구성

소집단의 구성은 5~10명 정도의 인원이 가장 바람직하다. 하지만 TPM 활동에서의 분임조는 직제조직에 의한 소집단 활동으로 작업공정 특성상 이 인원으로 구성하기가 어려운 경우가 많다. 장치산업의 공정에서는 대부분의 공정이 자동제어 시스템으로 되어 있다. 따라서 담당 오퍼레이터가 교대별 1, 2명인 경우에는 분임조 인원이 3~6명으로 구성된다. 분임조 구성의 일반적인 사항은 다음과 같다.

① 구성원은 같은 조직 내에서 구성하는 것이 원칙이다

구성원 전원이 공통의 목표를 가질 수 있도록 하기 위해서는 같은 조직 내의 사람들로 구성하는 것이 바람직하다. 보통은 조직 단위로 분임조가 만들어지지만 목표가 같다면 조직이 다른 경우라도 가능하다.

② 구성원의 수는 커뮤니케이션을 하기 쉬운 범위로 한다

활동하기 쉬운 인원수는 5~10명 정도로 구성원 간 서로 커뮤니케이션을 하기 쉬운 범위가 바람직하다. 앞에서 설명한 바와 같이 TPM 분임조에서는 3명 이하로 구성되는 경우도 있다. 이럴 때는 담당 공정이 다르더라도 2개 공정의 담당자들을 포함시켜, 기본 커뮤니케이션이 될 수 있도록 구성하는 것이 좋다.

③ 분임장은 조직의 리더나 선임자 중에서 선출한다

분임조 활동을 활발하게 하고 의견을 통합하기 위해서는 분임조장이 필요하다. 기존의 분임조에서는 분임원 중에서 자유롭게 선출하는 것이 일반적이다. 하지만 TPM 분임조는 직제상의 소집단이기 때문에 가능한 조직의 리더나 선임자 중에서 선임하는 것이 바람직하다.

2) 소집단 운영방법

TPM 분임조 활동은 분임조 리더가 중심이 되어 추진된다. 그 중심적 존재인 리더는 반드시 TPM 분임조 활동의 기본에 대하여 올바른 이해와 인식을 가져야 하며, 분임조 멤버를 이끌어 갈 리더십을 가져야 한다. 또한 분임조 활동을 통하여 리더가 멤버와 활동의 필요성을 공유하는 것이 무엇보다 중요하다. 대화를 통해 TPM 분임조 활동의 의의를 이해시킨다거나 다른 분임조의 활발한 활동 모습을 보여 주는 것이 좋다.

TPM 활동은 중복소집단에 의해 구성되는 것이 특징이다. 따라서 소집단 활동에 있어 목표를 갖는 것이 필요하다. 막연하게 분임조 활동을 하면 효과도 없고 의욕을 잃기 쉽다. 따라서 목표를 가지고 전진하면 의욕이 더욱 솟아나게 되며, 목표를 달성하면 자신감에 다음 계획도 세우기 쉬워진다. 다만 너무 높은 목표는 달성하기 어려워 추진 도중에 의욕을 잃어버릴 수 있으니 주의하여야 한다.

(3) TPM 활동판

TPM 활동에서의 활동판이란 단순한 게시판이나 관리판이 아니고 나침반의 역할을 한다. 지금 어떤 상황에 있는가, 앞으로 무엇을 해야 할 것인가, 어떻게 전개되고 있는가를 파악하기 위한 중요한 활용도구이다.

활동판의 활용 목적은 TPM 활동의 방침, 목표, 계획과 실적을 표시하여 중복소집단 활동을 철저하게 하고, TOP에서부터 현장 작업자에 이르기까지 활동 현황을 한눈에 파악하기 위한 것이다. 이를 계획성 있게 추진하여 정보의 공유, 교육, 활동의 홍보 등을 통하여 TPM 활동의 활성화를 도모하는 것이다. 자신들이 해낸 일이 자신들만의 기쁨에 그쳐서는 자기만족에 지나지 않으며 모든 사람들에게 충분히 가치가 있다고 인정되었을 때 기쁨은 한층 커지기 때문이다. 또한 활동판은 회사 및 부서의 방침에 의거하여 스스로 무엇을 해야 하는지, 해결해야 할 문제는 어떤 것인지, 어떤 대책이 있는지, 언제까지 어떤 일정으로 해나갈 것인지 등을 한눈에 알 수 있도록 하는 데에도 그 목적이 있다.

6 TPM의 성공 요인

(1) 전원 참여

TPM을 비롯한 모든 경영혁신 활동의 성공 요인 중 하나는 전원의 참여 여부이다. 어떤 혁신 활동이든 몇몇 사람의 참여로는 한계가 있기 때문에 혁신을 추진하는 조직원 전체가 같은 방향으로 나아가는 것이 중요하다. TPM의 T는 Total을 의미하며 특히 제조기업 부문에서는 현장 오퍼레이터의 참여를 통한 전원 참여를 요구하고 있다. 이렇듯 전원 참여가 혁신활동의 성공 요인이지만 실천은 쉽지 않다. 따라서 TPM 활동을 성공시키기 위해서는 전원이 참여하는 방안을 반드시 고려해야 한다.

(2) TOP의 관심과 지원

혁신 활동에 있어 TOP의 역할은 절대적이다. 혁신 활동의 성공 여부가 전적으로 TOP에 달려 있다고 해도 과언이 아니다. 그만큼 혁신에 있어서 TOP의 비중은 절대적이다. TOP이 혁신에 대한 관심과 참여가 클수록 관리자의 관심과 참여도 활성화된다.

한 예로 GE가 6시그마 활동의 벤치마킹 대상이 된 것도 매출액 등 기업의 규모가 아니라, 잭 웰치라는 혁신에 대한 열정이 강했던 TOP이 있었기 때문이다. TOP이나 관리자는 혁신 활동에 대한 책임감을 가져야 한다. 국내에서 TPM이 지금보다 더 발전되고 가시적인 성과를 달성하기 위해서는 현장 분임조만의 제한된 활동이 되지 않도록 보다 적극적인 관심과 참여가 필요하다. TPM을 통해 현장이 강하게 변하면 기업도 강해지기 때문이다.

(3) 업무로 연계

TPM 활동을 성공적으로 추진하기 위해서는 업무로 연계해야 한다. 이를 위해서는 자신의 업무와 어떠한 연관성이 있는지 항상 생각해야 한다. 'TPM=업무'라고 생각한다면 보다 적극적인 마인드로 업무의 효율화를 위한 방법을 찾아낼 것이다. 이를 위한 체크 항목은 다음과 같다.

- 경영층의 방침과 연관성이 있는가
- 업무회의, 분임조 회합 등을 할 때 TPM에서 제시된 내용들이 토의 되고 있는가
- 전원이 자기 자신의 일 속에서 개선점을 찾고 있는가
- 업무고과 평가 시 TPM 활동 사항이 반영되고 있는가
- 진단 시점에 임박해서 진단을 위한 자료를 별도로 만들지 않고, 평소 업무 추진 사항이 활동 자료로 대응되고 있는가
- TPM 활동의 진행도와 업무 효율의 향상이 관련되어 있는가
- 바람직한 모습으로 자신의 업무가 진행되고 있는가
- TPM 활동(분임조 활동 포함)을 위한 동기부여 체계가 있는가

(4) 지속적인 추진

TPM 활동을 지속적으로 발전시키기 위해서는 동기부여가 필요하므로 활동의 내용을 객관적으로 평가해 보는 것도 좋다. 이제까지의 활동 성과에 만족하여 '이 정도면 되겠지'하는 안일한 생각으로는 무한경쟁의 시대에 살아남기 어렵다. 물론 경영혁신 활동이 TPM 활동만 있는 것은 아니기 때문에 자신의 기업에 맞는 적정한 혁신 활동을 실시한다면 다행이다. 하지만 성공한 혁신 활동이라고 해서 무조건 따라하거나 현재까지의 활동을 하루아침에 그만두고 방향을 급하게 변경한다면 그동안 추진해 왔던 변화는 유지되기 어렵다. 특히 TPM 혁신은 사람과 설비의 체질을 개선하는 활동이기 때문에 지속적으로 한 단계씩 확실하게 실시하는 것이 성공에 있어 중요하다.

(5) 성공 사례 피드백

TPM이 성공하기 위해서는 Top-down과 Bottom-up의 적절한 융합이 필요하다. TPM의 각 기능 활동, 특히 자주보전과 개별개선 활동 등이 활성화되고 이로 인한 현장의 변화와 업무 생산성 등이 향상된다고 하더라도, 경영 측면에서 이에 대한 지속적인 지원과 관심이 이루어지지 않는다면 성과 창출에 한계가 있다. 따라서 TPM에 의한 개선 사항 중 개선효과를 정량화·수치화하여 가능한 금액을 산출하고, 기업 경영에 기여하는 성과로 나타나도록 해야 한다.

물론 환경적인 변화를 통해 고객에게 좋은 이미지를 갖게 하여 매출이 증대되는 경우라든지, 잠재위험 부분에 대한 사전 개선으로 리스크 비용을 감소시킴으로써 경영에 기여하는 것도 중요한 성과라고 할 수 있다. 이러한 TPM 활동을 통한 가시적인 성과를 끊임없이 도출하여 경영성과 창출에 TPM이 큰 역할을 하고 있다는 사실을 피드백하는 것도 TPM을 성공시키는 방법 중 하나이다.

제2장
5S 활동

1 ▸ 5S의 개요

(1) 5S의 5가지 기둥

1) 5가지 기둥의 수행

시대가 발전됨에 따라 고객의 요구는 계속 변화하고 있으며, 시장경쟁은 점점 심화되고 있다. 기업은 보다 낮은 가격과 양질의 제품을 고객에게 생산·공급하기 위하여 끊임없는 변화와 혁신을 수행하고 있다. 기업은 이러한 시장환경 변화에 신속하게 대응하기 위해 낡은 조직문화와 관습을 버리고, 새로운 문화를 창조하고 계속 발전해 나아가야 한다.

5S는 기업이 생존하기 위한 가장 기본적인 현장 활동으로, 직원들이 안전하고 효율이 높은 깨끗한 직장을 구현하는 데 그 목적을 두고 있다. 지금까지 여러 가지 현장혁신 활동이 추진되고 있지만, 기업에서 지속적으로 실행하고 있는 것이 5S 활동이다. 5S 활동이 정착되기 위해서는 무엇보다도 지속적이며 즐겁게 하는 것이 필요하며, 여러 가지 이벤트 활동을 동시에 추진하면서 진행하는 것이 효과적이다.

이제 기업에서 5S 활동은 별도의 업무가 아니라 주된 업무의 일부로 자리잡고 있다. 따라서 자신의 업무라고 생각하고 즐겁게 활동할 때 의식도 바뀌게 되며, 개인의 체질뿐만 아니라 나아가서는 기업의 체질도 개선되는 것이다.

2) 5가지 기둥의 개요

기둥이라는 단어는 어떤 구조를 떠받치고 있는 것을 의미한다. 기업에 있어서 5S의 5가지 기둥은 기업이 개선하려고 하는 체계를 떠받치고 있다. 기업에서 현장 활동의 기초가 되는 5가지의 기둥은 정리·정돈·청소·청결·습관화이다. 대부분의 기업에서는 5S 활동을 기초로 TPM 혁신 활동을 추진하고 있으며, 그 전체적인 모습과 5가지의 역할은 〈그림 2.1〉과 같다.

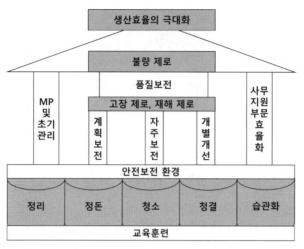

〈그림 2.1〉 TPM에서 5S 활동의 5가지 역할

5S는 일본어 Seiri(정리), Seidon(정돈), Seiso(청소), Seiketsu(청결), Shitsuke(습관화)의 머리글자를 따서 5S라고 한다. 미국에서는 Sort (정리), Set in order(정돈), Shine(청소), Standardize(표준화), Sustain (습관화)으로 사용하기도 한다.

5가지 기둥 중에서 정리·정돈·청소·청결은 습관화를 위한 수단이며, 목적은 습관화이다. 바닥은 더럽고, 설비에는 먼지가 쌓여 있으며, 정리 정돈이 안 된 작업현장에서 근무하고 있다고 생각해 보자. 이런 환경의 작업자는 위험에 노출되어 있을 뿐 아니라 작업을 위해 필요한 도구와 공구를 찾기 위해 많은 시간을 허비하게 된다. 이렇게 되면 생산성은 저하되고 고장 건수는 많아지며 품질 불량률도 높아진다. 이러한 사업장은 5S 활동의 실행에 실패하였다고 볼 수 있다.

3) 5S의 필요성

5S는 깨끗하며 활기차고 안전한 현장을 만드는 데 초점을 맞추고 있다. 따라서 현장에 활기가 없고 어수선하며, 작업능률이 오르지 않는

기업이라면, 5S 활동을 통하여 다음과 같은 문제점을 해결함으로써 기업 경쟁에서 우위를 차지할 수 있다.

① 낭비가 발생한다

5S가 잘 되지 않는 생산현장에는 많은 낭비요소가 잠재되어 있다. 가공 작업 그 자체의 낭비를 비롯해 동작, 운반, 대기, 재고, 과잉생산 및 불량으로 인한 낭비가 많이 발생하게 된다. 정리정돈이 안 됨으로 인해 시간을 낭비하는 것도 낭비의 요소라고 할 수 있다. 따라서 이런 생산현장은 5S 활동을 통하여 업무에 불필요한 시간과 일손의 낭비를 줄일 수 있다.

② 제조원가가 내려가지 않는다

경영 측면에서 본다면 가격 파괴의 시대에 제조원가 절감은 기업경쟁의 최대 과제이다. 그런데 5S가 실천되지 않는 현장에서는 제조원가 절감을 기대할 수 없다. 가치가 창출되지 않는 업무는 쓸데없는 제조원가만 올리게 된다. 가치 없는 업무를 수행할 경우 기업은 제조원가를 줄일 수 없다.

③ 품질이 떨어진다

5S 활동이 생활화되지 않는 현장에서는 기계 설비의 점검이나 품질 체크가 제대로 수행되지 못해 고객에게 양품을 생산하여 공급하기 어렵다. 정해진 규정에 의하여 확실하게 작업하는 습관을 체득하는 것이 양품률을 향상시키는 지름길이다.

④ 납기를 지킬 수 없다

계획된 납기를 준수하기 위해서는 생산현장의 관리를 확실히 하는 것은 기본이다. 5S가 제대로 되지 않는 현장에서는 돌발적인 사고가 빈번하다. 사고 처리 절차나 방법도 표준화되어 있지 않아 계획대로 납기 관리를 할 수 없게 된다.

⑤ 위험 요소가 산재하게 된다

기업뿐만 아니라 개인의 안전을 위하여 작업현장을 깨끗하게 하는 것은 매우 중요하다. 만약 위험 요소로 인해 사고가 발생하면 개인 안전은 물론 기업의 막대한 손실로 이어지기 때문이다. 따라서 기업에서 안전한 환경을 유지하는 것이 무엇보다 우선되어야 한다.

4) 5S 활동의 구조와 사고

5S는 정리·정돈·청소를 습관화하면 현장이 청결하게 유지되어 생산성 향상, 품질 향상, 원가절감이 이루어진다. 또한 작업자는 깨끗하고 안전한 환경에서 근무할 수 있으므로, 작업현장에서 반드시 필요한 기본 활동이다. 5S 활동 구조와 사고에 대해 도식화하면 〈그림 2.2〉와 같다.

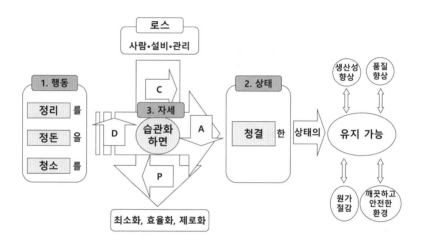

〈그림 2.2〉 5S의 구조와 사고

(2) 5가지 기둥의 정의

5S의 정의를 요약하면 〈그림 2.3〉과 같이 표현할 수 있다. 결국 5S는 우리가 주로 활동하는 현장에 있어 정리·정돈·청소·청결을 유지하고 습관화시켜 작업 효율이 높은 직장, 깨끗한 현장, 보람 있는 현장, 안전한 현장을 구현하는 활동이다. 다음에 5S 활동 각각에 대해 구체적으로 설명해 보기로 한다.

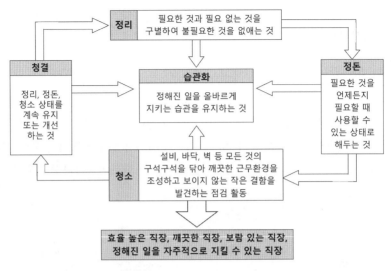

<그림 2.3> 5S의 개념 정의

1) 첫 번째 기둥 : 정리

정리는 필요한 것과 불필요한 것을 구분해서 불필요한 것을 제거하는 활동이다. 필요한 것과 필요하지 않은 것을 구분하는 것이 다소 어려울 수 있다. 처음에는 작업장에서 물건들을 버리는 것을 매우 불안하게 생각할 수 있으며, 다음의 작업 오더를 위해서 물건들을 버리지 않는 경향이 있다. 또 손상된 설비나 부품에 대해 언젠가는 사용하겠지 하는 마음으로 버리지 않는 경우도 있다.

이렇게 되면 재고와 사용하지 않는 설비는 계속 쌓이고 방치하게 되며, 결국 생산 활동에 악영향을 미치게 된다. 이런 것들이 모이게 되면 사업장 내에 불필요한 것의 적재로 인해 공간의 낭비가 발생하게 되는 것이다.

이때 우선적으로 해야 할 일은 필요품, 불필요품의 기준을 명확히 정하여 필요 없는 것을 제거하는 일이다. 물품에 대한 정리는 활동하기 전에 분명한 기준을 설정해야만 한다. 정리 활동 과정에서 정리품에 대한 책임 관계가 언급되는데, 여기에서는 철저한 면책 기준이 적용되어야 한다. 정리품에 대해 책임을 묻는 등 면책을 해주지 않고 정리 단계를 거치면, 현장의 불필요한 물품들이 제대로 제거되지 않고 계속 남아 있게 된다. 그렇게 될 경우 불필요한 재고에 대한 추가적인 비용, 즉 보관·관리 비용이 발생한다.

- 물건의 불필요한 이동을 위한 팔레트나 카트 등이 추가적으로 필요하게 된다.
- 양이 많으면 많을수록 불필요한 품목들을 정리하기 힘들다.
- 많은 재고는 제품 수명 등을 단축시킨다.

정리는 철저히 진행해야 하며, 〈표 2.1〉처럼 필요에 의한 구분과 사용 빈도에 의한 구분 기준에 따라 분류한다.

〈표 2.1〉 물품의 정리 구분 방법

□ 필요에 의한 구분

구분		정의	사례
필요한 것(정돈)	필요품	현재의 생산활동에 당장 사용해야 하는 물품	물품의 종류 - 자재, 제품, 설비, 금형, 치공구, 공구함, 책상, 작업대, 박스, 대차, 팔레트 등
	불급품	사용은 가능하지만 사용 빈도가 적거나, 현재의 보관장소에 놓여 있어서는 안 되는 물품	불필요품의 종류 - 불량품, 파손, 수명이 다한 것 - 수리가 불가능한 것 - 구모델의 부품, 치공구, 금형 등 - 필요 이상의 수량
불필요한 것(정리)	불필요품	쓸모가 없어서 폐기나 매각 또는 업체로 반납해야 할 물품	

□ 사용 빈도에 의한 구분

사용 빈도 (물자의 정체 기간)	분류	정리방법
1년에 한 번도 사용하지 않는 것	불필요품	버린다
6개월~1년 동안 한 번 정도밖에 사용하지 않는 것	불급품	현장으로부터 먼 곳에 보관 (불급품 보관장)
1~6개월에 한 번 정도 사용하는 것	불급품	같은 건물 내 한 곳에 모아 둔다
매시간 사용하는 것, 매일 한 번은 사용하는 것, 일주일에 한 번 정도 사용하는 것	필요품	작업장 내 보관, 동작 내 보관

현장의 물품을 정리하는 방법은 정리 기준에 따라 해당 대상물에 붉은 표찰을 붙여 나가는 것으로 시작하는데, 보통 '붉은 표찰 작전'이라고 한다. 붉은 표찰 작전은 단시일 내에 실시하는 것이 좋다. 표찰을 붙인 뒤, 정리 대상물을 한 곳에 집결시켜(보통 면책 구역에 집결) 처리한다. 붉은 표찰과 면책 구역은 활동 단계에 언급할 것이다.

2) 두 번째 기둥 : 정돈

정리 활동을 수행하고 나면 사업장에는 불필요한 것은 없어지고 필요한 것만 남게 된다. 정돈은 사용하기 편리하고 물건들을 가지런히 하여 알아보기 쉽게 정렬해 놓는 것이다. 즉, 찾기 쉽게 또는 사용한 후에 가져다 놓기 쉽도록 표준화하는 것이다.

정돈의 본질은 관리 항목인 안전·품질·생산성 등의 목표를 달성하기 위하여 올바른 순서로 일할 수 있는 물품 보관 방법으로, 모든 면에서 표준화 및 눈으로 보는 관리를 하는 것이다. 정돈 활동은 5S 활동에서 분리하여 3정(정위치·정품·정량)이라는 별도 활동으로 전개하기도 한다. 정돈은 물건이 어디에 위치해 있어야 되는가를 정해야 하며, 누구라도 바로 찾고 또 가져다 놓을 수 있도록 해야 한다. 정돈은 〈그림 2.4〉의 기준에 따라 추진하면 매우 효과적이다.

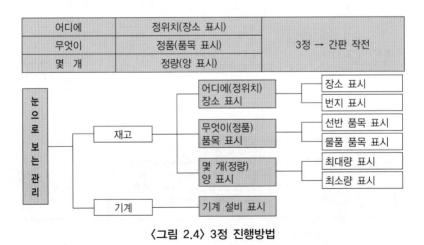

〈그림 2.4〉 3정 진행방법

정돈하는 방법에 있어서 선행적으로 해야 할 사항은 공간의 레이아웃이다. 이때 거시적인 공간부터 구분한 후 작업공간, 적치공간, 통로공간, 휴식공간 등으로 세분화한다. 공간별로는 색으로 구분하거나, 선으로(노란색) 구분하는 것이 일반적이다. 가능한 공간과 공간 사이는 구획선을 그어 경계를 구분하는데, 일반적으로 페인트를 많이 사용한다고 해서 '페인트 작전'이라고도 한다.

필요품은 3정에 따라 필요한 곳에 배치한다. 보통 정위치·정품·정량이라는 3정 활동으로 전개한다. 정위치는 물품을 정해진 곳에 두는 것이고, 정품은 정해진 품목을 말하며, 정량은 정해진 위치에 정해진 품목에 대해 최대량과 최소량을 결정하여 보관하도록 하는 것이다. 이는 3정에 대한 표시를 간판 형태로 한다고 해서 '간판방식'이라고도 한다.

정돈의 마지막 단계에서는 '눈으로 보는 관리(목시관리 또는 육안관리라고도 한다)'를 실시한다. 눈으로 보는 관리는 현장의 관리 대상물에 대해 누가 보아도 정상인지 이상인지를 파악하여, 트러블이 발생하기 전에 즉시 조치할 수 있도록 하는 것이다. 즉, 로스나 트러블이 발생하기 전에 온도 초과, 필터 막힘, 한계값 이탈 등 기준을 초과하는 것에 대해 조기에 원인을 찾아내어 대책을 수립하는 예방적 관리방법이다.

이와 같이 눈으로 보는 관리는 작업현장의 신호등 역할을 하는 것으로 현장 유지관리에 있어서 매우 중요한 수단이다. 사업장에서 눈으로 보는 관리는 현장에서 작업 기준을 눈으로 확인하고, 즉시 실행 가능하게 하여 정보를 전달할 수 있도록 해야 한다. 즉, 현장의 이상 현상을 1초 이내에 파악하여 문제점을 신속히 해결하는 데 초점이 맞춰져 있다고 할 수 있다. 눈으로 보는 관리의 3원칙은 다음과 같다.

① 시각화한다

표시나 표식을 이용하여 색채관리를 한다. 냉각수 배관에는 파랑색을, 온수 배관에는 분홍색을 표준화하여 표시하게 되면 누구나 쉽게 알 수 있다.

② 가려진 곳을 보이게 하거나 위치를 변경한다

설비에 아크릴판을 활용하여 내부를 보이게 하면 이상 현상이 발생될 경우 쉽게 확인할 수 있다.

③ 관리 한계를 표시한다

이상과 정상의 한계를 정량화하여 표시하되, 멀리서도 이상을 판단할 수 있도록 한다. 게이지 눈금표시를 하는 것은 대표적인 사례이다.

눈으로 보는 관리의 핵심 포인트는 다음과 같다.

- 멀리서도 알아볼 수 있어야 한다.
- 누구나 쉽게 사용할 수 있고, 편리해야 한다.
- 중점적으로 관리해야 할 곳에 표시해 두어야 한다.
- 누구라도 지킬 수 있고 고치기 쉽도록 한다.
- 누구라도 쉽게 되돌려 놓을 수 있게 해야 한다.
- 밝고 깔끔한 환경을 만드는 데 도움이 되어야 한다.
- 안전하고 쾌적한 환경을 유지하여야 한다.

3) 세 번째 기둥 : 청소

청소는 설비·바닥·벽 등 구석구석을 닦아 깨끗한 근무 환경을 조성하고, 보이지 않는 작은 결함을 발견하는 점검 활동이다. 즉, 사업장 전체를 깨끗이 청소하고 사업장 내에 있는 모든 것들이 깨끗한 상태를 유지할 수 있도록 하는 것이다. 여기에서 깨끗한 상태란 깨끗한 걸레로 닦았을 때 더러움이 배어 나오지 않는 상태를 말한다.

작업현장에서 청소는 품질불량과 밀접한 관련이 있다. 청소 활동을 통하여 작업자는 먼지나 더러움, 오염 등이 작업장에 쌓이지 않는 방법을 알게 되며, 제품불량을 방지하는 역할도 하게 된다. 청소 활동은 일상 점검 항목에 포함하여 주기적으로 수행되어야 한다.

청소 활동을 통하여 결함을 찾아내고 결함 부위를 복원한다고 해서 청소점검, 청소보전이라는 말로 그 개념이 확산되고 있다. 큰 틀에서 정리 정돈을 한 후 전체를 대상으로 청소를 실시하고, 오염의 발생원을 하나씩 제거해야 한다.

청소를 쉽게 하기 위해서는 청소 도구가 개발되어야 하고, 오염 발생원을 완전히 제거하기 위해서는 개선 활동이 수반되어야 한다. 개선 활동으로 오염 발생원의 근원을 찾아내기 위하여 왜-왜 분석 기법을 활용한다.

청소를 소집단 활동으로 실시하면, 열심히 하는 사람이 있는가 하면 대충하는 사람도 있다. 그래서 청소 구역을 개인별로 나누어 할당한 후, 해당 구역에 담당자 이름, 사진, 구역을 표시하고, 담당 구역은 담당자가 실시한다.

이것을 'My Area 활동'이라고 한다. 활동 구역(My Area)은 전원 참여가 되도록 할당되어야 하며, 지위가 높은 사람일수록 솔선수범하여야 한다. My Area 활동은 청소한 구역과 하지 않은 구역의 차이를 한눈에 보이게 한다. 이는 선의의 경쟁의식을 갖게 함으로써 전 구역을 깨끗하게 할 수 있으며, 깨끗한 상태를 지속적으로 유지할 수 있다.

4) 네 번째 기둥 : 청결

청결의 개념은 정리·정돈·청소(3S)의 상태를 유지·발전시키는 것이다. 3S를 한 번에 하는 것은 가능하지만, 그것을 유지하는 것은 어렵다. 따라서 정한 것을 보다 지키기 쉽게 하는 것이 중요하다.

청결은 정리·정돈·청소와는 다른 개념이다. 정리·정돈·청소의 3가지 기둥은 실행과정이지만, 이와는 대조적으로 청결은 실행한 3가지 기둥에 대해서 유지·발전할 수 있게 하는 방법이다. 또한 청결은 정리·정돈·청소와 모두 관계가 있지만 무엇보다도 청소와 가장 관계가 깊다. 청결은 설비에 더러움, 오염, 먼지 등이 없이 깨끗함을 유지해야 하기 때문이다.

정리·정돈·청소를 유지하기 위한 청결 방법은 주기적으로 유지 상태를 점검하는 것이다. 일반적으로 5S 전반에 걸친 점검 항목에 대하여 일정 간격으로 체크하는 '5S 점검 체크리스트'를 많이 사용한다.

그리고 청결 상태를 주기적으로 진단하는 것도 중요하다. 가장 좋은 것은 정리·정돈·청소를 점검하지 않아도 깨끗한 상태가 그대로 유지되는 것이다. 따라서 청결단계에서는 소장단(少長短) 활동을 많이 도입하고 있다. 소장단 활동은 정리·정돈·청소 항목을 줄이고(少), 활동 간격을 늘리며(長), 활동시간을 단축하는(短) 활동을 말한다.

5) 다섯 번째 기둥 : 습관화

습관화는 4가지 기둥을 올바르게 수행하고 유지하기 위한 습관을 만드는 것이다. 5S 활동 중 가장 이행하기 어려운 부분으로 5S 활동을 10년 동안 해도 정착이 안 되는 것이 바로 습관화이다. 실제로 앞의 4가지 기둥의 목적이 작업자가 5S 컨디션을 유지·개선하는 데 있다면, 지속적으로 이행한다는 측면에서 습관화는 매우 중요하다고 할 수 있다.

습관화가 잘된 사업장은 생산성과 품질이 자연스럽게 높아지게 된다. 반면 대부분의 사업장에서는 이에 대한 교육훈련을 하지 않고 5S 활동을 실행하기 때문에 많은 시간과 노력의 낭비가 생긴다. 따라서 습관화를 하지 않고 정리·정돈·청소 활동만 하게 되면, 시간이 지난 후에 5S 활동의 초기상태로 되돌아가게 된다는 것을 주지시키는 것이 중요하다.

이에 따라 올바른 습관화를 정착시키기 위해서는 4S 활동을 실시한 후 규율·규칙·기준 등을 정하여 준수해 가는 태도가 몸에 배도록 해야 한다. 습관화를 위해서는 '3현·3즉·3철'의 실천이 필요하다. 현장에서 현물을 보고 현상을 파악하며, 즉석에서 대응할 수 있도록 하며, 처음부터 끝까지 철저하게 하는 습관을 길러야 한다. 기업에서 이 같은 활동을 습관화하기 위해서는 다음과 같은 활동을 실천하는 것이 바람직하다.

① 사진촬영

기업의 규칙으로 정한 것이 지켜지지 않을 때, 상호 진단과 진단 결과의 공유를 통하여 시정 조치하는 문화를 만들어야 한다. 단, 시정 조치는 지위 고하를 막론하고 모두에게 적용해야 한다. 현장을 보다 더 깨끗하고 안전하게 만드는 활용도구로 개선시트를 사용하되, 개선 전과 후의 사진으로 쉽게 파악할 수 있도록 한다. 개선 전후의 모습은 카메라를 사용하여 정점촬영을 하도록 한다. 불합리한 내용에 대해서는 곧바로 사진촬영하고 즉시 시정하도록 제도화한다.

② 표어, 포스터 공모전

표어, 포스터를 작성하게 되면 그 주제에 관한 생각을 많이 하게 된다. '생각은 사고를 바꾸고, 사고는 행동을 바꾸고, 행동은 습관을 바꾼다'고 했듯이 5S에 대해 생각하는 이벤트를 자주 열어야 한다.

③ 5S 활동 전후 사진 콘테스트

사람이라면 누구나 실수를 할 수도 있고, 기억했던 것을 망각할 수도 있다. 따라서 5S 활동 전후의 모습을 남겨두지 않으면 우리가 무엇을 했는지 과거의 이력을 확인할 수 없다. 이에 사진을 통해 현장이 점차 변화되어 가는 모습을 보여줌으로써 '우리는 할 수 있다'는 자신감을 더 갖게 하는 것이 중요하다.

이렇게 현장이 변화되어 가는 모습을 보여 주는 이벤트로는 5S 활동 전후 사진 콘테스트를 개최하는 것이 바람직하다. 이를 통하여 5S 활동 전의 모습과 현재의 모습을 비교함으로써 현재의 모습을 유지·발전하고 자 하는 생각을 갖게 될 수 있다.

2 준비단계 활동

(1) 정점촬영

준비단계에서는 5S 활동 전의 현장 모습을 정점촬영[Video(동영상), 컬러사진 등]을 해놓고 활동 중간이나 종료 후의 모습과 비교함으로써 활동 효과를 파악할 수 있다.

정점촬영 방법
- 동일한 대상물이 이동된 경우에는 이동된 대상물을 촬영
- 동일한 개선 포인트에, 되도록이면 근접 촬영
- 동일한 시간에
- 동일한 사람이
- 동일한 카메라로
- 동일한 거리에서
- 동일한 각도에서
- 동일한 높이에서
- 날짜가 나오게
- 컬러로 찍는 것이다.

(2) 5S 추진위원회 구성

5S 활동은 TPM 추진을 위한 하나의 도구로 사용하며, 5S 사무국을 TPM 추진위원회의 기구로 조직화하는 경우가 많다. 그러나 5S 활동은 어떠한 조직 구조로 구성하여 실천해도 관계가 없으나, TPM(5S) 추진위원회는 사장이나 공장장의 직속으로 독립시켜 구성하는 것이 바람직하다. 현재까지 기업의 경영 합리화 추진 상태를 고려하여 결정하면 된다.

(3) 마스터 플랜

마스터 플랜은 기업의 방침에 따라 목표를 설정하고 그 목표달성을 위한 단기, 중기 및 장기적 수행을 하기 위한 기본계획이다. 5S 마스터 플랜은 회사에서 추진할 5S 활동의 큰 틀이라고 할 수 있다. 이를 토대로 각 사업장, 부서(팀) 및 분임조의 마스터 플랜을 수립하게 된다. 〈표 2.2〉는 모 기업의 5S 단계별 마스터 플랜의 사례이다.

<표 2.2> 5S 마스터 플랜 사례

월별	3월	4월	5월	6월	7월	8월	9월	10월	11월
진행 단계	준비 단계		도입 단계	정리 단계		정돈 단계		청소·청결·습관화단계	
							TPM 자주보전 스텝 전개		
세부 활동 내용	• 담당 구역선정(팀별) • 마스터 플랜 수립 • 추진매뉴얼 작성 • 5S 모델 활동(사무국)		• 5S 담당 구역 선정(분임조별) • 분임조별 자체 추진 계획 수립	• 담당 구역에 대한 청소 작업 사이클표 작성 • 분임조별 필요, 불필요 품 리스트 작성 및 제출 • 붉은 표찰 붙이기 • 불필요품 일제 정리		• 필요품에 대한 3정(정 위치, 정품, 정량) 리스트 작업 및 가시화 작업 실시 • 설비 및 부품에 대한3정 간판 작업 실시 • 구획선, 적치장선·문 개폐선·출입구선·통행선 등의 선긋기 • 치공구형 정돈, 색별 정돈, 바닥 도색 작업		• 개인별 설비 청소 담당 구역 결정(맵 작성) • 설비 청소 작업 사이클 표 작성 • 대상별·구역별 청소방법 결정 – 청소 도구 준비 – 청소 실시 • TPM 추진 마스터 플랜 수립	
	• TPM 지도업체 현장 진단 및 제안 브리핑		• 지도업체 계약	• 지도 실시		• TPM 도입 교육 • TPM 마스터 플랜 수립			
진단			• 정점촬영	• 정리단계 진행 완료 점검 및 평가 실시		• 정돈단계 진행 완료 점검 및 평가 실시		• 청소·청결·습관화 단계 진행 완료 점검 및 평가 실시(연말 시상)	
사내 교육	• 팀장 대상 설명회 • 핵심리더 대상 5S 설명회		• 분임조 대상 5S교육(팀장급에서 실시)	• 분임조 핵심리더 대상 5S 매뉴얼 교육(사무국 실시)		• 정리단계 진행 우수 분임조 작업장 견학 실시 • 분임조 핵심리더 대상 5S 매뉴얼 교육(사무국 실시)		• 정돈단계 진행 우수 분임조 작업장 견학 실시 • 핵심리더 대상 청소·청결·습관화 진행방법 교육(사무국 실시) • 팀장급 및 리더 대상 TPM 도입 준비 교육	

(4) 5S 활동 추진 포인트

사업장에서 5S 활동을 추진할 때 '어떻게 추진해야 효율적으로 할 수 있는가'를 고민하게 된다. 주요 포인트를 살펴보면 다음과 같다.

1) 단계별 추진

마스터 플랜의 기본계획에 따라 5S 단계별로 세부적인 추진계획을 수립하고 충실하게 전개해야 한다. 기업의 조직 및 업무 상황을 고려하여 5S 활동 단계별 추진계획을 수립한다. 규모가 큰 사업장의 경우, 초기에는 단기간에 5S 활동에 대한 전체적인 개념을 이해하기 위하여 모델 활동을 위한 대상 구역이나 설비를 선정하여 추진함으로써 방법을 습득한 후 확산·전개하는 것이 바람직하다. 또한 경영자(임원), 부서장, 과장, 대리, 사원, 분임조장 순으로 중복소집단 활동을 전개하여 추진하는 것이 바람직하다.

2) 전원 참가에 의한 활동

5S 활동은 직·반장이나 분임장의 책임 지도 아래 분임조를 중심으로 추진한다. 분임조가 모두 참여하여 활동 내용에 대한 공감대를 형성하고, 함께 추진해 나아감으로써 동료애를 느끼게 된다. 생산 부문·보전 부문은 물론 사무·간접 부문도 반드시 활동해야 한다.

3) 단계별 추진 시기에 적합한 교육의 실시

각 단계에 따라 그 시기에 적합한 교육을 실시한다. 5S에 대한 개념, 추진방법 및 절차를 정확히 이해하고 추진해야 한다. 직·반장, 분임장 등 분임조의 리더를 중심으로 교육을 실시하되, 단계별로 전달 교육을 한다. 슬라이드, VTR 등 교육 효과가 높은 시청각 교재를 활용하면 더욱 좋다.

4) 역할분담의 명확화

책임부서와 책임자를 정하고, 작업자 개인뿐만 아니라 관리감독자별로 업무 역할분담을 명확히 해야 한다.

5) 실행방법의 절차 제정

각 단계마다 실행방법에 대한 절차서를 만들어, 이 사항을 작업자 개인에게 전달하여 지키도록 한다.

6) 모델 그룹의 지정 추진

시범 모델 그룹을 만들어 중점적으로 지도를 하고 선행시켜, 다른 그룹에게도 '하면 된다'는 분위기를 만든다.

7) 중점 지도의 실시

진행이 늦은 분임조에 대해서는 추진팀에서 중점적으로 지도한다.

8) 단계별 추진 상태의 진단 실시

각 활동단계별로 중점적으로 실시해야 할 사항을 구체적으로 결정하고, 각 단계마다 추진한 결과(또는 진행상태)를 진단함으로써 완성도가 높은 5S를 전개할 수 있다. 5S 활동 진단 시에는 추진하고 있는 내용이 효과적으로 수행되고 있는지를 체크리스트에 따라 진단하여야 하며, 추진방향이나 수립된 일정계획이 충실하게 진행될 수 있도록 독려해야 한다.

9) 정기적인 사례 발표회 개최

발표를 통하여 다른 분임조의 좋은 점, 개선점, 아이디어, 진행 상황 등을 서로 알게 되면 도움이 된다.

10) 표창 및 시상

활동 추진 우수 그룹(부서, 분임조, 개인)에 대하여 정기적으로 표창 및 시상을 실시하여 격려함으로써 사기를 진작시켜야 한다.

11) 벤치마킹

5S 활동을 이해하기 위해서 활동 초기에 5S 활동 우수기업을 벤치마킹하여 실시방법에 대해서 습득한다.

12) 제안제도의 활용

5S 활동에 관한 문제점 개선이나 아이디어 등을 제안하여 개선한다.

3   5S의 단계별 전개방법

(1) 첫번째 기둥 : 정리

1) 정리의 핵심

우리가 어렸을 때 배웠던 정리는 단순히 물건을 보관하고 정렬하는 것을 의미하며, 5S 활동에서의 정리와는 차원이 다른 개념이다. 그 시

절의 정리는 필요한 것과 불필요한 것을 구분하여 단지 줄을 세우고 어딘가에 두는 것만을 배웠을 뿐이다.

5S 활동에서의 정리는 '필요한 것을 필요한 만큼 필요한 때에 필요한 곳에'라는 'Just In Time'의 개념과 비슷하다. 다시 말하면 정리는 현재 생산이나 오퍼레이션에 필요 없는 모든 것을 제거하는 것을 의미한다.

정리는 다시는 필요하지 않다고 확신하는 물건만 버리는 것을 의미하지는 않는다. 또한 물건을 배열하고 줄 맞추는 것만도 아니다. 정리는 극히 중요한 것만 남겨둔다는 의미이다. '의심스러우면 버려라'가 정리에 대한 기본적인 원리이다. 정리단계에서 물품을 처리하는 방법은 〈표 2.3〉과 같다.

〈표 2.3〉 정리단계의 물품 처리 방법

분 류	내 용
폐 기	• 미사용 설비 및 예비품, 사용하지 않는 자료 • 불량부품, 파손된 물품 • 파손된 공구나 도구, 비품, 양식, 서류, 사무용품
반 납	• 자기관리 구역에서 사용하지 않으나 타 부문에서 사용될 수 있는 것 • 사용되는 부품이나 재료가 과잉방치되거나 필요 이상 보유함으로써, 작업에 지장을 초래하여 기존 관리부서나 타부서에 반납이 필요한 것
이 동	• 자기관리 구역에서 사용되나, 지정된 보존 장소가 없어 구역 내에 방치되어 있는 것 • 지정된 장소(정위치)가 아닌 장소에 방치 또는 보관되는 예비 부품, 공구 및 재료 • 지정된 보관장소에 보관 또는 설치되어 있으나, 작업 수행 시 불완전한 상태가 유발되는 설비, 부대설비, 비품 등

2) 정리 진행 절차

정리 진행 절차는 다음 〈표 2.4〉를 따른다.

〈표 2.4〉 정리 진행 절차

분류	실시 내용	실시상의 포인트
1) 대상 범위를 정한다.	① 현장의 정리·정돈 맵을 만든다. • 필요한 경우, 정리·정돈 교육을 실시한다.	• 공정으로 구분한다. • 통로도 포함한다. • 빈틈을 만들지 않는다. • 분임조별 담당 구역(공통 구역, 통로, 벽면, 유리창 등)을 확실히 지정한다.
	② 담당자를 정하여 실시 계획을 세운다.	• 조급하게 하지 말고, 조금씩 실시한다. • 작업준비 변경에 시간이 걸리는 공정, 불량이 나오는 공정, 넥(neck) 공정부터 실시한다.
	③ 대상 범위를 정한다. 〈정리 대상 범위〉 **구 분 / 정리 대상** 제품 : 원재료, 구입제품, 가공부품, 조립품, 재공품, 반제품, 제품 설비 : 기계, 설비, 치공구, 측정구, 금형, 차량, 운반구, 작업대, 캐비닛, 의자 공간 : 바닥, 통로, 작업구, 창고	• 구분된 부분부터 착실히 한다. • 정리 대상물을 모두 결정한다.
2) 필요품, 불급품, 불필요품의 정의를 명확히 한다.	〈필요·불필요품의 구분〉 **용어 / 내용 / 붉은 표찰** 필요품 : 사용 가능한 것 / 불필요함 불급품 : 사용 가능하나 빈도가 낮은 것 / 필요함 불필요품 : 불필요한 것 / 필요함	• 불급품 = 불요품 • 불필요품 = 불용품 • 생산기준의 패턴에 따라 구분
3) 필요품, 불급품 및 불필요품을 구분한다.	① 대상품 모두에 대하여 필요품, 불급품으로 구분하고 명확히 한다. • 구분하는 방법 서로 다른 장소에 둔다/ 표시를 한다/ 리스트업한다 • 필요품 : 정기적으로 빈번하게 사용하는 것 • 불급품 : 빈도는 적으나 업무 수행상 필요한 것 • 불필요품 : 분명하게 불필요한 것, 파손되거나 수명이 다 된 것, 수리할 수 없는 것, 다른 공정의 것, 사용하지 않는 구 제품의 설비, 부품 등이 필요 이상의 것	• 대상품 모두에 대해 현장에서 정한다. • 구체적인 사용 목적으로 구분한다. • 필요량에 대해서도 확인한다. • 분명하지 않은 것은 보류하고, 상사 또는 관계자가 정한다. • 버리는 것이 아까운 것도 과감히 처분한다. • 붉은 표찰 활용 • 정리 대상물 리스트 활용 (불필요품·불급품 리스트)
4) 불필요품을 처분한다.	① 불필요품, 필요품의 구분이 불명확한 것의 조치 방법 • 사업장의 부문별 결정권자가 최종 판단을 내린다. ② 불필요품을 처분한다. • 명확한 불필요품은 파기 또는 폐재(廢材)를 두는 곳에 보관한다. • 다른 현장에서 사용 가능한 것은 집적장에 보관한다. • 여분의 것은 본래의 위치에 놓는다.	• 불필요한 지그 중 다음 재료에 사용 가능한 것도 있다. • 불필요한 것은 집적장에 임시 보관하고, 기한이 다 된 것은 처분한다. • 집적장에서 활용하는 경우, 정말 필요한지 체크한다.

3) 붉은 표찰

'붉은 표찰 작전'이란 불필요한 것에 붉은 표찰을 부착하여, 누구라도 눈으로 보아 알 수 있도록 구별하는 정리방법이다. 이는 현장의 불필요품을 제거하는 데 기초가 된다. 작전이란 용어는 군사용어이며, 작전에는 적이 필요하다. 물론 여기서의 적은 자기가 스스로 뿌린 '낭비'나 '문제점' 등을 의미한다.

① 붉은 표찰이란 무엇인가

불필요한 물품에 붙여 누가 보아도 알 수 있게 하기 위한 표찰을 말한다.

〈표 2.5〉 붉은 표찰의 예

붉은 표찰		실시 요령
(내 주변은 내가 깨끗이)　　　　　NO:		순서 1. 붉은 표찰 추진팀 발족, 최고경영자가 앞장서서 적극 추진한다. (멤버는 5S 중요성 인식)
구분	①원재료 ②재공품 ③반제품 ④제품 ⑤자재 ⑥금형, 치공구 ⑦기계 설비 ⑧사무 집기 ⑨기타	순서 2. 붉은 표찰 대상 결정(어디에 붙일까?)
품명(수량)		순서 3. 붉은 표찰 기준 결정 (필요한 것과 불필요한 것을 구분)
부착 사유	①불용품 ②불량 ③불명 ④기타	순서 4. 붉은 표찰 작성(현장 대상물)
적출일	20　년　　월　　일　　시	순서 5. 붉은 표찰 부착(냉철한 눈으로)
적출자	(인)	순서 6. 대응과 평가
처리 책임자	팀　　　공정 (인)	● 한 번 더 검토한다.
내용		● 지정된 장소로 모아서 처분한다.
처리 방법	①버린다 ②반납 ③별도 보관 장소 이동 ④불급품 창고 이동 ⑤기타	
기타		
※ 부착일 2일 이내 처리		

② 붉은 표찰을 붙이는 대상

- 재고 : 원재료, 부품, 반제품, 제품
- 설비 : 기계설비, 치공구, 절삭공구, 금형, 대차, 팔레트, 리프트, 작업대, 차량, 책상, 의자, 비품
- 스페이스 : 바닥, 선반, 방
- 문서 : 회의록, 보고서, 품의서, 견적서, 각종 보관자료
- 사무기계 : 복사기, PC, 팩스기
- 비품 : 바인더, 서류 케이스, 자료 박스, 책상, 의자

- 문구류 : 연필, 볼펜, 지우개, 메모지
- 기타 : 전표, 명함, 잡지, 도면 등

③ 주의 사항

- 냉정하고 과감하게 판단한다.
- 일주일 이내에 모든 정리품에 대해 부착해야 한다.
- 부착된 표찰은 임의로 제거하지 않는다.
- 1품목에 1표찰을 부착한다.
- 필요 이상의 수량도 대상이다.
- 의심스러우면 과감히 붙인다.

4) 면책구역

① 정의

면책구역은 말 그대로 책임을 면하는 구역이다. 따라서 이 기간에 면책구역에 가져다 놓는 물건에 대해서는 왜 보관하고 있었는지에 대한 책임을 묻지 말아야 한다. '붉은 표찰 작전'을 효과적으로 수행하기 위해서는 면책구역이 만들어져야 한다. 면책구역에는 버려야 할 필요가 있거나, 좀 더 관찰한 후 다시 판단할 필요가 있는 붉은 표찰이 붙은 물건들이 놓여진다.

② 종류

(a) 중앙 면책구역

전사적으로 붉은 표찰 작전을 추진할 때에는 공동 면책구역이 필요하다. 이 지역은 개별적인 부서나 생산구역별로 처분할 수 없거나 처분해서는 안 되는 물건들을 보관한다.

(b) 부서별(지역) 면책구역

붉은 표찰 작전을 수행하고 있는 개별 부서나 생산 구역은 부서별 면책구역이 필요하다. 이 구역에는 개별 부서나 개별 생산구역 내에서 관리하는 것들이 모아진다. 면책구역에 모아진 물품은 정리품 대상 리스트를 작성한 후 이동 또는 폐각 처리한다.

(2) 두번째 기둥 : 정돈

1) 정돈의 핵심

정리가 되지 않은 상태에서 정돈을 실시하면 큰 효과를 내지 못한다. 마찬가지로 정돈 없이 정리만으로 끝나도 그 효과는 반감된다. 정돈이란 필요한 것을 누구라도 알 수 있고, 사용하기 편리하게 하고, 되돌릴 수 있도록 물건을 두는 방법을 표준화시키는 것이다. 정리 후에는 필요품만 남게 되는데, 어떻게 정품·정량·정위치 하느냐가 관건이다.

정돈이 중요한 이유는 여러 가지 종류의 낭비 요소를 제거해 주기 때문이다. 사업장이나 사무실에서 필요한 물품을 찾는 데 소요되는 시간 낭비가 많이 있다. 예를 들면 1시간 동안의 교체 작업 진행 중 20분이 물품을 찾는 시간으로 사용되는 경우가 있는데, 이는 우리 주변에서 흔히 발생되고 있는 시간의 낭비이다. 또한 정돈이 안 된 현장은 많은 위험 요소가 잠재되어 있으며, 이는 곧 사고로 이어질 가능성이 높아 안전 측면에 있어서도 현장의 정돈은 반드시 필요한 활동이다.

2) 관련 용어

정돈과 관련된 용어를 정의하면 다음과 같다.

- 정돈 활동 : 필요한 것을 빠르고 쉽게 찾아 편리하게 사용할 수 있도록 표준화하는 활동
- 3정 활동 : 정품·정량·정위치를 '3정'이라 하며, 한눈에 알 수 있도록 눈으로 보는 관리를 정착시키는 활동
- 정품 : 보관할 물건(물품)을 정하고, 보관방법을 결정한 후 물건의 품명을 표시하는 활동
- 정량 : 현장에서 사용되는 물품 상태를 파악하여 적정한 수량을 결정하고, 관리한계를 설정하는 활동(최대 보유량과 최소 보유량을 표시해야 한다)

- 정위치 : 보관 위치의 주소와 번지를 표시하고, 정해진 위치를 표시
- 눈으로 보는 관리 : 물건의 상태, 사람의 행동을 한눈에 알아볼 수 있도록 하는 관리

3) 절차

정돈은 정리 활동의 과정에서 필요품으로 분류된 물품에 대해 3정을 실시하는 활동이다. 보관함의 정돈, 구획선 표시방법 및 설비의 눈으로 보는 관리의 절차 및 방법은 다음과 같다.

① 현상파악

필요품을 중심으로 정돈 리스트를 작성한다.

② 정돈계획 수립

정돈단계에 해야 할 일들을 결정하여, 언제 추진해야 할지 진행계획을 수립한다.

〈표 2.6〉 정돈단계에서 해야 할 일(사례)

준비단계	정돈 매뉴얼 작성 및 교육, 각종 스티커 표준 제작 및 발주, 정돈 맵 작성 및 심의
보관대 정돈	공통공구, 개인공구, 계측기, 청소 도구, 윤활유, 작업일보 기재대, 안전보호구, 부재료, 부품, 이동대차, 소화기, 냉온수기
명판 부착	건물 : 현장라인·공정명 부착, Room Name P/L 설비 : 설비 Name P/L, 유체흐름 표시, 회전방향 표시, 지시계 범위 표시, 밸브류 개폐 표시, 판넬 표시 기타 : 소화기 및 소화전 표시, 보관대
도색 작업	벽, 바닥, 설비, 배관 용도별 도색, 작업장/통로, 구획선, 통행선/배치선, 타이거 마크 표시

③ 정돈 절차

물품에 대한 정돈 처리 절차는 다음 〈표 2.7〉에 따라 진행한다.

〈표 2.7〉 정돈 처리 절차

순서	처리 기간	처리단계		담당	비고
		대상물 이동	판정 및 이동		
현상 파악	D+ 1 2 3 4	정돈 대상물	정돈 대상물 리스트 작성	분임조	정돈 대상물 리스트는 소사무국에 전달
	5 6 7		배치도 작성	분임조	소단위 배치도 작성
	8 9 10		배치도 집계	부서담당	소단위 배치도 집계
	11 12 13		배치도 작성	담당	중단위 배치도 작성
	14 15 16 17		심의	담당/부서장	배치순서 및 보관의 원칙을 참조하여 대상품의 보관 위치 심의
보관 장소 확보	18 19 20		배치도 집계	추진자	중단위 배치도 집계
	21 22		배치도 작성	추진자	대단위 배치도 작성
	23 24 25		배치도 집계	추진사무국	대단위 배치도 집계
	26 27 28		심의	추진위원회	각 부 배치도 최종 심의 결정
	29 30	정품·정량·정위치			

④ 보관함의 정돈

물품의 사용 빈도에 따라 3정(정품·정량·정위치)을 가시화하는 활동이다. 3정 활동은 다음과 같이 실시한다.

(a) 준비작업

• 각 공정·팀별 필요 소요품의 조사 및 취합
• 15mm 청색·백색·황색·적색 테이프(정위치, 정량 표시선), 적치대, 거치대, 보관함 부족분

- 형적관리(그림자관리)를 위한 자재 : 쿠션 패드(두께별)

(b) 정돈 포인트

- 사용 빈도가 높은 것은 사용 장소 가까운 곳에 놓을 것
- 쉽게 꺼낼 수 있도록 할 것
- 제품별·기능별·기계별 등으로 구분하여 놓는 장소를 정할 것
- 수량 파악이 쉽도록 배치할 것
- 운반이 쉽게 놓을 것
- 안전하게 놓을 것
- 물건 두는 장소를 알기 쉽게 표시할 것(정품·정량·정위치)
- 눈으로 보는 관리의 하나로 색깔별 구분 관리 방법을 생각할 것

(c) 정품

- 물품 품목 표시를 한다. 보관된 물품 자체가 무엇인지 나타내도록 한다.
- 선반 품목 표시를 한다. 보관된 물건이 무엇인지 나타내도록 한다.
- 품목 표시를 떼어낼 수 있도록 하면 간판 기능이 된다.
- 선반 품목 표시는 위치 변경이 간단하도록 한다.

(d) 정량

- 적치장과 선반의 크기를 제한한다.
- 최대 재고량과 최소 재고량을 확실히 명시한다. 최대 재고량 표시는 황색으로 하고, 최소 재고량 표시는 적색으로 한다.
- 숫자보다 마크로 표시한다.
- 한눈에 수량을 확인할 수 있도록 한다.

(e) 정위치

- 장소 표시와 동 표시, 번지 표시로 구분한다.
- 동 표시는 영문자(A, B, C), 숫자(1, 2, 3) 어느 것이라도 무방하다.
- 번지 표시는 숫자가 좋다.
- 번지 표시는 위에서부터 1, 2, 3으로 붙인다.
- 선반 위(0번지: 옥상)에는 절대로 물건을 두지 않는다.

⑤ 구획선 표시

작업공간으로는 통로, 작업구역, 휴게공간, 유휴공간 등이 있으며, 각
각에 대해 구획을 구분하고 출입표시, 고정물, 이동물에 대한 정위치 표
시를 실시한다. 색깔·폭·크기에 대한 기준을 설정하여 표준화한다.

(a) 준비작업

● 활동하려고 하는 구역에 대해 레이아웃을 준비한다.

● 구역별 담당자(조·반장 및 5S 담당 등)와 통로 및 작업 구역의 설계
안을 협의하여 작성한 후, 해당 부서장의 결재를 받아 확정한다.

● 확정된 레이아웃에 필요한 라인 테이프 및 정위치 표시선 등의 수
요를 파악하여 구매한다.

(b) 설계

● 해당되는 구역의 공정, 통로, 출입구를 레이아웃에서 구분하여 설계
한다.

● 구획선에 대한 세부 내용은 구획선 부착 기준에 따른다.

〈표 2.8〉 구획선의 기준

구 분		색상	폭(mm)	선	비 고
구획선		황색	100(50)	실선	● 폭은 현장 크기에 따라 변동 가능
출입구선		황색	100(50)	점선	● 통행선의 형태도 제작편의에 따라 바뀔 수 있다.
문 개폐선		황색	50	점선	
통행선		황색	100(50)	화살표	● 통행은 좌측 통행을 기준
타이거 마크		황색/흑색	50	황색, 흑색의 얼룩색	
정위치선	적치대	황색	50	실선	
	작업대	황색	50	실선	
	이동대차	황색	50	실선/점선	
	팔레트	황색	50	실선	
불량(부적합)품 구별		적색	50	실선	

(c) 구획선 기준
- 통로와 작업 구역을 구별하기 위하여 나누는 선으로 색상은 황색
- 직선으로 할 수 있는 곳은 최대한 직선으로 하며, 확실히 눈에 띄도록 한다.
- 가능한 모퉁이는 직각을 피하도록 한다.

(d) 통행선
- 통로를 오가는 보행자의 진행방향을 구분하여 서로 충돌하지 않도록 통행 화살표 선을 표시한다. 황색의 화살표 선으로 일정 간격 또는 코너 부근, 계단 등에 표시한다.

⑥ 설비의 눈으로 보는 관리

설비의 이상 여부를 신속하게 파악하기 위하여 배관의 에너지 흐름 표시(에어, 용수, 가스, 전원 등), 동작 위험 부위(회전, 구동부 등) 표시, 배전반(분전반)의 명판 및 레이아웃, 라인의 표시 등 가시화하는 활동이다. 설비의 눈으로 보는 관리는 관리 항목의 이상과 변화를 한 눈에 보고 판단할 수 있게 하는 것으로 시각화, 투명화, 관리한계를 표시하여 신속한 이상 발견과 조치에 그 목적이 있다. 눈으로 보는 관리는 설비의 점검을 짧은 시간 내에 끝낼 수 있는 효과적인 수단이다. 제조 설비, 유틸리티 설비뿐만 아니라 분석실의 장비, 사무기기 등에도 적용된다.

(3) 세번째 기둥 : 청소

1) 청소의 정의

우리가 사용하는 자재가 오염되어 제품불량이 발생되고 설비고장이 잦고 안전사고가 발생한다면, 정리정돈은 아무런 의미가 없다. 그래서 나온 것이 바로 청소이다. 청소란 '사업장 및 사무실, 바닥, 벽, 설비 등을 구석구석 닦아 이물질을 제거하여 깨끗한 환경을 조성하는 것'을 말한다. 다시 말해서 설비, 치공구, 부품, 공간(사무실, 창고) 등의 먼지

나 찌든 때를 제거하여, 기계나 사람이 능률을 충분히 높일 수 있게끔
깨끗하고 안전한 작업환경을 만드는 데 그 의미가 있다.

2) 청소 활동 목적

- 안전, 가동, 운전, 품질, 생산량을 방해하는 작은 문제점이라도 발견
  하여 해결한다.
- 먼지, 쓰레기, 녹, 이물을 제거하고 새는 곳을 막는다.
- 설비의 문제점을 큰 것부터 작은 것까지 발견하여 부적합과 고장을
  방지한다.
- 눈에 보이지 않는 문제점을 노출시켜 가시화한다.
- 설비에 대한 애착심과 관심, 흥미를 갖게 한다.

3) 청소의 핵심

- 청소는 누구나 즐겁게 일할 수 있도록 작업장 및 설비를 깨끗하고
  밝게 만들어 준다.
- 모든 물건을 최상의 컨디션으로 유지시켜 언제라도 필요하면 바로
  사용할 수 있게 만들어 준다.
- 청소는 봄맞이 대청소 등의 이벤트 활동으로만 해서는 안 된다.
- 청소는 우리의 생활 속에 깊이 배어든 습관과 같아야 한다.
- 청소는 사람으로 말하자면 매일 샤워하는 것과 같다. 샤워는 스트
  레스와 긴장을 풀어 주고 땀과 먼지를 제거한다.

4) 청소의 3가지 기능

청소는 다음과 같이 3가지 기능을 갖고 있다.

① 보기 쉽게 하는 기능

청소할 때 먼지, 오염, 녹, 때 등을 제거하여 불합리를 발견하고,
숨겨진 문제를 보기 쉽고 알기 쉽게 한다.

② 점검 기능

실질적으로 손으로 만져보고 구석구석까지 살펴보면서 나사풀림, 열화

상태, 오일주입상태 등 설비, 치공구의 이상 상태를 사전에 발견할 수 있다.

③ 설비가동 향상 기능

미세한 결함의 조기 제거와 사전예방 활동으로 가동률을 향상시킬 수 있다.

5) 청소 절차 및 방법

청소작업 진행 절차 및 방법은 다음과 같다.

① 청소 구역의 지정

(a) 추진 항목

- 개인별, 팀별, 라인별, 공정별로 담당 구역 지정
- 설비점검의 책임자 지정
- 책임자 표기, 관리 표지판 부착

(b) 실시 포인트

- 옥내외 모든 레이아웃 도표에 구역별 담당자를 표기하여 게시

② 청소 준비

(a) 추진 항목

- 청소시간 표준화 작업 : 어떠한 주기(일, 월, 분기, 반기 등)를 갖고 언제(작업 시작 전, 중식 및 석식 시간 전, 작업 종료 후) 작업해야 할지 결정
- 주변 청소방법(시간, 순서) 결정
- 청소 도구 자체 개발 연구
- 도구 사용량 조사와 구입
- 구역 및 설비에 대해 청소 실시 체크포인트, 청소 진단 체크시트 작성
- 설비의 청소 점검 요령서 작성
- 청소 작업방법, 절차, 청소 실시 포인트, 청소 점검 요령 및 주의사항에 대한 교육

(b) 실시 포인트

- 작업자 모두가 참여하고 일상적으로 실시하도록 한다.
- 부서(팀)별로 매뉴얼을 배포하여 작업자 개인이 숙지하도록 한다.

③ 청소 실시

(a) 청소 대상을 결정한다

- 재고품 : 원재료, 부품, 반제품, 제품, 보전 자재, 유류 등
- 설비 주변 : 설비(부대설비 포함), 이동용 기계, 치공구, 운반구, 캐비닛, 책상, 의자, 조명기구, 비품, 작업대, 계측기, 물류장비, 팔레트 등
- 공간 : 바닥(작업장 주변), 작업구, 통로, 벽, 기둥, 창, 선반, 전등
- 사무실 : 바닥, 구석, 책상, 유리창, 환풍기, 창틀 등

(b) 청소 담당을 결정한다

- 청소 담당 구역을 결정한다.
- 청소 담당 간판, 청소 담당 맵, 5S 담당 구역(청소) 작업 사이클표에 팀별, 분임조별, 개인별로 청소 담당 구역을 표시한다.

(c) 청소 방법을 결정한다

- 청소는 매일하는 것을 원칙으로 한다. 작업 전과 후에는 반드시 청소를 실시하고 점검도 함께 진행한다. 청소는 곧 점검이며, 점검을 통하여 불합리를 발견하고 복원 및 개선한다.
- 작업 전, 중, 후의 청소 시간은 상황에 따라 적절하게 배분한다.
- 청소 시간을 스케줄화한다.

(d) 청소 대상과 청소 도구 검토

- 각 담당자별로 청소 대상을 설정한다.
- 청소 대상에 따른 청소 도구(빗자루, 대걸레, 헝겊, 기름걸레, 세척제 등)를 결정한다.

(e) 청소 도구를 준비한다

- 청소 작업에 필요한 청소 도구를 준비한다.
- 필요한 수량을 결정하여 작업장에 비치한다.

- 청소 도구는 사용하기 쉽고, 돌려놓기 쉬운 방법을 결정한다.

(f) 청소를 실시한다

- 바닥 및 구석, 기둥 주위, 설비의 하부 먼지와 쓰레기를 철저히 제거한다.
- 먼지, 찌꺼기, 기름, 얼룩, 녹, 쓰레기 등의 오염물을 철저하게 제거한다.
- 단순히 쓸고 닦는 것으로 더러움이 제거되지 않는 경우에는 세제 등을 이용한다.
- 청소는 작업자 전원이 실시하도록 한다. 기계와 설비 주변은 오퍼레이터 스스로가 청소한다.

(g) 청소 체크리스트

- 청소 체크리스트에 따라 청소한 상태를 체크하고 보완해야 할 곳은 추가로 청소를 한다.

(h) 실시 포인트

- 구석진 곳부터 오래된 때, 오염, 녹 등을 제거하여 더러움을 근절한다.
- 설비는 닦고 급유, 조임 등을 실시하여 작은 결함도 바로잡도록 한다.
- 발견된 결함은 작업자가 그 장소에서 개선 또는 복원한다. 이때 복원이란 '설비 본연의 상태로 되돌리는 것'이며, 개선이란 '현재의 상태보다 더 좋게 고치는 것'을 의미한다.
- 발견된 결함을 그 장소에서 복원 및 개선하는 것이 곤란한 경우에는 발생원 곤란개소 리스트를 작성하고, 리스트를 추진자에게 제출하여 개선하도록 한다.
- 지속적인 실시와 효율적인 청소를 위해 청소 실시 체크포인트를 활용한다.
- 팀 활동을 통하여 토의할 때는 해결 기법을 너무 복잡하게 설명하지 않는다.

- 간단한 문제라도 해결되면 문제해결 실적에 포함시킨다.
- 청소 곤란개소 개선, 청소 방법 개선, 청소 도구 개발, 청소 시간 단축, 청소 자동화, 청소 품질 개선 등을 추진한다.

④ 사후관리

팀 활동의 일환으로 청소 활동을 지속적으로 실시할 수 있도록 주기를 설정하고, 청소 작업 사이클표를 작성하고 표준화하여 사후관리를 한다.

6) 청소의 발전 단계

① 단계1 : 일상청소(깨끗하게 하는 청소)

청소는 매일 하는 작업의 일환으로 일상청소의 업무로 실시한다. 빗자루와 걸레로 작업장, 먼지, 쓰레기, 더러움, 녹 등을 철저하게 제거하는 것을 습관화한다.

② 단계2 : 청소점검(점검하는 청소)

습관화하는 일상청소 업무 내에 점검업무를 포함시켜 청소점검을 실시하도록 한다. 설비를 중심으로 결함을 발견하여 개선하고, 대상에 따라 청소 도구를 연구·개발하여 청소의 능률화를 꾀한다.

③ 단계3 : 청소보전(개선하는 청소)

발견한 결함을 오퍼레이터 자신이 즉시 복원 또는 개선을 실시하도록 한다. 설비 청소·보전 대상인 설비 본체와 배관 등에 대해서도 자주보전 측면에서 추진하도록 유도한다. 청소 점검·보전은 자주보전 1스텝 초기청소, 2스텝 발생원·곤란개소 대책 단계에서 현재 결함을 대상으로 집중적으로 추진하도록 한다.

(4) 네번째 기둥 : 청결

1) 청결의 핵심

청결이란 '정리·정돈·청소를 통해 깨끗해진 환경을 지속적으로 유지 발전시키는 것'을 의미한다. 다시 말해서 청결은 정리, 정돈, 청소의 지속적인 노력을 통해 먼지, 쓰레기, 더러움이 없고 결함이 있을 때에 언제나 한눈에 발견이 되도록 만드는 활동을 말한다. 또 청결은 정리, 정돈, 청소가 실시된 상태를 항상 유지하는 것으로, 3S 항목에 대하여 활동 주기를 정하고 반복 실행하여, 현장이나 설비를 더럽히는 오염물질의 발생을 근원적으로 차단하고 개선하는 것이다.

하지만 보다 차원 높은 5S를 원한다면 청소를 하는 단계에서부터 청소 원인에 대한 연구와 청결하게 유지하기 위한 대책이 더 중요하다. 즉, 더럽혀진 상태에서 깨끗이 하는 것보다 처음부터 더러워질 수 있는 여지를 미연에 방지하는 것이 현명한 방법이기 때문이다.

2) 청결의 3가지 요소

청결 활동은 작업자 전원이 정리·정돈·청소 활동(3S 활동)을 공평하게 분담하며, 이를 일상의 업무화를 통하여 실행하고, 주기적으로 체크하고 평가하여 습관화시켜 나가야 한다.

① 버리지 않는 정리 : 예방정리

필요하지 않는 물건을 정리하는 방법으로는 정리단계의 붉은 표찰 활동이 있다. 이는 사업장과 사무실에 있는 필요하지 않는 물건에 붉은 표찰을 부착하여, 누가 보아도 불필요한 물건을 확실히 알 수 있도록 눈으로 보는 정리를 하는 방법이다. 따라서 사전에 불필요품이 발생되지 않게 하는 예방정리, 즉 버리지 않는 정리가 중요하다.

② 흐트러지지 않는 정돈 : 예방정돈

어떤 물건에 대한 행위를 분석해 보면 '되돌려 놓기'가 쉬운 물건은 흐트러지기도 쉽다. 이때는 '되돌려 놓지 않아도 좋은 정돈' 방법을 만들어 놓으면 '흐트러지지 않는 정돈'을 완성할 수 있다.

③ 더러워지지 않는 청소 : 예방청소

청결은 정리·정돈과도 관련이 있지만 특히 청소와 깊은 관계가 있다. 설비 그 자체나 설비 주변이 오일과 먼지로 더러워지지 않도록 하는 것이 청소이고, 깨끗한 상태를 오래도록 유지하는 것이 청결이다. 따라서 보다 진전된 청결은 더러워진 후에 청소를 하여 청결함을 지키는 것이 아니라 청결을 더러워지지 않도록 하는 장치로 생각하여, 발생원인에 대한 근본적인 개선을 통해 보다 강력한 5S를 실행하는 것이 중요하다.

5S 유지 방법 중 청결을 유지하는 3가지 방법을 〈그림 2.5〉에 나타냈다. 일반적으로 청결 활동을 단계적으로 표현하면, 1단계는 무질서한 상태로 정리·정돈·청소 활동을 주기적으로 실시하지 못하는 상태를 뜻한다. 2단계는 3S 활동을 주기적으로 진행하지만 개선되지 않는 상태를 말하며, 3단계는 3S를 하지 않도록 근원과 본질을 개선하는 최상의 단계를 의미한다.

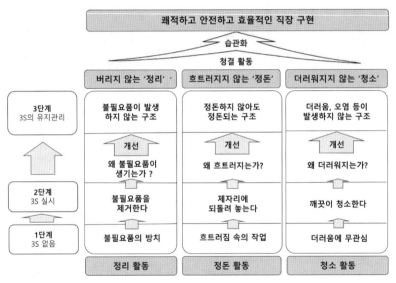

〈그림 2.5〉 5S 유지관리

3) 청결 활동 추진 절차

기초적인 3S 활동을 규칙적으로 진행할 수 있도록 일상 조직화, 업무 분담, 매뉴얼 활용 등의 표준화를 실시한다. 다음으로 흐트러짐, 오염 등 근원을 차단할 수 있는 발생원을 개선한다. 청결 활동이 유지될 수 있도록 평가를 지속적으로 시행, 정착화해야 한다.

① 3S 활동의 표준화
- 3S 활동을 추진하는 조직의 변동사항을 재정비한다.
- 담당 구역 3S 맵을 표준화한다.
- 3S 활동 주기표를 작성한다.
- 3S 활동은 자칫하면 1회성이나 이벤트 행사성으로 그칠 우려가 있다. 이에 주기적으로 수행할 수 있도록 일정표, 체크표 등을 만들어 활동 항목별 진행 사항을 체크하며 습관화하도록 해야 한다.

② 오염 발생원의 개선
- 오염물질을 확인한다.
- 오염 발생원의 문제점을 찾는다.
- 오염 발생원의 문제점을 개선한다.

③ 청결 활동의 평가 관리
- 청결 활동 평가 체크리스트를 활용하여 평가 및 관리한다.

4) 청결 활동 결과
- 필요품, 불필요품이 구분된다.
- 불필요품은 현장에서 명확히 구분되고 치울 수 있다.
- 불필요품이 전혀 보이지 않으며, 필요품 관리가 용이하다.

(5) 다섯번째 기둥 : 습관화

1) 습관화의 핵심

습관화란 정리·정돈·청소·청결 상태를 항상 바르게 지키는 현장의 규율을 행동으로 생활화하는 것을 말한다. 즉, 정해진 것을 정해진 대로 바로 실천하도록 습관화하는 것이다. 누구라도 하기 쉬운 정리·정돈·

청소·청결을 통해 5S 활동의 목적으로서의 습관화를 달성하기 위해 노력하는 것이 중요하다.

규칙적으로 어떤 운동을 한다고 가정해 보자. 가령 귀찮고, 시간이 없고, 약속이 있지만 그 운동을 하는 것이 훨씬 이익이라고 느낀다면 대다수 사람들은 운동을 하게 된다. 이와 비슷하게 습관화는 어떻게 문제 상황을 줄여 5S 활동을 활성화시킬지를 생각해야 한다. 사업장과 사무실에서 생활화가 안 된 경우 부작용들이 나타나기 시작한다. 이 해결을 위해 습관화가 필요한 것이다. 이처럼 습관화는 5S를 초월하여 물건을 만들고 파는 일 등 모든 업무에 자리 잡고 있는 기업 발전의 핵이다.

2) 습관화 활동을 실패할 경우

- 잦은 3S(정리·정돈·청소) 활동을 실시하여도 바로 흐트러지거나 더러워져 원상태로 되돌아간다.
- 불급품, 불필요품을 치워도 곧바로 불필요품이 발생한다.
- 통로, 빈 공간에 재공품을 놓아 운반을 제대로 할 수 없다.
- 부품 배치 장소가 일정하지 않아 때때로 오품, 체결 부적합 등 작업 실수가 발생한다.
- 치공구, 절삭 용구를 제자리에 놓아도 금방 흐트러진다.
- 기계가 더러워져도 정기청소 때가 아니면 그대로 방치한다.

3) 습관화를 위한 5가지 항목

4S 활동을 추진하는 목적은 습관화하기 위한 것이다. 아무리 3S 활동을 잘해도 청결 활동과 5S 활동의 궁극적 지향점을 추구하는 바른 마음(습관화: 正心)을 세우지 못하면 5S 활동은 성공할 수 없다. 습관화를 추진하는 5가지 항목에 대한 사항은 〈그림 2.6〉과 같다.

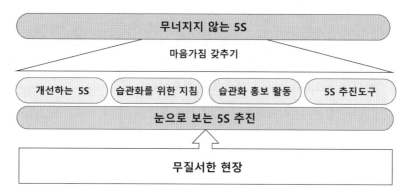

〈그림 2.6〉 습관화를 위한 5S

4) 습관화 추진방법

① 눈으로 보는 5S 활동 추진

모든 5S 활동은 그 활동의 결과가 가시화될 수 있도록 하고, 현장의 모든 상황이 한눈에 파악될 수 있어야 효율적인 현장 관리 체제를 유지할 수 있다. 따라서 5S 활동의 목적은 '눈으로 보는 현장 시스템'을 만드는 데 있다고 해도 과언이 아니다.

② 개선하는 5S 활동

5S 활동이라고 해서 항상 버리고, 치우고, 가지런히 하는 것으로 만족하면 그 활동은 힘들고 시간이 많이 걸리는 귀찮은 작업이 될 수밖에 없다. 따라서 처음부터 불필요품이 발생하지 않도록 현장 구조를 개선하는 활동, 즉 '개선하는 정리 활동'이 되어야 한다.

한 번 정돈하면 지속적으로 흐트러지지 않도록 두는 방법 등에 대해 아이디어를 도출하여 '개선하는 정돈 활동'이 되도록 해야 한다. 또 현장이 오염될 수 있는 근본적인 원인(발생원, 오염원)을 차단할 수 있는 '개선하는 청소 활동'이 되어야 습관화 활동이 정착될 수 있다.

③ 습관화를 위한 행동지침

- 하루 일과를 시작하기 전에 규정된 복장은 철저히 갖추었는지 확인한다.
- 모든 인사는 습관화 가꾸기의 기초이다.
- 기준과 표준은 철저히 지킨다. 5S 활동은 표준 만들기로 시작하여 표준 지키기로 끝난다.
- 구획선은 생명선으로 생각한다.
- 정돈의 기본인 3정(定)을 지킨다.
- 시간이 나면 5S 작업 전에 우선 점검한다.
- 5S의 흐트러짐은 그 자리에서 지적, 개선한다.
- 더러워짐, 흐트러짐의 원점을 고친다.
- 일단 정리정돈하고, 더 좋은 방법을 검토한다.
- 작은 실천이라도 즉시 한다.
- '3현 3즉'은 5S 활동의 생명이다.
- 돈 들이지 않는 5S 활동과 개선을 생각한다.
- 쉬운 것, 눈에 띄는 곳부터 실행한다.
- 5S의 실패를 두려워하면 미래는 없다.

5) 습관화를 정착시키기 위한 주요 포인트

- 최고경영자의 의지를 끌어내야 한다.
- 전 사원에게 공식화하여 참여를 유도한다.
- 전원 실행의 추진이 핵심이다.
- 목표와 방향을 명료하게 한다.
- 실행과제를 끈기 있게 해결한다.
- 최고경영자가 주기적으로 순시하며 현장 책임자를 직접 독려한다.
- 5S는 생존의 사다리다. 5S의 실천 없이 개선은 성공하지 못한다.

제3장
자주보전

TPM의 특색 가운데 하나는 제조 부문이 보전에 참가한다는 점이다. 현대와 같은 경쟁사회에서는 기업의 생존을 위해 보전 활동의 중요성이 커지고 있다. 아울러 오퍼레이터의 역할과 보전업무에 대한 재검토도 요구되고 있다. 기업에서는 QC 분임조 등의 소집단 활동이 널리 보급되어 자기 설비는 자주적으로 관리한다는 생각이 정착했다. 또 '자기 설비는 스스로 지킨다'는 이른바 자주보전 의식이 생기게 되었다.

지금은 스마트폰 등 전자기기 게임에 의해 거의 사라진 '두더지 게임'이라는 것이 있었다. 한 구멍에 튀어나온 두더지를 때리면 그 두더지는 들어가고, 다른 구멍에서 또 다른 두더지가 튀어나오는 것으로, 이는 TPM 활동 이전에 현장에서 설비관리를 하는 모습과 유사하다. 한 쪽의 문제를 해결하면 괜찮아지는 것 같지만 또 다른 문제가 발생되어 설비의 안정화를 기하기가 매우 어려운 상황이 된다.

자주보전 활동은 이러한 문제점을 근본적으로 해결하기 위한 활동이다. 결함을 찾아내어 복원·조치함으로써 문제가 발생하기 전에 철저히 예방관리할 수 있다.

이러한 자주보전 활동을 통해 요구되는 기본 정신은 유지하되, 생산공정의 종합적인 효율화 가동을 위해서 어느 정도의 변화가 필요한 시기이다. 물론 도입 초기에는 자주보전의 기본 스텝 활동을 철저히 실행하는 것이 매우 중요하다.

사람의 체질이란 그렇게 쉽게 개선되지 않으며 철저한 스텝 활동의 실행을 통해 자신도 모르게 변화되는 것이므로 처음 몇 년간은 정해진 일정, 방법대로 실시하는 것이 바람직하다.

TPM을 도입한 대부분의 기업이 자주보전 활동을 통해 강한 현장을 만들어 낸다. 하지만 대부분의 기업 현장에서 기대한 만큼 활동의 성과가 나타나지 않는다. 그 이유는 스텝별 활동 방법만을 배우려 하기 때문이다. 그 바탕이 되는 사상, 목적을 깨달아 자신의 것으로 만들어 나가는 노력이 필요하다.

(1) 자주보전의 목적

자주보전 활동을 실시하는 목적은 강제열화가 없는 현장 구축과 설비에 강한 오퍼레이터를 양성하여 생산보전 활동의 효율화를 기하고자 하는 것이다. 설비의 기능이 고도화되고 자동화시스템으로 전환되면서 좋은 품질을 만들어 내기 위한 오퍼레이터의 역할이 보다 많이 요구되고 있고, 이에 따라 설비에 대한 올바른 관리도 중요해졌다. 이를 위해 설비의 내부 구조 및 기능을 바로 알고 이상 상태를 정확하게 점검해 내는 능력이 필요하다.

(2) 설비에 강한 오퍼레이터

자주보전 활동을 실시하기 위해서는 '설비에 강한 오퍼레이터'가 되어야 한다. 오퍼레이터는 단순한 기계조작은 물론, 청소·급유·점검 등 일상보전을 할 수 있어야 한다. 자동시스템화, 로봇화가 진전되면 그 필요성은 더욱더 커진다. 오퍼레이터에게 가장 필요한 것은 이상을 발견하는 능력과 품질이나 설비에 대한 이상을 알아보는 능력이다. 이를 위해서는 다음 3가지 능력과 행동력이 요구된다.

- 정상과 이상의 판정 기준을 분명히 설정할 수 있을 것(조건을 설정할 수 있는 능력)
- 조건 관리의 규칙을 확실히 지킬 수 있을 것(유지할 수 있는 능력)
- 이상에 대해 정확한 처리를 신속히 취할 수 있을 것(처리 및 수리를 할 수 있는 능력)

자주보전 활동을 통해 설비에 강한 오퍼레이터가 되기 위해서는, 위의 3가지 능력 외에도 설비 운전자인 오퍼레이터 각자가 다음과 같은 능력을 습득하여야 한다.

- 설비의 문제를 발견할 수 있는 능력과 개선할 수 있는 능력
- 설비의 구조 및 기능을 이해하고 이상의 원인계를 발견할 수 있는 능력
- 설비와 품질의 관계를 이해하고 품질 이상의 예지와 원인계를 발견할 수 있는 능력

이런 요건을 충족시킨 사람이야말로 '불량이 발생할 듯하다', '고장 날 듯하다' 등의 원인계를 발견할 수 있으며, 이를 미리 방지하고 조처할 수 있어야 설비에 강한 오퍼레이터라고 할 수 있다.

(3) 마이머신 관점

자주보전이란 작업자 개개인이 '자기 설비는 스스로 지킨다'는 목적을 갖고 자기 설비의 일상점검, 급유, 부품교환, 수리, 이상의 조기발견, 정밀도 체크 등을 하는 것이다. 기술의 진보에 따라서 설비는 고도화되고 복잡해지고 있으며, 기업 규모가 커짐에 따라 보전기능은 분화되었다. 따라서 운전 부문은 생산하는 일에만 전념하고, 보전은 보전 부문에만 집중함으로써, 이른바 '나는 만드는 사람, 당신은 고치는 사람'이라는 사고방식이 뿌리박혀 있다.

'고장이 생긴 것은 보전 부문의 방식이 나쁘기 때문이다', '설비 도입의 선정이 잘못되었으니 우리와는 관계가 없다' 등의 잘못된 생각은 고쳐야 한다. 설비 고장 중에는 작업자가 단순한 조이기와 급유, 청소를 하면 미리 방지할 수 있거나, 움직여 보면 이상을 감지하고 방지할 수 있는 경우가 많기 때문이다.

(4) 열화 및 복원

설비를 오래 사용하다 보면 그 기능이 점점 떨어지게 되는데 이러한 현상을 '열화'라고 한다. 열화에 의한 변화의 상태는 설비와 구성품의 특성에 따라, 일정한 시간이 지나면 급격한 변화를 보이는 경우와 서서히 기능을 상실하는 경우로 나눌 수 있다. 두 경우 모두 예외 없이 발생하게

되므로 설비보전의 측면에서 이러한 현상을 고려하여 사전에 예방조치를 취해야 한다.

열화는 자연열화와 강제열화로 구분된다. 자연열화란 올바르게 사용해도 물리적인 현상에 의해 성능이 저하되는 열화를 의미하며, 강제열화란 인위적인 것으로, 설비를 제대로 보전하지 못하여 발생하는 열화를 말한다. 예를 들면 급유해야 할 장소에 급유를 하지 않거나 청소해야 할 곳을 청소하지 않는 등 당연히 실시해야 할 일을 하지 않아서 발생하는 것이 강제열화이다.

이에 대한 예방조치 방법 중 하나가 복원이다. 복원이란 원래 정상적인 기능 상태로 되돌리는 것을 말한다. 자주보전 활동은 이러한 복원 활동을 오퍼레이터를 통해 철저하게 실시하게 함으로써, 설비가 가지고 있는 기능을 최대한 발휘하도록 하는 것이다.

2 자주보전의 역할

(1) 기본조건의 관리

설비보전 중 '보전의 기본인 열화를 방지하는 활동'은 운전 부문의 자주보전을 통해야 한다는 사실을 앞에서 설명했다. 하지만 열화를 방지하는 활동에 있어서 기본조건의 정비가 가장 중요한 항목으로 설정되어 있다는 것도 알아야 한다.

열화는 설비의 수명에서 오는 자연열화와 인위적인 나쁜 환경에서 오는 강제열화로 나눌 수 있다. 특히 인위적인 나쁜 환경(녹, 더러움, 기름 누설, 먼지·절삭분 등)에 의해 강제열화가 가속되어 설비고장으로 이어지는 경우가 많다. 따라서 인위적인 나쁜 환경을 어떻게 단절시키는가의 여부가 설비고장을 줄이는 요령이 된다.

기본조건의 관리는 설비보전을 위해 강제열화를 배제하는 것으로 청소, 급유, 더 조이기를 확실하게 하고, 유지·관리하는 것을 의미한다.

먼지, 더러움의 완전 배제와 잠재 결함의 표면화를 위한 '청소', 부품의 마모 등을 감소시키기 위한 '급유', 볼트, 너트의 풀림이나 탈락을 방지하고, 오동작이나 파손을 방지하기 위한 '더 조이기' 등 인위적으로 강제 열화를 배제하는 것을 기본조건의 정비라고 한다. 〈그림 3.1〉은 자주보전 활동을 통한 기본조건 관리의 개념을 나타낸 것이다.

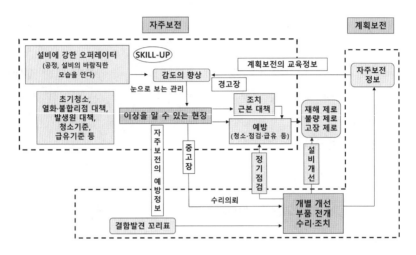

〈그림 3.1〉 자주보전을 통한 기본조건 관리

(2) 운전과 보전의 역할

1) 운전과 보전의 역할

보전 부문은 운전 부문의 의뢰를 받아서 '부탁받은 일만 해준다'는 소극적·수동적 태도를 가져서는 안 된다. 물론 운전 부문은 생산을 담당하고 있으므로 한시라도 빨리 수리를 요구하는 것이 당연하지만, 보전 부문에서는 공사 요구가 쇄도하여 미처 처리할 수 없는 경우도 있다. 이런 경우처럼 상호 간에 상대방의 입장을 충분히 이해하지 못하고, 서로 반목하는 상태가 된다면 보전의 목적은 달성할 수 없다.

한편 운전 부문 역시 '나는 만드는 사람, 당신은 고치는 사람'이라는 편향된 사고를 취하는데, 이런 경우 보전 부문에서 아무리 노력을 해도 좋은 결과가 나올 수 없다. 운전과 보전 양쪽이 협조하지 않으면 생산이 불가능하다는 것은 주지의 사실이다. 운전 부문에서도 보전 기능의 일부를 분담하여 서로 도와야 비로소 보전의 기능을 다할 수 있고 목적도 달성할 수 있다. '운전과 보전은 수레의 두 바퀴'라는 이유가 이 때문이다.

그러므로 운전 부문이 담당해야 할 일은, 보전의 기본인 '열화'를 방지하는 활동이 되어야 한다. 운전 부문이 '열화를 방지하는 활동'을 담당할 때 비로소 보전 부문의 전문적 보전수단이 참된 위력을 발휘하며 효율적 보전이 될 수 있다. 〈그림 3.2〉는 운전과 보전의 역할분담에 대해 나타낸 것이다.

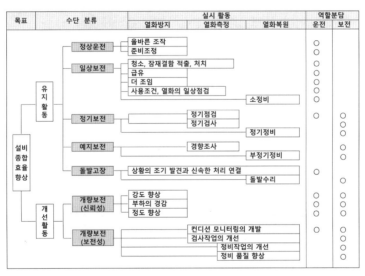

〈그림 3.2〉 운전과 보전의 역할분담

2) 자주보전의 역할분담

운전 부문은 '열화를 방지하는 활동'에 중점을 두고 다음과 같은 활동을 추진해야 한다.

① 열화를 방지하는 활동
- 정확한 조작(휴먼 에러의 방지)
- 기본조건의 정비(청소, 급유, 더 조이기)
- 조정(주로 운전이나 작업 준비상의 조정, 품질불량의 방지)
- 이상의 예지, 조기발견(고장, 재해의 방지)
- 보전 데이터의 기록(재발 방지, MP설계로의 피드백)

② 열화를 측정하는 활동(주로 오감에 의한)
- 일상점검
- 정기점검의 일부

③ 열화를 회복하는 활동
- 간단한 정비(간단한 부품 교환, 이상 시의 응급조치)
- 고장, 기타 문제 상황에 신속하고 정확하게 연락
- 돌발 수리의 지원

이 가운데 강제열화를 방지하는 기본조건의 정비와 일상점검은 가장 중요한 활동이다. 하지만 보전 부문의 요원이 하기에는 범위가 너무 넓으며 손이 닿지 않는 영역이다. 따라서 설비 상황을 가장 잘 알고 있는 운전 담당자가 하는 것이 효과적이다.

3 ▶ 스텝별 활동

(1) 스텝의 구성

자주보전 활동은 철저하게 스텝 방식으로 추진된다. 즉, 단계적 과정을 통해서 설비에 강한 오퍼레이터가 되기 위한 것을 몸에 익혀 나간다고 할 수 있다. 먼저 오퍼레이터로서 기본적으로 해야 할 사항을 배우게 된다. 이제까지 운전 부문의 담당자로서 기본조건의 정비가 왜 필요한지 스텝 활동을 진행해 나가면서 하나씩 이해하고, 실행하는 능력을 키워 가는 것이다. 자주보전 스텝 활동은 전체 7스텝으로 구성되어 있다.

처음에 실시해야 할 1스텝인 설비 초기청소 활동에서는 청소라는 수단을 통하여 불합리한 사항 등을 찾아내어 조치하는 단계이다. 이러한 과정을 통하여 '청소는 점검'이라는 인식을 가지게 된다. 다음 2스텝에서는 설비 및 공정을 오염시키는 발생원 등의 개선을 실시한다. 현장의 환경적인 변화가 가장 많이 느껴지는 단계이다.

기준서 작성 단계인 3스텝은 청소·점검·급유 등 일상보전을 할 수 있도록 행동 기준을 작성하는 단계이다. 이러한 3스텝까지의 과정을 통하여 오퍼레이터는 설비에 대한 자주보전의 필요성을 몸으로 체득하게 된다. 4스텝은 설비, 공정(프로세스), 품질 측면에서의 지식을 레벨업함으로써 지속적으로 현장 및 설비 상태의 유지관리가 가능한 오퍼레이터로 성장해가는 단계이다. 4스텝인 설비 총점검 활동은 설비 보전의 전문가가 되기 위한 트레이닝 과정으로, 설비의 구조 및 기능 원리 등을 하나씩 배워나갈 수 있다.

5스텝부터는 활동의 방향이 설비 중심적인 활동에서 공정관리에 관련된 부분으로 전환하게 된다. 따라서 5스텝 이후에는 장치산업 부문과 가공산업 부문에서의 활동 내용도 구분되며 각 공정별 특성에 따른 활동을 실시한다. 자주보전 활동은 오퍼레이터를 설비의 기본적인 보전을 담당하는 실무자로 양성하는 과정이라고 볼 수 있다.

자주보전 활동을 보다 효율적으로 추진하기 위해서는 공정특성과 작업형태를 고려한 스텝 활동이 필요하다. 예를 들면 장치산업의 형태는 프로세스 중심으로 구성되어 있어 단순히 설비적인 측면만으로 접근하기에는 맞지 않는 부분이 많이 발생한다. 따라서 장치산업 부문의 현장에서 자주보전 활동을 효율적으로 추진하기 위해서 설비와 프로세스 간의 연관성을 감안하여 추진 스텝을 설정하여야 한다.

일반적인 자주보전 활동 1스텝은 설비 본체를 중심으로 먼지, 더러움을 청소하는 것으로 되어 있다. 하지만 장치산업 부문의 현장 설비는 광범위하고 공정상의 기능과 연계되어 있으므로 설비 및 공정상의 기능 부문 중심의 청소가 효율적인 추진방법이 될 것이다.

또한 장치산업 부문은 개별적 설비보다는 프로세스의 기능이 더 중요하기 때문에 총점검 실시도 설비와 프로세스로 스텝을 구분해야 한다. 또한 단순조립형 작업의 현장에서는 자주보전 활동을 장치산업이나 가공·조립산업 부문과는 다른 관점에서 접근하여야 하는데, 이는 TPM 활동이 기본적으로 설비 중심이기 때문이다.

그러나 장치산업 부문이나 가공산업 부문의 현장에서도 기업에서 생산하는 제품 종류에 따라 단순조립형 작업도 필요하게 되는데, 이런 작업 현장에서는 기존설비 중심의 자주보전 스텝 활동을 적용하기가 곤란하다. 따라서 이런 경우에는 수작업의 기능성을 감안한 자주보전 스텝 활동이 필요하다.

이렇듯 산업의 형태에 따라 스텝의 추진 사항을 일부 다르게 적용하는 것이 바람직하나, 여기에서는 최근 가장 많이 활용되는 스텝을 중심으로 제시하고자 한다. 산업 부문에 따라 부분적으로 다른 추진 내용도

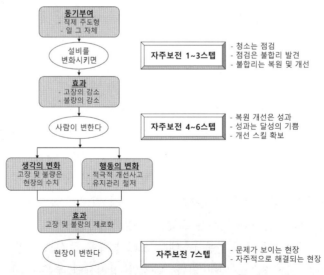

〈그림 3.3〉 자주보전 스텝 전개의 기본 사고

있으나 자주보전 스텝 활동의 기본적인 추진 방향은 거의 유사하다. 이에 각 스텝 활동의 목적을 명확히 이해하고 있다면 각 기업에서 자주보전 스텝을 추진할 경우에 자신의 설비와 공정 특성에 맞게 조정해서 운영하면 가능할 것이다. 〈그림 3.3〉에 제시하는 자주보전 스텝 전개의 기본 사고를 참조하여 추진하는 것도 좋은 방법이다.

(2) 1스텝 : 설비 초기청소

1) 활동의 목적

생산설비를 운전하는 오퍼레이터가 '내 설비는 내가 유지하고 개선한다'는 사고방식으로 설비의 찌든 때를 제거하고, 잠재결함(누설·풀림·손상 등)을 발견하여 복원·조치함으로써 설비고장을 미연에 방지하는 것이 그 목적이다. 뿐만 아니라 설비에 손을 직접 대게 함으로써 '청소는 점검'이라는 것을 몸으로 체험하게 하여 설비에 대한 이해를 높이고, 설비에서의 청소란 무엇인가를 이해하게 되는 것이다.

2) 청소의 의미

설비의 청소란 설비·금형·치공구 등에 부착된 더러움·오염·먼지·기름·절삭분·슬러지 등 이물을 깨끗이 제거하고, 설비의 구석구석까지 철저히 청소하는 것이다. 청소를 통해 설비의 잠재결함이 현재화된다. '청소는 점검'이라는 것도 이 때문이다. 청소를 단순히 보기에 깨끗하게 하는 것이라고만 생각해서는 안 된다.

3) 청소 실시 포인트

설비 청소를 실시하는 것은 간단해 보이지만 그리 쉽지만은 않다. 특히 TPM에서의 청소는 현장, 설비, 공정상의 불합리한 문제점을 찾아내는 중요한 역할을 한다. 따라서 청소 방법에 대해 사전에 충분한 숙지를 하고 임해야 한다.

- 안전 등에 대해 사전에 확인한다.

- 오퍼레이터 스스로 '내 업무는 청소'라고 생각하고 자기 손으로 직접 청소한다.
- 오래 묵은 때를 철저히 닦아 낸다.
- 이제까지 살펴본 적 없는 커버와 뚜껑을 열고 설비 구석구석까지 철저히 청소한다.
- 분해할 필요가 있는 것은 분해하여 청소한다.
- 본체뿐 아니라 반송 설비와 전장(電裝) 박스, 작동유 탱크 속 등 부속 설비를 포함하여 모든 설비를 청결히 한다.
- 청소를 해도 곧 더러워진다고 체념하지 말고 청소 후에 언제, 어느 부위부터, 어느 정도 더러워지는지를 확인한다.

4) 불합리 발견 및 복원·개선

청소를 통하여 찾아낸 설비에 잠재되어 있는 결함을 자주보전 활동에서는 보통 불합리라고 한다. 1스텝 활동에서 오퍼레이터는 불합리의 개념을 명확히 인식하여, 이러한 불합리가 설비나 공정상의 트러블로 나타나지 않도록 사전에 철저히 찾아내어 조치하는 것이 필요하다. 불합리를 발견(적출이라고도 한다)하고 복원·조치하는 활동은 자주보전 전 스텝에서 지속적으로 실행되어야 한다.

따라서 오퍼레이터는 설비나 공정상에 잠재되어 있는 불합리를 찾아내기 위해서 불합리에 대한 실체를 볼 수 있는 능력이 필요하다. 이를 위해서는 자신이 담당하고 있는 설비의 구조, 기능 등에 대해서 잘 숙지하고 있어야 한다. 불합리란 다음과 같은 것이 해당되며, 〈표 3.1〉은 불합리를 항목별로 구분하여 정리한 것이다.

- 기기·배관 설치의 부실에 의한 기름 누설
- V벨트 손상 교환, 장력 늘어짐
- 그리스 분배기의 결손 교환
- 리밋 스위치, 근접 스위치, 광전 스위치 등 설치 볼트의 풀림
- 배선 관계로 인한 가동부의 이탈, 뒤틀림

⟨표 3.1⟩ 불합리의 항목별 구분

구 분	분 류		세부 불합리 내용
결 함	미결함	• 흠집 • 덜걱거림 • 헐거움 • 이상 • 부착 • 윤활 • 유면계	• 균열, 변형, 구부러짐, 찌그러짐 • 흔들림, 빠짐, 기울어짐, 편심, 마모, 삐뚤어짐, 부식 • 벨트, 체인 등의 헐거움 • 이음, 발열, 진동, 이취, 변색, 압력, 전류 • 막힘, 고착, 벗겨짐, 동작불량 • 오일부족, 오일오염, 유종 부적합, 오일누설 • 오염, 파손, 누설, 레벨 표시
	기본조건	• 더러움 • 급유 • 더 조이기	• 찌꺼기, 먼지, 기름, 녹, 도료 • 급유구 오염, 오이롱 오염, 파손, 변형, 보관 • 볼트 및 너트의 헐거움, 탈락, 걸림불량, 길이초과, 　부식, 와셔 부적합, 와셔 미사용, 찌부러짐
	품질불량원	• 이물 • 충격 • 수분 • 입자 • 농도	• 가루, 털, 조각, 벌레, 비닐, 빨대 등 • 마찰, 진동, 충돌 • 제거불량, 침입 • 스크린, 분리장치 이상 • 온도상승, 가열, 혼합, 증발, 교반기 불량
	불요불급품	• 기기류 • 관류 • 계기류 • 전장품 • 치공구 • 예비품	• 펌프, 팬, 컴프레서, 타워 등 • 배관, 파이프, 호스, 덕트, 밸브류 등 • 온도계, 압력계, 진공계, 전류계 등 • 배선, 전선, 스위치, 콘센트 패널 등 • 공구, 절단공구, 치공구 등 • 스페어 부품, 몰드류, 포장재, 테이프, 건 등
	불완전개소	• 계단 • 조명 • 회전물 • 기타	• 급경사, 손잡이, 미끄럼 방지, 이탈, 부식, 도색 등 • 조도부족, 위치불량, 커버 더러움, 보조등 파손 등 • 카 바이탈, 안전표시, 회전물 노출 등 • 유독가스, 단열재, 위험표시, 보호구 등
발생원	• 누유 • 누수, 누설, 비산 • 누기 • 오염 • 기타		• 윤활유, 연료의 누출, 흘림, 넘침 • 물, 온수, 냉각수, 처리수, 폐유, 시럽의 누수, 넘침 • 에어, 스팀의 누출 • 먼지, 액체 등 • 포장재, 불량품, 비눗물, 파병조각, 사람, 지게차
곤란개소	• 청소 • 점검 • 급유 • 더 조이기 • 조작 • 조정		• 기계구조, 기계배치, 기계공간, 발판, 커버 • 계기 위치, 방향, 표기, 배치, 커버 • 급유구 위치, 높이, 구조, 발판, 폐유구, 공간 • 더 조임, 공간부족 • 밸브류, 스위치, 핸들 위치, 발판 • 압력계, 온도계, 유량계, 진공계

5) 불합리의 조치 방법

불합리를 발견하면 불합리 발견·조치 리스트에 '어디에 어떤 이물이 부착되어 있는가', '이상 소음이 발생하고 있는 곳은 어디인가', '오염 부위는 어디인가' 등의 문제점을 기록한다. 〈표 3.2〉에 불합리를 발견하였을 때 활용할 수 있는 불합리 발견·조치 리스트를 제시하니 참조하도록 한다.

불합리 조치의 경우, 볼트·너트류의 풀림에 의한 문제, 절삭 시 비산이나 간단한 부품 교환 등은 오퍼레이터 스스로 해결하는 것이 가장 바람직하다. 하지만 오퍼레이터로서 조치할 수 없는 것은 전문적으로 보전을 담당하는 정비 부서에 의뢰하는 것이 효율적이다. 의뢰하고 나서는 진행되는 사항을 확인하고 완료된 후에는 조치일자를 불합리 발견·조치 리스트에 최종 기입하여야 한다.

〈표 3.2〉 불합리 발견·조치 리스트

관리 번호	장소 [Where : 어디]		문제점 [What(무엇이) +How(어떻게)]	조치 구분 자체/의뢰	발견자	부착일	조치 내용 [What(무엇을) +How(어떻게)]	조치 예정일	조치자	완료 여부
	설비	장치명								
	OP01 선반	유압탱크	유압 PUMP 이상 소음	정비	홍길동	1/10	유압 PUMP 분해 수리	1/20	김철수	1/20
	공정-설비명 -장치명		문제점의 현상 표현방법 : 무엇이 어떠하다				1. 조치 후 조치내용 기록 2. 조치완료까지는 공란 3. 조치 내용은 조치부서에서 조치내용을 확인하여 생산에서 기록		발견자가 조치 확인 후 기록	
				자체 : 자체조치 가능 의뢰 : 자체조치 불가 - 의뢰부서명						
*활동 전·후를 비교할 수 있도록 필요 시에 활동 전 상태를 촬영해 놓는다.										

6) 청소 시 안전 유의사항

'청소는 점검이다'라는 관점에서 설비상에 잠재되어 있는 불합리를 철저히 찾아내는 것도 중요하지만, 설비청소 시에는 안전사고가 발생하지 않도록 사전에 충분한 조치를 취함은 물론 불안전한 행동을 하지 않도

록 유의하여야 한다. 다음은 집중설비 청소 시 유의해야 할 중요한 사항
이다.

- 청소 전 반드시 전원 스위치를 끄고 청소 중이라는 표시판을 부착
  한다.
- 유·공압 장치 청소 시에는 인입 밸브를 잠그고 청소 표지판을 붙인다.
- 기기의 가동·정지 시 주위의 작업자에게 신호와 안전을 확인한다.
- 어두운 곳에서는 청소를 실시하지 않고 조명을 준비한다.
- 운전 중인 설비는 청소 작업에 포함시키지 않는다.
- 작은 배관, 케이블 트레이 위에는 올라가지 않는다.
- 설비 내부 작업 시에는 환기 장치를 설치한 후 작업한다.
- 청소작업 장소와 내용에 따라 안전모, 마스크, 보안경, 장갑 등을
  착용한다.

(3) 2스텝 : 발생원, 곤란개소 대책

1) 활동의 목적

발생원, 곤란개소 대책 스텝에서는 현장과 공정을 오염시키는 발생원
을 차단하고, 비산방지와 청소, 점검, 급유가 어려운 부위를 개선하여
주어진 목표 시간 내에 가능하도록 하는 것이다. 곤란부위의 개선은
'개선의 싹을 키우는' 중요한 단계가 된다. 스스로 노력하여 개선하고 그
과정과 성과에 대해 구성원들과 함께 기쁨을 맛보며 성장하는 자리이
다. 오퍼레이터가 설비 개선 능력을 가지고, 더 높은 수준의 개선에 도
전할 수 있는 자신감을 갖도록 하는 데 목적이 있다.

2) 발생원 발견 및 리스트업

발생원에 대한 개선을 진행하기 전에 먼저 실시해야 하는 것은 현장
에서 발생하고 있는 현상을 철저히 파악하는 것이다. 오염 발생원은 외
부로부터 인입되는 먼지, 공정 중 사용되는 용액의 누설, 절단공정에서

발생되는 스크랩 등 여러 가지 형태로 나타난다. 〈표 3.3〉은 오염을 발생시키는 형태와 대상의 관련성, 발생 현상을 정리한 것인데, 발생원에 대한 근본적인 원인을 알아낼 때 유용하다.

〈표 3.3〉 오염 발생원의 형태와 대상의 관련성 및 발생 현상

형태 \ 대상	기름(용액)	증기(물)	가스(Air)	분진	절분	쇼트볼	오일미스트	부품조각	발생 현상
비산, Leak	○	○	○	○	○	○	○	○	틈새나 구멍을 통해 비산함
넘침	○	○			○	○		○	용기 등이 가득 차 넘침
부착	○			○	○			○	대차, 박스, 재료 등에 부착
엎지름	○	○		○	○	○		○	보급, 회수, 세정 시에 엎지름
전달오염	○	○							액상물이 전달 중에 누설
번짐	○						○		액체가 틈새로부터 번짐
낙하오염					○	○		○	부품 등이 컨베이어에서 떨어짐

3) 발생원 개선 방안

발생원 개선안을 검토하는 경우에는 발생원을 제로화하는 것을 목표로 하되, 최소화하는 측면도 고려하는 것이 현실적인 대책 방법이다. 오염 발생원 조치 방식은 다음 순서로 한다.

- 우선 오염 등을 발생시키는 근원부터 단절시키겠다는 생각을 한다.
- 발생원이 어느 부위인지 파악한다.
- 발생원의 원인을 알아낸다.
- 발생을 극한까지 줄인다.
- 발생이 일어나지 않도록 유지 및 관리한다.

설비 본체로부터 발생하는 윤활유, 작동유, 냉각수 등의 누설, 미끄럼부의 마모분, 도금 장치의 워크 이동 시의 도금액 흘림 등의 발생원을 확실하게 제거해야 한다. 그러나 가공 원리상 어쩔 수 없이 발생하여 발생원을 제거할 수 없는 경우도 있다. 이것에 대한 발생원 대책은 다음과 같다.

- 발생되는 절대량을 감소시킨다.
  - 연삭 가공 시의 냉각제 사용량을 줄인다.
- 비산을 차단시킨다.
  - 최소한의 국소 커버로 비산을 방지한다.

냉각제 사용량 등 가공조건을 바꾸려면, 품질 측면에서 문제가 발생하지 않도록 관련 부서와의 충분한 협의를 전제로 해야 한다. 2스텝에서의 발생원 개선을 위해서는 우선 오염을 일으키는 발생원을 찾아내어 조치하는 것이 좋다.

오염 발생원 외에도 공정상의 로스·고장·불량 측면에서의 발생원도 있을 것이다. 그러나 이 사항은 별도의 개별개선 활동 등에서 관리되고 있으므로 오염으로 인한 품질불량, 트러블 발생 원인 등의 발생원만 포함시키는 것이 보다 효율적이다. 〈표 3.4〉는 발생원 발견·개선대책 리스트 관리 양식이다.

〈표 3.4〉 발생원 발견·개선대책 리스트

| No | 구분 | | 발생원 종류 | 발생개소 | 내 용 (문제점) | 발생량 | 발생원인 | 근본대책 | 조치 | | 개선 예정 일자 | 담당 | 완료 여부 | 비고 |
	내부 발생	외부 발생							자체	의뢰				

4) 곤란개소 발견 및 리스트업

곤란개소 발견은 설비에 대한 기본적인 작업의 효율성을 향상시키고 자 하는 것이다. 곤란개소는 청소나 점검, 조이기, 급유, 운전과 관련되 는 작업을 실시할 때 불편하거나 힘이 드는 부위나 행동을 말한다. 곤란 개소 개선 등은 보다 편하고 효율적인 작업이 가능하게 된다.

청소·점검에서의 곤란개소에 대한 대책은 '청소하기 어렵다', '점검하 기 어렵다', '점검하는 데 시간이 걸린다' 등의 문제를 개선하는 것이다. 예를 들어 V벨트를 점검할 때 일일이 커버를 제거하지 않아도 점검할 수 있도록 들여다보는 창을 만든다든지, 배선 설치가 바닥에 노출되어 있어 청소 실시가 어려울 때 피트나 덕트 등을 활용하여 청소하기 쉽도 록 하는 것 등이 있다.

곤란개소에 대한 현상을 찾아낼 때 한 가지 유의할 사항은 청소 곤란 개소 개선은 오염 발생원에 대한 개선 방향이 어느 정도 정해진 다음에 개선 여부를 결정하는 것이 바람직하다는 것이다. 왜냐하면 오염 발생 원이 개선된 후에는 청소 곤란개소의 개선 자체가 의미가 없어지기 때 문이다. 〈표 3.5〉는 곤란개소의 발견·개선대책 관리 양식이다.

〈표 3.5〉 곤란개소 발견·개선대책 리스트

No	곤란개소 종류	곤란 개소 (위치)	내용 (문제점)	현장작업 분석결과				대책	조치		개선 후 작업분석				완료일	담당	완료여부	비고
				빈도 (회)	시간 (분)	인원 (명)	치공구		자체	의뢰	빈도 (회)	시간 (분)	인원 (명)	치공구				

5) 개선안 작성 및 실행 방안

발생원과 곤란개소에 대한 현상을 빠짐없이 찾아내어 리스트업한 후에는 개선안을 작성하여 실행하여야 한다. 앞에 제시했던 〈표 3.4〉와 〈표 3.5〉의 양식을 활용하되, 기업의 상황에 맞게 보완하여 활용한다.

오염 발생원 개선안 중에는 국소 커버 설치 같이 현장 분임조에서 간단히 보완·개선하는 조치로 해결 가능한 발생원도 있으나, 중앙 집진설비의 구조적 개선 등 투자가 필요한 발생원 대책도 필요하게 되는 경우가 있다. 따라서 〈표 3.4〉에 표시는 안 되어 있지만 분임조 자체에서의 개선 가능성을 고려하여 등급을 구분하는 것도 필요하다. 근본대책이 나온 후에 등급을 구분하는 사항을 포함하는 것도 가능하다.

등급은 일반적으로 3개의 등급으로 구분하고 있다. 분임조 자체에서 개선 가능한 사항은 C급, 전문 보전 부문에 의뢰해야 할 사항은 B급, 투자 예산에 반영시키거나 TFT를 구성해 개선하는 등의 정책적으로 추진해야 하는 사항은 A급으로 나눌 수 있다.

(4) 3스텝 : 자주보전 기준서 작성

1) 활동의 목적

1스텝에서 더러움을 청소하여 합격한 수준이거나 2스텝에서 발생원·곤란개소로 개선을 실시한 설비를 계속 유지하기 위한 활동이다. 청소의 실행기준 작성과 급유, 윤활 상태 재검토, 문제 부위, 급유 곤란개소, 점검 곤란개소의 발견·개선 등으로 설비의 신뢰성과 보전성 향상을 꾀하며, 동시에 지키기 쉬운 기준을 만드는 데 목적이 있다.

2) 설비 구조 및 원리 숙지

오퍼레이터 스스로가 청소·점검·급유 개소에 대한 기준서를 작성하여 자기가 맡고 있는 설비에 대한 관심을 고조시키고, 설비구조 및 작동원리에 대한 지식을 숙지하도록 한다. 설비에 대한 기구도를 OPL로 작성해 봄으로써 제품을 만들어 내는 설비에 대한 이해를 넓혀 나간다. 설비에 대한 기구도를 작성할 때는 각 부위별 명칭 및 기능(용도)을 나타내어 누구나 쉽게 알 수 있도록 하는 것이 중요하다.

3) 청소·점검·급유 개소의 리스트업

자주보전 기준서를 작성하기 전에 먼저 설비에 대한 기본조건의 관리 포인트인 청소·점검·급유 개소에 대해 명확히 설정하는 것이 필요하다.

- 청소 개소는 설비의 외관을 깨끗이 하려는 단순히 5S적인 청소가 아니라, 설비의 기능적 부위나 품질에 영향을 미치는 부위를 주기적으로 청소하여 일상보전을 필요로 하는 개소를 선정한다.
  (예: 필터, 센서류, 습동부 등)
- 점검 개소는 설비를 구동하는 데 있어 일정 역할을 하는 부위로, 정상적 가동 조건에 맞게 관리되고 있는지에 대한 점검이 필요한 개소를 선정한다.
  (예: 벨트의 적정 장력 상태, 모터가 이상 발열되는지 사전점검 등)
- 급유 개소는 급유 계통도를 작성하고, 어떤 부위에 어떤 유종이 사용되고 있는지 취급설명서와 도면을 근거로 전문 보전 부서의 협력을 받아 파악한다. 급유 계통도는 오퍼레이터가 급유점에서 윤활점까지 도달하는 순서대로 작성한다. 〈그림 3.4〉는 유압 작동유 급유 시스템에서 급유계통도의 사례로, 급유관리에서는 최종 윤활 포인트에 윤활유가 나오는가를 확인하는 윤활점 관리가 중요하다. 배관 계통에 파손이나 막힘은 없는지, 말단까지 확실히 기름이 가고 있는지 등의 확인이 중요하기 때문이다.

주기적으로 교체시기를 정하여 급유하는 개소를 선정한다. 이때 단순하게 오일의 적정량을 점검하는 것은 점검항목으로 포함시키고, 눈으로 볼 수 있는 표시를 하여 수시로 체크할 수 있도록 한다.

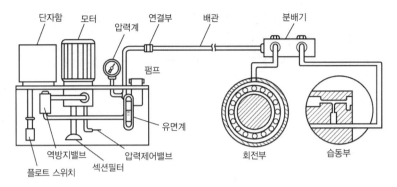

〈그림 3.4〉 급유계통도의 사례

4) 자주보전 기준서 작성

청소·점검·급유 개소가 확정된 후에는 일상보전을 실시하기 위한 자주
보전 기준서를 작성하여야 한다. 기준서는 주기적으로 청소·점검·급유를
실시해야 할 설비(장비)를 대상으로 한다. 청소·점검 사항에는 개소(부
위), 기준, 방법, 이상 시 조치사항, 실시주기 등이 있고 급유사항에는 개
소(부위), 유조, 유량, 방법, 이상 시 조치사항, 실시주기 등이 포함된다.

특히 급유 실시주기를 선정할 때에는 윤활 부족으로 인한 사항뿐 아니
라 윤활의 역할을 제대로 하지 못하는 시점에 정하는 것이 바람직하다.
연속 가동이 아닌 설비는 단순한 시간주기보다는 사용 기간을 감안해 교
체주기를 선정하는 것도 고려하여야 한다. 또한 사용조건에 따라 그리스
윤활의 보급주기를 다르게 하는 것도 유의하여야 한다. 〈표 3.6〉은 구름
베어링을 사용하는 전동기의 사용조건에 따른 그리스 보급 주기이다.

〈표 3.6〉 사용조건에 따른 그리스 보급 주기의 사례

1,800rpm 이하의 전동기 kW	표준조건	가혹조건	최악조건
~5.5	3~5년	1~2년	6개월
7.5~30	1~3년	6개월~1년	3개월
37.5~115	1년	6개월	3개월

- 표준조건 : 운전온도 40℃ 이하, 8시간 작업, 청결한 곳에서 시동정 지가 적은 경우
- 가혹조건 : 운전온도 40~66℃, 24시간 작업, 분진이 많은 장소에 서 충격, 진동 하중이 있는 경우
- 최악조건 : 운전온도 66~110℃, 과도한 진동 하중, 하중에 의한 온 도 상승이 있는 경우

① 자주보전 기준서 작성 시 일반적으로 고려할 사항

- 1차적으로 반드시 청소·점검·급유 개소는 설비를 담당하고 있는 오퍼레이터 스스로 선정하여야 한다.
- 관리자(담당 팀장 또는 스태프)는 현장에서 선정된 청소·점검·급유 개소를 앞으로 준수할 수 있는지, 기능상 빠진 부분은 없는지 확인 하여야 한다.
- 동일한 설비가 여러 대 있을 경우에는 1대만 모델로 작성한다. 단, 담당 오퍼레이터별로 1대씩은 작성하는 것이 좋다. 기준서가 작성 된 후의 일상점검 체크는 전 설비를 대상으로 한다.
- 실시주기는 설비 기능이나 품질상 매우 중요한 역할을 하는 개소를 포함한다.
- 기준은 가능한 수치 등 정량적으로 설정하는 것이 좋다.
- 방법은 실제 행동 사항을 기입하고 현실성이 없는 방법은 하지 않 도록 한다.

② 급유 사항 작성 시 고려할 사항

- 유량은 어떤가 : 단위당 소비량(1일, 1주일)은 어떤지, 1회당 급유량 은 어떤지 체크한다.
- 유종의 통일 : 유종의 관리가 불충분하면 설비를 구입할 때마다 유 종이 늘어나는 경우가 있으므로, 유종의 재고를 조사하고 가능한 줄인다.

- 급유 방법 : 급유 방법은 그리스건 사용 등 여러 방법이 있는데 실무에서는 OPL 등을 작성하여 실시 방법을 숙지하는 것이 중요하다.
- 급유 부위에 대해 전문 보전 부문과의 업무분담을 결정한다. 위험한 개소, 오일압력을 세팅해야 하는 중앙식 오일펌프 급유, 설비를 분해 조립 시 전문기술이 필요한 경우에는 전문 보전 부문에서 하며, 기업의 공정 특성에 따라 자주보전을 실시하기 전에 업무 분담을 정해 놓는 것이 필요하다.

5) 자주보전 기준서 활용

자주보전 3스텝에서 작성된 기준서는 오퍼레이터를 통한 일상보전을 실시하는 데 유용하게 활용되어야 한다. 이를 위해서는 현장에서 지켜질 수 있는 기준서가 되어야 한다. 너무 많은 청소나 점검 항목을 포함하게 되면 바쁜 일상업무에 쫓겨 정해진 기준대로 실시하지 못하는 경우가 발생하기 때문이다. 따라서 기준서를 작성할 때에는 반드시 지킬 수 있도록 항목, 주기, 실시 시간 등을 최대한 효율적으로 설정하는 것이 중요하다. 이것을 소장단(少長短) 활동이라고도 한다.

여기서 소장단이란 청소나 점검항목 등은 가능한 적게 하고, 실시주기는 길게 하며, 확인은 짧은 시간에 하는 것을 의미한다. 그렇다고 청소 및 점검 항목 등을 임의적으로 생략해서는 안 되며, 일상관리상이나 작업일보 등에서 체크가 가능한 항목 등은 제외하여 중복되는 확인 로스를 배제하자는 것이다.

또한 눈으로 보는 관리를 잘 활용하면 점검 항목의 로드를 줄일 수 있다. 예를 들어 압력 게이지 등의 사용상 적정 범위를 누구나 확인하기 쉽게 표기해 놓으면 일상점검표에 의한 확인로드를 감소시킬 수 있다. 〈표 3.7〉은 자주보전 청소·점검·급유 기준서의 활용 양식이다.

〈표 3.7〉 자주보전(청소·점검·급유) 기준서 활용 양식

소속		자주보전(청소 · 점검 · 급유) 기준서				작성자			인
분임조명						최초 작성일		년 월 일	
설비명						개정일자		년 월 일	

설비그림(설비 개략도)	구분	자주보전 NO	개소 (부위)	기준	도구/방법 (무엇으로, 어떻게)	이상 시 조치	실시 주기 일 주 월 년	비고
	청소 ◇	1						
		2						
		3						
		4						
1	점검 □	1						
2		2						
3		3						
4		4						
5	급유 ○	NO	개소 (부위)	유종	유량	도구/방법	이상 시 조치	일 주 월 년	비고
6		1						
7		2						
8		3						

6) 자주보전 일상점검표

기준서가 작성된 후에는 일상점검표(일상점검 체크시트라고도 한다)를 작성하여 활용하게 된다. 일상점검표는 정해진 주기대로 실시 일정을 표기해 놓고 계획대로 실시하는 것이 중요하다. 일상점검을 실시할 때 이상 상태가 발생되면 상황을 자세하게 기입하여 재발이 없도록 해야 한다. 최근에는 일상점검표를 별도로 사용하지 않고 ERP(Enterprise Resource Planning : 전사적 자원관리시스템) 등을 활용하는 경우도 있다. 이는 정해진 기준을 잘 실행하기 위해 서류상 표기 시간을 줄여 오퍼레이터의 업무 로드를 최소화하는 것이 목적이다. 〈표 3.8〉은 자주보전 일상점검표 활용 양식이다.

〈표 3.8〉 자주보전 일상점검표 활용 양식

(' 년 월) 자주보전 일상점검표				범례 O : 양호 ▲ : 주의 × : 불량	라인명	공정명	설비명	설비번호	조장	팀장

구분	No	개소(부위)	시기	기 준	실시주기	1 2 3 4 5 6 7 8 9 10 11 12 13 14 15 16 17 18 19 20 21 22 23 24 25 26 27 28 29 30 31
청소	1					
	2					
	3					
	4					
점검	1					
	2					
	3					
	4					
	5					
	6					
	7					
급유	1					
	2					
실시 시기	가동정지시 : 정 가동중 : 중				점검자	
					관리자	

일 자	이상발견 개소 및 조치사항	확 인

도면 또는 스케치 기입

7) 눈으로 보는 관리 활용

눈으로 보는 관리는 관리 항목의 이상과 변화를 한눈에 보고 알 수 있도록 시각화(표식·표시)·투명화하는 것을 말한다. 누가 보아도 정상과 이상을 판단할 수 있게 함으로써 신속하게 이상을 발견하고 조치를 취할 수 있도록 한다.

일상점검을 실시할 때 현장·현물에 눈으로 보는 표시가 되어 있으면 이상유무를 판단하기가 쉽다. 이 때문에 3스텝에서는 '3정 5S' 활동과 자주보전 추진 시에 사용하는 눈으로 보는 표시를 재정립하여 활용하는 것이 필요하다. 또 급유 실시에서의 오류와 점검을 구별하기 쉽게 만드는 색별 관리도 눈으로 보는 표시의 좋은 사례다. 유종, 급유 주기, 담당자 등을 급유 부위에 붙이기도 한다. 〈표 3.9〉는 눈으로 보는 관리의 원칙을 나타낸 것이다.

〈표 3.9〉 눈으로 보는 관리의 원칙

항 목	내 용
관리한계를 표시한다.	- 정상인지, 이상인지 관리한계를 명확히 한다. - 한계를 정량적으로 결정한다. - 멀리서도 이상을 판단할 수 있게 한다.
투명화한다.	- 내부를 보이게 하여 이상의 발견이 쉽게 한다. - 눈에 보이지 않는 경우, 뚜껑을 벗긴다. - 눈에 보이지 않는 경우, 위치를 바꾼다.
시각화한다.	- 표식이나 표시를 활용한다. - 색채를 활용한다.

설비의 일상보전 활동과 관련된 눈으로 보는 표기에는 다음과 같은 분류가 있다.

- 볼트·너트의 합치선 표시
- 게이지류의 사용범위 표시
- 배관의 용도별 구분 표시
- 배관의 흐름 및 내용 표시
- 밸브의 개·폐 표시
- 유량계의 사용범위 표시
- 전기 패널 표시
- 청소·수리상태 표시
- 회전방향 표시

〈그림 3.5〉는 압력 게이지의 눈으로 보는 표시 기준 사례이다. 기업 특성을 고려하여 TPM을 담당하는 부서에서 자체적으로 표시 기준안을 설정하여 활용한다.

| [눈으로 보는 관리]
압력게이지류의 적정범위 표시 기준 | | 작성 | 년 월 일 |
| | | 정정 | 년 월 일 |

표시 대상	표시 기준	표시 방법(사례)

1. 압력계
2. 진공계
3. 온도계
4. 전압계
5. 전류계
	1. 표시는 고내후성 마킹 필름을 사용한다.
	2. 필름은 내부의 눈금판에 직접 붙이는 것을 원칙으로 한다.
	3. 충격방지용 오일이 봉입되어 있는 게이지는 외부 유리에 붙이는 것도 가능하다.
	4. 필름의 색 구분은 아래와 같다.
	  – 적정 범위 : 녹색
	  – 주의 범위 : 황색
	  – 이상 범위 : 적색
	5. 게이지 표시 리스트를 작성하여 관리한다.
	6. 리스트에는 주의, 이상 등의 범위에 대해서 일어날 수 있는 악영향과 조치방법을 표준화하여 관리한다.
		적정 범위 (녹색)
		주의 범위 (황색)
		이상 범위 (적색)
		0 10 20 30 40 50 60
		Kg/cm²

〈그림 3.5〉 눈으로 보는 표시 기준 사례(압력게이지류)

(5) 4스텝 : 설비 총점검

1) 활동 목적

4스텝 활동은 설비의 기초 지식 및 기구, 기능을 분임조원 전원에게 교육시켜 결함개소 발견능력을 높이고, 총점검 매뉴얼 교육 및 총점검 실시를 통해 열화를 측정하는 활동이다. 즉, 설비의 각 계통별 구성원리 및 점검의 필요성을 인식하여 설비에 강한 오퍼레이터를 양성하고, 총점검을 통하여 설비의 미결함을 철저히 복원·개선함으로써 강제열화가 없는 설비와 현장을 만드는 것이 목적이다.

2) 설비 총점검 추진방법

설비에 강한 오퍼레이터가 되기 위해서는 각 설비에 공통된 항목이나 유닛의 기초적인 사실을 알아야 한다. 설비를 구성하고 있는 6계통인 기계

요소, 구동장치, 윤활장치, 공압, 유압장치, 전기제어장치와 공정상의 가공조건 등의 항목에 대해 기본적인 교육을 받고, 이를 바탕으로 문제점을 발견하는 기능을 익혀 나간다. 이를 위해서는 다음과 같은 과정이 필요하다.

- 설비 6계통 및 가공조건에 대한 기본적인 교육을 받는다(리더급).
  - 설비 기초지식 OPL 및 설비 총점검 매뉴얼 등
- 오퍼레이터에게 전달한다.
- 배운 것을 실천하면서 문제점을 발견한다.
- 눈으로 보는 관리를 추진한다.

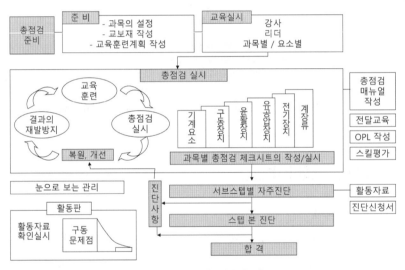

〈그림 3.6〉 설비 총점검 추진 플로

3) 서브스텝별 구분

4스텝은 이제까지의 스텝과는 달리 몇 개의 서브스텝으로 구분하여 실시하는 것이 일반적인 방법이다. 이렇게 구분하여 실시하는 이유는 각 기능별로 설비 총점검을 실시하는 것이 보다 효율적이기 때문이다. 서브스텝은 기본적으로 4-1스텝부터 4-6스텝까지 추진한다. 〈표 3.10〉은 각 서브스텝별 기능 항목에 대한 구성 요소를 구분한 것이다.

기능 항목별	구성 요소	비 고
4–1스텝 (기계요소)	체결부품, 축 및 축이음, 실부품, 베어링, 밸브, 게이지, 배관류	체결부품에는 나사부품, 리벳, 키 및 핀 등이 포함
4–2스텝 (구동장치)	전동모터, 벨트, 체인, 기어, 변속기, 클러치, 캠, 브레이크	전동모터는 전기 항목에서도 포함
4–3스텝 (윤활장치)	윤활유, 급유기기, 오일실, 급유구, 윤활점, 급유배관	급유점과 윤활점의 구분이 중요
4–4스텝 (공압장치)	에어 컴프레서 유닛, 에어 3점 세트, 밸브류, 에어 실린더	–
4–5스텝 (유압장치)	유압탱크, 유압펌프 유닛, 밸브, 액추에이터류	–
4–6스텝 (전기 및 제어)	제어반, 전동 모터, 센서류, 스위치, 단자부, 케이블	–

〈표 3.10〉의 6개 서브스텝별 기능 항목 분류는 일반적인 분류방법으로 공정의 특성에 따라 구분이 조정될 수 있다. 그렇기 때문에 현장실무에서는 자신의 공정 및 설비의 형태에 따라 가장 합리적인 사항을 구분하여 서브스텝별 활동을 실시하는 것이 바람직하다.

예를 들면 유압장치 기능이 없는 경우나 자동화 설비의 특성상 제어 부문을 별도로 구분하여 스텝 활동이 효과적인 경우에는 전기 부문과 분리하여 설정하도록 한다. 4스텝 활동의 목적인 설비에 강한 오퍼레이터를 양성하고, 설비상의 미결함을 철저히 복원 개선함으로써 강제열화가 없는 설비 및 현장을 만드는 것에 부합되는 것이라면 서브스텝별 구분 형태가 조정되어도 무방하다.

4) 설비 총점검 교육 실시

설비 총점검 활동의 가장 큰 특징은 오퍼레이터가 점검의 필요성을 명확하게 인식하도록 하는 것이다. 이를 위해서는 설비 총점검 교육이 체계적으로 실시되어야 한다. 우선 총점검 OPL을 작성, 활용하여 설비에 대한 기본적인 지식을 숙지하도록 해야 한다. OPL은 교과서 등에 있는 단순한 지식보다는 실무에 활용할 수 있는 내용으로 작성하는 것이 좋다. 〈그림 3.7〉은 설비 총점검 교육에 활용한 설비 총점검 OPL 작성 사례 이다.

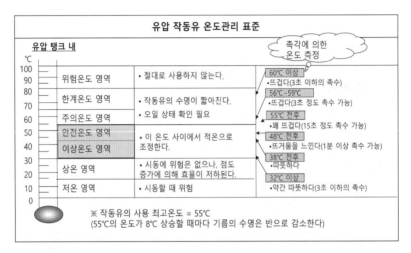

<그림 3.7> 설비 총점검 OPL 작성 사례

설비 총점검 교육은 이론 중심의 교육보다는 현물 중심의 실습교육을 병행하여 실시하는 것이 좋다. 따라서 교육을 실시하기 전에 실습을 위한 준비를 철저히 하는 것이 필요하다. 기능 실습교육을 현장에서 실시하는 방법 중 하나는 제작실 등을 활용하는 방법이다. 제작실을 설치하여 교육하기 어려운 여건일 경우, 커트 모델(Cut-Model : 밸브 부품 등의 단면을 커팅하여 내부구조를 알 수 있게 한 모형)을 준비하여 현장이나 교육장 등에서 간단하게 교육하는 것도 하나의 방법이다. 〈그림 3.8〉은 커트 모델의 활용 사례이다.

밸브 내부 구조

트랩 내부 구조

펌프 내부 구조

모터 내부 구조

〈그림 3.8〉 커트 모델의 활용 사례

총점검 교육을 효율적으로 실시하기 위해서는 6계통 각 과목별로 분임 조장을 통해 분임원에게 전달 교육을 한다. 교육 후에는 이해도를 체크 하여 합격점을 받지 못한 사람은 보충교육을 받은 후 다시 도전하는 경우 도 있는데, 이러한 전달교육은 다음과 같은 측면에서 자주보전을 추진 하는 데 도움을 주기도 한다.

● 가르치는 일을 통해 배운다.

리더는 스스로 공부하면서 현장에 맞게 분임원에게 가르친다. 리더 스스로 이해가 불충분하면 가르칠 수 없다. 어떻게 가르쳐야 할지 고심 하는 과정이 있어야 비로소 자기 것이 되며 리더로서의 자각이 싹트게 된다. 실제 제대로 설명할 수 없거나 이해가 되지 않는 부분은 스태프에 게 다시 한 번 배우고 분임원에게 가르침으로써 리더의 수준을 향상시 킬 수 있다.

• 알았다는 사실을 알 때까지 가르친다.

가르친 것을 정말로 이해하고 있는지, 실제로 할 수 있는지, 문제점을 발견할 수 있는지 등으로 이해도를 체크한다. 가르치기만 하고 확인 과정 없이 방치해 두거나, 상대방은 모르는데 이해했다고 혼자서 착각하는 경우가 있다. 따라서 그때그때 이해도를 체크하여 합격하지 못하면 제대로 알 때까지 다시 교육시켜야 한다. 자신에 대한 겸허한 반성과 관리자와의 신뢰감이 깊어졌다는 의견이 들리는 교육의 장(場)이 되어야 한다.

5) 설비 총점검 매뉴얼 작성

설비 총점검 추진 매뉴얼은 기본적으로 TPM을 추진하는 주관 부서에서 점검 항목별로 작성하여 각 실무 현장에 배포하는 것이 일반적이다. 하지만 담당 공정의 특성이나 작업 여건 등에 따라 총점검 항목이 달라질 수 있으므로 필요 시 조정하여 활용하는 것이 바람직하다. 예를 들면 유틸리티 담당 공정의 경우 4-1스텝을 실시할 때 배관·밸브를 안정적인 면으로 고

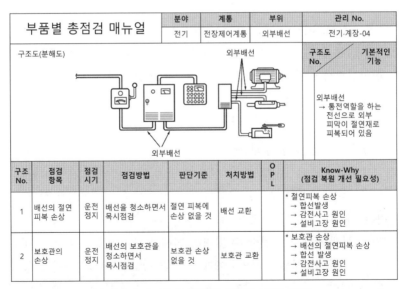

〈그림 3.9〉 설비 총점검 매뉴얼 작성 사례

려하여 중점 점검하는 것이 좋다. 〈그림 3.9〉는 설비 총점검 매뉴얼 작성
사례이며 〈표 3.11〉은 공압계통 총점검 부위 및 항목을 정리한 것이다.

〈표 3.11〉 공압계통 총점검 부위 및 항목

총점검 부위	총점검 항목
(1) 공기압원시스템	① 흡입여과기의 필터 막힘·손상 여부 ② 압축기의 과열·이상음 ③ 쿨러 및 드라이어의 손상 ④ 드레인 세퍼레이터 손상 ⑤ 공압탱크 이상
(2) 흡입여과기	① 드레인 빼기 ② 케이스 내면의 더러움 ③ 디플렉터 손상 ④ 엘리멘트의 더러움·막힘 ⑤ 배플 플레이트 손상 ⑥ 필터의 수직도 ⑦ 배관 접속부의 공기누설
(3) 압력제어밸브	① 작동상태 ② 압력계의 0점 ③ 압력계의 관리범위 표시 ④ 배관 접속부의 공기 누설
(4) 오일러	① 오일량 확인 ② 오일의 열화·티끌·이물질 혼입 ③ 오일 적하량 확인 ④ 배관 접속부의 공기 누설
(5) 배관 및 커플링부	① 배관 찌그러짐·손상 ② 커플링부 공기 누설 ③ 배관의 구부러짐(R부) 취급 방법
(6) 방향제어밸브	① 작동상태 ② 배기구에서의 공기 누설(가압 시) ③ 배관 접속부의 공기 누설
(7) 유량제어밸브	① 작동상태 ② 유량 조절의 매칭 마크 ③ 배관 접속부의 공기 누설
(8) 액추에이터	① 배관 접속부의 공기 누설 ② 헤드 커버, 롯드 커버에서의 공기 누설 ③ 피스톤 롯드의 구부러짐·흠·마모·녹 ④ 피스톤의 작동상태 ⑤ 액추에이터 부착 볼트의 느슨함 ⑥ 가공점 접속부의 느슨함, 덜컹거림

6) 설비 총점검 실시

설비는 사용기간이 지남에 따라 고유 수명의 열화가 진행되기 때문에,
항상 어떤 변화가 일어나고 있는지를 모니터링하고 있어야 한다. 일상
점검에서 설비 내부기능 부분까지, 모니터링이 오퍼레이터에 의한 점검

레벨을 한 단계 높이는 4스텝이다. 최근에는 현장에서 가동되고 있는 설비상태의 점검사항을 데이터화하여, 이를 설비기능의 변화에 관한 정보로 활용하는 경향이 많아지고 있다. 설비 총점검을 실시할 때에는 총점검 체크시트를 사용하는 것이 일반적인 방법이다.

총점검 체크시트 활용에는 2가지의 방법이 있으므로 담당 공정의 특성에 맞게 선정하여 실시하도록 한다.

첫번째 방법은 총점검 매뉴얼에 나와 있는 항목별로 점검하는 것이다. 점검개소는 공정 중 공통설비를 기입하고, 점검 결과에 불합리가 있는 경우에는 해당 설비를 표기하고 문제점을 기입한다. 점검항목, 점검방법, 판단기준은 총점검 매뉴얼에 있는 내용을 그대로 기입하되, 작성 로드를 줄이기 위해 복사, 또는 컴퓨터로 작성한 후 공통으로 활용하는 것이 편리하다.

두번째 방법은 총점검 대상 설비별로 점검하되 총점검 항목을 모두 포함하여 실시하는 것이다. 점검개소는 총점검 대상 설비를 기입하고, 점검 결과는 불합리가 있는 경우 해당 항목을 표기하고 문제점을 기입한다.

총점검 실시 중 불합리 개선에서 고려해야 할 사항은 설비에 잠재되어 있는 미결함까지도 철저히 찾아내야 한다는 것이다. 또한 찾아낸 미결함의 복원 및 개선에 대한 효율성을 감안하는 것도 중요하다.

총점검 활동은 불합리를 찾아내는 것도 중요하지만 그보다도 점검의 필요성 및 점검방법을 명확히 숙지해야 한다. 단순히 불합리만 개선하는 것으로 끝난다면 3스텝 활동까지의 일반적인 불합리 복원·개선 실시 활동과 별반 다를 것이 없기 때문이다.

(6) 5스텝 : 프로세스 총점검

1) 활동 목적

자주보전 활동의 1~4스텝만으로는 장치형 부문 공정의 효율적인 운전관리가 불충분하다. 따라서 5스텝에서는 운전조작의 신뢰성 향상과 장치의 안전성 향상을 꾀하기 위해, 운전기능 교육과 프로세스 총점검

을 실시하여 '프로세스에 강한 오퍼레이터'를 육성하는 것을 목적으로
한다.

장치형 공정에서는 고체·액체·기체 등이 여러 가지로 변화하고 고온·
고압 아래에서 농도와 순도 등 공정 조건이 광범위하게 변하는 사례가
많다. 프로세스의 조정과 이상 시 조치를 잘못하면 한 번에 많은 양의 불
량을 만들어 내기도 하고 커다란 재해를 일으킨다. 이 때문에 장치의 오
퍼레이션에 있어서는 프로세스의 성능·기능을 잘 이해하고 있는 것이 중
요하다. 따라서 물성을 이해한 후에 조정·조절해야 한다. 또한 이상 현
상을 예측하여 사전에 바른 조치를 취할 수 있는 능력이 필요하다.

2) 프로세스 총점검 교육

오퍼레이터가 운전·감시하는 프로세스(공정)는 설비나 장치가 크고
관리 범위도 매우 넓으며, 취급하는 물성의 제조공정 내에서의 변화가
크다. 이 때문에 장치를 운전할 때는 프로세스의 성능·기능을 이해하는
것이 중요하다. 물성을 알고나서 올바른 조정과 조절이 이루어져야 한
다. 그러려면 프로세스 개선, 예지 총점검을 실시하기 전에 적절한 교육
계획을 수립하고, 철저한 교육을 통하여 담당 공정에 대한 충분한 이해
가 있어야 한다.

총점검에 대한 교육 시에는 교육의 효율성을 높이기 위해 관리자나
현장 리더가 만든 원 포인트 레슨을 통한 전달교육을 하는 것이 좋다.
기초교육은 PFD·P&ID의 작성 및 이해, 화학 등 해당 공학 기초, 단위
조작과 관계되는 공학이론과 공정에서의 개선이력 트러블 발생 사례 등
을 파악하여 실시한다. 여기서 PFD(Process Flow Diagram)는 전 공정
의 플로를 한눈에 알아볼 수 있도록 작성한 도해인데 담당자별로 작성
하도록 하고, 필요 시에는 단위공정별로 구분하여 작성한다. PFD 작성
시에 참조해야 할 사항은 다음과 같다.

- 공정상의 흐름이 명확하게 나타나도록 한다.
- 저장조, 펌프, 자동밸브 등의 기기를 중심으로 작성한다.
- 배관의 구분은 별도로 표기하지 말고 연결 흐름만 나타내도록 한다.

- 전체 공정이 한 번에 나타나기 어려운 경우에는 단위공정별로 구분하여 작성한다.
- 가능한 전원이 참여할 수 있도록 역할분담을 한다.

〈그림 3.10〉은 PFD에 나타난 잠재적 불합리의 발견 포인트이다.

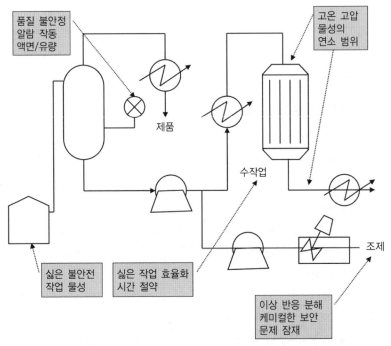

품질 불안정
알람 작동
액면/유량

고온 고압
물성의
연소 범위

제품

수작업

싫은 불안전
작업 물성

싫은 작업 효율화
시간 절약

이상 반응 분해
케미컬한 보안
문제 잠재

조제

〈그림 3.10〉 PFD상의 잠재적 불합리 발견 포인트

3) 서브스텝별 구분

프로세스 총점검 활동은 프로세스 성능·기능 총점검 개선과 프로세스 조정·조절 총점검 개선, 프로세스 예지 총점검 개선 스텝 등 3개의 서브스텝으로 구성되어 있다. 프로세스 총점검 활동은 설비의 조합에 의해 구성된 프로세스가 어떠한 시스템으로 제품을 생산해 내고 있는가를 감안하여 실시하되, 프로세스에 잠재되어 있는 불합리한 사항을 찾

아내어 개선함으로써 공정의 신뢰성을 확보하도록 한다. 〈표 3.12〉는 프로세스에 잠재되어 있는 불합리 사항을 체크하기 위한 항목이다.

〈표 3.12〉 프로세스에 잠재되어 있는 불합리 사항 체크 항목

구분	잠재적 불합리 체크 항목
성능 · 기능	• 조건 변동(압력 · 유량 · 온도 · 액면 등)은 없는가 • 알람이 작동되고 있지 않은가 • 진동은 없는가(배관, 기기 등) • 운전조건은 플랜트의 설계조건과 비교하여 어떠한가 • 냄새는 없는가 • 이음은 없는가(조절밸브의 조임, 해머링, 유동음 등) • 발열은 없는가 • 조성 변동은 없는가
품질	• 샘플링 방법은 적정한가 • 관리한계를 벗어난 때는 없는가
재해/안전	• 필요한 안전장치는 붙어 있는가 • 보호구는 적정한가 • 충돌 · 접촉 · 추락의 위험성은 없는가 • 중독, 화상의 위험성은 없는가 • 인터록이 해제되어 있지 않은가(shut-down 시)
작업성	• 기기의 수동 조절 개소는 없는가 • 임시 샘플링은 없는가 • 수동밸브 조절 개소는 없는가 • 오조작, 깜박 실수 등으로 이어지는 개소는 없는가 • 필터, 계기의 수동 조작은 없는가 • set-up, shut-down 시 비정상 작업은 없는가

4) 프로세스 성능 · 기능 총점검 개선

공정의 플로를 파악한 후 프로세스상에 잠재되어 있거나 만성적인 불합리에 대한 사항이 없는지 찾아내어 근본적인 개선을 실시한다. 〈표 3.13〉은 성능 · 기능 총점검 체크시트 양식과 작성방법이다.

〈표 3.13〉 성능·기능 총점검 체크시트와 작성방법

NO	프로세스 구성		성능 기능 역할	사양	품질과의 관계	문제점 현상	잠재 로스 유무	점검 일	점검 자	개선안	조치구분		대책 실시 사항	완료 여부
	Tag -No	설비명									자체	의뢰		

해당 설비의 성능 및 역할 기록

설비의 용량 이나 Capa.기록

품질이나 환경 안전공정의 부동에 영향을 끼칠 수 있는 요인이 잠재해 있는 지 표시

문제점을 해결할 수 있는 개선안 제시

구분할 수 있는 일련번호 삽입

O, X, △ 로 표시

일반적인 설비의 변동 사항 등을 명기(개조)

해당 설비의 중요 기능별 구분을 표시하되 너무 작은 소단위로 기록하지는 말 것

발생문제점 기록 (현재 발생 중인 문제점 기록) 예상문제점은 기록하지 말 것, 문제점 없으면 공란

5) 프로세스 조정·조절 총점검 개선

조정·조절 총점검은 프로세스 총점검 교육과정을 통하여 관련 공학의 기초를 습득하고, 공정의 성능·기능 총점검 활동을 실시한 상태에서 공정상 처리물의 물성과 그 변화가 설비와 품질에 어떤 관계가 있는가를 이해시킨다. 그 후, 바른 조정과 조절법을 습득시켜 개선해 나간다.

설비 측면에서는 배관의 내용물과 흐르는 방향, 계기류의 적정범위 표시 등 눈으로 보는 관리에 대한 적합성도 보완해 나간다. 적정범위는 어떤 근거로 설정되었는가, 적정범위를 벗어나면 물성이 어떻게 바뀌어 품질과 프로세스에 영향을 미치는가 등을 파악하여 이상 시 조치방법을 확실히 한다. 또 조정의 조절화, 수작업 개선, 자동화 방안 등을 찾아내도록 한다. 〈표 3.14〉는 조정·조절 총점검 체크시트 양식과 작성방법이다.

〈표 3.14〉 조정·조절 총점검 체크시트와 작성방법

No	조정·조절 수작업 개소	작업 내용			적용범위 설정근거	물성 변화	품질 영향	이상 시 조치방법	개선안		
		목적	무엇을	무엇으로					조정개선 가능성	조절화 가능성	자동화 가능성
일련번호 기록	조절이 필요한 장소 기록 예) 측정, 조정, 샘플링 개소 등	기록된 개소의 주역할	조정·조절 작업 대상을 기입 (무엇을 조작하는지) 예) 온도, 압력, 시간, 회전수, 속도, 압하율, 수위, 유량 등	현재 무엇을 이용해서 조정, 조절 하고 있는 지를 기입 예) 조절 손잡이나 스위치, 밸브(자동 밸브 포함) 등의 수단	각 기계별 설정된 표준값을 기록하고 근거 명시 (작업표준서나 매뉴얼 종류) 작업 내용에 따라 공정상의 품질과 연관된 물리, 금속, 화학적인 변화 내용을 기입하고 특별한 변화가 없으면 없음이라고 기입	치명불량, 중, 경, 미결함 으로 구분하고 품질에 미치는 영향을 기입		이상 발생 시 조치 방법을 기술	조정개선 가능성, 조절화, 자동화 가능성을 O, X로 표시, O로 표시한 경우 개선 방안을 제시 (개선 방안은 별도 시트를 활용하여 기입해도 됨) - 단, 자체 가능한 개선 방안을 우선 제시, 실행하고 투자가 필요한 사항은 개선 방안을 제시하되 팀 과제로 제안하도록 함 예) 수차례의 조정을 거쳐 Center를 맞출 경우 이를 한두 번에 거쳐 맞출 수 있는 방법이 있을 경우 O로 표시하고 이에 대한 개선 방법을 기록		

6) 프로세스 예지 총점검 개선

프로세스 예지 총점검 개선 활동은 중대 문제점이 발생할 수 있는 사항을 사전에 예측하고, 향후에 어떠한 현상이 나타날 수 있는가를 매뉴얼화하여 숙지하며, 사전에 적절한 대책을 설정하고자 하는 활동이다. 잠재적인 고장모드를 찾아내기 위하여 FMEA(Failure Mode Effect Analysis) 분석을 활용한다. 프로세스 예지 총점검 개선 활동에서의 개선 대책안을 설정할 경우에는 발생 시 대처 방안과 발생 전 예방 대책안으로 구분하여 설정해 두는 것이 좋다.

(7) 6스텝 : 자주보전 시스템화

1) 활동 목적

자주보전 6스텝은 5스텝 활동까지의 설비(공정)를 중심으로, 기본조건 정비와 일상점검에 중점을 둔 활동이다. 이를 토대로 오퍼레이터의 역할을 담당 설비(공정의) 전체적인 작업까지 넓혀 철저한 로스 절감을 꾀하

고자 하는 것이 목적이다. 6스텝 활동에서 오퍼레이터에게 요구하는 수
준은 다음과 같다.

- 관리항목의 종합적 표준화
- 설비 신뢰성·조작성의 향상과 고품질 유지
- 작업의 기능화와 효율화

2) 총점검 미조치 사항 폴로업(follow-up)

자주보전 4스텝(설비 총점검)과 5스텝(프로세스 총점검)에서 총점검
매뉴얼에 의한 불합리 발견 시, 작업 여건 및 지원의 미실시 등으로 인
해 미조치된 불합리 사항에 대한 추가 개선을 실시한다. 활용 양식은 기
존에 사용 중인 불합리 발견·조치 리스트를 사용하되, 총점검 미조치 개
선사항임을 비고란에 표기하도록 하며 성과 파악 시 구분하여 정리하도
록 한다.

3) 공정 관련 현장 최적화 실시

현장의 작업장에는 설비 외에 원·부자재, 금형, 치공구, 측정구, 운
반구 등의 많은 사물들이 있다. 이러한 것들에 대해 바르게 사용하고 있
는지 점검하여 정리 및 정돈한다. 정상적으로 사용하고 있지 않다면 바
르게 사용할 수 있도록 보완하지 않으면 안 된다.

이러한 공정 관련 사용물품들이 바르게 정리·정돈되어 있지 않으면
'찾고', '사용하지 못하고', '과다보유'하는 커다란 로스를 발생시키는 요
인이 된다. 이러한 로스를 사전에 방지하기 위해서는 '기능을 발휘할 수
있는 물건을 필요한 때에, 필요한 양을, 가장 단시간에 찾고 넣을 수 있
는 보관 상태'로 유지하여야 한다.

이러한 정리·정돈 시에 활용할 물품별 보관배치도는 기존 활용 보관
(배치도) 양식을 사용하여도 무방하며, 3정(정품·정량·정위치)에 의해
철저한 사용의 효율화를 기하는 것이 중요하다. 각 물품별 실시 내용을
정리하면 다음과 같다.

- 각 물품별 재고 정리와 층별 정리
- 사용 기능성에 대한 총점검 실시(품질에 영향을 미치는 경우는 양품조건에 맞는지 철저하게 체크)
- 3정(정품·정량·정위치) 실시
- 관리기준의 보완 작성

4) 작업 관련 표준류 최적화

현장에서 활용하고 있는 표준류는 의외로 많다. 이 중에서 거의 실무에 직접적으로 활용되지 않는 것도 있으며, 업무상 필요하지만 일상적으로 잘 지켜지지 않는 경우도 있다. 따라서 6스텝 활동을 통하여 현재 설비나 공정관리상 필요한 표준류를 최적화하기 위하여, 현재 보관 중인 사용 표준류를 용도별로 분류하고 활용 상태에 대한 사항을 파악한 후 최적화하도록 한다.

① 사용 표준류 분류

공정에서 사용하고 있는 표준류의 분류는 먼저 공정관리(품질관리 포함), 설비관리, 자재관리 및 기타 등으로 구분하고, 이것을 기준서, 표준서, 지시서, 매뉴얼 등으로 분류한다. 국제표준 ISO 9000 : 2015(품질인증시스템에서의 문서 체계)와는 반드시 일치하지 않아도 무방하나, 표준류의 명칭은 현재 정해진 것을 가능한 그대로 사용하는 것이 바람직하다. 사용 표준류를 분류하는 목적은 현황 파악 시 누락되는 것이 없도록 하기 위함이다.

② 최적화 보완·개정

(a) 관리기준 설정

표준서(최적화 보완 대상 표준류를 의미함) 등에는 관리기준이 이미 설정되어 있다. 예를 들면 관리 항목(개소), 실시기준, 실시방법, 실시주기 등으로 개정에 필요한 사항을 보완하여야 한다. 보완 시에는 표준류 현황 파악 시 나타난 문제점을 충분히 감안해야 하며, 보완 시 필요하면 양식을 활용하는 것도 방법이다. 또한 개선·보완 사항을 분임조회의록 등에 정리하여 표준서 재작성 시에 반영해도 된다.

(b) 표준서 재작성

보완·수정해야 할 사항 등이 설정되면 표준서를 재작성할 때 문서관리 규정에 의한 개정 절차를 확인하여 실시해야 한다(문서관리 규정상 개정 절차가 별도로 설정되어 있지 않은 경우는 개정 근거를 명확히 명기한다). 재작성된 표준서에는 개정 차수 및 일자를 표기하고 관리 책임자의 확인·승인이 필요하다.

5) 점검업무의 역할분담

자주보전 활동의 목적은 설비 및 공정에 강한 오퍼레이터를 양성하는 것으로, 4스텝의 설비 총점검 활동과 5스텝의 프로세스 총점검 활동을 통하여 설비 및 공정에 관련된 점검기능을 습득하는 것이다. 이러한 점검능력을 바탕으로 그동안 전문 보전 부문에서 실시해 온 점검사항 중 자주보전 활동으로 실시 가능한 사항이 있는지를 파악하여, 효율적인 설비보전을 위하여 점검업무의 역할분담을 검토해야 한다.

보전 부문의 연간 보전 캘린더와 정비기준(점검, 검사, 교환, 분해 정비 실시 기준) 가운데서 특히 점검기준(분해를 수반하지 않거나 오퍼레이터가 분해 점검하는 것이 효율적이라고 생각되는 간단한 점검)은 운전 부문이 앞으로 실시하고자 하는 자주관리 기준과 목적 수단이 공통되는 것이 있다.

설비 고유의 항목으로 운전 부문이 담당하는 편이 나을 것으로 생각되는 것도 있고, 자주보전 활동 측면에서 활용해 온 점검기준(자주보전 기준서에 의한 사항을 의미)도 전문 보전 부서의 입장에서 보면 불충분한 것도 있다. 그러므로 양자의 기준을 비교하여, 누락이나 중복(특별히 중복 실시해야만 할 경우는 제외) 부분이 없는가를 확인하여, 점검 대상 분담을 설정하고 업무분장을 한다.

① 점검 항목 분담 설정

일상점검은 기존의 청소·점검·급유 기준서에 의한 항목을 기준으로 한다. 청소는 조업용 부품을 대상으로 하고, 점검은 오감으로 하는 점검 항목을 기준으로 한다. 급유는 기어모터, 유압 시스템, 고소(高所) 부문의 급유 교체를 제외한 점검 및 교체를 운전 부문에서 실시하되, 구체적인 사항은 공정의 특성에 따라 다르므로 업무분장 조정회의에서 재설정하도록 한다. 또한 정기점검은 정기적인 조업용 부품의 교체나 간단한 설비부품 교체에 한해 운전 부문에서 실시하는 것을 원칙으로 한다.

② 업무분장 구분 실시

점검 및 정기보전에 대한 업무분장의 구분은 가능한 명확하게 해야한다. 따라서 〈표 3.15〉의 정기적 보전 등의 작업 구분 작성 사례와 같이 작업 구분을 명시하고, 점검업무 역할분담 조정회의를 실시하여 협의·조정하도록 한다. 일상점검은 운전 부문에서 사용 중인 자주보전 기준서에 포함된 항목을 전문 보전 부문의 점검 항목에서 확인하여 제외한다. 정기점검상의 정기적 교체를 포함한 정기적 보전사항은 작업별로 구분하여 작성하도록 한다.

<표 3.15> 정기적 보전 등의 작업 구분 작성 사례

작업 사항	운전 부문(자주보전) 담당	전문 보전 부문 담당
패킹 교체	그랜드 패킹	미캐니컬 실
펌프류 오버홀	PM 설비 3.7kW 이하	PM 설비 5.5kW 이상
온도계 교체	프로세스 감시용	이외의 것
공압기기의 교체	오일러, 필터, 전자밸브	이외의 것
V벨트의 교체	컨베이어용 소형 모터	메인 감속기 등

(8) 7스텝 : 자주관리 철저

1) 활동 목적

6스텝까지 추진해 온 모든 활동을 집약화하고 설비·사람·현장의 개선에 따른 실적에 자신감을 가지고, '개선은 무한하다'는 생각으로 계속 도전하면서 참여·공유·창조와 감동을 맛보는 단계이다. 기업의 경영

방침 및 목표를 전개하고 각종 데이터를 해석하여 설비를 직접적으로 개선함으로써, 설비 및 공정의 신뢰성·보전성·조작성을 향상시키는 데 목적이 있다.

2) 활동 추진방법

자주적 관리 활동을 위해서는 두 가지 사항으로 나누어 접근해야 한다.

① 붕괴하지 않는 관리 영역의 정비

자주보전 활동을 오랜 기간 추진하여 현장과 공정이 변화되고, 이를 통한 성과가 어느 정도 달성된 이후에도 이를 지속적으로 유지·관리하지 못하면 그동안 확립한 자주보전체제가 무너지는 경우가 발생한다. 이것은 최고경영자와 관리자에게 문제가 있다고 판단할 수 있다. 즉, 관리자의 굳은 결의와 행동력이 자주관리의 지속을 위한 결정적 요인이기 때문이다.

② 오퍼레이터의 주체적 행동력 양성

제조현장의 오퍼레이터는 실천적 훈련으로 양성함은 물론 방침관리 측면에서 개선 테마를 선정해 활동을 지속화함으로써 자주관리 능력이 확고해진다. 따라서 철저한 자주관리는 자주보전 활동의 각 스텝별 실시사항을 철저히 추진하되, 자신의 설비나 공정의 특성에 맞게 실시한다. 또 일상업무와의 연계성을 갖도록 끊임없이 노력하는 것으로 그 기반이 점진적으로 확립된다.

4 자주보전 진단

(1) 진단 목적

자주보전 진단의 목적은 각 단계의 목적을 어디까지 이해하고 철저히 이루는가를 파악하는 것이다. 자주보전 진단은 분임조 활동을 통해 스텝별 추진방법이나 현장의 실태를 진단하여 파악하고, 분임조가 지닌 고민과 문제점에 대해 밝히며 지도·지원해 나간다.

TPM 활동을 추진하면서 가장 많이 사용되는 용어는 '진단'이다. 특히 TPM 활동은 오랜 기간 동안 지속적으로 추진되는 활동이기 때문에, 아무런 변화 없이 활동하다 보면 매너리즘에 빠지기 쉽다. 활동 과정 중에 객관적으로 활동 내용을 평가하여 잘된 점은 격려하고, 보완이 필요한 사항은 해결방안을 제시하여 스스로 반성의 기회가 되도록 하는 것이 필요하다.

진단 시에는 자주보전 각 스텝 활동의 추진 목적에 맞도록 실시되고 있는가를 점검하게 된다. 이때 활동의 추진방법이나 현장 활동의 실태를 파악하고, 자주보전 활동 추진방침이나 지원 활동의 내용을 검토한 후 실시해 나가도록 하여야 한다.

진단이 단순히 지적사항을 찾아내어 평가하는 것에 그쳐서는 안 되며, 학습으로 이어져야 진단의 성과를 기대할 수 있다. 따라서 진단자는 단순히 합격·불합격을 판정하는 것이 아니라, 분임원과 회합을 가지면서 앞으로 무엇을 해야 할 것인지 분명히 하는 것이 중요하다.

(2) 진단방법

자주보전 진단은 모든 활동이 완료된 이후에 분임조에서 스스로 활동 사항에 대해 체크한다. 이때 부족한 점이 없는지 살펴보고 보완한 후 추진사무국에 진단을 의뢰하게 된다. 사무국에 진단 신청이 통보되면 자주보전 스텝 진단팀을 구성하여 해당 분임조 현장에 가서 그동안의 추진 활동 사항을 객관적으로 평가한다. 이때 다음 단계로의 활동이 가능한지 평가하여 통과 여부를 결정하는 것이 일반적인 방법이다. 합격 기준은 기업마다 다소 다를 수 있는데, 보통 100점 만점에 80점 이상을 합격 기준으로 한다. 평소 분임조 활동을 통한 스텝 평가 사항을 반영하는 경우도 있다. 〈그림 3.11〉은 자주보전 스텝 진단 실시 플로를 나타낸 것이다.

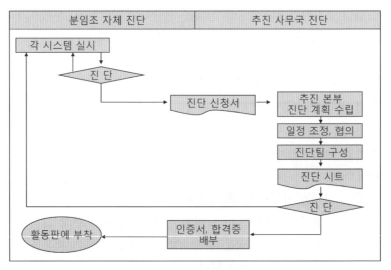

| 분임조 자체 진단 | 추진 사무국 진단 |

각 시스템 실시

진 단

진단 신청서

추진 본부
진단 계획 수립

일정 조정, 협의

진단팀 구성

진단 시트

진 단

활동판에 부착

인증서, 합격증
배부

〈그림 3.11〉 자주보전 스텝 진단 실시 플로

(3) 스텝 진단 시 고려할 사항

스텝 진단은 자주보전 활동의 성패를 결정짓는 매우 중요한 사항이므로 진단을 실시하는 관리자, 현장 리더 등은 스텝별 활동지식 습득에 많은 노력이 필요하다. 다음은 진단자로서의 요구 기능이다.

- 청취능력을 갖추어야 한다.
- 문제점을 파악하고 분석하는 능력이 있어야 한다.
- 문제점에 대한 해결방안을 제시해 줄 수 있어야 한다.
- 원만한 대화능력이 필요하다.
- 이론적인 추진방법에 얽매이지 말고, 분임조가 처해 있는 상황을 판단하여 진단할 수 있는 유연성이 있어야 한다.
- 본인이 관리하는 소집단에는 최선을 다하고 있는가 반성하는 마음을 가져야 한다.
- TPM과 자주보전 활동에 대한 지식을 얻기 위해 끊임없이 공부하는 자세를 가져야 한다.

이상 진단자의 바람직한 요구 기능을 알아보았다. 스텝 진단이 자주 보전 활동의 활성화를 위한 유효한 활용도구가 되기 위해서는 진단을 받는 사람의 자세도 이에 못지않게 중요하다.

다음은 진단을 받는 분임조의 자세를 정리한 것이다.

- 진단을 적극적으로 받도록 한다. 즉, 진단자에 의해 수동적으로 대처하지 말고, 진단을 적극적으로 수용하는 자세가 필요하다.
- 자신이 어렵게 개선한 내용 및 활동사항을 홍보하는 좋은 기회로 활용하도록 한다.
- 진단만을 목적으로 활동해서는 안 된다. 진단을 통하여 자신의 부족한 점을 보완하여, 지금보다 더 나아지기 위해 하나라도 더 배우는 데에 목적을 두어야 한다.
- 진단 시에 발표는 분임조장 혼자서 할 것이 아니라, 개선활동을 한 분임조원이 직접 발표하여 전원이 참여하는 활동이 되도록 한다.

진단의 성공적인 추진을 위해서는 진단에 대한 공정한 평가가 되어야 한다. 진단에 대한 평가가 공정하지 못하면 오히려 역효과가 나타날 수 있다.

(4) 스텝별 진단 시트 활용

1) 1스텝 설비 초기청소 진단 시트

자주보전	자체 진단		본 진단		
제1스텝 설비 초기청소	일시			일시	
대상	진단위원			진단위원	
	결과	점(합격, 불합격)		결과	점(합격, 불합격)
구분	진단 평가 항목	진단결과 평가기준			보완 사항
1. 계획 (10)	1스텝 추진 계획 수립 및 운용 상태	10 8 6 4 2			
2. 5S (20)	설비 밑, 주변 바닥면 청소, 건조 상태	5 4 3 2 1			
	구획선 표시의 적정성 및 준수 상태	5 4 3 2 1			
	부대 장비류(공구함, 청소함 등) 보관 상태	5 4 3 2 1			
	치공구, 스페어 부품, 보관 상태	5 4 3 2 1			
3. 설비 집중 청소 (30)	기능 청소 관리 포인트 선정 및 활용사항	10 8 6 4 2			
	설비 본체 외부 청결 상태	5 4 3 2 1			
	설비 본체 내부 청결 상태	5 4 3 2 1			
	유압, 공압 및 구동장치의 청결 상태	5 4 3 2 1			
	전기제어 장치의 내·외부 청결 상태	5 4 3 2 1			
4. 불합리 개선(10)	불합리 적출 리스트업 상태(5건/인·월)	5 4 3 2 1			
	불합리 조치 실적	5 4 3 2 1			
5. 눈으로 보는 관리(10)	계기, 스위치, 밸브, 합치선, 유면계, 커버 등의 표시 상태 및 규정 준수 여부	5 4 3 2 1			
	정위치, 보관 표시선 상태, 규정 준수 여부	5 4 3 2 1			
6. 활동판 (10)	활동판의 기록 및 관리 상태의 업데이트	10 8 6 4 2			
7. 마인드 (10)	TPM 추진 관심도(이론 질의 응답 : 5명)	10 8 6 4 2			
합계(100점)					
[종합 코멘트]					

2) 2스텝 발생원·곤란개소 대책 진단 시트

자주보전		자체 진단			본 진단		
제2스텝 발생원·곤란개소 대책		일시				일시	
대상		진단위원				진단위원	
		결과	점(합격, 불합격)			결과	점(합격, 불합격)
구분	진단 평가 항목	진단결과 평가기준					보완 사항
1. 유지관리 (10)	1스텝의 활동 내용이 양호하게 유지 관리 및 향상되고 있는가?	10	8	6	4	2	
2. 계획과 분담(5)	2스텝의 추진 계획과 역할 및 장소, 설비의 분담은 명확한가?	5	4	3	2	1	
3. 발생원 대책 (25)	발생원 리스트업 관리는?(맵 작성 활용 상태 포함)	10	8	6	4	2	
	근본적인 원인 분석은 잘 되어 있는가? (왜-왜 분석 활용 등)	5	4	3	2	1	
	개선 대책의 실시는?(재발방지 대책 포함)	10	8	6	4	2	
4. 곤란개소 (25)	곤란개소 리스트업 관리는?	10	8	6	4	2	
	현상파악이 잘 되어 있는가?	5	4	3	2	1	
	개선대책의 실시 상태는?	10	8	6	4	2	
5. MP 정보 작성(5)	MP 정보 작성상태는?	5	4	3	2	1	
6. 불합리 발견(5)	불합리 적출 리스트업 및 복원 대책 상태는?	5	4	3	2	1	
7. 일반사항 (20)	개선효과의 정도 및 유형 효과 파악 여부는?	5	4	3	2	1	
	추진 목표에 대한 일정 목표 달성도는?	5	4	3	2	1	
	활동판 관리 상태 및 눈으로 보는 관리 실시 상태는?	5	4	3	2	1	
	제안, OPL 등 분임조 일반 활동 상태는?	5	4	3	2	1	
8. 마인드(5)	TPM 추진 관심도는?	5	4	3	2	1	
합계(100점)							

[종합 코멘트]

3) 3스텝 자주보전 기준서 작성 진단 시트

자주보전		자체 진단			본 진단				
제3스텝 자주보전 기준서 작성		일시				일시			
대상		진단위원				진단위원			
		결과	점(합격, 불합격)			결과		점(합격, 불합격)	
구분	진단 평가 항목			진단결과 평가기준					보완 사항
1. 유지관리 (20)	1,2스텝의 활동 내용이 양호하게 유지되고 있는가?		20	16	12	8	4		
2. 작성준비 사항 (15)	설비 구조도는 알기 쉽게 작성되었는가?		5	4	3	2	1		
	윤활계통도는 작성되어 있는가?		5	4	3	2	1		
	청소, 점검, 급유개소의 리스트업은 되어 있는가?		5	4	3	2	1		
3. 기준서 작성 (20)	청소, 점검, 급유개소의 파악, 보안 상태는?		5	4	3	2	1		
	기준서 내용과 일치 여부는? (해당 개소, 방법, 기준, 주기 설정 등)		10	8	6	4	2		
	기준서에 누락된 부분은 없는가?		5	4	3	2	1		
4. 일상 점검표 작성 및 활용 사항(20)	기준서 내용과 일치 여부는?		5	4	3	2	1		
	점검 내용의 기록 상태는?		5	4	3	2	1		
	이상 발생 시의 조치 결과 사항은?		5	4	3	2	1		
	활동에 내한 준비 실시 상태는?(주유기기 보관 상태)		5	4	3	2	1		
5. 불합리 발견 조치(5)	불합리 적출 리스트업 및 복원 대책 상태는?		5	4	3	2	1		
6. 일반사항 (20)	개선효과의 정도 및 유형 효과 파악 여부는?		5	4	3	2	1		
	추진 목표에 대한 일정 목표 달성도는?		5	4	3	2	1		
	활동판 관리 상태, 눈으로 보는 관리의 실시 유지 상태는?		5	4	3	2	1		
	제안, OPL 등 분임조 일반 활동 상태는?		5	4	3	2	1		
합계(100점)									

[종합 코멘트]

4) 4-1스텝 기계요소 총점검 진단 시트

자주보전		자체 진단					본 진단		
제4스텝 기계요소 총점검		일시					일시		
대상		진단위원					진단위원		
		결과	점(합격, 불합격)				결과	점(합격, 불합격)	
구분	진단 평가 항목		진단결과 평가기준					보완 사항	
1. 유지 관리 (20)	1~3스텝의 활동 내용이 양호하게 유지되고 있는가?		20	16	12	8	4		
2. 4스텝 추진준비 (10)	4-1스텝 활동 계획 수립 상태		5	4	3	2	1		
	4-1스텝 활동 지침서 및 추진방법 교육 실시 상태		5	4	3	2	1		
3. 교육훈련 실시 사항 (10)	기계요소 기능교육 및 총점검 매뉴얼 교육 실시 상태		5	4	3	2	1		
	OPL을 활용한 OJT 교육 실시 사항		5	4	3	2	1		
4. 총점검 실시 및 체크 시트에 의한 불합리 개선 실시(35)	체결 부품(볼트, 너트, 와셔, 키 등) 총점검 사항		5	4	3	2	1		
	축 및 축 이음 부문		5	4	3	2	1		
	실 부품(오일실, 오링, 개스킷 등) 부문		5	4	3	2	1		
	베어링의 총점검 부문		5	4	3	2	1		
	밸브, 게이지 및 배관 부문		5	4	3	2	1		
	불합리에 대한 조치 실시 사항		10	8	6	4	2		
5. 현장 관리 사항(10)	청소, 점검, 급유 기준서의 보완 여부		5	4	3	2	1		
	눈으로 보는 관리의 실질적 관리 상태		5	4	3	2	1		
6. 일반 사항 (15)	개선 실시 및 효과의 정도		5	4	3	2	1		
	분임조 기본 실시 사항(제안 · OPL 등)		5	4	3	2	1		
	활동판 관리의 실질적 활용 상태		5	4	3	2	1		
합계(100점)									

[종합 코멘트]

5) 4-2스텝 구동장치 총점검 진단 시트

자주보전		자체 진단			본 진단		
제4스텝 구동장치 총점검	일시				일시		
대상	진단위원				진단위원		
	결과	점(합격, 불합격)			결과		점(합격, 불합격)

구분	진단 평가 항목	진단결과 평가기준					보완 사항
1. 유지관리 (20)	1~4-1스텝의 활동 내용이 양호하게 유지되고 있는가?	20	16	12	8	4	
2. 4스텝 추진준비 (10)	4-2스텝 활동 계획 수립 상태	5	4	3	2	1	
	4-2스텝 활동 지침서 및 추진방법 교육 실시 상태	5	4	3	2	1	
3. 교육훈련 실시사항 (10)	구동장치 기능교육 및 총점검 매뉴얼 교육 실시 상태	5	4	3	2	1	
	OPL을 활용한 OJT 교육 실시 사항	5	4	3	2	1	
4. 총점검 실시 및 체크 시트에 의한 불합리 개선 실시(35)	전동 모터의 기본 구동 상태는 적정한가? (이상발열 및 이상음, 모터팬의 관리 상태)	5	4	3	2	1	
	벨트의 장력 상태 및 마모 여부	5	4	3	2	1	
	체인의 장력 및 윤활 상태는 적정한가?	5	4	3	2	1	
	기어, 변속기의 이상음, 이상 발열은 없는가?	5	4	3	2	1	
	브레이크 작동 및 패드의 마모, 베어링 상태	5	4	3	2	1	
	불합리에 대한 조치 실시 사항	10	8	6	4	2	
5. 현장관리 사항(10)	청소, 점검, 급유 기준서의 보완 여부	5	4	3	2	1	
	눈으로 보는 관리의 실질적 관리 상태	5	4	3	2	1	
6. 일반 사항 (15)	개선 실시 및 효과의 정도	5	4	3	2	1	
	분임조 기본 실시 사항(제안 · OPL 등)	5	4	3	2	1	
	활동판 관리의 실질적 활용 상태	5	4	3	2	1	
합계(100점)							

[종합 코멘트]

6) 4-3스텝 윤활장치 총점검 진단 시트

자주보전		자체 진단				본 진단			
제4스텝 윤활장치 총점검		일시				일시			
대상		진단위원				진단위원			
		결과	점(합격, 불합격)			결과	점(합격, 불합격)		
구분	진단 평가 항목			진단결과 평가기준				보완 사항	
1. 유지관리 (20)	1~4-2스텝의 활동 내용이 양호하게 유지되고 있는가?		20	16	12	8	4		
2. 4스텝 추진준비 (10)	4-3스텝 활동 계획 수립 상태		5	4	3	2	1		
	4-3스텝 활동 지침서 및 추진방법 교육 실시 상태		5	4	3	2	1		
3. 교육훈련 실시 사항 (10)	윤활장치 기능교육 및 총점검 매뉴얼 교육 실시 상태		5	4	3	2	1		
	OPL을 활용한 OJT 교육 실시 사항		5	4	3	2	1		
4. 총점검 실시 및 체크 시트에 의한 불합리 개선 실시(35)	윤활개소에 적합한 유조의 오일이 사용되고 있는가?		5	4	3	2	1		
	급유량의 상태는 적당한가?		5	4	3	2	1		
	오일이 열화된 상태로 사용되지는 않는가?		5	4	3	2	1		
	급유개소 및 급유배관 등의 관리상태는?		5	4	3	2	1		
	오일 보관대의 사용 관리 상태는 양호한가?		5	4	3	2	1		
	불합리에 대한 조치 실시 사항		10	8	6	4	2		
5. 현장관리 사항(10)	청소, 점검, 급유 기준서의 보완 여부		5	4	3	2	1		
	눈으로 보는 관리의 실질적 관리 상태		5	4	3	2	1		
6. 일반 사항 (15)	개선 실시 및 효과의 정도		5	4	3	2	1		
	분임조 기본 실시 사항(제안 · OPL 등)		5	4	3	2	1		
	활동판 관리의 실질적 활용 상태		5	4	3	2	1		
합계(100점)									

[종합 코멘트]

7) 4-4, 5스텝 유·공압 장치 총점검

자주보전		자체 진단		본 진단	
제4-4, 5스텝 유·공압 장치 총점검	일시			일시	
대상	진단위원			진단위원	
	결과	점(합격, 불합격)		결과	점(합격, 불합격)

구분	진단 평가 항목	진단결과 평가기준					보완 사항
1. 유지관리 (20)	1~4-3스텝의 활동 내용이 양호하게 유지되고 있는가?	20	16	12	8	4	
2. 4스텝 추진준비 (10)	4-4,5스텝 활동 계획 수립 상태	5	4	3	2	1	
	4-4,5스텝 활동 지침서 및 추진방법 교육 실시 상태	5	4	3	2	1	
3. 교육훈련 실시사항 (10)	유·공압장치 기능교육 및 총점검 매뉴얼 교육 실시 상태	5	4	3	2	1	
	OPL을 활용한 OJT 교육 실시 사항	5	4	3	2	1	
4. 총점검 실시 및 체크 시트에 의한 불합리 개선 실시(35)	공기압원 시스템 및 에어3점 세트의 관리 상태는?	5	4	3	2	1	
	밸브류의 관리는 잘 되고 있는가?	5	4	3	2	1	
	에어 및 오일 압력의 상태는 적정한가?	5	4	3	2	1	
	에어 및 오일이 누유되지는 않는가?	5	4	3	2	1	
	액추에이터의 관리 상태는 양호한가?	5	4	3	2	1	
	불합리에 대한 조치 실시 사항	10	8	6	4	2	
5. 현장관리 사항(10)	청소, 점검, 급유 기준서의 보완 여부	5	4	3	2	1	
	눈으로 보는 관리의 실질적 관리 상태	5	4	3	2	1	
6. 일반 사항 (15)	개선 실시 및 효과의 정도	5	4	3	2	1	
	분임조 기본 실시 사항(제안·OPL 등)	5	4	3	2	1	
	활동판 관리의 실질적 활용 상태	5	4	3	2	1	
합계(100점)							

[종합 코멘트]

8) 4-6스텝 전기·제어장치 총점검 진단 시트

자주보전		자체 진단					본 진단		
제4-6스텝 전기·제어장치 총점검		일시					일시		
대상		진단위원					진단위원		
		결과	점(합격, 불합격)				결과		점(합격, 불합격)
구분	진단 평가 항목		진단결과 평가기준					보완 사항	
1. 유지관리 (20)	1~4-5스텝의 활동 내용이 양호하게 유지되고 있는가?		20	16	12	8	4		
2. 4스텝 추진준비 (10)	4-6스텝 활동 계획 수립 상태		5	4	3	2	1		
	4-6스텝 활동 지침서 및 추진방법 교육 실시 상태		5	4	3	2	1		
3. 교육훈련 실시사항 (10)	전기·제어장치 기능교육 및 총점검 매뉴얼 교육 실시 상태		5	4	3	2	1		
	OPL을 활용한 OJT 교육 실시 사항		5	4	3	2	1		
4. 총점검 실시 및 체크 시트에 의한 불합리 개선 실시(35)	전동기(모터) 기능 부분의 작동에 대한 상태는 적정한가?(케이블 및 단자 상태 등)		5	4	3	2	1		
	제어반의 관리 상태는?		5	4	3	2	1		
	센서류 등에 대한 점검 사항은 적정한가?		5	4	3	2	1		
	푸시 버튼 등 S/W류의 관리 상태는?		5	4	3	2	1		
	트레이 및 배선 등의 사용 상태는 적정한가?		5	4	3	2	1		
	불합리에 대한 조치 실시 사항		10	8	6	4	2		
5. 현장관리 사항(10)	청소, 점검, 급유 기준서의 보완 여부		5	4	3	2	1		
	눈으로 보는 관리의 실질적 관리 상태		5	4	3	2	1		
6. 일반 사항 (15)	개선 실시 및 효과의 정도		5	4	3	2	1		
	분임조 기본 실시 사항(제안·OPL 등)		5	4	3	2	1		
	활동판 관리의 실질적 활용 상태		5	4	3	2	1		
합계(100점)									

[종합 코멘트]

9) 5스텝 프로세스 총점검 진단 시트

자주보전		자체 진단					본 진단		
제5스텝 프로세스 총점검		일시					일시		
대상		진단위원					진단위원		
		결과	점(합격, 불합격)				결과	점(합격, 불합격)	
구분	진단 평가 항목			진단결과 평가기준				보완 사항	
1. 1~4스텝 유지관리 (20)	1~4스텝 활동 내용이 양호하게 유지되고 있는가?	20	16	12	8	4			
2. 5스텝 추진준비 (10)	5스텝 활동 계획 수립 상태	5	4	3	2	1			
	5스텝 활동 지침서 및 추진방법 교육 실시 상태	5	4	3	2	1			
3. 프로세스 총점검 교육 실시사항 (10)	PFD 작성 및 숙지 사항과 총점검 교육을 위한 과목 설정은 합리적인가?	5	4	3	2	1			
	작업분석 등은 잘 되어 있는가?	5	4	3	2	1			
4. 총점검 실시 및 체크 시트에 의한 개선 실시(35)	잠재 로스에 대한 형태의 파악은 되어 있는가?(성능, 품질, 안전, 작업성 등)	10	8	6	4	2			
	성능, 기능 총점검 실시 사항은?	5	4	3	2	1			
	조정, 조절 총점검 실시 사항은?	5	4	3	2	1			
	FMEA(FMECA) 작성 활용 사항은?	5	4	3	2	1			
	중대사고 예측의 총점검 실시 사항은?	5	4	3	2	1			
	잠재 로스 개선 사항(자주보전율 포함)	5	4	3	2	1			
5. 현장관리 사항(10)	기준서의 실질적 활용 사항은 적절한가?	5	4	3	2	1			
	눈으로 보는 관리의 실질적 관리 상태	5	4	3	2	1			
6. 분임조 활동사항 (15)	개선 실시 및 효과의 정도	5	4	3	2	1			
	분임조 기본 실시 사항(제안·OPL 등)	5	4	3	2	1			
	관리자의 참여도(지도사원, 실장, P/T, 팀장)	5	4	3	2	1			
합계(100점)									
[종합 코멘트]									

10) 6스텝 자주보전 시스템화 진단 시트

자주보전		자체 진단					본 진단		
제6스텝 자주보전 시스템화		일시					일시		
대상		진단위원					진단위원		
		결과	점(합격, 불합격)				결과	점(합격, 불합격)	
구분	진단 평가 항목		진단결과 평가기준					보완 사항	
1. 1~5스텝 유지관리 (20)	1~5스텝 활동 내용이 양호하게 유지되고 있는가?	20	16	12	8	4			
2. 6스텝 추진준비 (10)	6스텝 활동 계획 수립은 잘 되어 있는가?	5	4	3	2	1			
	스텝 활동에 대한 지침서 및 추진방법에 대한 OJT 실시 사항	5	4	3	2	1			
3. 작업 표준류 보완 부문(15)	작업 관련 표준류에 대한 현황 파악은? (현황 리스트 작성 사항 등)	10	8	6	4	2			
	효율적 활용을 위한 최적화 상태는?	5	4	3	2	1			
4. 자주점검 체제의 확립 부문(30)	점검 대상에 대한 구분은 잘 되어 있는가? (일상점검과 정기점검 구분)	5	4	3	2	1			
	자주점검을 위한 업무분장의 명확성	5	4	3	2	1			
	자주보전 캘린더 작성 사항	5	4	3	2	1			
	연, 월간 실시 항목에 대한 활용 상태는?	5	4	3	2	1			
	설비 매뉴얼 작성 사항은?	5	4	3	2	1			
	활동에 대한 성과 파악은 잘 되어 있는가?	5	4	3	2	1			
5. 현장관리 사항(10)	공정 관련 2S 실시 사항은 바람직한가?	5	4	3	2	1			
	눈으로 보는 관리의 실질적 관리 상태	5	4	3	2	1			
6. 분임조 활동사항 (15)	개선 실시 및 효과의 정도	5	4	3	2	1			
	분임조 기본 실시 사항(제안·OPL 등)	5	4	3	2	1			
	관리자의 참여도(지도사원, 실장, P/T, 팀장)	5	4	3	2	1			
합계(100점)									

[종합 코멘트]

11) 7스텝 자주관리 철저 진단 시트

자주보전		자체 진단					본 진단		
제7스텝 자주관리 철저		일시					일시		
대상		진단위원					진단위원		
		결과	점(합격, 불합격)				결과	점(합격, 불합격)	
구분	진단 평가 항목		진단결과 평가기준					보완 사항	
1. 1~6스텝 유지관리 (20)	1~6스텝 활동 내용이 양호하게 유지되고 있는가?		10	8	6	4	2		
	6스텝 활동 계획 수립 상태		5	4	3	2	1		
	6스텝 활동 지침서 및 추진방법 교육실시 상태		5	4	3	2	1		
2. 공장방침 전개 및 추진 목표의 달성도 (40)	TPM 추진방침에 의한 실시 관리가 잘 되고 있는가?		10	8	6	4	2		
	추진 목표에 대한 현황 관리는?		10	8	6	4	2		
	주요 관리지표에 대한 실적 및 향상도는?		10	8	6	4	2		
	관리지표 실적에 대한 분석은?		10	8	6	4	2		
3. PM 시스템의 기능화 실시 상태 (25)	일상점검시스템, 정기점검시스템은 기능적으로 활용되고 있는가?		5	4	3	2	1		
	눈으로 보는 관리가 효율적인가?		5	4	3	2	1		
	PM 시스템의 기능 실기가 잘 되어 있는가? (개인별 스킬관리, OJT 전달 교육, 활용 양식 등의 관리 사항 등)		15	12	9	6	3		
4. 분임조 활동 사항 (15)	개선 실시 및 효과의 정도		5	4	3	2	1		
	분임조 기본 실시 사항(제안·OPL 등)		5	4	3	2	1		
	관리자의 참여도(지도사원, 실장, P/T, 팀장)		5	4	3	2	1		
합계(100점)									
[종합 코멘트]									

제4장
개별개선

(1) 개선활동이란 무엇인가

개선활동이란 한마디로 문제를 찾아내어 해결하는 것을 말한다. 여기서 문제를 찾아내는 것은 문제의식에서 비롯되는데, 문제는 이상적인 상태와 현재의 상태를 비교함으로써 그 차이가 무엇인지 인식하는 것으로부터 시작된다. 문제가 분명히 인식되면 다음은 그 문제를 해결하면 된다.

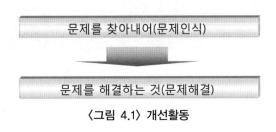

〈그림 4.1〉 개선활동

(2) 개별개선의 필요성

산업현장은 자동화 설비가 제조의 중심이 되고 있고, 제조현장에서는 경쟁력을 확보하기 위해 생산량(product), 품질(quality), 원가(cost), 납기(delivery) 등을 개선하고 있는데, 개선 여부는 설비의 가동 상태에 의해 결정된다는 것을 알 수 있다. 과거에는 설비에서 발생되고 있는 문제해결에 있어 QC 기법 등을 활용하여 개선하였다.

그러나 만성적으로 발생하는 고장이나 설비 가공점의 편차로 인해 발생하는 불량 등에 대해서는 대책을 세우지 못하고 방치하는 경향이 있다. 또한 고객의 품질보증에 대한 요구가 높아져 품질의 유지·향상 및 일관성 확보가 생산 활동의 중요 과제로 대두되고 있는데, 이 같은 과제의 대부분이 설비에서 발생하는 문제를 없애는 것을 목표로 한다.

설비에서 발생하는 문제를 설비 로스라고 하며, 설비 로스를 중심으로 개선하는 활동을 개별개선이라고 한다. 개별개선은 설비가 고도화되면서 중요성이 점점 커져 가고 있다. 개별개선의 활성화를 위해서는 우선 설비에 대해 제대로 알아야 한다. 설비를 확실하게 파악하기 위해 자주보전이라는 활동을 전개하는데, 이와 병행해서 개별개선 활동을 추진하는 것이 보통이다. 즉 개별개선 성과를 극대화하기 위해서는 자주보전 활동이 활성화되어야 하며, 이 활동의 활성화야말로 개별개선 활동에 지대한 영향을 끼친다는 것을 알아야 한다. 이는 자주보전 활동과 개별개선 활동이 반드시 병행되어야 한다는 것을 의미하며, 자주보전의 과제는 개별개선으로 풀 수 있고 개별개선의 과제는 자주보전 활동 과정에서 발생한다는 것을 의미하기도 한다.

(3) 개별개선의 정의

1) 정의

개별개선은 설비, 공정, 품질 등 정해진 대상에 대하여 철저한 로스 배제와 성능 향상 추구에 의해 극한효율을 달성하는 개선활동이라고 정의할 수 있는데, 일상적인 일상개선과는 구별된다.

일상개선은 작업수행 과정에 발생되는 불합리, 설비고장, 고객불만, 5S 등 일상적인 문제에 대해 그때그때 개선하는 개선활동으로, 보통 단순한 개선이 많다. 이에 반해, 개별개선은 일정 기간 설비효율과 업무효율을 측정·분석하여 문제가 되는 로스를 테마로 잡아, 전개 절차에 따라 개선하는 테마 활동이다. 보통 테마의 크기에 따라 A급, B급, C급 테마로 구분하는데, 해결 조직도 TFT, 팀, 분임조 등 다양한 조직을 구성하여 해결한다.

2) 전개 절차

개별개선 활동의 전개 절차는 현상파악, 목표설정, 원인분석, 대책수립, PDCA 개선, 표준화 및 효과파악 순으로 전개한다. 이는 현장개선에서 진행되는 절차와 유사하나, 목표설정은 설비종합효율 향상이 절대적인 목표가 되며, 원인분석도 왜-왜 분석, FMEA 분석, PM 분석 등 고유기술을 대상으로 한 분석 기법을 적용한다.

물론 현장개선 부문에서 사용하는 특성요인도, 요인계통도 등을 사용하지 말라는 법은 없지만, 설비종합효율을 위해서는 설비에 관한 고유기술 문제를 해결하는 것이 관건이기 때문에, 앞서 언급한 고유기술 대상 분석 기법을 많이 사용한다.

왜-왜 분석은 문제의 원인이 무엇인지 5번 정도 왜를 자문하면서 현상의 원인을 다각적으로 분석하여 근본원인을 찾아 해결하는 기법이다.

FMEA 분석은 문제를 발생도·검출도·영향도라는 3가지 관점으로 수치화(수치는 1~10)하여 종합적인 위험우선순위점수(RAN)를 산출하여 그 점수를 낮추어 가는 기법이다. 문제발생 원인을 제거하여 발생도를 낮추는 개선, 문제를 사전에 인지하는 검출도를 높이는 개선, 문제가 발생되어도 그 영향을 최소화하는 개선 등 종합적인 개선을 통해 완벽한 개선을 추구하는 기법이다. 그리고 PM 분석은 문제가 되는 현상을 물리적으로 표현하여 물리적 현상의 성립조건을 도출한다. 이 조건 하나하나를 생산 활동의 4M[사람(man), 설비(machine), 재료(material), 방법(method)]과 연계시켜 근본원인을 찾아내고, 문제의 원인을 물리적 표현을 통해 완벽하게 추구하는 기법이다. PM 분석은 현존하는 개선기법 중 가장 완벽한 기법으로 인지되고 있으며, '문제의 제로화'를 추구하고 있다.

(4) 개별개선의 기본 사고

개별개선은 설비의 종합효율을 높이기 위해 설비 내 잔존하는 설비 6대 로스를 낮추는 개선활동이다. 설비 6대 로스는 설비정지에서 오는 고장 로스와 준비교체·조정 로스가 있으며, 설비성능에서 오는 저하 및 순간 정지 로스, 속도저하 로스 그리고 양품 여부에서 오는 부적합 로스 및 초기수율 로스로 구분한다. 개별개선은 로스 제로화를 추구하여 설비종합효율을 극대화하는 쪽으로 추진되어야 하며, 이를 통해 경영목표를 달성해 나가는 매우 구체적인 개선활동이다.

설비종합효율은 설비정지를 대표하는 시간가동률, 설비성능을 대표하는 성능가동률, 그리고 양품 여부를 대표하는 양품률을 곱해 산출한다. 이는 설비에 가해지는 총 부하시간 대비 가치가동시간의 비율로 산출된다. 시간가동률은 부하시간 대비 가동시간의 비율로, 성능가동률은 가동시간 대비 정미가동시간 비율로, 양품률은 정미가동시간 대비 가치가동시간으로 산출되어 설비종합효율의 하부지표로 관리된다.

2 설비종합효율과 6대 로스

(1) 설비 6대 로스

설비 6대 로스는 설비가동 과정에서 발생하는 시간적 로스로, 다음 6가지 로스로 구분된다.

1) **고장 로스** : 설비고장으로 설비가 정지된 로스를 말하며, 설비정지로 생산을 할 수 없는 로스 시간을 말한다.

2) **준비교체·조정 로스** : 제품생산 준비시간, 각종 부품 등의 교체를 위한 시간, 양품생산을 위한 초기 조정 및 재조정 로스 시간을 말하며, 이 시간 역시 설비정지 상태에서 이루어지기 때문에 설비정지 로스로 본다.

3) **순간정지 로스** : 설비가 보통 10분 또는 5분(기업 내부 기준) 이내의 짧은 시간 동안 정지 상태인 로스이다. 설비 이상이 아니라 공정 진행과정에서 일시 정지되었다가 간단한 조치로 다시 정상 가동되는 경우의 일시 정지된 로스 시간을 말한다.

4) 속도저하 로스 : 설비의 이론 속도 대비 실제 속도가 낮아 발생하는 시간적 손실이다.

5) 불량 및 재작업 로스 : 설비가동 생산제품에 불량이 발생하여 재작업한 로스 시간을 말한다.

6) 초기수율 로스 : 설비가동 시 초기 정상제품이 나오기까지의 로스 시간을 말한다.

이상과 같은 설비 6대 로스 시간을 기준으로 설비가동시간을 재산출하는 데는 일단 설비에 걸린 부하시간에서부터 시작한다. 부하시간에서 고장 로스 및 준비교체·조정 로스를 빼면 '가동시간', 가동시간에서 속도저하 로스 및 순간정지 로스를 빼면 '정미가동시간', 정미가동시간에서 불량 및 재작업 로스와 초기수율 로스를 빼면 '가치가동시간'이 산출된다. 결과적으로 설비 6대 로스 시간을 단축하면, 최종 가치가동시간이 늘어나 부하시간 대비 가치가동시간 비율인 설비종합효율이 올라가게 된다.

(2) 설비종합효율

설비종합효율은 서브지표라고 할 수 있는 시간가동률, 성능가동률, 양품률을 곱하면 산출되는데, 이를 산식으로 나타내면 〈그림 4.2〉와 같다.

예를 들면, 부하시간이 460분이고, 고장정지시간이 60분, 개당 이론 사이클 타임이 0.5분인데 생산수량은 400개를 생산했고 불량이 8개 나온 경우 산식을 적용하면 설비종합효율은 42.6%가 된다.

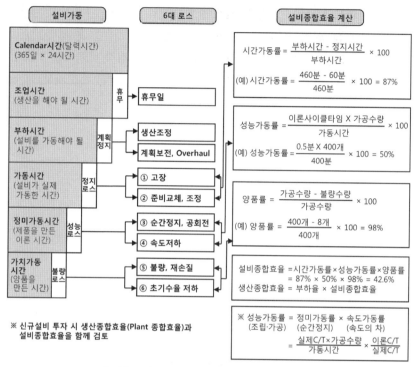

〈그림 4.2〉 설비 6대 로스와 설비종합효율

3 설비 6대 로스 개선 방안

(1) 고장 로스

1) 고장의 기본개념

① 고장의 정의

설비 기기, 부품 등이 규정의 기능을 상실하는 것으로, '사람이 고의로 **장**애를 일으킨다'라고 고장의 주범이 사람이라는 측면에서 정의를 하기도 한다.

- 기능 정지형 고장 : 기능이 완전히 멈추는 고장으로, 갑자기 발생하는
  동시에 그 설비의 기능이 완전히 상실된다.
- 기능 저하형 고장 : 시간이 지남에 따라 성능이 점점 나빠지는 것으로,
  설비는 움직이고 있지만 정도(精度)불량, 순간정지, 속도저하, 불량
  발생 등의 손실을 발생시키는 고장이다. 설비의 기능이 완전히 발휘
  되지 못하고 부분적인 결함을 가지고 있다.

② 고장의 패턴

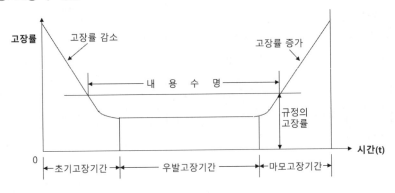

〈그림 4.3〉 욕조곡선(Bathtub Curve)

- 초기고장기간(고장률 감소형) : 설계·제작·설치상의 결함이나 사용환
  경과의 부적합, 초기운전 미숙 등에 의해 발생하는 고장으로, 시운전
  및 조정·개선 등으로 고장이 감소한다.
- 우발고장기간(고장률 일정형) : 안정가동 상태에서 마모·누출·크랙
  등으로 인해 우발적으로 발생하는 고장으로 고장률이 일정하다.
- 마모고장기간(고장률 증가형) : 부품의 피로·마모·노화 현상 등으로
  인해 발생하는 고장으로 고장률이 점점 증가한다.

2) 고장에 대한 일반적 사고

① 고장에 대한 인식

우리의 산업현장은 품질에 크게 영향을 미치는 설비의 유지관리보다
제품의 양을 늘리기 바쁜 것이 현실이다. '고장은 보전 부문의 문제이지

운전 부문의 문제가 아니다'라는 인식과 '운전 부문은 만드는 사람, 보전 부문은 고치는 사람'이라는 사고방식이 큰 문제이다. 이러한 문제는 공수 부족으로 생산에 필요한 최소한의 일밖에 시키지 않고 안전상 설비에 손을 대지 못하게 하며, 과도한 분업과 유기적인 체계가 마련되지 않아 발생한다.

따라서 운전 부문은 설비의 이상징후를 사전에 발견하여 응급조치를 해야 하고, 보전 부문은 설비관리 기술을 체계화하여 계획적인 대책을 취해야 하며, 기술 부문은 만들기 쉬운 제품설계와 고장 나지 않고 유지하기 쉬운 설비를 만들어야 한다.

② 고장해석에 대처하는 자세

발생한 고장은 어쩔 수 없다고 하더라도 유사한 고장이 재발하지 않게 하려면 어떤 조치가 필요한지를 찾아내어 대책을 취하고, 유사설비로 수평전개해야 한다. 고장 하나하나에서 배우는 것이 중요하고, 고장을 분류·분석함으로써 약점이 어디에 있는가를 아는 것이 중요하다. 고장해석이 제대로 되지 않는 이유는 다음과 같다.

- 고장 현상을 자세히 보지 않는다.
- 고장 난 부위, 관련 부위에 대한 스케치를 하지 않는다.
- 고장 난 현물을 수집하지 않고 분해도 하지 않는다.
- 왜 고장 났는지에 대한 원인추구가 불충분하다.
- 설비의 구조, 구성부품, 기능, 성능 등을 제대로 활용하지 못한다.
- 설비의 구조, 구성부품, 기능, 성능 등에 대해 잘 모른다.
- 해석기법을 제대로 이해하지 못한다.

또한 고장에 대한 대책상의 문제점도 많은데 그 내용은 다음과 같다.

- 응급조치, 단순교체로만 끝난다.
- 응급조치 후 기준을 설정하고, 점검을 통한 원인규명을 소홀히 한다.
- 작은 고장이나 미세결함을 경시한다.
- 발생한 고장에만 관심을 집중한다.

- 조작 실수에 대한 대책이 부족하다.
- 수리 실수, 수리 품질에 대한 해명을 하지 않는다.
- 유사 부위에 대한 수평전개가 불충분하다.
- 재발방지대책에 대해 깊이 생각하지 않는다.
- 유지·보전 정보로 활용되지 않는다.
- 고장 제로화에 대한 의지가 없다.

3) 고장에 대한 예방활동

① 예방보전 도입

예방보전에는 TBM과 CBM이 있다. 기초가 되는 것은 TBM이며, TBM이 확실히 이루어지고 나서 CBM이 도입되어야 효과가 있다. 여기서 TBM은 Time Based Maintenance의 약자로, 시간을 기준으로 하여 정기적으로 부품을 교체하는 보전 방식이다. CBM은 Condition Based Maintenance의 약자로, 부품의 상태를 진단하여 이상조짐 발생 시에 교체하는 보전 방식이다.

이 같은 예방보전 방식을 갖기 위해서는 점검주기, 점검부위, 점검방법, 판단기준 등의 '표준류', 부품교환, 분해·검사주기, 급유·갱유 등에 대한 '보전 캘린더', 운영시스템, 고장이력 관리시스템, 점검·정비 표준의 개정, 주기의 변경 검토, 운전 부문의 역할분담 등이 사전에 준비되어야 한다.

흔히 생산량이 증대되면 부품교환이나 분해·검사 등 보전계획이 연기 또는 중지되어 고장을 일으키거나, 불경기로 수익이 악화되면 가장 먼저 보전비를 삭감하여 고장 피해가 발생되는 것은 보전시스템과 운용이 나쁘기 때문이다. 따라서 예방보전 도입도 중요하지만, 그 운영시스템이 훨씬 더 중요한 것이다.

② 예지보전에의 대응

예방보전 방식 중 가장 경제적인 보전 방식은 예지보전인데, 부품의 상태를 진단하기 위한 진단설비 투자가 부담되는 경우가 많다. 예지보전이란 설비 또는 그 구성 부위에 대해 정기적으로, 또는 항상 관측하여 측정값의 변화유무를 추적하고(진단), 변화가 나타나는가의 여부에 따라서 설비의 이상을 판정하는 방법이다.

　- 간이진단 : 간이진단 도구를 이용하여 이상유무를 판단

〈표 4.1〉 돌발고장 감소를 위한 7스텝

스텝	내 용	운전 부문의 역할	보전 부문의 역할
1	과거 고장의 층별	① 작동오류 등 운전 책임의 고장파악 ② 자주보전으로 대응할 수 있는 고장파악	① 보전기록을 바탕으로 재발고장 색출 ② 응급조치로 그치고 있는 고장 리스트
2	고장해석	① 고장을 자신의 문제로 생각하며 고장해석 ② 유사 설비와 비교	① 철저한 해석과 운전 부문의 고장해석 지도 ② 수리 오류의 확인
3	불합리의 복원	① 강제열화의 배제와 방치된 열화의 복원 ② 기본조건(청소 · 점검 · 급유) 정비 ③ 사용조건의 준수	① 불합리에 대한 OPL 지도 ② 사용조건의 정리와 지도 ③ 눈에 보이지 않는 부분의 강제열화 배제 ④ 표면화된 열화의 조기 복원
4	약점 개선	① 기본조건을 유지하기 쉽게 발생원 대책, 곤란부위 대책 ② 스킬 향상 ③ 효과파악	① 설계상의 약점 개선, 메커니즘 개선 ② 수명연장, 재발방지 대책 ③ 스킬 향상 ④ 효과파악
5	유지기준 작성 및 관리	① 유지를 위한 기준서 작성 ② 체크리스트에 의한 점검과 열화 복원	① 각 설비 구성 부품의 수명 파악 ② 정기보전 기준서 작성 ③ 정기적 열화 복원
6	유지의 효율화	① 소장단 활동 ② 눈으로 보는 관리 연구	① 보전성의 향상 ② 경제성의 향상
7	예지보전의 전개	① 간이진단 도구에 의한 상태감시와 경향관리	① 정밀진단기기에 의한 열화파악과 수명예측

- 정밀진단 : 간이진단 결과에 따라 정밀 진단기기와 진단기술로 구성 부품 중 어느 것이 이상이 있으며, 수명은 어느 정도인가를 추정

일반적으로 설비진단을 어렵게 생각하는 경우가 많은데, 올바른 방법을 유지해 두면 그렇게 어려운 일이 아니다. 이때 그 기법을 현장의 리더나 오퍼레이터도 쉽게 숙지할 수 있도록 해야 한다. 현장에서는 간이진단을 실시하고, 문제감지 시에 정밀진단을 실시하면 효과가 있다.

③ 돌발고장 예방 7스텝

돌발고장을 예방하기 위해서는 일반적으로 운전 부문과 보전 부문의 역할분담이 필요하며, 예방활동의 체제를 제대로 구축하기 위해서는 단계별 활동이 중요하다. 앞의 〈표 4.1〉은 돌발고장 감소를 위한 7스텝이다.

(2) 준비교체·조정 로스

1) 준비교체 개선의 필요성

① 준비교체시간

준비교체시간이란 현재 품종의 가공이 끝나고 다음 품종의 가공을 시작하여 양품이 나올 때까지의 시간을 말한다. 이것은 기계가 가공물에 부가가치가 생성되지 않는 시간으로, 정확하게는 '내준비교체시간'이라고 할 수 있다. 이를 보통 '준비교체시간'이라든가 '준비시간' 또는 '교체시간'이라고 한다. 또 단순히 '준비교체시간'이라고 했을 때는 '내준비시간'과 '외준비시간' 전부를 가리키는 일도 있다.

> 준비교체시간 = 내준비시간 + 외준비시간

- 내준비시간 : 현재의 가공이 끝난 시기부터 다음 가공을 하여 양품이 나올 때까지의 시간으로, 기계가 가공물에 부가가치가 생성되지 않는 시간을 말한다.

– 외준비시간 : 기계가 가동하고 있을 때 기계 밖에서 준비교체를 위한 사전준비나 후처리를 하고 있는 시간

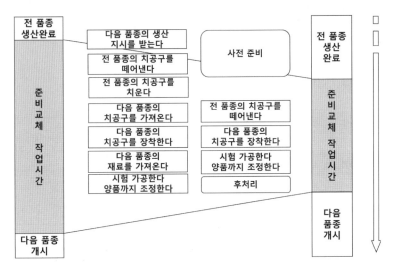

〈그림 4.4〉 준비교체 작업시간 범위

② 준비교체작업의 종류
– 금형이나 절삭공구 교체작업 : 기계가공 공장에서 많이 보는 작업으로, 전형적인 준비교체작업이라 할 수 있다. 프레스의 금형이나 성형기 금형의 준비교체, 그리고 드릴이나 바이트, 톱날 등 절삭공구의 교환작업이 있다.
– 기준의 변경작업 : 컴퓨터 등을 이용한 정밀 절삭가공이나 화학장치에서 기준을 변경하는 작업이 있다. 여기서 미묘한 조정작업이 있을 경우, 이 조정작업은 한 개인에게만 노하우가 쌓이고 만다.
– 조립품이나 부자재의 교체작업 : 조립공정에서 제품이 바뀌면, 거기에 사용되는 조립품이나 부자재의 공급도 바뀌어야 한다. 준비작업은 금형의 준비교체와 같이 가공 부문만의 것이 아니라 조립 부문에서도 발생한다. 그러나 이와 같은 경우는 준비작업이 아니라 교체작업이라고 한다.

- 제조 전의 일반 준비작업 : 제조를 개시하기 전의 여러 가지 준비작업을 가리킨다. 기계에 대한 일이나 작업자의 확보, 도면의 확인, 청소 등의 후처리도 포함된다.

2) 준비교체 로스 제로화 5스텝

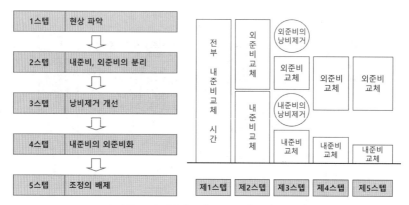

〈그림 4.5〉 준비교체 로스 제로화 5스텝

① 1스텝 : 현상 파악
- 준비교체가 시작되고 끝날 때까지의 시간이므로 100% 내준비교체 시간이다.
- '현재 얼마나 걸리고 있는지' 등이 의외로 기록되어 있지 않은 경우가 많다.
- 취급하는 품종의 수나 기계의 가동률, 준비교체 실적을 조사하여, 준비교체 개선의 필요성을 인식하도록 한다.
- 준비교체 개선에 대한 분위기가 달아오르면, 즉시 '준비교체 개선팀'을 발족시킨다.
- 이미 TPM 개별개선 프로젝트팀이나 JIT 개선 프로젝트팀 등이 발족되어 있다면, 그 팀의 분과회를 연다.

준비교체 손실시간 조사	개선 추진팀 편성	현장관찰 및 가동분석

• 준비교체 실적 조사
• 준비교체 손실시간 조사
	• 최고경영자의 결의 표명
	• 준비교체 단축 50% 목표
	• 개선팀 편성
		• 준비교체 가동분석
		• 동영상 촬영
		  (공정-작업-단위작업
		  -요소작업-동작)

② 2스텝 : 내준비·외준비의 분리

- 먼저 작업방법 중에서 외준비교체가 가능한 것을 고른다. 이를 분리하기 위해서는 작업내용을 동영상으로 촬영하여 분석하면 좋다. 동영상 내용을 단위작업 내용으로 분할하여 단위작업시간을 측정하고, 단위작업의 외준비 가능성을 파악한다.
- 준비교체 개선을 처음 하는 경우, 상대적으로 외준비 가능 단위작업이 많이 포함되어 있는데, 보통 50%는 외준비로 전환하여 준비교체 시간을 50% 정도 개선할 수 있다.

준비교체 조정으로 작업 분리	내준비·외준비 낭비 구분	외준비는 사전·사후 작업으로 이동

③ 3스텝 : 낭비제거 개선

- 남은 50%의 내준비교체 작업에 대해서 낭비를 제거해 나간다.
- 정석에 의한 소(小)개선만으로도 다시 50% 삭감이 가능하다.
- 여유가 있으면 외준비교체의 낭비제거도 동시에 진행한다.

준비의 낭비 개선	교체의 낭비 개선	조정의 낭비 개선

정석1. 준비는 사전에
정석2. 손은 움직여도,
  발은 움직이지
  마라
	정석3. 볼트는 풀지 마라
	정석4. 볼트는 철저히
	  없애라
	정석5. 금형이나 치공구의
	  기준은 변경하지
	  마라
		정석6. 베이스부는 움직
		  이지 마라
		정석7. 눈금은 블록게이
		  지화하라
		정석8. 끼워 맞추는 것은
		  기준 가이드를
		  설정하라

④ 4스텝 : 내준비의 외준비화
- 제2스텝에서 단지 분리에 의해 진행하던 외준비화를 다시 추구하는 단계이다.
- 중(中)개선, 대(大)개선이 필요하게 되지만, 보다 상세한 작업분석으로 외준비교체로 대체해야 한다.

내준비 요소작업 정밀분석	외준비 이행	외준비작업 표준화
- 내준비작업을 보다 상세하게 분석	- 1개씩 교체하던 내준비 작업 블록 단위로 사전에 온도변경 등의 내준비작업을 미리 예열 - 사전에 가능한 조정은 사전에 이행	- 작업방법의 유효도 (삭제 가능성, 난이도) - 작업의 순서(순서 변경·통합·병행) - 작업분담(분담범위, 병행작업)

⑤ 5스텝 : 조정의 배제
- 준비·교체·조정 등 세 가지 낭비 중에서 특히 고기능을 요하는 조정의 낭비제거를 다시 한 번 철저히 추구한다.
- 준비교체 작업의 기계화·자동화를 생각하는 단계이다.
- 경영자의 준비교체 제로화에 대한 열정이 요구되는 스텝이기도 하다.

조정의 유효도 분석	피할 수 없는 조정의 조절화	기계화·자동화
• 조정의 목적을 명확히 한다. • 조정의 내용 분석 • 조정이 필요한 이유를 명확히 한다. • 조정의 원리를 추구한다. • 원인의 추구 • 배제 가능성 검토	• 수치화 • 순서화 • 스킬 향상	• 기구화 • 기계화 • 자동화

※ 피할 수 있는 조정의 예
- 설비 치공구의 조립 정도(精度)가 나쁜 것
- 기준면의 위치·거리가 통일되지 않은 것

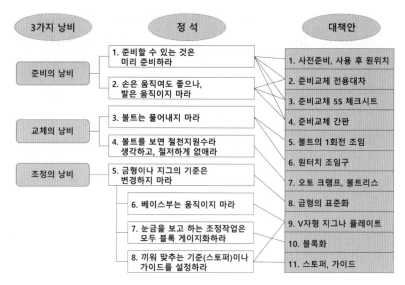

〈그림 4.6〉 준비교체·조정의 낭비 대책

(3) 순간정지 로스

1) 순간정지의 정의

① 순간정지란 무엇인가

고장은 아니지만 일시적인 트러블로 인하여 설비가 정지하거나 생산하지 않고 공운전하는 현상으로, 간단한 조치에 의해 원상 복귀된다.

- 고장 : 기능의 정지 또는 성능의 저하를 동반하며, 조치로 부품 교환이나 수리를 필요로 하는 현상
- 순간정지 : 부품의 제거 또는 삽입, 스위치 접속 등의 간단한 조치로 원상 복귀하는 현상

② 순간정지의 특징

- 자동설비, 자동조립설비, 반송설비에서 많이 발견된다.
- 조치가 간단하기 때문에 근본조치가 취해지지 않고 경시되는 경향이 있다.

- 발생 부위가 수시로 바뀌고, 한 부위의 관리를 잘해도 또 다른 부위에서 로스가 발생하기 때문에 전체적으로 잘 해결되지 않는다.
- 잠재된 로스를 현재화(顯在化)하기 힘들고, 현재화해도 정량화가 힘들다.
- 순간정지는 방치해 두면 점점 증가하는 경향이 있다.

③ 순간정지의 심각성

순간정지는 일반적으로 설비 경쟁력을 강화하기 위한 라인화·자동화·무인화를 추구하는 과정에서 빈번하게 발생하는데, 이는 역으로 라인화·자동화·무인화에 큰 문제로 대두되고 있다.

▶ 순간정지 문제배경	▶ 현재화된 문제
- 자동화의 진전 (핸들링의 자동화, 자동화 라인) - 자동설비 조건의 고도화 (고속화, 고기능화, 유연화) - 제품 속 부품 조건의 변화 (극소부품, 이형부품, 강성이 없는 부품)	- 배치인원의 증대 - 아차사고 다발 - 순간정지 = 품질불량 - 라인과 설비의 투자낭비 - 설비종합효율 악화 - 중식시간 무인운전 불가 - 에너지 로스 발생

2) 순간정지의 현상

① 현상의 구분과 설비상태

- 트러블을 자동감지하고 자동으로 정지하는 경우
  - 과부하에 의한 정지 : 자동부품 가공설비에서 절삭력 과대로 소요시간 초과를 감지하고 자동정지
  - 이상 검출에 의한 정지 : 자동 조립기의 조립불량
  - 부품 흡착불량에 의한 자동정지 : 운전 트러블이 발생해도 정지하지 않고 공전하는 경우, 기구적으로 순간정지가 곤란한 경우, 경제적인 이유로 정지기구를 부착하지 않은 경우, 복원적인 요인으로

공운전하는 경우, 반송·공급의 불비, 슈트상의 막힘, 걸림 등에 의해 부품이 공급되지 못하고 공운전하는 경우

② 현상과 원인의 구분

현상은 관찰되는 각종 사실이고, 원인은 사물의 변화를 일으키는 일이며, 그 요인은 현상에 영향을 준다고 생각되는 것을 말한다. 따라서 어느 레벨에서 로스를 현재화하는가에 의해 현상이 되기도 하고, 원인이 되기도 한다. 예를 들면, 표면상처라는 불량에서 표면상처는 현상이고 그 원인은 막힘이다. 그러나 순간정지에 있어서는 치수불량이라는 원인이 막힘이라는 현상을 일으킨다.

3) 순간정지 개선 10스텝

① 1스텝 : 순간정지 데이터 수집

'측정되지 않으면 관리되지 않는다'라는 관리의 원칙을 명심하고, 순간정지의 데이터를 수집한다.

- 순간정지 로스 산출

정미가동률을 파악하여 로스율과 로스 크기를 파악한다.

$$정미가동률 = \frac{실제\ C/T \times 가공수량}{부하시간-정지로스시간} \times 100$$

- **수동 수집방법**
- 운전원 인터뷰를 통한 정보 분석
- 현장에서 가만히 선 채로 사실 관측
- 작업자에 의한 순간정지 기록
- 카운터(자동 또는 수동식)에 의한 관측 : 설비 대수가 많은 경우에는 관측이 곤란하므로 계수기를 부착하여 관리
- 고속 촬영기에 의한 사실 관측 : 사이클 타임이 짧고 동작이 빠른 경우, 고속 비디오 카메라 활용

- 자동 수집방법
- 과부하 공전 순간정지의 경우 : 설비나 유닛의 1사이클을 관찰하여 설정시간과 차이가 발생한 경우, 설비를 정지시키고 그 신호를 자동 수집한다.
- 품질 순간정지의 경우 : 설비의 기능불량과 가공 조립불량을 검출하여, 설비나 유닛을 일시 정지시키고 그 신호를 자동 카운트한다.
- 조립된 제품의 기능 체크와 부품의 정도 체크에 의해 불량을 검출하고 기계를 정지시키는 경우에도 카운트한다.

② 2스텝 순간정지현상 및 목표 설정
- 목표치 설정의 2가지 방법
- 상대적 목표치 설정
- 절대적 목표치 설정
- 목표설정 시 주의사항
- 상위목표와의 정합성을 검토해야 한다. 점심시간 무인화, 야간 무인화, 몇 명이 작업할 것인가 등을 검토한다.
- 사람이 사전에 조치하기 때문에, 순간정지를 미연에 방지하는 미수 순간정지를 얼마나 현재화할 수 있는가가 현상치 설정 시에 매우 중요하다.

③ 3스텝 파레토도 작성 및 서브테마 결정
- 순간정지 발생횟수와 MTBF를 설비별로 파레토도를 작성하고, 유닛별로 분석한다.
- 유닛의 순간정지 현상을 층별하여 서브테마를 결정한다.
- 이때 테마와 서브테마의 정합성을 확인해야 한다.
- 3개월에 달성할 수 있는 목표를 세우고 월별로 할당해 두는 것도 필요하다.

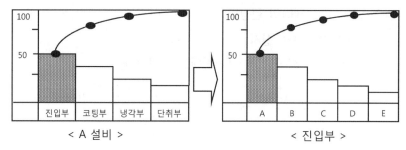

< A 설비 >　　　　　< 진입부 >

서브테마 : A 설비 진입부,　A 유닛 순간정지 감소로 성능가동률 향상

〈그림 4.7〉 현상파악 파레토도

④ 4스텝 관리 그래프 작성

　- 순간정지 발생의 전체적 관리 및 서브테마의 개선효과와 경향의 추
　　이관리를 위해 그래프를 작성한다.

　- 전체 그래프, 설비별 그래프, 순간정지 형태별 그래프 등 다양한
　　관리 그래프에 의해 이상이 발생하면 작성한다.

　- 즉시 원인의 추정과 재발방지 대책을 수립하도록 관리 그래프를
　　작성한다.

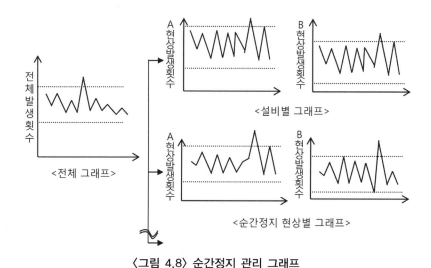

〈그림 4.8〉 순간정지 관리 그래프

⑤ 5스텝 : 서브테마의 현상분석

- **완료형 현상분석 실시**
  - 순간정지가 발생한 직후의 상태로 층별한다.

분석 요령	분석 예 : 부품이 걸림
When ∼때	나사를 보낼 때
What ∼가(이)	나사가
Where ∼에서	통로에서
How ∼하게 되어 순간정지	막혀 순간정지

- **진행형 현상분석 실시**
  - 완료형 현상분석의 형태별로 순간정지에 이르기까지의 과정(진행형 현상)을 분석하고, 설비의 기구·구조와 가공조건을 이해한다.

분석 요령	분석 예 : 부품이 튕겨져 나감
When ∼때	부품을 삽입할 때
What ∼가(이)	부품이
How(1) ∼하게 되어 있어서	이물에 걸려서
Where ∼에서	스크루에
How(2) ∼하게 되지 않아 순간정지	치공구가 세팅되지 않아 순간정지

⑥ 6스텝 : 요인해석 실시

현상을 일으키는 요인을 적출하여 해석한다. 요인은 포괄적으로 하되 왜-왜 분석 또는 PM 분석을 실시한다.

⑦ 7스텝 : 3현 조사 실시

- 3현이란 '현장'에서 '현물'을 보고 '현상'을 파악하자는 의미이다.
- 순간정지가 발생하는 성립조건에서 관련성 있는 부위, 치공구, 재료, 방법에 대해 조사·측정한다.
- 기준치와 비교하여 벗어난 불합리점을 적출한다.

- 기준치를 모를 경우에는 설계도면, 취급설명서, 카탈로그, 기술자료, 경험 등에 따라 가(假)기준을 설정하여 진행한다.

⑧ 8스텝 : 개선 실시
- 기준치와 비교하여 불합리한 것을 복원·수정·개선한다.
- 개선내용을 수평전개하기 위해 개선시트에 기록한다.
- 개선 진행 중 담당자가 어려움에 봉착했을 때는 '지원요청서'를 작성하여 해결함으로써 전 부서의 중지를 모아야 한다.

⑨ 9스텝 : 효과파악
- 서브테마의 순간정지가 제로가 되었는지, 1일 관리 그래프에서 연속해서 제로가 달성되고 있는지 확인한다.
- 새로운 형태의 순간정지가 발생하지는 않는지, 개선의 부작용은 없는지 확인한다.
- 서브테마가 제로화되지 못한 경우에는 재검토하여 진행한다.
- 성립하는 조건의 누락
  • 요인의 누락
  • 측정 미스
  • 가기준 설정의 느슨함
- 정미가동률도 계산하여 효과를 확인한다.

⑩ 10스텝 : 유지관리
- 한 번의 개선보다 그 수준을 유지해 가는 것이 중요하다.
- 업무방법(관리방법)의 유지, 표준류 개정에 의한 유지, 개선에 대한 교육훈련 실시에 의한 유지 등을 강구해야 한다.

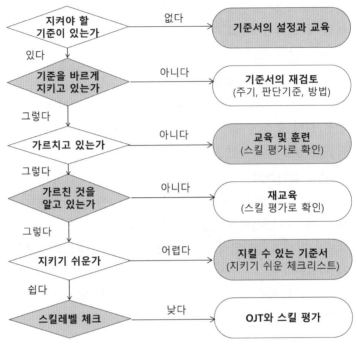

〈그림 4.9〉 유지관리를 위한 참원인 추구 플로

(4) 속도저하 로스

1) 속도저하 로스의 정의

① 설계시점의 속도와 실제속도의 차이에 의한 로스를 없애야 한다

예를 들어, 1사이클이 60초라고 기준을 설정하였지만 실제 65초로 가동할 경우, 5초의 속도 로스가 발생하기 때문에 그 원인이 무엇인지 파악하여 개선해야 한다.

② 설계시점의 속도가 현상의 바람직한 모습에 비교해 속도저하 로스를 없애야 한다

예를 들어, 1사이클이 60초라고 기준을 설정하였지만 현재 수준에서

개선하여 50초로 낮출 수 있는 경우, 10초의 속도 로스가 발생하는데 그 원인이 무엇인지 파악·개선해야 한다.

- 속도저하 로스는 설계속도와 실제속도와의 차이를 말한다.

$$속도저하\ 로스 = \left(1 - \frac{이론\ 속도}{실제\ 속도}\right) \times 100$$

2) 속도저하 로스에 대한 개선절차

① 현재의 설비 수준 조사(과거 트러블 조사를 포함) : 대상 설비의 시방을 조사하고 설비상태에 대해 조사한다.

② 설계시방에 의한 이론속도와 실제속도 비교 : 속도 차이에 대한 크기를 파악하고, 설계치를 모를 경우에는 가공원리를 추구하고 이론치를 구해 기준치로 한다.

③ 이론속도 대비 실제속도 차이에 대한 문제점 적출 : 속도 차이에 대해 그 크기를 산출한다.

④ 문제점에 대한 원인 조사 대책 강구 : 속도 크기 차이에 대해 복원적 대책 및 혁신적 대책을 강구한다.

⑤ 대책 실시 및 재발방지 대책 수립 : 복원적이고 혁신적인 대책을 세우고, 유지를 위해 일상점검 및 정기점검을 실시하며, 기준치에 벗어나는 경우에는 적합한 조치를 취한다.

3) 속도저하 현상 및 과제

① 설비시방서의 기준 사이클 타임이 애매하다

설계 시 검토 부족으로 설계시방이 확실하지 않고, 불량이나 고장 유발로 인해 필요 이상으로 속도를 낮추어 가동시킨다. 특히 구형 설비나 자사 개발설비에 속도저하 경향이 많다.

② 설계시방서의 기준속도 유지가 가능해도 방치하였다

과거 트러블이 발생했을 때 원인을 충분히 검토하지 않은 상태로 방치하여 가동하거나, 미결함, 강제열화를 간단히 시정하면 설계속도의 달성이 가능하지만 방치하고 있다. 기술 레벨, 관리 레벨의 향상으로 당초에는 트러블이 있었으나, 현재는 그다지 문제되지 않는다고 가정하여 무시해 버렸다.

③ 사이클 타임 향상에 따른 문제점에 대해 현재화가 안 된다

현재 운전속도보다 속도를 높이면 문제가 발생하지만, 그 이후는 급격히 감소하는 경향이 있다. 현재 속도에서 문제를 내재한 채 결함이 증폭되어 문제를 더욱 크게 만드는 경우가 많다.

④ 에어커트 타임 또는 아이들 타임을 보는 눈이 애매하다

에어커트 타임이란 가공준비가 완료되어 가공(절삭·연삭)이 가능한 상태에 있으면서도 가공하지 않고 공전하고 있는 상태를 말하며, 아이들 타임이란 하나의 동작이 완료한 후 다음 동작이 이루어지는 사이에 발생하는 시간을 말한다.

⑤ 동작속도, 회전속도를 보는 법이 애매하디

가공물에 접촉하더라도 실제로 일을 하지 않는 시간, 복잡한 운동이나 타이밍이 필요한 경우에 안정상 아이들 타임이 긴 경향이 있다. 보통 최저 0.5~2초 이내의 아이들 타임이 있으며, 움직임이 너무 빨라 쉽게 지나쳐 버린다. 1초 이하까지 측정할 수 있는 측정기나 측정방법이 보급되어 있지 않다.

⑥ 이론적인 접근력이 약하다

빠르다, 늦다의 판단이 서지 않아, 현재 속도가 좋다고 판단하거나 동작시간의 산포가 있거나 부드럽지 못하다. 한계를 모르기 때문에 시행착오를 거듭해야 하며, 하드 기술, 설비진단, 기본 기술에 입각하여 철저히 연구해야 한다.

4) 속도저하 로스 개선사고

① 트러블의 참원인을 파악한다

스피드 업을 꾀하는 경우, 어떠한 트러블이 발생하는가 실제 확인해야 한다. Cp값이 어떻게 변화하고 있는지, 불량항목마다 발생비율이 변화하고 있지 않은지, 종래에 없는 불량항목이 발생하고 있지 않은지, 공구 수명의 변화, 설비의 진동, 일시정지의 횟수, 가공품 이송, 공급 부분의 상태는 어떤지, 절삭 시 진동 혹은 음의 변화는 어떤지 등을 파악해야 한다.

② 동작의 유효성을 체크한다

사이클 선도를 기초로 시행착오적으로 문제점을 확인하여 가능성에 대해서 확실히 대책을 취하는 것이 중요하며, 에어커트 타임의 단축, 아이들 타임의 단축, 동작시간 자체의 속도 향상 및 각 동작의 변형작업 가능성 등을 체크해야 한다.

5) 속도향상을 위한 방법

① 에어커트 타임 및 아이들 타임의 단축

에어커트 타임의 단축, 즉 가공준비가 완료되어 가공 가능한 상태에 있으면서도 가공하지 않고 공전하고 있는 시간을 없애야 한다. 또한 아이들 타임의 단축, 즉 하나의 동작이 완료한 후 다음 동작이 이루어지는 사이에 발생하는 시간을 없애야 한다.

② 동작시간의 단축 또는 배제

가공을 위한 이동 또는 방향을 바꾸기 위한 회전 등 실제 가공을 위해서는 필요하지만, 가치를 주지 못하는 동작은 그 시간을 단축하거나 없애야 한다. 특히 설비와 설비를 연결하는 라인화 과정에서 이동시간의 불균형이 작업에 지연을 주는 경우가 많은데, 이를 철저히 분석하여 사전 라인화의 레이아웃을 결정할 때에 반영해야 한다. 또한 이동방식도 과거 컨베이어 방식보다는 서버모터와 로더를 이용하는 방식으로 확산해 나가야 할 것이다.

③ 동작 타이밍은 빠르게 병행작업 실시

한 동작이 끝나면 다음 동작이 이루어지는 형식보다는 동작이 병행되는 작업을 실시해야 한다. 현재 사용하는 설비 중에는 시퀀스 제어 방식의 설비가 많다. 이 같은 설비는 병행 방식으로 바꾸면 동작시간을 대폭 줄일 수 있다.

6) 속도저하 로스 개선 스텝

속도저하 로스 개선은 생산성 향상의 주요 과제로 12스텝으로 진행된다. 또한 속도저하 로스 개선에 따른 생산성 향상은 오퍼레이터의 노동 강도를 높이는 경우가 많은데, C/T 단축은 노동 강도를 낮추는 개선도 병행하는 것이 원칙이다(〈표 4.2〉 참조).

(5) 불량 및 재작업 로스

1) 불량의 구분

일반적으로 불량은 돌발적으로 발생하는 돌발불량과 만성적으로 존재하고 있는 만성불량으로 나누어진다. 일반적으로 돌발불량은 양품조건 중 한두 가지가 잘못되어 발생하는 경우가 많은데 조건을 바로잡으면 바로 양품으로 전환되는 경우가 많다. 이에 반해 만성불량은 불량의 원인이 복합적이어서 해결하기가 쉽지 않다. 또한 불량은 그 자체로 끝나는 것이 아니라 재작업을 통해 양품을 만들어야 하는 이중의 로스 문제를 가지고 있어 반드시 해결해야 한다.

2) 불량 해결방법

① 돌발불량 해결방법

돌발불량은 양품조건 중 불량에 영향을 미치는 조건이 무엇인지 찾아내어 조건을 준수하면 된다. 일반적으로 QM 매트릭스는 사용불량에 미치는 조건을 나열하고, 영향도 및 준수도를 조사하여 미준수 항목을 준수하도록 한다. 여기에서는 왜 준수되지 않았는지 그 근원을 파악하고 해결하는 것이 중요하다.

② 만성불량 해결방법

만성불량은 불량의 원인 자체가 복합적이고, 그 원인에 서로 영향을 주는 교호작용이 존재하는 경우가 많아 해결하기가 어렵다. 따라서 만성불량은 그냥 미해결 상태에서 방치되는 경우가 많은데 소비자의 요구가 점차 까다로워지면서, 반드시 해결해야 하는 과제로 대두되었다. 일반적으로 PM 분석을 많이 사용하는데, 불량의 현상을 물리적으로 표현하고 성립조건을 도출하여 4M과 연결한 후 해결안을 복합적으로 모색한다.

3) 전개 플로

전개 플로는 보통 품질보전 '8자 전개 방식'을 많이 사용하며, 다음과 같은 단계로 전개된다.

① 현상파악

QM 매트릭스를 작성불량에 영향을 미치는 조건관리 항목과 기준을 작성하고 영향도 평가 및 준수도를 조사한다.

② 복원

미준수 불합리를 복원한다(왜 준수가 안 되었는지 근원을 개선한다).

③ 평가

불량문제에 대한 해결 여부를 평가한다.

④ 조건분석

PM 분석을 통해 만성불량의 원인을 복합적으로 분석하고 대책을 강구한다.

⑤ 조건개선

대책을 실시하는 데는 일반적으로 PDCA 개선 사이클을 사용한다.

⑥ 양품조건

대책 실시 후 양품조건을 수립한다.

⑦ 조건관리

양품조건이 유지되고 있는지 관리한다(보통 관리도 사용).

⑧ 조건개선

양품조건이 유지·관리되고 있으면, 최종적으로 조건을 쉽게 적용하기 위한 조건관리를 개선한다(보통 소장단 개선활동 전개).

(6) 초기수율 로스

1) 초기수율 로스의 정의

정기수리 후 재가동할 때, 장시간 정지(휴지) 후 재가동할 때, 휴일 후 재가동할 때, 점심식사 후 재가동할 때 등 설비를 재가동하면서 초기 양산 제품이 나올 때까지의 시간 로스를 말한다. 규정의 사이클 타임으로 운전하더라도 기계적인 트러블(일시정지, 작은 트러블, 공구파손) 없이 품질이 안정되고 양품 생산이 가능할 때까지의 시간적 로스와 그때 발생하는 물량 로스(불량 및 스크랩)를 말한다.

2) 초기수율 로스의 과제

① 이론적인 접근방법이 약하다

치수 산포가 크기 때문에 보정이나 조정을 수시로 한다. 보정장치가 붙어 있는 경우에는 사이클 타임이 길어진다. 기계의 이상 움직임으로 공구의 파손 등이 발생하지만, 발생 메커니즘, 원인, 열 변위 곡선, 평행상태까지의 시간검토 등이 이루어지고 있지 않다. 유압작동유 및 윤활유의 온도 변화, 쿨런트의 온도 변화에 의한 것을 방치하고 있다.

〈표 4.2〉 속도저하 로스 개선 스텝

1스텝	현상파악	각 공정의 능력 및 밸런스 조사 : 공정별 C/T 비교, 저해요인(고장, 일시정지, 교체 등)을 고려한 C/T, 밸런스를 저해하는 넥(Neck) 공정 파악
2스텝	벤치마킹 및 목표설정	기준치 및 목표치를 설정 : 실제 C/T 및 이론 C/T 를 고려하여 목표 C/T를 설정, 목표 C/T는 달성 가능성 및 경제성을 고려하여 설정
3스텝	작업표준 정비	작업조건 중심으로 조건관리 항목 및 조건 정비, 작업기준 및 조건 기준치 검토
4스텝	C/T 실측	요소동작 구분 및 동작별 C/T 측정, 빠른 이송 또는 늦은 이송 측정, 측정방법을 고려하여 소수점 셋째 자리까지 측정 정리, Cp값 악화 등
5스텝	C/T 분석	C/T 실측값을 기준으로 개선대상 C/T 선정, 에어 커트 타임·아이들 타임 적출, 개선의 ECRS 적용
6스텝	C/T 단축 1	동작과 동작 아이들 타임 유무 확인, 동작의 유효성 검증, 복합공구 검토, 아이들 타임 제거 방법 입안
7스텝	C/T 단축 2	피치코타에 의한 일량의 측정 및 시간단축 가능성, 진동 측정에 의한 시간단축의 가능성, Cp값 검토, 가공순서 및 가공조건 재검토, 열용량 검토와 이론치 비교, 최적 조건 재검토, 병행작업 가능성 검토
8스텝	속도향상 문제점	C/T 단축, 회전수를 높인 후 문제점 정리(Cp값, 불량 현황, 기계적 불합리, 진동·절손 등), 시행착오에 의한 실험 반복
9스텝	설비 정도 및 부품수명	설비 정도 측정 및 부품수명 향상 대책
10스텝	잔존 문제 PM 분석	잔존 문제 100% 해결을 위한 PM 분석
11스텝	개선안 도출 개선 실시	PM 분석 후 개선안 도출 및 개선 실시
12스텝	가공조건 설정 오퍼레이터 교육	속도저하 로스 목표달성을 위한 가공조건 설정, 가공조건 유지를 위한 오퍼레이터 교육

② 기준이 없다

초기가동 시 가동 로스를 줄이기 위해 공운전을 하고 있지만, 얼마나 해야 하는지에 대한 기준이 없어 경험과 감으로 하고 있는 것이 현실이다. 정상상태에 대한 파라미터를 객관화하고 그 상태가 되기까지 기준을 설정하여 운영하는 것이 바람직하다. 열 변위에 의한 것이라면 최저 기준을 설정하고 반드시 준수해야 한다.

3) 초기수율 로스 개선방법

① 측정에서부터 시작

휴일 다음날이나 월요일 가동 시에 냉각된 상태에서 품질이 안정화될 때까지의 각 부위 변위량 변화와, 시간 경과에 따른 가공품 치수 변화와 안정화까지의 시간과 각 부위 변위량과의 관계를 파악한다. 현상에 따라 최소 필요한 워밍업 기준을 설정하고, 각 부위의 열 변위 원인 등을 검토하여 잠정적인 대책을 취하도록 한다.

예를 들면, 가공기는 조정을 하지 않은 상태로 가공 치수 변화 및 조정을 행한 경우의 연속 가공품의 치수 변화를 측정한다. 또한 조정의 MTBF를 실정해야 하며, 시가동 직후 시간 경과에 따른 Cp값의 변화 등을 측정해야 한다. 그라인더 연삭기의 경우 주축의 온도 변화, 주축, 테이블, 그라인드휠, 가동 직후 XYZ의 변위량 연속 측정, 드레스 장치에 대한 변위량 연속 측정, 유압작동유의 온도 변화 및 윤활유의 온도 변화 등을 측정해야 한다.

② 재질면에서의 검토

팽창계수(수축·팽창)를 통해 변화량을 최소화하도록 하고, 변위량이 크면 재질을 재검토하도록 한다. 아울러 공작기계 메이커에 다음과 같은 자료를 요청한다.

- 열 변위에 대한 설계 고려 여부
- 재질 및 시스템 면에서의 해소책
- 관련 부위의 구성품과 재질
- 실측 장치와 제시 데이터의 비교
- 각 부위의 열 변위량 및 변위곡선 제출
- 열 변위량을 조기에 안정화하는 방법
- 재질의 팽창계수
- 열팽창이 적은 재질 및 강도 상태

③ 발열 발생 부위를 냉각한다

방열구조 측면에서 발열부인 모터나 회전부는 개방형이나 냉각 팬을 부착하거나, 강제적으로 공냉 또는 수냉 구조를 장착한다. 또한 윤활유의 온도는 오일 쿨러를 이용하여 관리하거나 절삭유를 냉각수로 활용하고 온도관리를 한다.

④ 자동보정을 한다

열 변위 곡선 및 4계절 데이터를 확보하여 처음부터 안정생산까지 자동적으로 보정하여 생산한다. 예를 들어, NC기나 머시닝센터의 경우 다음과 같이 보정한다.

- 변위량을 미리 예측한다.
- 생산 개시 시 2~3개는 $50\mu m$ 크게 세팅한다.
- 4~6개는 $30\mu m$ 크게 세팅한다.
- 7~9개는 $15\mu m$ 크게 세팅한다.
- 10~12개는 $8\mu m$ 크게 세팅한다.
- 그 이후로는 정상적으로 세팅한다.

4) 시가동 로스의 개선 스텝

〈표 4.3〉 시가동 로스의 개선 스텝

1스텝	실태조사	시가동 시 계열 데이터를 확보한다. 치수 산포, C/T 안정 시까지 시간, 공운전시간, 수조정 보정 횟수, 공구파손, Cp값, 불량수정 등을 조사한다.
2스텝	벤치마킹 및 목표설정	달성 가능성 및 경제성을 고려하여 실제치와 이론치를 감안한 목표치를 설정한다.
3스텝	작동유, 윤활유 조사	윤활유 종류(점도), 윤활유 공급압력 및 온도, 오염도, 윤활유 온도와 C/T의 관계를 조사한다.
4스텝	관련된 설비 부위 조사	구성부품과 그 재질, 급유계통 및 마찰면, 부품정도를 조사한다.
5스텝	열 변위 발생	열 변위 발생 부위 선정 및 작업종료 시점에 다이얼게이지 세팅, 아침 시가동 시 수치변화를 체크한다.
6스텝	열 변위량 측정	열 변위 측정방법 검토(부착 센서의 종류 및 부착 위치), 작동유, 윤활유의 온도변화 및 열 변위곡선을 작성한다(시간변화에 따른 주축, 테이블 스핀들유의 변위량 변화 측정).
7스텝	당면 과제	열 변위량 안정화에 맞는 공운전시간의 기준화 및 보정의 자동 프로그램화를 추진한다.
8스텝	기본 대책	기준과 편차 발생 시 복원적 대책을 실시하고, 시행착오에 의한 편차는 실험의 반복을 통해 대책을 강구한다. 열 변위량을 최소화하기 위한 방법을 지속적으로 개선한다.
9스텝	표준화	초기수율(시가동) 로스를 최소화하기 위한 각종 대책을 표준화한다. 아울러 객관적인 수치화를 위해 지속적으로 개선하고 이를 표준화한다.
10스텝	오퍼레이터의 교육훈련	표준화된 개선 내용 및 기준은 지속적으로 OPL을 통해 교육한다. 기준을 설정하고 개선 내용은 공유되어야 한다.

(1) 고장 매트릭스

고장 매트릭스는 고장정지 로스를 개선하는 데 활용하며, 보통 열화 복원 대상 설비를 선정하거나 개량보전 대상 부품을 선정하는 데 필요한 도구이다. 열화복원은 고장다발 설비가 대상이 되고 개량보전은 고장다발 부품이 대상이 되는데, 이를 선정하는 데 반드시 필요하다.

1) 고장 매트릭스 작성방법

일정 기간 발생한 1차 고장 건수를 가로축에는 설비별로, 세로축에는 부품별로 기재하고, 2차 고장 건수가 많은 순으로 설비명 및 부품명을 기재한다. 그리고 설비단위, 부품단위 파레토도를 그린다. 또한 고장 건수보다는 고장정지시간 기준으로 고장 매트릭스를 작성할 수도 있는데, 이때는 건수 대신 시간을 입력하여 파레토도를 작성한다.

2) 고장정지 로스 개선방법

열화복원 개선은 고장 건수(시간)가 가장 많은 'Worst' 설비 5대를 선정하고, 이 가운데 중요도 기준을 설정·평가하여 가장 문제가 되는 설비를 선정, 열화복원 활동을 하면 된다. 또한 개량보전 개선은 고장 건수(시간)가 가장 많은 'Worst' 부품 5개를 선정하고, 이 가운데 중요도 기준을 설정·평가하여 가장 문제가 되는 부품에 대해 개량보전 활동을 하면 된다. 일반적으로 중요도 평가 항목은 해결가능성, 경제성, 시급성 등을 적용하여 중요도를 판정한다.

3) 고장 매트릭스 작성 주기

일반적으로 1년 단위로 고장 매트릭스를 작성·운영하는데, 고장이 자주 발생하지 않는 사업장의 경우 2년, 3년, 4년, 그 이상의 단위로 작성해도 가능하다. 사실 설비 관점에서 작성 주기의 선정은 주요 설비고장 중심으로, 한 사이클이 지나는 시점이 기준이 되면 좋다.

3) 고장 매트릭스 사례

설비\부품	설비명																	계
	A	B	C	D	E	F	G	H	I	J	K	L	M	N	O	P	Q	
a																		43
b																		32
c																		21
d																		16
e																		14
f																		8
g																		7
h																		3
i																		2
j																		1
k																		1
l																		1
m																		1
n																		1
o																		1
p																		1
q																		1
계	44	34	18	15	13	10	7	4	1	1	1	1	1	1	1	1	1	

〈그림 4.10〉 고장 매트릭스 사례

(2) 고장 맵

고장 맵(map)은 도면상에 고장지점 및 건수(시간)를 발생지점에 표시하는 도구인데, 일정 기간의 고장 발생 부위를 종합하여 볼 수 있다. 고장 다발 부위는 점검을 상세히 하여, 고장 발생 전에 조치할 수 있도록 예방 기능을 제시해 준다.

1) 고장 맵 작성방법

일정 기간 발생한 1차 고장 건수(시간)를 도면에 표시한다. 표시 내용은 도면상에 건수(시간)를 매핑하면 된다. 2차 고장정지 로스 발생 원인은 색으로 표시한다. 발생 원인은 기본조건 미준수(적색), 사용조건 미준수(황색), 열화방치(청색), 약점방치(보라), 휴먼에러(녹색) 등으로 표시한다.

2) 고장 맵을 통한 개선방법

고장 맵을 작성하여 책상 앞에 붙여 놓으면 항시 고장정지 로스에 대한 문제를 생각하게 된다. 물론 이 과정에서 생각한 개선 아이디어가 개선방법이다. 즉 고장 맵은 고장 문제에 대한 눈으로 보는 관리를 하고 있는 것과 같다.

3) 고장 맵 작성 주기

일반적으로 1년 단위로 고장 맵을 작성·운영하는데, 고장이 자주 발생하지 않는 사업장의 경우 2년, 3년, 4년, 그 이상의 단위로 작성해도 좋다. 사실 설비 관점에서 작성 주기는 주요 설비고장 중심의 한 사이클이 지나는 시점이 기준이 되면 좋다.

4) 고장 맵 사례

설비고장 이력을 조사하여 고장 발생 원인을 〈그림 4.11〉과 같이 5가지로 분류하여 설비 도면, 사진 등에 표시한다.

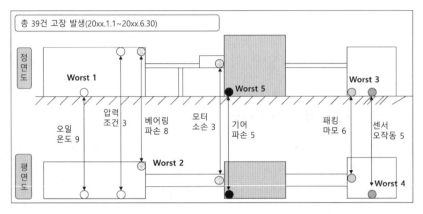

〈그림 4.11〉 고장 맵 사례

(3) 기본조건과 실제 차이분석

설비 기본조건 대비 실제조건의 차이분석은 설비의 가동환경에 따라서 고장 발생 유무가 달라진다. 가동환경이 좋으면 같은 부품이라도 오래 사용할 수 있고 환경이 나쁘면 고장이 자주 발생한다. 따라서 설비를 가동환경에 적합한 기본조건과 대비하여 실제조건을 분석하고 실제 차이를 도출·개선할 필요가 있다.

1) 차이분석 포인트

대개 가동환경이 나쁜 데서 강제열화가 일어나는 경우가 많다. 따라서 열화를 복원하는 쪽으로 개선해야 한다. 오퍼레이터는 설비 기본조건을 인지하여 그 조건을 벗어나지 않도록 복원활동을 주기적으로 실시해야 한다. 오퍼레이터가 실시하는 청소·점검·급유의 기본 준수 활동만으로도 설비 강제열화 부문을 예방할 수 있다.

2) 차이분석 방법

일반적으로 고장다발 열화복원 설비가 대상이 된다. 한 설비에 여러 종류의 고장이 자주 발생하는 경우는 폭넓은 열화복원이 필요하며, 고장 맵과 연계하여 쓸 수 있다. 분석 순서는 첫째, 열화다발 설비에 대한 고장 내용 및 열화 항목을 나열한다. 둘째, 항목별로 열화 상태를 표현한다. 셋째, 항목별로 기본조건이 무엇인지 표시한다. 넷째, 차이를 분석한다. 분석 시 왜-왜 분석을 병행해도 된다. 열화복원의 개선은 주로 교체 및 주기적 점검 형태의 대책이 강구되는데, 점검 내용을 설비 일상점검 리스트에 반영하면 된다.

3) 대책 실시

청소·점검·급유 관련 기준을 준수하는 방향으로 개선하거나 사용조건을 표준 준수 방향으로 개선하고, 기준 준수가 쉽도록 소장단 개선방법을 추진한다. 설비고장의 80% 이상이 설비에 대한 기본조건을 지키지 않아 발생하기 때문에 대책은 기본을 지키는 방향으로 강구해야 한다.

4) 기본조건과 실제 차이분석 사례

NO	고장내용	고장원인	기본조건	실제	차이분석	대책안
1	유압실린더 작동 고장	배관 연결부 진동 및 실링 마모로 누유	연결부 누유 없을 것	연결부 누유	누유 발생	실제 교체 및 배관 고정
2	센서 파손	외부충격으로 파손	외부충격이 없는 곳에 설치해야 함	외부충격이 있는 곳에 설치됨	외부충격에 노출됨	센서 위치를 외부충격이 없는 곳으로 이동 (간접 센싱)

- 고장내용 : 고장현상을 간단히 표현
- 고장원인 : 고장현상을 발생시킨 직접적 원인
- 기본조건 : 정상 상태를 표현
- 실제 : 고장원인이 되는 현상을 표현
- 차이분석 : 기본조건 대비 실제 차이를 표현
- 대책안 : 기본조건을 지킬 수 있는 개선안 도출

(4) 왜-왜 분석

왜-왜 분석이란 불량, 고장현상이 발생하는 요인을 분석하는 수단으로써, 규칙적으로 단계별 '왜'를 반복함으로써 요인을 빠짐없이 찾아내는 분석방법이다. '왜'의 반복에 의해 빠짐없이 찾아낸 최종 '왜'가 현상에 대한 근본원인이며, 이에 대한 대책을 수립·실시해야 한다. '왜'를 5회 정도 반복해서 목적과 수단 또는 원인과 결과의 관계를 계통적으로 추구하여 근본적인 원인을 알아간다.

1) 왜-왜 분석방법

하나의 문제현상에 대한 원인은 사람마다 다를 수 있다. 그것은 사람마다 경험이 다르고 생각이 다르기 때문이다. 왜-왜 분석은 이같이 다른 생각을 모아서 단계적으로 요인을 만들어, 문제현상을 발생시킬 수 있는 요인을 나열해 원인을 찾는 방법이다. 하나의 문제에 대한 요인이 2개씩만 있다 해도, 1차 요인은 2개, 2차 요인은 4개, 3차 요인은 8개, 4차 요인은 16개, 5차 요인은 32개가 나온다. 물론 32개 요인이 다 원인은 아니지만, 반드시 그 가운데 원인이 있다. 그리고 다른 원인에 의해 문제가 발생해도 32개 요인 속에 원인이 있다.

따라서 하나의 문제현상은 어떤 원인에 의해 발생해도 32개 요인을 도출하면 그 원인을 쉽게 찾을 수 있다. 왜-왜 분석의 근본원리는 5번 '왜'를 찾다 보면 어떤 문제도 그에 대한 대책을 찾을 수 있다는 것이다. 왜-왜 분석은 왜를 5번 자문한다고 해서 '5Why' 분석이라고도 하고, '왜'를 알자는 면에서 'Know Why' 분석이라고도 한다.

2) 왜-왜 분석과 대책

왜-왜 분석은 근본적인 원인을 찾아 대책을 강구하는 기법이다. 따라서 '왜1, 왜2, 왜3' 형태로 1차 원인, 2차 원인, 3차 원인을 분석해 나가는데, 1차 원인을 야기하는 2차 원인, 2차 원인을 야기하는 3차 원인 등으로 분석하여, 스스로 해결할 수 있는 단계까지 진행한다. 반드시 5차

원인까지 분석할 필요는 없으며, 역으로 5차 원인에서도 근본 원인이 나오지 않으면 6차 원인, 7차 원인 등 원인 추구를 계속해 나간다. 그리고 반드시 마지막 '왜'에 대한 대책을 강구해야 한다. 예를 들어, 마지막 '왜'가 '급유기준이 없다'라면, 그 대책은 '급유기준을 만들자'가 된다. 또 마지막 '왜'가 '오염차단 펜스가 없다'라면, 그 대책은 '차단 펜스를 설치하자'가 된다. 이같이 원인이 분명하면 대책은 쉽게 나온다.

3) 왜-왜 분석의 2가지 사고

① '왜'와 '어디'를 혼동하지 마라

고장이 어느 부품에서 발생했는지가 중요한 것이 아니라, 왜 그 부품이 그런 고장을 일으켰는지 파악하는 것이 더 중요하다. 그런데 우리의 현장 정서는 '왜'보다는 '어디'를 더 많이 사용한다. 왜 그 문제가 발생했는지 물으면, 책임을 추궁하는 것으로 느껴 근본적 원인보다는 책임 회피성 원인을 찾기에 바쁘다. 이는 문제를 근본적으로 해결하지 못하는 잘못된 현장 문화가 된다.

예를 들면, 축이 부러지는 고장이 발생했을 때 '어디가 고장 났는지' 물으면 당연히 '축이 부러졌다'라고 대답할 것이다. 그러면 대책은 '축을 교체하자'로 끝난다. 근본원인을 제거하지 못한 것이다. 반대로 축을 지지하는 베어링이 파손되어 축이 부러졌다면 베어링은 '왜 파손되었는지', 베어링에 급유가 안 되어서 파손되었다면 베어링에 급유가 '왜 안 되었는지' 등의 원인을 찾는다. 결론적으로 '급유기준이 없어서'라는 원인이 도출되면 베어링 급유기준을 작성하고 이를 준수하는 것으로 문제를 해결한다.

② 원인을 찾기 전에 요인부터 명확히 하라

요인이란 현상을 일으킬 수 있는 모든 가능성을 말하며, 원인은 요인 중에서 현상을 일으킨 것을 말한다. 요인을 빠뜨리면 잘못된 원인으로 단정할 수 있다. 일반적으로 원인을 찾을 때 자기가 경험한 내용을 중심으로 원인을 단정하게 되는데, 원인이 아닐 경우에는 잘못된 대책을 실시할 수도 있다. 따라서 원인을 찾기 전에 가능성이 있는 요인을 먼저 찾아야 한다. 요인 중에 원인이 있다는 것을 알고 있어야 한다.

4) 왜-왜 분석의 효과

왜-왜 분석의 효과는 다음과 같다.

- 생산현장 사람들(오퍼레이터, 보전맨, 생산기술자, 관리자)에게 논리적으로 생각하는 능력을 갖게 한다.
- 논리적으로 가르치는 능력을 키운다.
- 설비의 구조와 기능을 정확하게 이해할 수 있게 된다. 구조와 기능을 정확하게 이해하지 못하면 설비의 이상을 분별하지 못한다.
- 분석과정을 통하여 설비나 업무의 원천을 정확하게 판단하고, 작은 개선으로 큰 효과를 얻을 수 있다는 것을 스스로 체득하게 된다.
- 재발방지를 위한 확실한 사고를 갖게 되고, 유지관리의 필요성을 인식하게 된다.
- 문제점을 상호 공유하게 되고 의사소통이 원활해진다.

무엇보다도 왜-왜 분석의 효과는 문제에 대한 논리적 접근과 문제에 대한 공감 및 인식을 같이 하는 것이다. 어떤 문제든 한 번은 일어날 수 있지만, 그 문제가 재발해서는 안 된다. 여기에 절대 필요한 분석법이 왜-왜 분석이고 문제의 재발방지에 효과적이다.

5) 왜-왜 분석 접근방식

왜-왜 분석에는 두 가지 접근방식이 있다. 첫째는 본연의 모습을 추구하는 것이고, 두 번째는 원리·원칙에 따른 것이다.

① 본연의 모습을 추구하는 접근방식

본연의 모습이란 우리가 알고 있는 최상의 상태, 조건을 말한다. 주어진 기능을 발휘하기 위해 필요·충분조건이 충족된 상태를 본연의 모습이라 한다. 현상과 본연의 모습을 비교하면서 이상 내용을 문제의 요인으로 찾는다. 왜-왜를 반복하면서 본연의 모습에 위배되는 것을 요인으로 정하는데, 분석방법이 쉽고 간단하다.

② 원리·원칙에 따른 접근방식

원리란 설비나 업무의 근본원리, 가공원리가 무엇인가를 파악하는 것이다. 원칙이란 가공원리를 만족하기 위해 지켜야 할 조건을 말한다. 원리·원칙에 따라 분석한다는 것은 요인의 단계별 원리·원칙을 파악하고 조사하여, 그 근본원인을 찾아간다는 것이다. 본연의 모습에 의한 접근보다는 체계적인 원리·원칙의 사고를 하면 요인의 누락을 방지할 수 있다.

6) 왜-왜 분석 주요 포인트

분석 전에 문제를 층별화하여 사실적으로 파악하고, 문제가 되는 부분의 구조와 기능, 역할을 정확하게 이해한다.

- 포인트 하나 : 현상이나 왜의 서술은 주어+동사 형태로 표현한다. 즉 '○○이 △△△하다'라는 식으로 표현한다.
- 포인트 둘 : 문제 중심으로 간결하게 표현(한 개의 원인)하되 15자 이내로 한다.
- 포인트 셋 : 마지막 '왜'에 대한 대책을 강구하는데, 자신이 할 수 있는 수준의 대책이 나와야 한다.

① 이상한 왜 : 당연한 내용을 요인으로 취하면 '왜'가 끝없이 반복되기만 한다. 더 이상 '왜'를 반복할 수 없는 단계가 되면 종료하고 대책을 수립한다. '이상한 왜'가 나오면 즉시 종료하고, 앞 단계의 진행을 다시 검토한다.

② 분석 종료 : 재발방지 대책이 나올 때까지 왜를 반복한다. 재발방지 대책이 나오면 분석을 종료해도 좋다. 단, 재발방지 대책이 나오지 않으면 종료하지 말고 계속해야 한다.

③ 재발방지 대책 : 설비측면에서는 재발이 발생하지 않도록 부품이나 치공구를 개량하고, 청소·점검·급유 작업 등이 용이하도록 개선한다. 사람

측면에서는 작업자가 이치를 알게 하고 OPL을 통해 교육 및 훈련을 시켜 방법을 터득하게 한다. 관리 측면에서는 규칙이나 기준 등을 새롭게 만들고 올바르게 개정하며 잘 지키는지 평가·관리하면 된다.

〈표 4.4〉 왜-왜 분석(실린더 작동 중지)

현상	조사내용	판정	왜1	왜2	왜3	왜4	왜5	판정	대책안
에어 실린더 작동 중지	에어 압력	NG	압력이 낮다	필터가 막힘	필터청소 안 됨	청소기준 없음		NG	필터청소 기준작성
				게이지 고장	점검 미실시	기준 없음		OK	
				에어 누기	점검 미실시	점검기준 없음		NG	압력점검 기준설정
	실린더	NG	실린더 정지	패킹 마모	오일 공급 안 됨	오일러 오일 없음		NG	오일러 오일 보충
							오일러 점검 없음	NG	점검기준 작성
				소음기 막힘	청소 미실시			NG	소음기 청소 실시
						청소 기준 없음		NG	청소기준 작성
	배관	NG	에어 누출	배관 누기	배관 점검 없음			NG	배관점검 기준작성
					배관 노후			NG	배관교체

(5) QM 매트릭스

현장에는 많은 결정사항(기준·규정·표준)이 있으며, 개별적으로 관리되고 있다. 품질에 관계되는 결정사항을 알고자 하면 각 표준류를 모두 열람해 보아야 한다. 이 같은 상황을 개선하기 위하여 필요에 따라 품질특성과 조건관리 항목을 한눈에 파악하기 위해 작성하는 툴이 QM 매트릭스(Quality Maintenance Matrix)이다. 준수도 평가와 연계되어, 현장의 표준 준수 및 비표준화 현황 등 현장의 조건관리 실태를 한눈에 파악할 수 있다. 또한 4M 중심의 조건관리 항목과 특성의 연관성 분석 및 준수도 평가의 미준수 항목을 중점적으로 개선할 수 있다.

1) QM 매트릭스 작성 단계

QM 매트릭스 분석은 다음 6단계로 추진한다.

① 1스텝 : 제품의 특성 명확화 및 가공점 분석

(a) 불량현상의 명확화·정량화

대상 공정 범위를 세분화하여 공정흐름도를 작성하고, 품질특성과 불량 항목을 명확하게 정의하여 용어의 통일을 기한다. 최소 3개월 이상 품질불량 데이터를 모으고, 불량현상을 형태·크기·빈도·정도 등으로 층별하여 품질불량의 발생상황을 세분화한다. 시계열별 데이터 분석은 가능한 작게 나눌수록 유효하다. 월별, 주별보다 일별, 근무조별, 설비별, 시간대별, 로트별로 세부적으로 파악해 두면, 돌발불량이나 만성불량의 구분과 원인추적도 쉬워진다.

(b) 가공조건에 대한 깊은 이해

불량 제로화를 달성하기 위해서 해당 공정의 가공조건 등을 원리·원칙에 입각하여 세부적으로 이해하고, 현장에서 4M 조건에 대해 규정된 각종 표준류를 모은다. 고객의 요구를 만족시키기 위한 제품의 기능과 성능을 이해하고, 제조공정의 흐름과 관리 포인트를 파악한다. 가공점을 조사하여 요인계의 관리 항목을 조사한다.

② 2스텝 : 조건관리 항목과 특성관리 항목의 연계성 파악

각 요인계 항목이 어떤 품질특성, 불량 항목에 영향을 주는지, 각 품질결과를 유지하는 데 필요한 조건관리 항목은 무엇인지, 각 조건관리 항목에 대해 '어떤 항목을, 어떤 주기로, 얼마의 허용치' 내에, 누가 확인하는지 등에 대해 연계성을 파악한다. 연계성은 일반적으로 'O : 연계성 큼, △ : 연계성 보통, × : 연계성 없음'으로 표시하기도 하고, '5점 스케일(5점 : 연계성 큼, 3점 : 연계성 보통, 1점 : 연계성 없음)'로 표시하기도 한다.

③ 3스텝 : 준수도 평가

품질에 영향을 주는 요인계 항목이 얼마만큼 지켜지고 있는지를 3현(현장·현물·현상)으로 확인하고 현물의 조건과 상태를 측정하며, 사람이 지켜야 되는 부분에 고의성이나 과실성이 있는지 평가한다. 준수되지 않는 내용을 불합리 리스트에 작성하고 준수도를 계산한다.

준수도 = (준수 항목수 / 요인계 항목수) × 100

④ 4스텝 : 미준수 항목 복원적 대책 실시

4M 조건을 원래의 상태나 위치로 되돌리는 활동으로, 단순원인에 의한 돌발불량을 억제한다. 방치된 열화 불합리 복원, 강제열화 불합리 배제, 기본조건 정비 및 사용조건 준수, 복원의 중요성을 인식해야 한다.

⑤ 5스텝 : QM 매트릭스 개정

복원적 대책을 실시한 후, 품질에 영향을 주었던 요인과 앞으로 영향을 줄 수 있는 요인에 대해 1스텝에서 작성한 QM 매트릭스를 개정한다. 조건관리 항목들에 대해 그만둘 수 없는지, 결합할 수 없는지, 바꿀 수는 없는지, 간단하게 할 수 없는지 등을 검토해 나간다. 항목 추가는 꼭 필요한 경우에 한하여 최소한으로 하고, 개정 후 품질항목에 품질보증 레벨을 표시하고, 조건관리 항목에는 품질보전 레벨을 표시한다. 참고로 품질보전 레벨은 다음과 같다.

- 1레벨 : 공정불량 관리를 하지 않는다.
- 2레벨 : 공정불량을 사람이 감지하고 사람이 처리한다.

- 3레벨 : 공정불량을 설비가 감지하고 사람이 처리한다.
- 4레벨 : 공정불량을 설비가 감지하고 설비가 처리한다.
- 5레벨 : 공정불량을 설비가 예지하기 때문에 불량이 없다.

⑥ 6스텝 : 표준류 개정

개정된 QM 매트릭스를 기준으로 각종 표준류의 내용을 수정하고 ISO 표준 등에 따라 개정 및 확인한다. 결과 내용뿐만 아니라 개정 이유도 알 수 있게 해 두는 것이 중요하다. 개정된 표준류는 사내 규정에 준해 승인절차를 거쳐야 하며, 승인 후에는 관련 부문에 배포하고 구판을 회수·폐기한다. 표준류에는 QM 매트릭스, 작업표준서, 작업지도서, 설비일상 점검표 등이 있다.

〈표 4.5〉 QM 매트릭스 사례

QM 매트릭스   범례 | ○ : 영향, × : 적다

공정	항목	관리항목	관리주기	담당자	불량항목							비고
					면	잡물	겹침	UV	이면	두께	터짐	
언 와인더	A,B,C척	브레이크압력(4~5kgf/cm²)	조별	김○○	×	○	○	×	×	×	×	
	연결벨트	벨트 마모(30% 이하)	1회/열	김○○	×	○	×	×	×	×	×	
#1 콤벤세이터	#1풀 롤	고무 롤 마모(5% 이하)	조별	송○○	×	×	○	×	×	×	○	
	#1댄싱 롤	기어 마모(3% 이하)	조별	송○○	×	×	○	×	×	×	○	
	스크루	스크루 진동(3mm 이하)	1회/열	송○○	×	×	○	×	×	×	○	
	#1 EPC	동작진동상태(3mm 이하)	조별	송○○	×	×	○	×	×	×	×	
#1 코터	나이프	나이프 각도(16.5℃)	작업 전	송○○	○	×	×	×	×	×	×	
		연마상태(3점 이상)	작업 전	송○○	○	×	×	×	×	×	×	
	스톡가이드	정위치(편차 5mm 이하)	작업 전	송○○	×	○	×	×	×	×	×	
	백업 롤	텐션(35~100)	1회/2H	송○○	×	○	×	×	×	×	×	
	졸 펌프	진동상태(3mm 이하)	수시	송○○	○	×	×	×	×	×	×	
	졸 두께 체크	코팅 두께(2±0.2mm)	수시	송○○	×	×	×	×	×	○	×	
#1 오븐	촉매오븐	히터 진동상태(2.0mm 이하)	조별	이○○	○	○	×	×	×	×	×	
		히터 온도(120+5℃)	조별	이○○	○	○	×	×	×	×	×	
		스팀압력(9~11kgf/cm²)	조별	이○○	○	×	×	×	×	×	×	
		오븐 온도(180℃, ±5℃)	수시	이○○	○	○	×	×	×	×	×	

(6) FMEA 분석

1) FMEA 분석이란 무엇인가

예측되는 잠재적인 불량(고장)유형이나 이미 알려진 불량유형을 명확히하고, 이들의 고장원인 및 영향 등을 종합적으로 분석·평가하여 조치함으로써, 잠재고장을 완전히 제거하고 문제의 재발을 막는 분석기법이다. FMEA(Failure Mode Effects Analysis) 분석은 불량유형 분석이라고도 하는데, 불량발생을 사전에 예방하고자 하는 공정개선 기법이다.

- D-FMEA : 개발단계에서 적용하는데, 신제품의 설계나 설계변경 시와 신설비의 설계나 설계변경 시에 적용한다.
- P-FMEA : 양산단계에서 적용하는데, 신공정 개발, 공정변경, 양산 중인 기존공정, 양산설비에 적용한다.

FMEA는 1950년대 미국의 군용시스템 설계에 활용된 이래 항공우주산업에서 큰 성과를 거두어 왔는데, 오늘날 전 세계의 산업 전반에서 활용되고 있다. 제품 관점으로는 공정의 잠재불량을 구조적으로 분석하여, 불량예방 제품개선 활동 시, 설계변경 또는 공정개선을 위한 공정변경 시에 기존 제품이나 기존 공정에 대한 구조적인 정보를 제공한다.

제품 또는 공정의 관리 대상을 선정하기 위한 기준으로 활용하는 설비 관점으로는 설비 내 잠재하는 고장을 구조적으로 분석하여, 고장을 사전에 예방하기 위해 사용하는 설비개선 시 기존 설비의 구조적인 정보를 제공한다.

2) FMEA 분석 전개방법

FMEA 분석은 다음과 같은 4단계로 분석을 하게 된다.

- 1단계 : 단위공정 기능 및 고장, 불량유형 나열
- 분석 대상 단위공정 기능을 작성하고, 고장 및 불량유형을 표시한다.
- 2단계 : 고장 및 불량유형의 영향도, 발생 빈도, 검출도 계량화

- 고장 및 불량유형이 발생하는 원인과 발생 정도, 관리방법과 검출 정도, 영향의 크기 및 영향도를 수치(1~10)로 표시한다.
- 3단계 : 고장 및 불량유형의 RPN(Risk Priority Number) 순위 결정
- 영향도·발생도·검출도를 곱해서 나오는 수치(1~1000)로, 클수록 문제 순위가 높다.
- 4단계 : RPN의 순위에 의한 개선 실시 및 성과 측정
- RPN이 높은 값을 우선 개선하되, 개선 후 RPN값을 산정하여 전후 차로 성과를 측정한다.

① 단위공정 기능 및 불량, 고장유형(Mode) 작성

단위공정 내에서 발생할 수 있는 불량, 고장의 문제를 나열한다. 압연 공정에서 유압실린더 작동이 중지되면, 단위공정에 유압을 표시하고 고장 및 불량유형에 '유압실린더의 작동정지'라고 표시한다.

② 고장, 불량유형의 영향도, 발생 빈도, 검출도 계량화

우선 발생원인 및 현 관리방법의 문제 발생 시에 기술하고, 각각 문제 의 정도에 따라 1~10 중 해당되는 수치를 기록한다. 보통 발생빈도의 경 우 빈도가 중간 수준이면 5, 빈도가 거의 없으면 1, 빈도가 가장 많으면 10으로 표시한다. 검출도의 경우 중간수준은 5, 검출이 매우 쉬우면 1, 검출이 불가능하면 10이며, 영향도 역시 중간 수준은 5, 영향이 거의 없 으면 1, 영향이 매우 크면 10으로 표시한다.

③ 고장, 불량유형의 RPN 순위 결정

'발생도×검출도×영향도'로 표시하는데 1에서 1000까지 나올 수 있다. 보통 그 수가 125 이상이면 개선 대상으로 설정한다. 개선 방향은 어떤 항목이든 1로 만들면 100 이하로 만들 수 있는 것이 특징이며, 가급적 수가 큰 항목을 대상으로 우선 개선한다. 개선의 완전성을 확보하기 위해 서는 발생도·검출도·영향도 3가지 항목 전체를 개선하는데, 개선비용 이 많이 든다는 문제가 있다.

④ RPN 순위에 의한 개선 실시 및 성과 측정

RPN 순위에 의해 개선을 실시하고, 반드시 그 성과를 측정한다. 즉
RPN값이 큰 것을 먼저 개선해야 하고, 개선 후 RPN값은 평균 수준 이
하로 떨어져야 한다. 성과 측정은 개선 전후 RPN값의 차이로 한다. 차
이가 클수록 성과가 크다고 말할 수 있다. 개선대책을 수립할 때는 사전
에 왜-왜 분석을 해두는 것이 좋다.

〈표 4.6〉 FMEA 분석

단위 공정 기능	고장 불량 유형	발생 원인	발생도	관리 방법	검출도	영향 정도	영향도	RPN	개선 대책	발생도	검출도	영향도	개선 후 RPN	개선 정도
압연	실린더 작동 정지	작동유 온도 상승	8	이상 시 조치	5	라인 정지	6	240	작동유 쿨러 용량 증대	2	5	6	60	180
									이상점 관리를 검출점 관리로 전환	2	2	6	24	36

〈표 4.7〉 B/E 체인 절단 FMEA 사례

사례 : B/E 설비 구동 전달용으로 사용하는 체인의 급유문제로 체인이 절단되는
고장 발생(라인 정지 및 피해가 큼)

단위 공정 기능	고장 불량 유형	발생 원인	발생도	관리 방법	검출도	영향 정도	영향도	RPN	개선 대책	발생도	검출도	영향도	개선 후 RPN	개선 정도
소성	B/E 체인 절단	그리 스에 먼지 유입	6	일상 점검 및 조치	7	라인 정지	9	378	상시급유 및 커버설치	3	7	9	189	189
									오일레벨 관리점검	2	3	9	54	135
									스프로킷 스페어 사전확보	2	3	3	18	36

개선 정도는 개선을 대책별로 실시한 후 발생도·검출도·영향도를 평가한다. 검출도를 개선하면 발생도도 좋아지는데, 이는 사전에 조치할 수 있기 때문이다.

(7) PM 분석

1) PM 분석 정의

만성화된 문제를 원리·원칙에 입각해서 물리적으로 해석하고, 현상의 메커니즘을 4M과 연계하여 문제점을 도출하고 개선하는 기법이다. PM 분석은 현존하는 모든 개선 기법 중 가장 완벽에 도전하는 기법으로 '문제의 제로화'를 지향한다. PM 분석으로 문제해결을 했는데 문제 제로가 안 된 경우, '분석을 다시 하라'는 말이 있다. 이 말은 문제 제로의 원인이 PM 분석 기법에 있는 것이 아니라 분석자가 분석을 잘못했다는 것을 의미한다.

PM 분석의 PM은 다음과 같은 의미가 있다.

- P : 현상(phenomenon), 물리적(physical)
- M : 메커니즘(mechanism), 기계(machine), 사람(man), 재료(material), 방법(method)

2) PM 분석 7스텝

PM 분석은 다음 7스텝으로 전개하는데, 각 스텝에서 요구하는 내용을 명확하고 빠짐없이 표현해주어야 한다. 그러지 않으면 제로를 지향하는 결과를 얻을 수 없다.

- 1스텝 : 현상을 명확히 한다.
- 2스텝 : 현상을 물리적으로 해석한다.
- 3스텝 : 현상이 성립하는 조건을 찾는다.
- 4스텝 : 4M의 관련성으로 원인을 찾는다.
- 5스텝 : 조사방법을 검토한다.

- 6스텝 : 불합리를 적출한다.
- 7스텝 : 개선안의 입안과 대책을 실시한다.

PM 분석 7스텝은 TPM 활동 8개 기둥 중 하나인 품질보전 활동의 요인분석에도 쓰이는데, 이는 품질의 불량 제로라는 완벽성에 도전하기 위해 사용하는 것이다. PM 분석은 흔히 어렵다는 표현을 많이 한다. 현상을 물리적으로 해석하는 부분과 현상이 성립하는 조건을 찾는 것이 다소 어렵게 느껴진다. 이는 문제를 자연의 원리에서 찾자는 근본적인 면으로 접근하면 쉽게 풀릴 수 있으며, 잘 안 되더라도 몇 번 반복하면 쉽게 풀 수 있다. 성립조건과 4M과의 관계성은 왜–왜 분석에 따르면 이 또한 쉽게 풀린다.

① 1스텝 : 현상을 명확히 한다

제품이나 설비의 현상을 4W·1H·1F에 따라 분류하고, 현상의 항목별로 파레토도를 그려 항목을 세분화한다. 설비의 운전조건과 작업조건을 조사하고, 이후의 현상 데이터 수집방법을 정한다. 여기서 4W·1H·1F의 내용은 다음과 같다.

- When(언제) : 연속운전 중, 조정 시, 교체 시, 교대 시 등 언제인지를 분명히 해야 한다.
- Where(어디서) : 어디에서, 어느 부위에서 발생했는지를 명확히 해야 한다.
- What(무엇이) : 제품, 설비 등 대상이 무엇인지 분명해야 한다.
- Which(어떻게) : 상하·좌우·전후, +·– 등 어떻게 되었는지 확인한다.
- How much(얼마나) : 증가, 감소 등을 반드시 수치로 나타낸다.
- Frequency(빈도) : 가끔, 때때로, 연속으로, 극히 드물게 등의 빈도를 가급적 수치화하면 좋다.

설비 구조도	설비 계통별 사용조건		
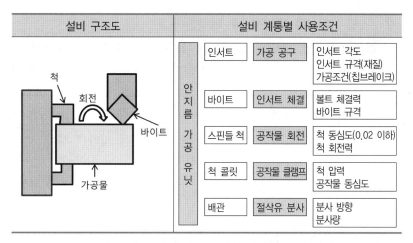	안지름 가공 유닛	인서트 / 가공 공구	인서트 각도 인서트 규격(재질) 가공조건(칩브레이크)
		바이트 / 인서트 체결	볼트 체결력 바이트 규격
		스핀들 척 / 공작물 회전	척 동심도(0.02 이하) 척 회전력
		척 콜릿 / 공작물 클램프	척 압력 공작물 동심도
		배관 / 절삭유 분사	분사 방향 분사량

〈그림 4.12〉 물리적 해석을 위한 설비 구조도 사례

〈표 4.8〉 현상의 물리적 해석(안지름 가공면 긁힘 발생) 사례

가공 원리	불합리 현상
도면에 규제된 범위 내에 일정한 형상이나 치수로 척의 회전력과 인서트의 물성 경도차를 이용하여 소재를 변형, 가공면을 스펙 기준치에 충족시키는 것	내경 가공면에 긁힘 부적합 발생

가공 원칙	현상의 물리적 해석
1) 안지름 가공 인서트 체결 각도를 15도로 유지해야 한다. 2) 안지름 인서트 규격이 맞아야 한다. 3) 가공 프로그램과 가공조건(RPM값)이 맞아야 한다. 4) 바이트 볼트 규격과 체결력이 유지되어야 한다. 5) 안지름 바이트 규격이 맞아야 한다. 6) 스핀들 척 동심도는 0.02 이하로 관리되어야 한다. 7) 스핀들 척 회전 벨트장력이 유지되어야 한다. 8) 공작물 제품 동심도(벤딩)는 0.25 이하로 유지되어야 한다. 9) 척 콜릿 클램프의 척 압력은 1.5~2.0MPa을 유지해야 한다. 10) 절삭유는 분사방향과 분사량이 일정해야 한다. 11) 절삭유 농도는 하절기 10~15%, 동절기 5~10%로 유지되어야 한다.	소재와 인서트 사이에 이물(칩)이 끼어, 연속되는 가공점 이동과정에서 마찰을 발생시켜 소재 표면에 손상을 주거나 눌어붙는 현상

② 2스텝 : 현상을 물리적으로 해석한다

현상의 물리적 해석은 그 현상이 나타나는 이유를 원리·원칙에 입각하여 설명하는 것으로, 시스템 구성도를 작성하여 설비의 시스템이나 부품의 필요조건을 분석하고 구조도를 작성하며, 도면 등을 이용하여 설비의 기능과 구조를 이해한다. 현상의 모든 물리적 조건을 명확히 하고, 현상에 관련된 원리·원칙에 따라 필수조건을 명확히 하며, 현상이 정상일 때 어떻게 변화하는지를 명확히 한다.

앞의 〈그림 4.12〉는 물리적 해석을 위한 설비 구조도이다. 가공점 중심의 부품명을 나열하고 부품의 기능과 사용조건을 나열한다.

③ 3스텝 : 현상이 성립하는 조건을 찾는다

성립하는 조건이란 현상의 물리적 해석에서 어떤 변화나 오차가 발생하면 그 현상이 일어날 수 있는지를 파악하는 것으로 필요조건 전부가 표시되어야 한다. 여기서 성립조건이 한두 개만 누락해도 완벽한 문제 해결에 제한이 생긴다.

• 성립조건 사례

선반 가공의 경우 소재 바깥지름 부적합에 대한 현상과 물리적 해석 성립조건을 보면 다음과 같다. 바깥지름 부적합 성립조건은 중심점이 변하든가, 가공점이 변하든가 두 가지로 표현될 수 있다.

현 상	물리적 해석	성립조건
선반 가공에서 외형 치수에 편차가 있다.	절삭점과 재료의 회전 중심 과의 거리에 편차가 있다.	1) 재료의 회전 중심 위치 가 변한다. 2) 절삭점 위치가 변한다.

④ 4스텝 : 4M의 관련성으로 원인을 찾는다

4M과의 관련성이란 각각 성립하는 조건에서 인과관계가 있다고 생각되는 것을 모두 리스트업하는 것이다. 1차, 2차, 3차 항목 등으로 나누어 찾되, 원인마다 '왜'를 추구하며 항목을 세분화한다.

• 4M과의 관련성 사례

성립조건을 '가공점 위치가 변한다'라고 하였을 때, 1차 항목은 설비 측면에서 가공점을 구성하는 바이트 홀더가 움직일 수 있으며, 2차 항목은 왜-왜 분석과 마찬가지로 왜 바이트 홀더가 움직이는지, 홀더 부착 볼트가 느슨해졌기 때문인지 등을 표시하면 된다. 1차, 2차 항목도 성립 조건을 표시하듯이 있을 수 있는 모든 가능성을 다 표시한다.

성립조건	1차 항목	2차 항목
가공점 위치가 변한다.	바이트 홀더가 움직인다.	1) 홀더 부착 볼트가 느슨해짐 2) 부착면의 평면상태가 나쁨 3) 부착면에 이물질 존재

⑤ 5스텝 : 조사방법을 검토한다

조사방법의 순서는 1차 성립하는 조건을 기준으로 OK, NG를 판정한다. 그 다음 4M 1차 항목을 조사하고, 성립하는 조건의 조사가 불가능한 경우와 NG인 경우에 4M 2차 항목을 조사한다. 2차 항목에서 NG인 경우 대책을 강구한다. 기준설정이 어려운 부분은 이상 현상이 없는 유사설비의 상태를 기준으로 해도 된다.

⑥ 6스텝 : 불합리를 적출한다

불합리를 적출할 때에는 사소한 결함도 무시해서는 안 되며 모두 조사하여 적출한다. 다른 원인과의 복합원인도 생각하여 판정하고, 판단하기 어려운 부분은 '△'로 보류하고 추후에 재조사한다.

⑦ 7스텝 : 개선안의 입안과 대책을 실시한다

개선안의 입안과 대책 실시방법은 다음과 같다.

(a) 개선안의 입안 : NG 항목(불합리 항목)에 대하여 '왜 그렇게 되었는가'의 요인을 검토한다. 여기서 불합리 항목에 대해서는 왜-왜 분석을 실시해도 좋다.

(b) 대책의 실시 : 불합리 항목에 대해 복원을 실시하고 필요할 때에 개선한다.

(c) 결과의 확인 : 데이터를 통하여 결과를 확인한다. 결과가 나쁠 경우에는 PM 분석을 다시 검토한다.

(8) 아이디어 발상법

원인을 분석한 후 대책을 수립하고 실시하기 위해서는 개선을 위한 아이디어가 필요하다. 아이디어를 발상하기 위해서는 여러 가지 방법이 사용되는데, 가장 보편적으로 사용되는 방법은 브레인스토밍법, 연상의 법칙, 5W1H법, 오스몬의 체크리스트법, 개선의 ECRS, 열거법 등이 있다.

1) 브레인스토밍법

1939년 미국의 GE사에서 실시한 창조공학의 훈련과정에서 기술자들의 모습을 참관한 오스몬 박사가 그 일부를 광고계에 도입한 것이 시작이다. 브레인스토밍법에는 일정한 형식이 없지만, 요점은 다음과 같다.

① 기본적인 룰
- 비판하지 않는다.
- 자유분방한 아이디어를 내놓는다.
- 아이디어의 수를 가능한 많이 모은다.
- 타인의 아이디어를 비판하지 않는다.

② 계획과 준비
- 인원은 다양한 분야의 5~10명 정도가 좋다.
- 시간은 30분 정도가 적당하며, 길어도 1시간 이내에 마무리한다.
- 시기는 오전이 좋고, 하루 일을 마친 종업 시에도 좋다.
- 회의실은 조용하고 다른 일로 방해받지 않는 곳이 좋다.
- 리더와 서기를 둔다.
- 보드나 전지를 준비하고 의견이 나오면 전원이 볼 수 있게 기록한다.
- 작은 벨을 준비하여 룰을 어기면 벨을 울려 통제한다.
- 의제는 사전에 통보하여 미리 검토하도록 의뢰한다.

③ 리더의 역할
  - 자유롭고 경쾌한 분위기를 만든다.
  - 룰을 어기면 벨을 울려 경고한다.
  - 발언하지 않는 사람은 지명해서 발언하도록 유도한다.
  - 리더는 아이디어 제안에 참여하지 않으나 유도는 할 수 있다.
  - 착상의 결합 개선을 유도한다.

④ 서기의 역할
  - 발언을 간결하게 모두가 볼 수 있도록 깨끗하고 신속히 기록한다.
  - 회의를 마친 후 리더와 협력하여 아이디어를 분류·정리한다.

⑤ 착상의 평가
  - 아이디어는 다른 전문가에게 의뢰하여 평가받는다.
  - 5~7명의 브레인스토밍 리더와 조직상의 실권자를 참여시킨다.

2) 연상의 법칙(아리스토텔레스 창시)

과거의 경험을 바탕으로 생각해 내는 것으로 다음 3가지로 분류된다.

① 유사 연상의 법칙 : 유사한 과거의 경험에서 생각해 낸다.

② 반대 연상의 법칙 : 상반된 과거의 경험에서 생각해 낸다.

③ 접근 연상의 법칙 : 시간적, 공간적으로 연결되어 있는 과거의 경험에서 생각해 낸다.

3) 5W1H법

일반적으로 '육하원칙(六何原則)'이라고도 하는데 개선안을 찾기 위해 5W1H법을 적용하면 한 항목도 빠뜨리지 않고 문제점을 찾아낼 수 있다.

  - Why : 왜 하는가, 안 할 수는 없는가, 일부를 삭제하면 어떤가 등
  - When : 언제 할 것인가, 시기를 바꿀 수는 없는가, 동시에 하면 안 되는가 등
  - Who : 누가 하는가, 사람을 바꿀 수는 없는가 등
  - Where : 어디서 할 것인가, 장소를 바꿀 수는 없는가 등

- What : 무엇을 할 것인가, 모양을 바꾸면 어떤가 등
- How : 어떻게 할 것인가, 다른 방법은 없는가, 더 간단히 할 수는 없는가 등

4) 오스몬의 체크리스트법

문제해결을 위한 체크 항목을 설정하여 개선안을 도출하는 방법이다. 예를 들면, 다음과 같이 체크리스트를 만들어 사용할 수 있다.

- 다른 용도는 없는가?
- 유사한 것을 응용하거나 대용할 수는 없는가?
- 모양을 바꾸면 어떤가?
- 크게 혹은 작게 해보면 어떤가?
- 반대로 해보면 어떤가?
- 결합하면 어떤가?

5) 개선의 ECRS

ECRS는 제거(eliminate), 결합(combine), 재배열(rearrange), 단순화(simplify)로 순차적으로 적용 개선안을 도출하는 방법이다. 1차에는 이 과정이 꼭 필요한 것인지, 없앨 수는 없는지를 생각하고, 없앨 수 없다면 2차에서 다른 작업과 결합하면 안 되는지, 그래도 안 된다면 3차에서 순서를 재배열하면 안 되는지를 검토한 후, 마지막 4차로 단순화할 수 없는지를 차례로 검토해 나가는 방법이다.

① 제거(eliminate)

가능한 모든 작업, 단위작업, 요소작업을 제거한다. 자동화는 동작의 불규칙성을 제거한다. 어색하고 비정상적인 동작을 제거하고, 고정하기 위해 힘을 사용하는 것을 없애고, 수작업은 동력장치를 이용하고, 가속에 대한 방해를 제거하고, 위험을 제거한다.

② 결합(combine)

짧은 동작으로 이루어진 작업을 하나의 연속동작으로 결합하고, 설비의

메인 기계가 고정되어 있으면 그 기계 내에서 작업을 통합하여 최대화한다. 각기 다른 기능을 하는 공구는 복합기능을 하는 공구로 대치하고, 통제 방법을 통합하고, 가능한 둘 이상의 동작을 하나의 동작으로 결합한다.

③ 재배열(rearrange)

양손 사이의 작업을 균등히 배분하고, 작업량도 균등히 한다. 작업순서를 손 작업에서부터 눈 작업순으로 배열하고, 연속되는 작업은 근거리 기준 순으로 작업할 수 있게 배열한다.

④ 단순화(simplify)

작업수행에 필요한 최소 근육만 쓰고, 눈의 움직임과 주시 횟수를 줄인다. 정상작업 영역 안에서만 작업하고 동작을 작게 한다. 핸들, 조정 레버, 페달, 버튼 등은 신체 구조나 근육 구조에 맞게 만들어야 하며, 동작을 길브레스의 서블리그(therblig) 기호를 사용하여 단순화한다.

6) 열거법

열거법에는 결점을 열거하는 결점열거법, 희망점을 열거하는 희망점열거법, 특성을 열거하는 특성열거법이 있다. 결점열거법은 문제점을 알고 있는 경우에 이를 제거하는 아이디어를 낼 때 흔히 사용하는데, 결점의 반대는 개선안이다. 예를 들면, 무겁다는 문제는 가볍게 하는 방법이, 온도가 높으면 냉각시키는 방법이 그 대책이다.

희망점열거법은 문제로 인해 보다 더 좋은 것을 원하는 아이디어를 발상할 때 사용한다. 희망사항을 적고 대책을 구체화하면 된다. 예를 들면, 온도를 높이고 싶다면 히터를 설치하는 방법이 있을 것이다.

특성열거법은 현상의 특성이나 요소를 열거하여 문제의 배경을 파악하여 제거한다. 특성은 보통 3가지로 나누는데 명사적 특성, 형용사적 특성, 동사적 특성이 그것이다. 예를 들면, 명사적 특성에서 손목시계의 경우 문자판, 바늘, 시곗줄, 유리 등의 구성요소를 나열하고 문제가 있는 요소를 개선하면 된다. 형용사적 특성은 손목시계가 무겁다, 두껍다, 투박하다 등을 나열하고, 문제가 있는 요소를 개선하면 된다. 마지막으로 동사적 특성은 손목시계를 휴대한다, 눈으로 본다 등을 나열하고 문제가 있는 요소를 개선하면 된다.

7) 기능치환법

타동사 표현을 자동사로 치환해서 말하는 기법이다. 예를 들면, '정위치에 정지시킨다'는 '정위치에 정지한다'로(어떻게? 자동으로), '들어올린다'는 '들어올려진다'로(어떻게? 자동으로), '문을 연다'는 '문이 열린다'(어떻게? 자동으로) 등과 같이 표현하여 자동화 추진에 연결하면 된다.

(9) 개선대책 실시법

1) PDPC(Process Decision Program Chart)법

① PDPC법이란 무엇인가

문제를 해결하려고 하거나 목표를 달성하려고 할 때, 대부분 계획을 세워서 그대로 추진하려고 한다. 그러나 여러 가지 사정으로 인하여 계획을 수정해야 하는 경우가 많다. 이렇게 여러 가지 새로운 정보를 가지고 계획을 수정하려고 할 때, 그 과정에서 발생할 수 있는 여러 가지 우발적인 상황을 상정하여, 상황에 신속히 대처할 수 있는 대응책을 미리 점검하기 위한 방법을 PDPC법이라 하고, '과정의사 결정계획'이라고도 한다.

② PDPC법의 특징

PDPC법을 적용할 때는 먼저 문제해결 순서의 계획단계에서 문제점, 검토를 요하는 항목을 모두 찾아내는 것과 그에 대한 대책을 미리 준비하는 것이 가장 중요하다. 예를 들면, 〈그림 4.13〉과 같이 불량이 높은 A0에서 불량이 감소한 Z까지 가기 위한 단계로 A1, A2, A3, A4, A5, A6을 거친다고 가정하자. 물론 잘되면 좋겠지만 A3의 실현도가 어려워 문제가 될 수 있다면, A1, A2, B1, B2, B3, B4를 거쳐 Z로 가는 방향도 미리 생각하자는 발상이다. 그리고 이 두 가지 방법이 어렵다면, 다음 단계로 C1, C2, C3, C4, C5, C6도 미리 생각해 놓으면 좋을 것이다.

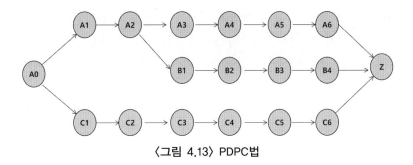

〈그림 4.13〉 PDPC법

이와 같이 목표달성을 한 가지 수단에만 국한하지 않고 해결 가능성을 높이기 위해 가능한 대체수단을 미리 생각해 둠으로써, 목표달성의 확률을 높여 나갈 수 있다. 실제 활동에 임해서는 각 계열별로 차례로 하는 것이 좋고, 납기가 절박한 경우에는 동시에 추진하는 것도 한 방법이다.

③ PDPC 작성방법

- 순서 1 : 해결해야 할 테마 관계자와 토의를 한다. 가능하면 리더가 1차로 안을 제시하는 것이 좋다.
- 순서 2 : 자유로운 토의를 거쳐 검토사항을 추출한다.
- 순서 3 : 추출된 검토사항을 실시할 때 예측 결과를 열거한다.
- 순서 4 : 각 검토사항의 긴급성·가능성·난이도·공수 등을 검토한다. 예측 결과를 토대로 무엇을 할 것인지 화살표로 연결한다.
- 순서 5 : 성질이 다른 내용은 상호 관련하여 검토의 우선순위를 결정한다.
- 순서 6 : 프로세스의 검토완료 예정일을 정한다. 각 단계에서 문제가 발생하면 사전에 준비된 다른 프로세스를 협의한다.

2) 애로 다이어그램법

- 애로 다이어그램법이란 무엇인가

일정계획 관리기법으로 종래에는 간트 차트(Gant chart)를 흔히 써 왔다. 간트 차트는 개략적인 계획이나 간단한 작업에는 뛰어난 방법이지만, 다음과 같은 결점이 있다. 실시단계에 들어가면 상황 변화에 대처가 어렵고, 한 작업이 전체 작업에 미치는 영향을 파악하기 어렵다. 프로젝트 규모가 커지면서 전체의 모습을 파악하기 어려운 문제가 있으며, 진도관리를 해 나가는 데 있어 초점이 어디에 있는지 파악하기 어렵다.

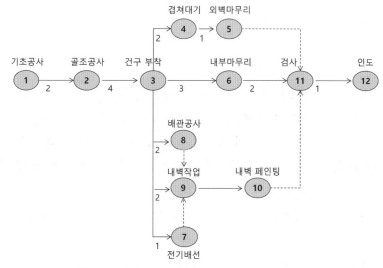

〈그림 4.14〉 애로 다이어그램 사례(건축공사 계획)

이와 같은 간트 차트의 결점을 보완하여 최적의 계획을 세우고 효율적인 진도관리를 하는 법으로 PERT(Program Evaluation and Review Technique)와 CPM(Critical Path Method)이 있다. 이 PERT나 CPM에 있어서 일정계획을 나타내는 그림을 '애로 다이어그램'이라고 한다.

애로 다이어그램은 프로젝트를 추진해 가는 데 있어서 필요한 각 작업을 그 종속관계에 따라서 화살표로 연결하는 것이다. 애로 다이어그램 작성은 치밀한 계획을 세울 수 있고, 계획단계에서 안을 다듬기가 쉬워 최적의 계획을 세울 수 있다. 실시단계에 들어간 후에도 상황의 변화, 계획의 변경 등에 대해 대처하기 쉽다. 일부 작업이 전체 일정에 미치는 영향을 쉽게 파악할 수 있어 조치를 빨리 취할 수 있으며, 진도관리의 중점이 어디에 있는지 명확하기 때문에 효율적 관리가 가능하며, 계획의 크기가 클수록 그 진가가 발휘된다.

제5장
계획보전

(1) 설비관리의 특성과 구조

1) 설비관리의 의의

설비는 생산을 위한 3요소(3M : man, material, machine)의 하나로, 기업의 유형 고정자산이며 품질을 직접 결정하는 조건의 하나이다. 설비와 기계의 효용성을 높이려는 관리체계로 계획·조직·통제의 3가지 기능에 의해 추진된다. 또한 단순한 관리만이 아니라 전문 공학체계를 비롯한 여러 분야의 학문체계가 종합된 성격으로, 첨단 과학기술이 더해진 다중 학문적인 체계이다.

설비관리를 생산설비 또는 생산시스템의 이윤이나 효율을 추구하는 응용기술이라 보면, 이의 이론적 바탕을 이루는 학문체계를 보전공학(plant maintenance engineering)이라고 할 수 있다. 또한 설비관리는 기업의 수익성을 향상시키기 위해 설비를 계획·유지·개선하고 설비의 기능을 최대한 활용하려고 조치하는 모든 활동을 말한다. 여기에는 이러한 활동의 직간접적인 경험을 통해 내용을 기록해 가는 체험공학과 설비의 극한성능에 도전하여 무결점 설비를 만들어 가는 도전정신도 포함되어 있다.

2) 가공형 설비의 특징

① 대부분의 제조공정이 맨-머신시스템으로 구성되어 있으며, 그 요소는 매우 복잡하고 다양하다. 1명의 오퍼레이터가 동시에 많은 설비를 담당하며 생산하기 때문에 오퍼레이터의 기능과 기량이 설비 종합효율에 미치는 영향이 크다.

② 단위공정 설비의 FMS화가 진전되고 무인운전으로 설비집약형 공정이 늘어나고 있어 품질보증을 포함한 생산의 모든 책임이 '설비보전' 분야로 집약되고 있다.

③ 기술 발전이 설비에 적용되면서 오퍼레이터의 보전기능이 낮아져 설비의 손실이 만성화되고, 전문 보전 담당자는 설비제작 메이커에 수리를 의존하고 있다. 이 때문에 과거의 보전체제와 보전 활동방법 등이 이들 변화에 대응할 수 있도록 정비되어야 한다.

3) 장치형 설비의 특징

① 장치산업의 생산공정은 탱크, 열교환기와 같은 정지기기류와 펌프, 컴프레서와 같은 회전기기류를 배관 등으로 접속시켜 제품을 가공·이동한다. 공정의 상태를 계기, 제어기기 등으로 연속적 또는 간헐적으로 측정·제어하여 일정 조건을 유지하거나 제조공법에 따라 운영 프로그램을 변화시킨다.

② 원료는 공정 중에 화학적·물리적·생물학적 영향을 통해 제품으로 완성되기 때문에 개개의 설비는 결합·통합되어 있으며, 원재료의 수입 저장설비, 제품의 포장 저장설비, 출하설비로 구성된다. 설비의 규모도 거대하기 때문에, 생산 제품 에너지의 잠재력이 매우 커서 작업안전 확보가 중요하다.

③ 회전기기도 고속화·대용량화가 추진되고, 설비의 구조·재료·성능이 극한에 가까운 조건에서 사용되는 경우도 있어 설비 고유의 신뢰성이나, 사용 신뢰성을 높게 유지하는 것이 중요하다. 정기적인 보전활동이 이루어지며 보전기간 내에는 생산정지가 된다.

④ 장치산업에서 사용되는 설비의 대부분은 제작사별로 설계·제작되고, 배관 등은 현지 공장의 환경에 따라 시공되는 부분이 많다. 이는 개선을 거친 것이 아니기 때문에 설계상·시공상의 약점을 지닌채 사용되는 경우가 있다.

⑤ 생산운전은 분산형 디지털 제어방식(DCS)으로 프로그램의 버그나 프린트 배선반 회로의 오신호 등 플랜트 트러블로 인한 피해가 적도록 제어장치의 하드웨어, 소프트웨어의 다중방어 보전체계가 필요하다.

⑥ 플랜트 트러블로 인해 생산정지의 막대한 손실이 발생되므로 설비 관리가 제품원가에 끼치는 영향은 매우 크다.

4) 계획보전의 기본개념

계획보전 활동은 인풋 절감과 아웃풋 향상을 동시에 추구하는 전문
보전 활동으로, 보전 부문의 고장 제로화, 불량 제로화, 재해 제로화를
달성하기 위한 혁신활동이다.

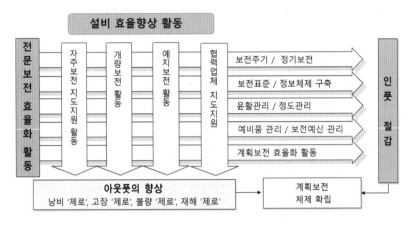

〈그림 5.1〉 계획보전 기본체계

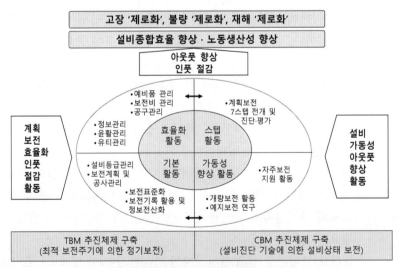

〈그림 5.2〉 계획보전 활동체계 및 목표

(2) 보전방식과 보전역할의 분담

1) 보전방식의 종류

계획보전에 사용되는 보전방식에는 기본적으로 정기보전, 예지보전, 사후보전, 개량보전 등이 있으며, 다음과 같이 각각의 특징이 있으므로 자사의 특성에 맞추어 선별하여 사용한다.

〈표 5.1〉 보전방식의 종류와 특징

사후보전		고장이 난 뒤에 수리를 하는 것으로 • 사후보전하는 것이 메리트가 있는 것, 즉 고장이 나더라도 다른 것에 미치는 영향이나 손실이 적은 것에 적용한다. • 열화경향의 편차가 크며, 점검·검사할 수 없는 것에 적용한다.
	BM (Breakdown Maintenance) 사후보전	• 보전방법 : 점검이나 정기교체를 전혀 하지 않고, 설비가 고장(기능정지)이 난 후 복구공사를 한다. • 장점 : 수명까지 사용할 수 있으므로 2차 고장이 없으며, 보전비·수리비 모두 적게 든다. • 단점 : 고장이 증가하여 생산공정에 미치는 영향이 크며, 수율 에너지 원단위 등도 저하한다.
개량보전		수명 연장이나 수리시간 단축 등의 대책이나 비용을 저감하기 위한 대책을 취하는 것으로 • 수명이 짧고, 고장빈도가 높으며, 고장에 대한 수리비가 큰 것에 적용한다. • 수리 시간이 길며, 다른 것에 미치는 영향이 크고 보전비용이 높은 것에 적용한다. • 열화경향의 편차가 크며, 점검·검사하기 어려운 것에 적용한다.
예방보전	정기보전	적정주기를 정하고, 주기에 따라서 수리·교체 등을 해야 하며 • 주기를 설정하기 쉽고, 편차가 적은 것에 적용한다. • 점검하지 않고 정기 교환하는 것이 가치가 있는 것에 적용한다.
	TBM (Time Based Maintenance) 시간기준 보전	• 보전방법 : 그 설비의 열화에 가장 비례하는 파라미터(생산성 작동 횟수 등)로 수리주기(이론치·경험치)를 정해 주기까지 사용하면 무조건 수리를 시행한다. • 장점 : 점검 등의 보전공수가 적으며, 고장도 적다. • 단점 : 과잉 보전이 되어 수리비가 많이 든다.
	IR (Inspection & Repair) 오버홀형 보전	• 보전방법 : 설비를 정기적으로 분해 또는 점검하고, 그 시점에서 양부(良否)를 판단하여(열화경향관리는 하지 않음) 불량인 것을 교환한다. • 장점 : 설비상태에 따른 보전으로 비용이 감소할 수 있다. • 단점 : 설비상태에 따라 계획공기를 지키기 어려울 수 있다.
	예지보전	열화상태를 조사하기 위한 점검이나, 점검에 기인한 수리 등을 행하는 것으로 • 열화상태를 보면서 공사 주기를 정하는 것이 메리트가 있는 경우에 적용한다. • 열화경향이 일정하지 않고, 주기가 정해지지 않은 것에 적용한다. • 수리실적이 적고, 주기가 정해지지 않은 것에 적용한다.
	CBM (Condition Based Maintenance) 상태기준 보전	• 보전방법 : 설비의 열화상태를 각 측정 데이터와 그 해석에 의해 온라인 상태에서 파악하여 열화를 표시하는 값이 처음에 정정한 열화 기준에 달하면 수리를 한다. • 장점 : TBM의 단점인 과잉 보전을 방지한다. • 단점 : 감시시스템 설치에 비용이 들며, TBM에 비하여 보전의 맨파워를 요한다.

① 정기보전

정기보전은 고장이 생기기 전에 주기적인 보전을 하는 것으로 보전비가 많이 든다. 그러나 사후보전을 한 결과 큰 고장이 일어났을 때를 생각하면, 오히려 미리 교환하는 것이 비용이 적게 든다. 정기보전에는 TBM(Time Based Maintenance)이라고 하는 시간기준보전과 IR(Inspection & Repair)이라고 하는 분해점검형 보전 두 가지 방식이 있다.

TBM은 설비의 열화 주기를 정하고 그 주기까지 사용하면서 수리하는 방식이며, IR은 설비를 정기적으로 분해·점검하고 불량인 것을 교체하는 방식으로 이상을 조기에 발견하기 위한 활동이다. 시간을 기준으로 보전하며, 부품의 수명 주기에 따라서 정기적으로 한다. 그 활동내용은 정기점검(주·월·년), 정기적 부품교환, 정기적 오버홀, 정기적 정도 측정(정적·동적), 정기적 갱유, 필터링 등이다.

② 예지보전

예지보전이란 고장과 제품불량에 연관된 중요한 부품의 수명을 예지점검이나 진단으로 최대한 연장하려는 것으로, 보전비와 고장손실이 가장 적은 방법이다. 이를 위해서는 설비열화의 진행상황을 진단기기를 이용하여 상시 모니터링하거나 정기적으로 측정하여 이상 또는 그 징조를 검출하고, 복원시기를 예측하여 보전한다. 그 목적은 다음과 같다.

- 분해하지 않고 사전에 이상 부위의 추정이 가능하다.
- 오버홀 후 수리품질의 체크가 가능하다.
- 교환시간의 추정이 가능하다.
- 보전비용의 절감(정기적인 오버홀 중지)을 꾀할 수 있다.

특히, 이 보전 방식은 경향 열화형의 것에만 적용하여야 한다. 이 예지보전의 기초가 되는 설비진단 방법은 다음과 같다.

- 간이진단 : 간이진동계(머신체커, 쇼크 펄스미터), 기타 기기 등으로 측정하여, 그 결과로 이상이라 구별되는 것은 수리한다(현장의 오퍼레이터가 간이진단을 할 수 있도록 해야 한다).

- **정밀진단** : 정밀진동계 등을 이용하여 주파수 등의 분석에 이용, 이상인가 아닌가의 판별 원인계를 파악한다.
- **상시(감시)진단** : 필요한 설비 부위에 진단기기를 부착하여 상시 진단하여 이상을 검출하는 방법이다.
- **육안(사람)진단** : 시각, 청각, 후각, 미각, 촉각의 오감에 따른 진단으로 이상의 징조를 검출하여 계획을 세워 복원하는 것도 예지보전이라 할 수 있다.

예지보전은 분류를 바꾸면 CBM(Condition Based Maintenance)이라고 하는 상태기준보전이다. 열화상태 측정 데이터와 그 해석으로 경향값을 관리하거나 온라인으로 컨디션을 모니터링하는 등의 감시시스템을 수반하는 등 TBM에 비해 보전기술이나 보전인력이 더 필요하다.

③ 사후보전

설비장치, 기기가 기능저하 또는 기능정지(고장정지)한 후에 보수·교환하는 것으로, 예방보전(사전처리)을 하기보다 사후보전을 하는 편이 경제적일 경우에 계획적으로 하는 방식이다(과거에는 경제성도 생각하지 않고 되는 대로 맡겨 두는 비계획적인 사후보전이 있었다).

고장 난 후에 복원하는 쪽이 경제적으로 득이 되는 경우에 적용된다. 설비 가운데서도 부위에 따라서 사후보전의 부위가 많은 것에 유의하고, 또 개량보전에 의해서 이 항목을 늘리는 것이 중요하다.

④ 개량보전

설비의 신뢰성·보전성·안전성 등의 향상을 목적으로 하며, 현존 설비의 나쁜 점을 계획적이고 적극적으로 체질개선(재질이나 형상 등)하여 열화·고장을 줄이며 보전이 불필요한 설비를 지향하는 보전방식이다(개량보전을 뜻하는 corrective maintenance의 'corrective'는 '고친다'는 의미로, 고장 난 설비를 고치는 사후보전의 의미와 고장 나지 않는 설비로 미리 고치는 개량보전의 의미가 있다).

여기서 얻어지는 보전정보는 신설비의 보전예방이나 기존의 설비개선에 반영시킨다. 이를 표준화하기 위해 MP(Maintenance Prevention) 반영서 또는 제안서로 정리하고 보전정보를 피드백하는 체계 구축이 보전계획을 효과적으로 전개하는 면에서도 중요한 일이다.

⑤ 그 밖의 보전방식

계획보전을 위해 설비를 정지시키지 않고 생산계획상 정지되는 시간을 이용하여 설비보전을 하는 기회보전, 기회정비 등이 있다.

2) 보전방식의 선정

보전방식을 크게 나누면 〈그림 5.3〉과 같이 4가지로 나눌 수 있으며, 설비 부위별 고장형태에 따라 선택한다.

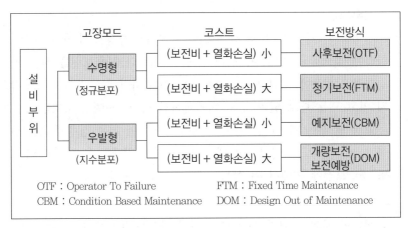

고장모드	코스트	보전방식
수명형 (정규분포)	(보전비 + 열화손실) 小	사후보전(OTF)
	(보전비 + 열화손실) 大	정기보전(FTM)
우발형 (지수분포)	(보전비 + 열화손실) 小	예지보전(CBM)
	(보전비 + 열화손실) 大	개량보전 보전예방(DOM)

OTF : Operator To Failure
CBM : Condition Based Maintenance
FTM : Fixed Time Maintenance
DOM : Design Out of Maintenance

〈그림 5.3〉 보전방식을 어떻게 결정하는가

3) 보전체제와 운영

계획보전을 효과적으로 추진하기 위해서는 운전 부문과 보전 부문의 두 바퀴 체제가 기능하는 것이 중요하다. 보전 활동과 관련된 부문은 폭이 넓으므로 이들 부문과의 연계·협조가 필요하다. 제조 부문 이외의 관련 부문으로는 생산관리, 생산기술, 안전환경, 업무, 노무, 경리, 개발,

영업 등을 들 수 있다. 전문 보전체제로는 기업의 규모, 업종, 공정, 요원 배치, 과거의 경위 등에 따라서 다양한 형태를 취하게 되는데, 이를 정리하면 〈표 5.2〉와 같다.

<표 5.2〉 보전체제의 현상

직종 보전체제	기계	전기	계장	설비진단	토목구축
집중보전체제	○	●	●	●	●
분산보전체제	○	△	△	−	−
절충보전체제	○	△	△	−	−

● : 채용한 사업장이 많다   ○ : 채용한 곳이 있다   △ : 채용한 곳이 적다

① 집중보전체제

보전 부문의 관리 아래 보전 담당자가 보전센터 등에 상주하면서 필요에 따라 제조현장으로 가는 방식으로, 보전 담당자의 인원이 적은 중간 규모의 공장에서 많이 채용되고 있다.

② 분산보전체제

보전 담당자가 각 제조현장에 상주하는 방식으로 대규모 공장에서 채용하는 방식이다. 일반적으로 대규모 공장에서도 기계보전 담당자는 이 방식을 취하고 있는데, 전기 계장(計裝)의 보전 담당자는 집중보전 방식을 취한다.

③ 절충보전체제

보전 담당자의 일부는 분산형으로 제조현장에 상주시키며 나머지는 집중방식으로 한다. 절충형은 주로 기계보전 담당자를 대상으로 하며 전기계장의 보전은 집중방식을 취하는 곳이 많다.

④ 라인보전체제

제조 부문에 보전 담당자를 전담시키게 되면 작업 의욕에 문제가 발생하며 보전품질의 저하를 초래하는 경우가 있으므로, 인사교류 등을 포함하여 종합적인 평가를 하고 결정한다. 각 보전체제의 장단점을 〈표 5.3〉에 제시한다.

〈표 5.3〉 보전체제의 장단점

보전체제 \ 특징	장 점	단 점
집중보전체제	• 기술·기능의 수평전개가 잘 진행된다. • 문제점을 깊이 파고들 수 있다.	• 운전 부문과의 협조가 어렵다. • 운전정보의 수집이 거칠어진다.
분산보전체제	• 운전 부문과의 협조가 좋아진다. • 보전대응이 신속하다.	• 기술·기능의 수평전개에 어려움이 있다. • 인원수가 증가한다. • 로테이션에 어려움이 있다.
절충보전체제	• 운전 부문과의 협조가 좋아진다. • 수평전개, 깊이 파고드는 것이 가능하다.	• 관리면에 약간의 어려움이 있다. • 로테이션에 연구가 필요하게 된다.

4) 보전분담

생산 활동이 원활히 수행되기 위해서는 제조 부문과 보전 부문의 협조가 필요하다. 이를 위해 제조 부문도 생산뿐만 아니라 보전기능의 일부를 분담하고, 아울러 보전 부문에서도 생산책임을 담당함으로써 생산보전이 기능하는 것이다. 제조 부문과 보전 부문의 기본적인 역할 분담을 〈그림 5.4〉에 제시한다.

보전 담당자는 고장을 발생시키지 않기 위해 정기보전, 예지보전, 개량보전 등 계획보전이나 돌발수리 등의 사후보전을 한다. 제조 부문은 열화를 방지하기 위한 자주보전을 담당한다.

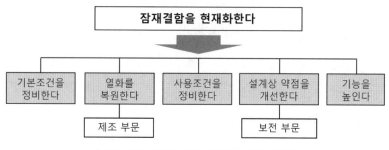

〈그림 5.4〉 제조·보전 부문의 역할 분담

① 제조 부문의 역할

기본조건(청소, 급유, 더 조임)을 철저히 할 것, 사용조건을 지킬 것(주로 외관에 따라 판별될 수 있는 항목 및 올바른 운전조작), 열화복원 가운데 주로 외관 점검에 따라 열화 부위를 파악하고 운전 중의 이상 징조(오감에 따라 발견할 수 있다)의 조기발견에 노력할 것, 점검기능을 비롯하여 설비의 조작이나 사전준비 조정 등의 운전기능을 높일 것 등이다.

② 보전 부문의 역할

운전 부문의 자주보전 활동을 기술적으로 원조할 것, 점검, 조사, 분해정비에 의하여 빠짐없이 확실하게 열화복원을 할 것, 설계상의 약점을 알아내서 사용조건을 명확히 하고, 완벽한 설비개선을 할 것, 점검, 조사나 분해정비 등의 보전기능을 높일 것 등이다.

제조 부문에서는 일상점검 결과에 따라서 부적합 항목 가운데 스스로 할 수 있는 것은 직접 소규모 수리를 하고, 할 수 없는 것은 보전 부문에 의뢰한다. 제조 부문과 보전 부문의 역할 분담 활동은 오퍼레이터 개개인이 이해하고 실천하지 않는다면 충분하다고 할 수 없다. 따라서 이를 위해서는 전원 참여의 소집단(분임조) 활동을 통해 이 활동을 전개하는 것이 가장 효과적이다. 물론 보전 부문이나 제조 부문뿐만 아니라 보전기술의 개발이나 개량의 일부는 설비 설계 부문이나 생산기술 부문도 분담해야 한다.

보전계획이나 실시에 대해서는 생산관리, 생산기술, 자주보전 등 각 부문이 서로 협력, 분담해야 보전기능을 수행할 수 있다.

5) 보전관리체계상의 과제

고장이 만성화하는 이유로는 설비설계의 문제와 보전기술, 환경, 인식적 문제의 예방보전체계의 문제가 있다.

〈그림 5.5〉는 설비관리체계의 약점과 악순환의 구조를 여러 회사의 사례를 토대로 하여 종합한 것이다. 여기에 표시한 것 중에서 관리체계의 약점으로 많은 회사에 공통되는 주요한 문제점이 있다. 우선 운전 부문에서는 보전에는 무관심하다는 것이다.

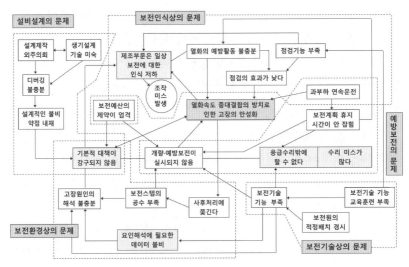

〈그림 5.5〉 설비관리체계의 약점과 악순환의 구조

한편 보전 부문은 전문가로서의 교육이 불충분하여 설비의 진보에 따라가지 못하고, 사기도 저조하다. 나아가 설비설계 부문은 외부 의존이 강하고, 기간적으로나 코스트적으로 여유가 없기 때문에 약점투성이의 설비밖에 만들 수 없는 상태이다.

그 결과, 고장의 발생이 만성적인 상태가 되어 더욱더 약점을 조장하게 된다. 이러한 PM 체제의 약점과 악순환은 경영·관리자층 PM의 중요성에 대한 인식이 낮기 때문에 초래된다고 해도 과언이 아니다. 경영·관리자층의 PM에 대한 인식이 저조한 이유는 첫째, 경영·관리자층이 '설비는 다 사용하고 나면 버린다'는 발상에서 벗어날 수 없는 데에 있다. 그 증거로 설비투자를 할 때 이니셜리스트는 싸면 쌀수록 좋다는 생각이 당연하다고 여겨지고 있다든지, 실적이 떨어지면 보전비의 20~30% 삭감이라는 지시가 가장 먼저 내려오는 등의 기업이 지금도 많은 것이다.

둘째 이유는 경영·관리자층이 설비보전에 취약하기 때문에 발생하는 로스의 크기를 알아차리지 못하고 있다는 데서 온다. 설비보전이 취약하기 때문에 발생하는 로스는 돌발고장에만 그치지 않고, 준비교체·조정시간의 증대, 순간정지의 다발, 속도(사이클 타임) 저하, 품질·수율의 악화, 그리고 그 결과로 발생하는 에너지 로스나 공수 로스 등 다방면에 걸쳐 나타난다. 경험적으로는 이들의 로스가 전체의 30~50%에 미친다. 이와 같이 관리체계상의 각종 문제와 악순환의 구조를 아무리 명확히 포착하여 기술적으로 접근하려고 해도, 그 노력이 공회전이 되고 마는 경우가 많다.

(3) 계획보전 활동

1) 계획보전의 필요성

생산 활동을 효율적으로 하기 위해서는 설비가 일정한 신뢰도 아래 가동하는 것이 기본이다. 이 신뢰도를 효율적으로 확보·유지하는 활동이 보전 활동이다. 보전 활동은 계획적으로 추진하는 것과 돌발적인 고장에 대응하는 비계획적인 것으로 나눌 수 있다. 계획보전이 효율적으로 기능하면 돌발고장 대응의 사후보전을 줄이는 것으로 이어진다. 더욱이 최근에는 보전 활동이 단순한 설비의 유지관리뿐만 아니라 설비를

신설하는 시점의 MP 활동까지 확대되고 있으며, 계획보전은 그 중요성
이 더욱더 커지고 있다.

2) 계획보전의 개념

계획보전의 목적은 설비의 설계·제작으로부터 운전·보전에 이르기까
지 설비의 라이프사이클, 설비 자체의 코스트(initial cost), 보전 등의
유지비(running cost), 설비의 열화에 의한 손실 등 토털 코스트를 낮
춤으로써 기업의 생산성을 높이는 데 있다.

$$\text{계획보전의 목적} = \frac{\text{필요한 때에 기능을 발휘한다}}{\text{가능한 비용을 들이지 않는다}} = \frac{\text{목적을 최고로}}{\text{수단을 최소로}}$$

이와 같이 효율 높은 보전체계를 확립하려는 데 그 목적이 있다. 구체
적인 활동 척도는 어베일러빌리티(availability, 설비를 사용할 수 있는
가능성)를 사용하면 알기 쉽다. 어베일러빌리티에는 고유 어베일러빌리
티, 달성 어베일러빌리티, 동작 어베일러빌리티가 있다. 여기에서는 고
유와 달성 어베일러빌리티를 사용하여 계획보전의 개념을 설명한다.

고유 어베일러빌리티(At)는 다음과 같이 표시된다.

$$At = MTBF/(MTBF + MTTR)$$

여기에서 MTBF(Mean Time Between Failure)는 평균고장간격, MTTR
(Mean Time To Repair)은 평균수리시간이다. 달성 어베일러빌리티(Aa)
는 다음과 같이 표시된다.

$$Aa = MTBM/(MTBM - \overline{M})$$

여기에서 MTBM은 평균보전간격으로, 예방보전과 사후보전 양쪽을
포함한다. $\overline{M}$는 평균보전시간으로 예방보전과 사후보전에 필요한 시

간의 평균이다. 따라서 활동은 크게 두 가지로 나뉜다. 하나는 설비의 신뢰성 향상이다. 설비에서 발생하는 보전을 철저히 삭감하는, 다시 말해 고장 나지 않도록 하는 활동이라고 할 수 있다.

다른 하나는 보전성 향상이다. 설비에서 발생한 작업을 효율적으로 처리하는 것, 즉 고장 나면 바로 고치는 활동이다. 이런 활동이 얼마나 효율적으로 추진되고 있는가를 나타내는 것이 달성 어베일러빌리티라고 생각하면 된다.

설비의 신뢰성 향상이란 보전의 입장에서 생각하면 설비에서 발생하는 돌발작업을 제로로 만들고, 발생하는 보전작업(검사, 정기점검, 정기정비 등)의 주기를 계획적으로 최대한 연장하기 위해 다면적 기술로 연구하는 것이다. 보전작업의 공수 감축, 즉 예방보전체계의 확립을 목적으로 하는 활동이다.

그러나 설비에서 발생하는 작업을 제로로 하는 것은 경제적으로 반드시 이익이 되지 않는 경우도 있다. 왜냐하면 아직 사용할 수 있는 부품을 미리 교환하는 등 시간 기준의 안이한 보전이 되기 쉽기 때문이다. 이런 약점에 대비하기 위해 설비와 부품의 상태를 파악할 수 있는 설비 진단기술의 개발과 보전성의 향상이 필요하다. 보전성 향상을 위해서는 이미 설명했듯이 설비에서 발생한 작업, 또는 계획적으로 발생시킨 작업을 능률적으로 처리하는 연구와 기능 훈련이 필요하다.

계획보전체계의 확립이란 설비의 어베일러빌리티를 높이는 활동을 통해 아웃풋의 향상(고장 제로, 불량 제로)과 보전 담당자의 체질개선을 꾀하고, 다시 이들 활동이 효율적으로 추진되기 위한 관리 활동이 유기적으로 결합된 체계를 만들어 내는 것이라고 할 수 있다.

3) 계획보전체계

① 어베일러빌리티를 높이는 활동

- 예방보전 활동 : 고장을 저지한다.

- 개량보전 활동, MP 활동 : 고장을 일으키지 않는다.
- 사후보전 활동 : 고장을 일으키지 않는다.

② 보전을 효율적으로 추진하는 활동
- 보전작업계획과 관리
- 보전정보 관리
- 보전용 예비품 관리
- 보전 코스트 관리

TPM 활동에서는 고장 제로, 불량 제로를 단기간에 효율적으로 성취하기 위해 자주보전 활동과의 연계를 강화한다. 자전거가 두 바퀴로 쓰러지지 않고 나가도록 지속적으로 페달을 밟는 것처럼 중단 없는 활동이 추진되도록 해야 한다. 그 기본적인 방법은 과거의 활동과 더불어 새로운 활동으로써 자주보전을 위한 지도지원 활동과 계획보전 7단계 활동을 추가하는 것이 효과적이다.

2 계획보전 활동의 전개

계획보전시스템 전체는 설비의 신뢰성·보전성을 개선하는 활동과 보전관리 활동의 조합으로 구성된다. 여기서는 설비의 신뢰성·보전성을 개선하는 활동에 대해 설명한다. 계획보전 활동의 핵심은 '고장 제로'이다. TPM 활동의 목적은 '불량 제로'. '고장 제로', '재해 제로' 등 모든 손실을 배제하고 기업의 체질을 강화하는 데 있지만, 그중에서도 고장 제로의 달성이 가장 중요하다. 왜냐하면 고장은 제품불량, 가공률 저하로 직결되는 동시에 재해의 주요인이기 때문이다. 고장 제로를 달성하는 활동은 계획보전시스템의 충실화에 크게 이바지하는 것이다.

(1) 고장 대응 방안

1) 고장대책의 5가지 중점 항목

설비 고장대책의 중점 항목은 '기본조건의 정비', '사용조건의 준수', '열화의 복원', '약점대책', '인적 오류방지' 등 5개 항목이라는 사실은 생산현장의 데이터에 의해 증명되고 있다(〈그림 5.6〉 참조).

설비특성의 조사

기본기능
- 가공, 변질의 제원과 한계치
  (공정품질 특성치)
- 가공, 변질의 원리

조업조건
- 가동조건(연속, 단속 등)
- 가동시간, 생산능력(넥인지 아닌지)
- 가공조건과 범위, 설계능력과 한계치,
  회전수, 압력, 온도, 전류, 전압, 유량,
  사이클 타임

구조·메커니즘
- 구성 유닛, 부품의 시방, 기능 및 관련성
- 구동방식(전기, 유압, 공압)
- 제어방식(기계, 유압, 공압, 전기, 전자,
  완전자동, 반자동, 수동)
- 센서방식(제어용 센서, 이상감지용 센서,
  그 기능과 사양, 조건)
- 요구되는 동작 정도와 한계치
  - 동작시퀀스, 인터록
  - 워크와 전기, 기계적 동작의 관련성
  - 동작부, 정비부의 관련성
- 회전 습동부의 기구 구조와 정도, 윤활방식

스트레스의 상황
- 열, 전기, 기계, 과학적 스트레스
- 환경 스트레스, 동작 스트레스
- 온도, 습도, 먼지, 진동, 충격

과거의 고장해석

고장데이터의 수집과 정리
- 고장개소, 현상, 처리내용과 결과,
  시간, 빈도
- 데이터의 층별(성격 분류)
- 반복, 유사, 관련, 단발/
  기계적, 전기적/
  돌발형, 기능저하형/
  동(同) 기계에의 영향

원인분석
- 정지한 최하위기능(부품, 유닛)과
  현상복귀를 위한 조치 내용
- 관련되는 기능과 그 고장실적,
  사용시간, 보전실적, 고장시
  부하상황, 원인추구

대책의 입안·확인
- 고장 메커니즘, 추정원인의 기술
- 대책의 구체화와 실시
- 결과 확인

재발 방지(유지) 대책의 입안
- 수명측정
- 사전예지의 명확화
- 점검, 검사, 교체의 기준화
- 징조의 파악법과 구체화

중점대책의 정리

설비(기종)별
- 약점의 명확화
- 관리 포인트
- 개선대책의 중점

| 기본조건정비 | 사용조건준수 | 열화의 복원 | 약점대책 | 인적 오류방지 |

〈그림 5.6〉 고장해석과 중점대책 관련 고장대책 어프로치

일상적으로 실시해야 할 기초적인 활동, 즉 청소·급유·더 조이기 등과 같은 기본조건이나 사용조건의 준수가 소홀한 현장에서는 설비와 장치가 강제열화 상태로 방치되어 있기 때문에 일시정지와 가벼운 고장이 빈발하며, 그 고장간격도 산포를 이루어 정기보전이나 예지보전의 적용이 무의미하게 된다. 고장 제로의 달성은 보전 부문의 계획보전만으로 이룰 수 없으며, 운전 부문의 자주보전만으로도 이룰 수 없다. 양자가 일체가 되어야 큰 성과를 거둘 수 있다.

2) 고장 제로 활동의 4단계

앞에서 설명한 '고장대책의 5가지 중점 항목'의 달성 활동은 매우 방대하여 한꺼번에 대처하기는 곤란하다. 이들을 동시에 병행한다고 하더라도 오염이나 누유 등 강제열화 상태를 방치한 채로 정기보전을 추진하면 주기가 돌아오기 전에 고장을 일으키게 된다. 아울러 고장을 일으키지 않으려면 극단적으로 짧은 주기를 설정해야 하므로, 이들 모두를 정기보전으로 관리할 수 없다.

예지보전에 있어서도 이와 똑같아서 아무리 우수한 진단기술을 구사하더라도, 볼트의 풀림이나 오작동에 의해 고장이 많이 발생하는 현장에서는 최적 정비주기 등을 도저히 예지할 수 없다. 그러므로 이들 5가지 중점 항목을 〈그림 5.7〉과 같이 4국면으로 구분하여 자주보전과 계획보전을 각각 계획적으로 추진하는 것이 효과적인 방법이다.

① 국면 1 : 고장간격의 불균형을 감소시킨다

　- **방치된 열화의 복원**

공수, 코스트의 제약이나 인식의 저조 때문에, 현재화(顯在化)된 결함임에도 불구하고 방치된 열화를 복원하는 것이 선결(쓰고 있는 그대로, 느슨한 그대로, 벗겨진 그대로, 고장 난 그대로 불합리 적출 및 해결)

　- **강제열화의 배제**

설계 스트레스 이상으로 인한 이상열화 : 강제열화

(a) 기본조건의 정비 : 청소, 급유, 더 조이기

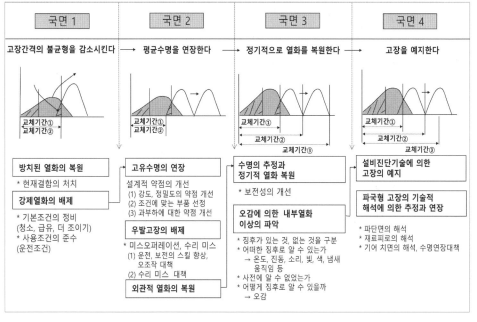

국면 1	국면 2	국면 3	국면 4
고장간격의 불균형을 감소시킨다 →	평균수명을 연장한다 →	정기적으로 열화를 복원한다 →	고장을 예지한다

국면 1 (그래프: 교체기간①, 교체기간②)

방치된 열화의 복원
* 현재결함의 처치

강제열화의 배제
* 기본조건의 정비
(청소, 급유, 더 조이기)
* 사용조건의 준수
(운전조건)

국면 2 (그래프: 교체기간①, 교체기간②)

고유수명의 연장
설계적 약점의 개선
(1) 강도, 정밀도의 약점 개선
(2) 조건에 맞는 부품 선정
(3) 과부하에 대한 약점 개선

우발고장의 배제
* 미스오퍼레이션, 수리 미스
(1) 운전, 보전의 스킬 향상,
오조작 대책
(2) 수리 미스 대책

외관적 열화의 복원

국면 3 (그래프: 교체기간①, 교체기간②, 교체기간③)

**수명의 추정과
정기적 열화 복원**
* 보전성의 개선

**오감에 의한 내부열화
이상의 파악**
* 징후가 있는 것, 없는 것을 구분
* 어떠한 징후로 알 수 있는가
→ 온도, 진동, 소리, 빛, 색, 냄새
움직임 등
* 사전에 알 수 없었는가
* 어떻게 징후로 알 수 있을까
→ 오감

국면 4 (그래프: 교체기간①, 교체기간②, 교체기간③)

**설비진단기술에 의한
고장의 예지**

**파국형 고장의 기술적
해석에 의한 추정과 연장**
* 파단면의 해석
* 재료피로의 해석
* 기어 치면의 해석, 수명연장대책

〈그림 5.7〉 고장대책 4국면

(b) 사용조건의 준수
- 외란(外亂)의 방지 : 부딪혀 망가짐, 진동, 소음
- 유닛, 부품의 시방에 알맞은 조건 : 환경조건, 적성한 부하, 부착방법
- 설비의 능력에 알맞은 부하조건

② 국면 2 : 평균수명을 연장한다
- 고유 수명의 연장
강제열화를 배제해도 수명이 짧은 것은 그 약점을 해명하여 수명의 연장을 꾀한다.
(a) 설계적 약점의 개선 : 강도부족, 시공불량, 가공불량
(b) 과부하에 대한 약점의 개선 : 설비에 대한 부하를 경감할 수 없으면, 가장 큰 약점이 되는 부분의 강도를 높인다.

    (c) 사용조건에 알맞은 부품을 선정한다.
- 우발고장의 배제
    (a) 수리 미스 대책 : 수리 기초기능의 습득, 수리방법의 개선 등
    (b) 오퍼레이션 미스 대책 : 조작방법의 표준화, 실수방지 장치의 장착 등
- **외관적 열화의 복원** : 유공압, 진동, 전기계통의 외관적 총점검과 열화복원

③ **국면 3 : 정기적으로 열화를 복원한다**

- **수명의 추정과 정기적 열화의 복원**

국면 1, 국면 2 대책에 따라 수명이 연장되어 수명추정의 정확도가 높아진다. 따라서 정기적 열화의 복원이 그 신뢰성 면에서도 유효성이 높아진다.

    (a) 보전성의 개선 : 보전하기 쉬운 설비의 구조 측면에서 개선을 실시한다.
    • 사용 부품의 공통화, 블록 교환화, 분해·조립의 용이화
    • 공구의 개선과 전용화, 예비부품의 기준화
    (b) 정기보전의 기준화와 실시 : 정기점검, 정기조사, 정기정비

- **오감에 의한 내부열화 이상 파악** : 수명의 추정이 곤란하고 불균형이 고쳐지지 않는 것은 징조를 파악하는 방법밖에 없다.

    (a) 그 고장이 일어나기 전에 뭔가 이상한 징조가 없었는가
    (b) 그 고장은 징조가 과연 나오는 것인가, 나오지 않는 것인가
    (c) 그 고장은 어떠한 징조로 알 수 있는가
    (d) 그 고장은 왜 사전에 징조를 파악하지 못했는가
    (e) 그 고장은 어떻게 하면 징조를 파악할 수 있게 되는가
    (f) 그 고장의 징조를 파악하기 위해서는 오퍼레이터에게 어떠한 지식, 스킬이 필요한가

④ 국면 4 : 고장을 예지한다
- **설비진단 기술에 따른 고장의 예지** : 진단의 대상이 되는 고장모드 [누설(쇼크 펄스미터), 균열(진동측정), 부식(초음파측정), 이상음(자기, X선 침상), 헐거움, 이상온도(분광분석 : SOAP법), 이상진동, 절연측정, 재질열화, 오일열화, 전기계통 이상]
- **파국고장의 기술적 해석에 의한 수명의 추정과 연장** : 파단면의 해석 (응력집중 노치 설계법), 재질피로의 해석(반복, 교대하중), 기어 치면의 해석, 전기접점의 와이프량의 해석
  (a) 중간 목표 : 설비종합효율 및 노동생산성 향상
  (b) 궁극적 목표 : 고장 제로, 불량 제로, 재해 제로
  (c) TPM 추진목표 항목(효과측정지표)
  앞 항의 요건만으로는 소집단 활동이 곤란하며 자주보전과 보조를 맞출 수도 없다. 그러므로 다음 7단계로 구분한 전개 활동 방안을 제시한다.

(2) 고장 제로를 향한 7단계 활동

1) 7단계 전개의 기본개념

계획보전 활동에 대해서는 전개방식의 개발이 과제가 되어 왔는데, TPM 전개 기업에서 실천과 연구를 거듭하는 가운데 단계별 전개의 개념과 활동의 개요가 정리되어 실행되고 있다. 전문 보전 부문의 계획보전 활동의 하나로, 고장 제로를 목표로 문제가 많은 설비와 부품을 선정하여 7단계로 전개하며, 자주보전 7단계와의 관련성을 명확히 한 다음에 〈표 5.4〉와 같은 '계획보전 7단계'에 따라서 활동하는 것이 효과적이다.

2) 7단계 전개 활동의 개요

7단계 전개는 원칙적으로 소집단 활동 방식이 좋다. 왜냐하면 이 활동을 통해 보전 담당자의 체질개선, 의식개혁 등 인재육성에도 도움이

되기 때문이다. 분임조 편성은 설비단위로 7단계를 추진하는 방법과 중점 부품단위로 추진하는 방법이 있는데, 중점 부품단위로 추진하는 것이 즉각적인 효과를 기대할 수 있다.

공장의 규모에 따라 다르지만, 앞의 두 종류의 분임조를 몇 개 편성하여 단계별로 상호 교류시키면 보다 효과적이며 자주보전과 연계하면 더 좋은 효과를 발휘할 수 있다. 단계별 전개의 장점은 활동을 추진하면서 성과가 오르고, 성과를 확인하면서 활동을 추진할 수 있다는 것이다. 이런 이점을 살리기 위해서는 각 단계에서 무엇을 해야 하는가를 보다 명확하게 해 두어야 한다.

〈표 5.4〉 고장 제로 단계와 계획보전

구분	국면 1	국면 2	국면 3	국면 4	
구분	고장간격의 불균형을 감소시킨다.	평균수명을 연장한다.	정기적으로 열화를 복원한다.	고장을 예지한다.	
자주 보전	1스텝 초기청소 2스텝 발생원·곤란개소 대책 3스텝 기준서 작성	4스텝 설비 총점검	5스텝 프로세스 총점검	6스텝 자주보전 시스템화 7스텝 자주관리 철저	6스텝 계획 보전의 평가 ↓ 7스텝 자사 만의 계획 보전 체제 구축
계획 보전 활동	1스텝 설비평가와 현상 파악, 기본·사용 조건 불합리 적출				
	2스텝 열화복원과 약점개선 (자주보전 지원·재발방지)		개량보전으로 업무에 정착		
		3스텝 정보관리체제 구축	정기보전으로 업무에 정착		
			4스텝 정기보전체제 구축		
				5스텝 예지보전체제 구축	

3 계획보전 7단계 활동의 추진

(1) 활동의 사전준비

1) 활동 조직 구성
2) 분임조 조직 편성
3) 분임조 보전수준 진단
4) 도입 교육
5) 설비안전 관련 교육
6) 중장기 마스터 플랜 작성
7) 스텝 진단체계 확립
8) 보전현장 5S 추진
9) 자주보전 지원체계 구축
10) 설비관리체계 점검

TPM 활동을 전개하기 위한 설비관리 인프라 구성 요소를 확인한 후 활동 전개상의 문제점을 사전에 제거하고, 분임조 활동을 전개하는 것이 바람직하다. 활동의 결과는 문제점 분석에 대한 대응을 위해서 다음 사항을 확인해야 한다.

1) 설비의 이력관리는 잘 기록되고 보존되어 왔는가
2) 설비의 등급관리는 체계적이고, 현재의 설비관리 항목은 무엇이며 산출 로직은 명확한가
3) 관리 항목의 주기와 자료 습득방법의 기준은 지켜지고 있는가
4) 관리지표는 분임조와 공유되고 있는가
5) 설비관리 시스템은 제대로 활용되고 있는가
6) 현재의 관리 항목으로 TPM 활동지표 설비종합효율 및 MTBF, MTTR을 산출에 적용할 수 있는가

(2) 활동관리 지표

고장 제로를 위해 설비의 어베일러빌리티 향상, 보전달성의 어베일러
빌리티 향상 활동을 꾀한다. 구체적으로 설비의 어베일러빌리티 향상에
는 다음 두 가지가 있다.

  1) 설비의 신뢰성 향상 : 설비에서 발생하는 보전 행위의 삭감을 꾀한
     다(설비의 MTBF 향상).
  2) 설비의 보전성 향상 : 설비에서 발생하는 보전 행위를 효율적으로
     처리한다(보전시간 MTTR의 단축).

보전달성 어베일러빌리티의 향상을 위해 다음을 실시한다.

  1) 보전 수단의 진화를 꾀한다 : 예방보전의 향상→ 개량보전의 정착
     → 예방보전의 확립→ 예지보전
  2) 보전 담당자의 체질개선, 의식개혁, 보전기술, 기능의 향상 등
     항목을 7단계로 구분하고, 구체적인 활동을 가능케 한다.

(3) 활동 대상 선정방법

1) 활동 대상

제조라인 개별설비의 설비종합효율과 생산량의 관계를 조사하고, 생
산의 문제가 되는 공정(보전 부문도 생산에 대하여 관심을 갖고 있어야
한다)의 설비를 모델로 선정하여 고장을 줄여가는 활동이 있다. 또 부품
의 사용 빈도가 높은 것을 찾아 부품의 고장원인을 줄이는 부품을 모델
로 하는 분임조 활동이 있다.

예를 들어 한 공장의 설비종합효율과 생산량을 〈그림 5.8〉과 같이 조
사하여 공장의 문제 설비를 찾아서 모델 설비로 선정 후 활동한다. 〈그
림 5.9〉는 고장이 많은 공정을 나타낸 것으로 그 공정을 다시 설비별로
부하시간을 조사한다.

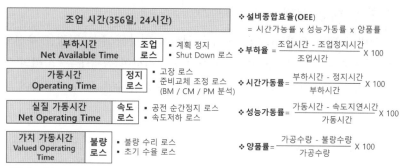

OEE : Overall Equipment Effectiveness

〈그림 5.8〉 설비종합효율 산출 방식

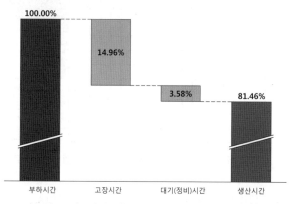

〈그림 5.9〉 설비종합효율 낮은 공정의 부하시간

〈그림 5.10〉과 같이 공정 설비별로 부하시간을 조사하여 모델 설비로 선정하면 활동의 성과가 바로 나타나기 시작한다.

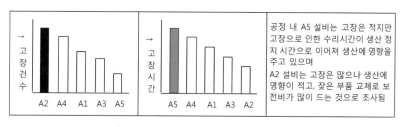

〈그림 5.10〉 설비유형별 고장 현황

2) 활동 대상 선택

설비 모델과 부품 모델의 선택은 생산에 영향을 주는 공정을 우선으로 선정하여야 되며, 보전업무의 형편을 고려하여 설비대수, 설비의 열화상태, 보전인원, 보전기능의 수준, 자주보전의 수준 등을 감안하여 결정한다. 그 기준은 〈그림 5.11〉과 같이 하면 된다.

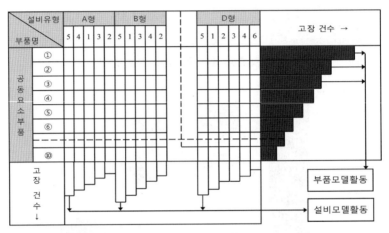

〈그림 5.11〉 문제공정의 설비유형별·부품별 파레토도

① 설비대수가 많은 경우에는 부품 중심으로 추진하면 즉각적인 효과를 기대할 수 있다.
② 강제열화가 심한 경우에는 설비 모델을 선택해야 한다.
③ 보전인원이 많은 경우에는 설비 모델 분임조와 부품 모델 분임조 양쪽을 결성하여 동시에 활동하면 좋다. 인원이 적은 경우에는 부품 모델 분임조만 활동하게 되지만, 부품 모델 쪽의 추진 형태 수준이 높으므로 보전 담당자의 지식기능 수준이 문제로 남는다.
④ 보전기능이 낮은 경우에는 보전 담당자의 체질개선, 기능향상을 목적으로 하는 설비 모델의 활동이 좋다.
⑤ 자주보전 성과를 별로 기대할 수 없는 경우에는 설비 부품 모델을 선택한다.

〈표 5.5〉 활동 모델 선택의 표준

	설비대수 많음	중간	적음	강제열화 많음	중간	적음	보전인원 많음	중간	적음	보전기능 높음	중간	낮음	자주보전 높음	중간	낮음
설비		○	○	○				○			○			○	○
부품	○				○	○	○		○	○		○		○	

3) 설비 모델의 7스텝

이 스텝의 활동 특징은 앞의 활동 모델의 선택에서 설명했듯이, 보전 담당자의 체질 개선이나 자주보전 간의 책임분담을 명확하게 하는 데 중점을 두고 있다. 〈표 5.6〉은 7스텝의 개요다. 1~3스텝까지는 기능정지형 고장의 감축과 예방보전의 강화에 중점을 둔 활동으로 특히 자주보전과의 연계가 중요하다. 4스텝은 설비의 MTBF 연장을 주목적으로 하며, 5스텝은 MTTR의 단축에 중점을 두고 있다. 6스텝은 기능저하형 고장의 감축을 주목적으로 한 것이며, 5스텝까지의 반성과 더불어 보전 담당자에 의한 품질보전 활동을 하고 전체적인 마무리를 한다.

〈표 5.6〉 설비 모델의 계획보전 7스텝

국면 보전방식	국면 1 고장간격의 불균형 감소	국면 2 평균수명의 연장	국면 3 정기적으로 열화복원	국면 4 고장 예지
예방보전 시스템 정비	1스텝 기본조건·사용조건과 현상의 차이 분석 2스텝 기본조건·사용조건과 현상의 차이 개선 3스텝 기본조건·사용조건의 기준 작성	계획보전 7스텝 활동 (설비 모델)		
계량보전 실시		4스텝 수명연장		
예지보전 실시			5스텝 점검·정비의 효율화	
품질보전 시스템 확립	6스텝 설비종합진단			
계획보전 시스템 확립	7스텝 설비의 극한 사용			

4) 중점부품 모델의 7스텝

이 방식은 고장부품이나 시장의 부품을 구입하고 검토할 수 있으므로 5스텝까지는 설비를 정지시키지 않고 활동할 수 있다. 설비를 모델로 한 전개는 설비단위로 고장을 줄여 나가는 것이며, 중점부품을 모델로 한 것은 설비에 공통적으로 사용되고 있는 부품단위, 전용 부품단위로 고장을 줄이려는 것이다. 따라서 중점부품별로 비교적 짧은 사이클(약 4개월)로 7스텝 가운데 5스텝까지를 되풀이하면 된다.

6스텝의 개시는 부품고장이 전체의 약 70%가 감축되었을 때라고 생각하면 된다. 설비 모델 분임조가 결성된 경우에는 설비 분임조의 6스텝에 합류하여 합동 분임조 활동을 추진한다.

그리고 합동 전에도 스텝별로 상호 교류하는 것이 효과적이다. 이 스텝의 활동을 더욱 발전시켜 RCM(Reliability Centered Maintenance)을 확립하는 것이 바람직하다. 중점부품 모델의 7스텝에 대한 개요는 〈표 5.7〉에 제시하였다.

〈표 5.7〉 중점부품 모델의 계획보전 7스텝

국면 \ 보전방식	국면 1 고장간격의 불균형 감소	국면 2 평균수명의 연장	국면 3 정기적으로 열화복원	국면 4 고장 예지
예방보전 시스템 정비	1스텝 중점부품의 선정 2스텝 현상보전방법 개선 3스텝 보전기준의 작성	계획보전 7스텝 활동 (중점부품 모델)		
계량보전 실시		4스텝 수명연장 약점대책		
예지보전 실시			5스텝 점검·정비의 효율화	
품질보전 시스템 확립	6스텝 설비종합진단			
계획보전 시스템 확립	7스텝 설비의 극한 사용			

(4) 모델 설비로 활동 시의 전개 방안

1) 1스텝 : 설비평가 및 기본조건과 현상의 차이 분석

① 목적

보전기술의 관점에서 보전 담당자의 고정관념을 없애기 위하여 설비의 이론적인 것을 무장한다. 불필요한 활동을 배제하기 위해 설비평가를 통하여 선택과 집중하며, 선택된 설비를 철저히 알고 고장의 요인이 되고 있는 문제점을 철저히 색출한다.

② 활동 프로세스
- 모델 설비 선정 사유
- 설비평가 기초대장 준비
- 설비기능 위치 분류체계 정립
- 설비특성(안전·품질·생산) 평가
- 고장발생 설비영향 평가
- 설비등급 종합 평가
- 보전목표 설정
- 보전기록 종류와 활용 목적
- 기본 사용조건 조사
- 기본 사용조건 불합리 적출

③ 활동 개요
- 설비의 기능·구조·원리에 대해 원 포인트 레슨을 작성한다.
- 기본조건을 지켜야 할 부위는 원 포인트 레슨을 작성하며 자주보전 분임조를 교육한다.
- 사용조건은 항목별로 원 포인트 레슨을 작성한다.
- 기본 사용조건 학습을 기준으로 불합리를 적출한다.
- 설비의 현재, 잠재결함을 색출하고 드러난 부분에 대해 복원 및 원 포인트 레슨을 작성한다.

- 고장요인의 해석 : 상세한 해석이 아니라도 괜찮다. 〈그림 5.12〉와 같이 기본조건 불비, 사용조건 불비, 복원 불충분, 열화의 방치, 우발 고장, 보전행위의 불비 등 요인을 파악할 수 있는 것과 파악할 수 없는 것으로 층별하고 7스텝과 관련된 것을 정리한다.

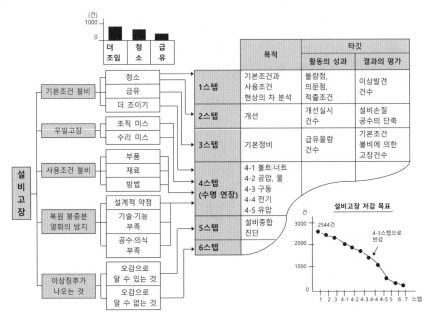

〈그림 5.12〉 고장원인의 층별과 7스텝과의 관련성

- 불합리 적출, 예방점검 항목을 맵으로 정리한다.
- 고장발생 시마다 고장분석보고서를 작성한다.
- 고장으로부터 배운 사례에 대해 원 포인트 레슨을 작성한다.
④ 결과분석 및 유지관리 진단
- 꼬리표 달기와 복원 건수는 어떠한가
- 예방보전 점검 및 불합리 적출 맵의 정리상황은 좋은가
- 2스텝에서의 실시계획은 세워져 있는가

⑤ 활동 사례

　　모델 설비의 1스텝 활동 사례로 설비관리의 기본 인프라를 재점검하며, 보전 활동의 목표와 불합리를 서브 7스텝으로 추진하였다.

서브 스텝 활동 순서						
1. 설비대장 작성 준비	2. 보전대상 설비 설정	3. 설비관리 업무 명확화	4. 설비평가 실시	5. 보전방식 설정	6. 현황파악과 보전목표 설정	7. 기본·사용조건 차이 불합리 적출

〈그림 5.13〉 1스텝 활동 사례

2) 2스텝 : 기본·사용조건과 현상의 차이 개선

① 목적

　　1스텝에 작성한 불합리 발생 맵과 고장 발생 맵을 바탕으로 대책과 개선을 추진한다. 같은 고장이 재발하지 않도록 하는 것이 요점이다. 이를 위해서는 설비를 치밀하게 관찰하고 원인을 철저히 추구하는 '3현2원(현장·현물·현상의 원리·원칙)' 자세가 필요하다.

② 활동 프로세스

- 불합리, 고장재발 현황 조사
- 재발성 열화·불합리 발생 보고서 검증
- 고장분석 보고서 작성 검증
- 기본·사용조건 차이 발생 항목 검증
- 개선제안 및 MP 제안서 작성

③ 활동 개요

- 방치열화의 복원, 강제열화의 배제를 위해 기본·사용조건의 변화 상태가 측정 가능한가를 검토한다.
- 설비기능(기본조건)을 유지하기 위해 필요한 청소 부위, 급유 부위, 점검 부위를 명확화한다.
- 기능 청소가 설비조작 순서의 일부가 되도록 자주보전에 적용한다.

- 사용조건의 개선을 위해 설계값·제작값·현재값을 비교하여 열화 과정을 추적한다.

④ 결과 분석 및 유지관리 진단

- 자주보전으로의 보전행위 이관 건수(자주보전율 관리)
- 개선 내용의 층별과 건수
- 원 포인트 레슨 건수
- 고장분석 보고서 건수
- MP 정보 건수
- 기본·사용조건에 따른 설비고장 건수

⑤ 활동 사례

모델 설비의 2스텝 활동 사례로 서브 5스텝을 추진·전개하였다. 설비의 기본·사용조건의 차이(변화)에 대해 분석 및 개선 방안을 수립하며, 설비의 약점을 찾아내어 강점으로 최적화한 MP 제안 활동이다.

서브 스텝 활동 순서				
1. 기본·사용조건 불합리 대책 전개	2. 고장 분석보고서 작성	3. 고장 재발방지 대책 실시	4. 고장 맵 작성 (정보 공유)	5. MP 제안 등록

〈그림 5.14〉 2스텝 활동 사례

3) 3스텝 : 기본·사용조건의 기준 정비

① 목적

2스텝의 성과 유지, 신규설비 대응과 점검, 정비방법 기준의 정비

② 활동 프로세스

- 기존설비 점검 표준 및 점검표(자주보전, 계획보전) 준비
- 기존설비 정비 표준 절차서 준비
- 점검·정비 표준의 제정·개정
- 점검 항목, 눈으로 보는 관리, 표준 현장 실시
- 신설비 MP 제안 반영 프로세스 구축

③ 활동 개요
- 개선된 항목을 점검, 정비 표준에 반영한다.
- 과거의 기준과 실제로 발생하고 있는 고장을 대비하고 효과적인 예방점검 기준을 작성하기 위해 1스텝에 작성한 예방점검 보전 맵으로 기준의 결점, 불명확 부위를 개선한다.
- 설비의 눈으로 보는 관리(라벨·표시·마크 등), 일상점검 항목 자주보전과의 분담 명확화, 기준류에 따라서 실시한 결과를 기록한다(점검 항목별 공수하기 어려운 작업과 그 이유 등).

④ 결과 분석 및 유지관리 진단

기준의 제정·개정 작업 건수, MP 제안 프로세스, 원인을 알고 있는 고장의 감소와 재발방지 상황을 진단한다. 여기까지 활동하여 기능정지형 고장의 대폭적인 감축이 이루어졌어야 하며, 효과가 없다면 1스텝으로 되돌아가야 한다.

⑤ 활동 사례

모델 설비의 3스텝 활동 사례로 일상점검 체계의 재정립 활동을 추진 전개하였으며, 개정된 일상점검을 통하여 설비점검을 표준화로 제정·개정한 활동 사례이다.

일상점검 기준 정립			
항목	설비 대수	협력사 점검	공통 설비
일일 점검	34	15	19
주간 점검	289	157	132
월간 점검	10	6	4

〈그림 5.15〉 3스텝 활동 사례(N사 전국품질분임조경진대회 발표 사례)

4) 4스텝 : 수명연장 및 약점대책

① 목적

수명연장을 중심으로 한 설비의 고장분석을 통하여 나타난 문제를 재조명한다. 사용기간 연장을 위한 설비의 약점을 찾아 추진 사유를 정의하며 보전방법의 개선까지 포함하여 활동한다.

② 활동 프로세스

- MTBF(Mean Time Between Failure) 향상의 관점에서 선정 : 설비고장에 의한 생산손실이 큰 설비를 설정하여 설비에 사용되고 있는 부품의 교환실적과 고장이력의 조사, 예방보전에서 교환한 부품의 파레토도, 고장으로 교환한 부품의 파레토도를 작성하고, 부품별로 MTBF, MTBM을 계산한다. 부품별로 초기고장인가, 우발고장인가, 마모고장인가를 분석한다. 부품별로 고장률의 3패턴을 조사한다(고장률 증가형, 고장률 감소형, 고장률 일정형).
- MTTR(Mean Time To Repair) 단축의 관점에서 선정 : 교환공수가 많고 가격이 높은 부품, 고도의 기능을 필요로 하는 부품, 작업능률이 나쁜 부품, 공사계획상의 Neck 작업이 되는 부품, Shut Down 기간을 길게 만드는 부품
- 수명이 연장되어야 할 설비의 분류체계(기능위치)를 확인하여 동작순서를 나타낸다.
- PM(Phenomena/Physical-Mechanism/4M) 분석을 실시한다.
- 수명연장 목표를 설정하여 현재의 수준과 비교, 문제점을 발췌한다.
- 수명연장을 위한 개선안을 찾는다.

③ 활동 개요

- 자주보전의 4스텝과 전개 과목을 맞춘다(예를 들면, 4-1 구동, 4-2 유압, 4-3 센서, 4-4 공기압 등).
- 고장 맵, PM 카드, MTBF 기록을 분석한다.
- PM 분석, FTA(Fault Tree Analysis) 그림 등을 사용하여 고장요인을 철저히 개선한다.

- 개선 항목은 전개 과목별로 '신뢰성', '보전성', '자주보전성', '조작성', '안전성' 등으로 구분하고 성과는 MP 정보로 정리 제안한다.
- 중점부품 모델 분임조와의 교류, 자주보전과의 교류를 한다.

④ 결과 분석 및 유지관리 진단
- 개량보전과 고장 건수
- MTBF, MTTR의 변화 파악
- 예방보전 공수와 MTTR의 관계 등 예방보전 공수의 감축을 통한 MTTR의 단축에 중점을 두고 다음 스텝에서 MTTR을 높이지 않은 채 예방보전 공수의 감축에 대처하면 좋다.
- 설비의 고유 어베일러빌리티, 보전의 달성 어베일러빌리티
- 보전기준의 정비 상황
- 자주보전으로의 이관 건수
- MP 정보 제안 건수

⑤ 활동 사례
수명연장을 위한 기능부품, 부위의 개선에 의한 근본적인 열화대책을 수행하며, 고장 나지 않는 설비를 만들려는 도전의식과 국산화 전개를 통한 보전기술 역량 증대, MP 정보를 시스템화한 사례이다.

서브 스텝 활동 순서					
1. 중점설비 (부품) 선정	2. 개량보전 활동 매뉴얼 작성	3. 개량보전 실적평가	4. 표준화 제정 및 개정	5. MP정보 자료화	6. 점검·정비 효율화

〈그림 5.16〉 4스텝 활동 사례

5) 5스텝 : 점검·정비의 효율화

① 목적
3스텝에 작성한 보전기준을 보다 쉽고, 효율적으로 만들어 예방보전의 확실한 실시와 보전 공수를 줄이는 데 목적이 있다.

② 활동 프로세스
- 정기정비 설비 취합
- 정기보전(정비절차서 확인)
- 정비기간이 긴 것과 보전비용이 큰 것으로 대상 설정
- 정기보전 이력과 고장이력 조사
- 보전주기, 항목, 방법, 점검, 교체기준 등에 걸리는 시간 검토

③ 활동 개요
- 정확한 점검과 그 용이화 개선
- 열화 징후의 연구와 열화 측정의 계기화
- 간이진단으로 내부 열화의 검출
- 점검 대상 항목의 삭감 및 집약화
- 정비시간 단축의 개선
- 사후보전시간의 단축 활동
- 보전기준과 보전 캘린더의 재검토

④ 결과 분석 및 유지관리 진단
- 점검·정비 공수(예방보전 공수)의 감축 현황
- 예방보전 공수와 MTTR의 관계
- 보전절차서 기준 제정·개정 건수
- MP 정보 건수
- 점검기술 건수
- 정기보전 관리 프로세스

⑤ 활동 사례
정비기간 단축을 위한 정비 프로세스 개선 활동을 전개하였다. 아래 사례는 점검 효율을 위한 모터 정밀진단을 통한 문제점을 사전에 발견하여 조치한 사례이다.

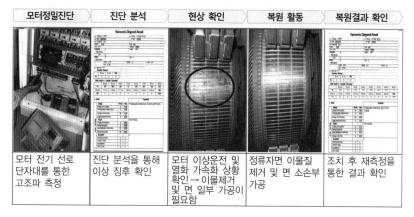

모터정밀진단	진단 분석	현상 확인	복원 활동	복원결과 확인
모터 전기 선로 단자대를 통한 고조파 측정	진단 분석을 통해 이상 징후 확인	모터 이상운전 및 열화 가속화 상황 확인→이물제거 및 면 일부 가공이 필요함	정류자면 이물질 제거 및 면 소손부 가공	조치 후 재측정을 통한 결과 확인

〈그림 5.17〉 5스텝 활동 사례(N사 전국품질분임조경진대회 발표 사례)

6) 6스텝 : 설비품질(MQ) 활동 전개

① 목적

5스텝까지는 주로 기능정지형 고장에 대처한다. 따라서 남겨진 고장은 기능저하형 고장과 상세한 해석을 하지 않으면 원인을 알 수 없는 설비로 인한 제품불량이 발생한다. 이 스텝에서는 설비품질로 발생하는 제품불량 감축에 도전하며 보전 담당자에 의한 품질보전 활동을 한다.

② 활동 프로세스

- 현상파악 : 대상설비 선정, 공정품질의 명확화(산포, 치우침 등의 조사와 층별), 설비와 관련된 품질에 문제를 주는 주제선정, 활동 계획서 작성, 품질을 좌우하는 설비조건 파악
- 설비품질 관련 분석 : 품질 가공조건의 명확화, 가공조건과 설비와의 명확화, 세부 요인 정리 및 실태조사, 품질을 좌우하는 설비의 관리항목 재검토
- 개선과 관리기준 설정 : 관리 한계치의 설정과 개선 실시, 품질을 보증하는 설비조건 명확화, 타설비의 수평전개 실시

③ 활동 개요
- 기본적으로는 품질불량 제로를 테마로 하여 추진한다.
- M-Q 분석의 주제를 선정한다.
- 설비조건과 품질의 관련 조사 : 선정한 테마에 대해 품질불량 발생 메커니즘을 설비 사용조건과 설비열화와 관련하여 조사한다.
- 설비와 에너지 품질의 관련 분석 : 전압저하, 노이즈의 영향, 공기압 변동이 품질불량의 원인인 경우가 있다.
- 설비 주변환경의 영향 조사(특히 진동) : 품질불량이 발생하지 않는 조건을 발견하고, 양품조건에 맞도록 설비 또는 보전방법의 개선을 추진한다.
- 양품조건을 유지하기 위한 보전기준의 정비 : 개선결과를 확인하고 그 설비 조건을 유지하기 위해 M-Q 포인트를 정리하고 점검·정비기준에 반영시킨다.

④ 결과 분석 및 유지관리 진단 : 자주보전도 품질의 총점검을 실시하면 보다 효과적이다(이 경우에는 자주보전과의 역할 분담 상황).

⑤ 활동 사례

다음 〈그림 5.18〉 및 〈그림 5.19〉는 단위공정당 설비 MQ 관리 활동을 자사에 맞게 실시하여 목표 양품률을 달성한 사례이다.

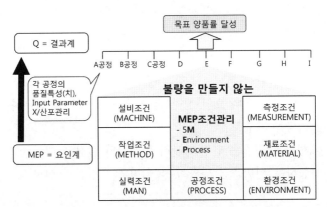

〈그림 5.18〉 6스텝 활동 사례(MQ 활동 사례)

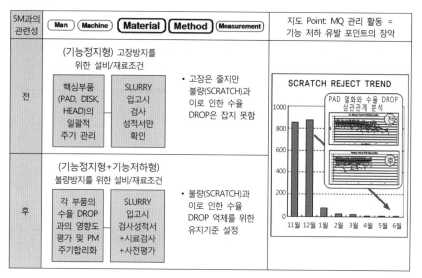

<図 5.19> MQ 활동 5M 분석 사례

7) 7스텝 : 설비의 극한 사용

① 목적

정기보전(TBM)이 정착하게 되면 돌발고장은 감소하지만 보전비가 상승하거나 예상 외의 고장이 발생할 경우가 있다. 이것은 열화 진행의 시간을 전제로 하는 시간기준의 보전이기 때문이며, 열화의 진행 정도를 측정하여 보전의 시기를 조정하는 기능은 없다. 이와 같은 경우에는 설비진단에 의해서 열화의 상태를 파악하여 보전의 시기와 방법을 결정하는 예지보전이 필요하며, 설비의 극한 사용을 지향한 예지보전 활동에 도전한다.

설비진단이란 설비고장의 원인인 모든 스트레스, 열화와 고장 및 그 가혹도, 설비의 성능과 기능 및 운전 상태를 진단하는 것을 말한다. 내용을 관측하고, 상태 등을 검출 및 평가하고, 장래를 예측하는 기능을 갖추어 바른 보전 액션을 취하기 위한 기술이라고 말할 수 있다.

② 활동 프로세스

설비진단 기술 도입, 예지보전의 업무 플로 구축, 대상설비 항목 선정 및 확대의 프로세스를 따른다. 다음 〈그림 5.20〉과 같이 예지보전의 대상설비를 선택하여 진단기술을 도입한 후에는 예지보전의 업무 플로를 작성한다. 고정기기에 적용할 경우에는 간이진단에서 이상 현상을 발견한 후, 정밀진단을 실시하여 그 결과를 이상 현상의 진단으로 보고 추진한다.

③ 활동 개요

중점부품의 정비시기 예지(와이블 확률지 이용), 설비진단 기술의 연구와 활용, 설비에 자기진단 기능을 부가하는 연구 등이 이에 해당된다.

④ 결과 분석 및 유지관리 진단

예지보전 관리 항목, 진단기술과 현장관리 상태, 예지보전으로 사전 불합리 적출 건수, 진단기술 도입에 따른 점검절차서 적용 등을 진단한다.

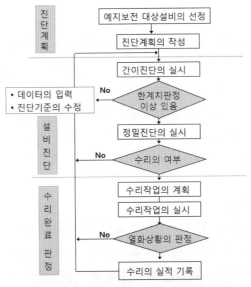

〈그림 5.20〉 설비진단 예지보전의 업무 플로

⑤ 활동 사례

다음 〈그림 5.21〉은 열화상 측정장비로 활선 상태의 전기설비를 점검하여 불합리를 사전에 발견하고 조치하여 사고를 미연에 방지한 사례이다.

문제개소	열화상	구분	명칭	문제점 및 조치내용
		문제점	BSS/BJT SLUDGER 제어반	- NFB6차단기 1차측 S상 열화진행 중 (온도 차이 : 약 40도, 최고온도 : 83.5도)
		조치 (예정) 내용	제어	- 케이블 압축부위 점검(먼지제거) 후 교체
		문제점	전착장치 조명반	- 메인차단기 1차측 R상 열화진행 중 (온도 차이 : 약 18도, 최고온도 : 54.1도)
		조치 (예정) 내용	조명	- 터미널 볼트풀림 확인, 이물질(먼지) 제거 후 재취부 - 터미널 단자볼트 증체 후 44도로 줄었음
		문제점	비상 분전반	- 메인차단기 1차측 T상 열화진행 중 (온도 차이 : 약 9도, 최고온도 : 46.4도)
		조치 (예정) 내용	분전	- 터미널 볼트풀림 확인, 이물질(먼지) 제거 후 재취부

〈그림 5.21〉 열화상 설비진단으로 불합리 적출

(5) 중점부품으로 활동 시의 전개 방안

모델 설비 활동 전개를 하면서 설비관리 분석지표를 적용한다. 현장 설비의 문제가 호기별·특성별(기계·전기·계전), 부품 구성별 MTBF, MTTR이 관리지표로 사용될 때, 생산과 보전에 영향이 큰 단위부품을 찾아서 활동을 전개한다.

1) 1스텝 : 중점부품의 선정

① 목적 : MTBF/MTTR 분석기록표에 의해 중점부품을 선정한다.

② 활동 개요

 - MTBF 향상이라는 관점에서 선정 : 설비고장에 의한 생산감축 손실이 큰 설비를 선정한다. 이 설비에 사용되는 부품교체 실적과 고장이력의 조사, 예방보전으로 교체한 부품의 파레토도, 고장으로 교환한 부품의 파레토도를 작성하고, 다시 부품별 MTBF, MTBM을

계산한다. 부품별로 초기고장인가, 우발고장인가, 마모고장인가를 분석(사용조건)한다. 부품별로 고장률의 세 유형 '고장률 일정형', '고장률 감소형', '고장률 증가형' 등 다면적으로 부품을 검토한다.

- MTTR 단축이라는 관점에 따른 선정 : 교체 공수가 크고 가격이 비싼 부품, 고도의 기능을 요구하는 부품, 작업능률이 떨어지는 부품, 정비기간을 길게 만드는 부품 등을 선별한다. 이와 같이 선정한 근거를 분명히 하며 부품의 약점을 개선하는 목표를 명확히 하여 활동을 전개하는 것이 중요하다.

2) 2스텝 : 보전방법의 문제점 개선

① 목적 : 선정한 중점부품에 대해 목표와 현재 상태의 차이를 고려하여 보전방법을 개선한다.

② 활동 개요

- MTBF 향상이라는 관점에서 다음과 같은 일을 한다. 고장부품의 외관 관찰, 내부 관찰에 의한 고장 메커니즘의 파악, 부품 메이커의 성능시험, 취급설명서의 연구와 현장의 설치상황, 열화의 징후가 나타나는 부품인가, 나타난다면 발견방법은 어떤가, 열화를 방지하는 방법은 있는가, 일상점검, 정기점검, 정기정비는 무엇을 목적으로 실시하는가 등의 내용과 고장의 관계를 해석·개선하고, 점검용 도구를 작성한다.

- MTTR(MTBM) 단축이라는 관점에서 다음과 같은 일을 한다. 고장 났을 때 발견이 용이한가, 간단히 제거하고 교환할 수 있는가(블록 부품교환, 프리패브 방식, 치공구의 개선)를 생각하여, 예비부품 보유 방법 개선·분해 검사 및 정비순서를 개선한다.

3) 3스텝 : 보전기준서의 개정 및 제정

① 목적 : 활동성과를 표준화하고 예방보전 기술을 확립한다.

② 활동 개요 : 일상점검 기준 작성, 정기점검 기준 작성(점검주기, 점검순서 등), 정기정비 기준 작성, 자주보전 부서와 보전분담 정리, 점검 포인트의 눈으로 보는 관리 추진

4) 4스텝 : 수명연장 및 약점대책

① **목적** : 기존 활동의 실시 내용을 바탕으로 부품의 설계조건까지 깊이 들어가 수명연장 및 약점 대책의 실시, 사용조건의 개선 등 개량 보전을 한다.

② **활동 개요** : 외부로부터 구입하는 부품에 대해서는 다음과 같이 부품 기능 보호가 중심 활동이 된다.
- 사용조건과 부품 기능의 관련 변화를 해석한다(온도와 기능, 습도와 기능, 에너지 품질과 기능, 진동·충격과 기능, 노이즈와 기능, 오염과 기능, 피로와 기능 등).
- 부품 기능의 보호 상태를 검증한다(부품배치 변경, 부품의 보호 커버, 충격흡수기, 정전압 전원, 에어 드라이어 등 에너지 품질의 개선).
- 고장 메커니즘을 해석한다(2스텝에서 실시한 고장 메커니즘을 더욱 파고든다).
- 활동 결과 새로운 방법·구조는 특허와의 연계를 검토한다.

5) 5스텝 : 점검 및 진단의 효율화

① **목적** : 보전의 최적 시기 결정(기존 활동 자료근거 제시), 예방보전의 공수 감축(설비, 부품의 등급에 따른 점검 방식 변경 자료 근거), 신규 진단기술 도입으로 보전신뢰성 향상, 돌발고장의 방지와 무계획적인 보전작업 감축

② **활동 개요** : 보전기준을 더욱 향상하여 개선, 점검·진단용 도구의 개발, 설비진단 기술의 연구(진동분석, 열화분석, 녹방지, 부식방지의 연구, 설비 동작속도 분석, 센서의 연구, 초음파 탐상 등)

6) 6스텝 : 설비품질(MQ) 활동으로 전개

7) 7스텝 : 설비의 극한 사용

6, 7스텝에서는 부품을 중심으로 한 활동으로부터 설비 전체의 활동으로 폭을 넓힌다. 따라서 6, 7스텝은 설비 모델의 스텝과 같다. 설비

모델 분임조가 결성되어 있다면, 통합 분임조를 결성하는 것이 좋다. 통합에 의해 보다 충실한 활동과 시너지 효과를 기대할 수 있다.

4 플러스 활동

여기에서는 자주보전에 대한 지도지원 활동, 개량보전 활동, MP 활동, 예지보전의 요점만을 포괄적으로 설명하기로 한다.

(1) 자주보전 지원

1) 기본적인 사고방식

자주보전 7스텝 활동의 전개에 맞추어 오퍼레이터가 일상보전을 효과적으로 추진할 수 있도록, 자주보전 분임조 리더에 대한 PM 교육, 자주보전에서 지적(불합리꼬리표) 받은 설비의 문제점 대책, 작동오류 정보의 피드백과 교육 등에 대한 지도지원이 필요하다. 이런 활동은 자주보전과의 연대를 강화해야 상호 간의 개선의욕도 높아지는 것이다. 설비에 관한 정보교환이 활발해지고 보전으로 사전대책을 취하기 쉬워지는 등 무형의 효과도 기대할 수 있다.

2) 활동 내용

① 자주보전 분임조 리더에 대한 PM(Preventive Maintenance) 예방보전교육 : 교육은 설비에 관한 안전교육과 자주보전 각 스텝을 추진하는 면에서 필요한 지식에 중점을 두고 추진한다.

② 자주보전에서 지적(불합리꼬리표) 받은 문제점 대책 활동 : 자주보전의 스텝별 활동이나 분임원으로서는 해결하기 어려운 문제점 대책, 지원이다. 그 운영 사례를 〈그림 5.22〉와 같이 제시한다.

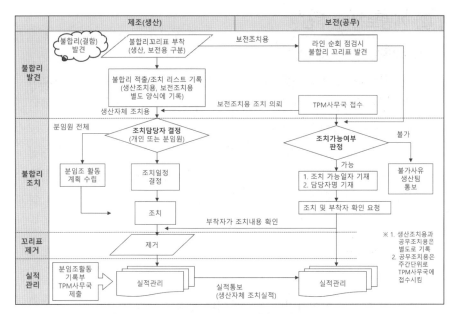

〈그림 5.22〉불합리꼬리표 적출(발견) 조치 플로

③ 동작오류 정보의 피드백과 교육 : 동작오류에 의한 설비고장을 방지
하기 위해 보전 부문에서 운전 부문으로 동작오류 정보를 피드백하
고, 운전 부문과 보전 부문이 합동으로 대책과 표준화를 추진하는 것
이 효과적이다. 그 운영 사례를 〈그림 5.23〉에 제시한다.

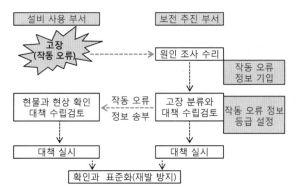

〈그림 5.23〉작동오류 조치 정보 운영 플로

(2) 개량보전의 추진

1) 개량보전의 사고방식

설비기능상의 문제점과 불비가 설계스텝에 발견되지 못하고 운용한 다음에 발견되는 경우가 적지 않다. 그 원인으로는 여러 가지가 있겠지만, 사람이 설계한 것이므로 완전무결한 경우는 있을 수 없다.

설비기술의 진보가 거의 기존 기술의 문제점, 사용상의 문제점 개선으로 추진되어 왔다는 것은 모두가 아는 사실이다. 설비개선을 항상 직접 다루는 입장에 있는 사람이 추진하면 기술자료의 축적이 되어 설비의 진화가 이루어지기 시작한다.

2) 활동 내용

설비의 신뢰성, 보전성, 자주 보전성, 조작성, 안전성을 평가하여 활동을 전개한다. 신뢰성이란 '시스템이나 장치가 정해진 사용조건 하에서 의도하는 기간 동안 만족하게 동작하는 시간적 안정성'을 나타내며, 보전성이란 '주어진 조건에서 규정된 기간에 보전을 완료할 수 있는 성질'을 말한다.

① 신뢰성 : 기능저하, 기능정지를 일으키지 않는 설비

낮은 고장 발생 빈도, 사이클 타임의 안정성, 낮은 품질불량 발생 빈도, 정적·동적 정밀도의 측정 용이성, 적은 조정

② 보전성 : 열화의 측정·복원이 용이한 설비

신속한 고장부위의 발견, 신속한 열화부위의 발견, 신속한 부품교환, 급유·교환의 신속성, 신속한 기능복귀 확인

③ 자주보전성

④ 조작성

⑤ 안전성

활동 결과는 MP 정보나 특허로 검토하도록 자사 설비 관련 기획 부서에 피드백하여야 한다.

3) 개량보전 추진방법

개선의 규모, 기술적 난이도에 따라 구분하고 추진하는 연구가 필요하며, 분임조 활동보다는 TF 활동으로 하는 것이 바람직하다.

① **일상 개량보전 활동** : 자주보전성의 개선을 목적으로 수리 공사와 재발 방지의 활동을 한다.

② **개별 개량보전 활동** : 월별 보전 캘린더에 등록하고 계획적으로 추진한다.

③ **프로젝트 개량보전 활동** : 공장의 연간 과제가 되는 큰 개선 테마는 설비설계 부문도 참여한 팀 활동이 효과적이다. 그리고 신기술이나 신공법, 신재료의 도입을 꾀하고 보전기술이나 보전기능 향상을 지향해야 한다.

(3) MP 정보 수집

1) 기본적인 사고방식

설비의 신뢰성·보전성 설계에 보전 부문의 기술자료가 축적되지 않고 보전자·운영자·설계자가 따로 활동을 하는 경우가 적지 않다. 이는 보전 부문이 설계·제작 시점에서 고려해야 할 신뢰성이나 보전성에 관한 기술 데이터를 설계자에게 도움이 되도록 정리·제공하는 일을 놓치고 있기 때문이다. 또한 설계 부문도 기술 데이터의 표준화, 보전 정보의 수집이나 활용에 대한 노력을 게을리하고 있기 때문이다. 이런 두 부문의 기술적 단절을 방지하는 데 도움이 되는 것이 MP 정보다.

2) MP 정보 연구

설비설계 부문이 간과하기 쉬운 사항에 대해 연구해야 한다. 이는 '설비를 완벽히 사용하는 기술·기능'과 '설비를 활용하는 기술·기능'이라고 생각하면 된다. 설비를 완벽히 사용하는 연구란 제품의 특성 또는 다음 조건을 고려해야 한다. 보다 좋은 품질을 만들기 위해 설비가 구비해야 할 조건, 가동률을 보다 높이기 위한 조건, 조작성·안전성을 보다 높이기 위한 조건, 설비의 최고 상태를 발휘하도록 하기 위한 설비 본체, 주변 기기, 설비 본체와 주변 기기와의 조화 등을 연구해야 한다.

설비를 활용하는 연구란 설비를 항상 최고의 상태로 유지하기 위해 조작성, 이상 발견의 용이성, 이상 조처의 용이성 등을 연구하는 것이다. 설비에 관한 사람의 역할을 연구하고 설비설계로 반영하는 신뢰성(기능저하, 기능정지를 일으키지 않는 특성 : MTBF), 보전성(열화의 측정, 고장발견 시의 조치를 나타내는 특성 : MTTR), 자주보전성(운전 부문이 짧은 시간에 설비를 점검 조치하는 자주보전 항목 : 운전 부문 일상점검표), 조작성(설비가동 시, 제품생산 시 올바른 조작과 조정을 정확하고 신속하게 할 수 있는 작업절차서), 안전성(피로감이 없고 환경을 악화시키지 않도록 명확히 하는 것)이 있다.

3) MP 정보의 수집과 활용

MP 설계를 위한 정보는 제품품질, 안전, 보전, 환경 등 설비운영과 관련된 개발, 신뢰성·경제성·조작성·보전성·융통성 등의 모든 정보를 말하며, 이 정보형태는 운전, 보전, 실시기록, 기존설비의 개선기록, 설비개발, 개조의 기록, 외부(타사 및 선진 메이커)의 기술정보, 제품정보, 과거 MP 활동 기록, 설계기준과 체크리스트로 작성된다. 〈표 5.8〉은 설비가 갖추어야 하는 기본적인 성질 항목이다.

또한 MP 정보수집의 대상은 개별개선 시트, 제안서, 개선 OPL, MP 제안서, 설비이력 카드, 보전일지, 오버홀 기록양식, 라인 및 설비신뢰성 분석표 등이 해당된다. 〈표 5.9〉는 설비의 8대 기능별 MAINTENANCE FREE 세부 체크 항목이다.

〈표 5.8〉 설비의 8대 기능(설비가 갖추어야 할 기본적인 성질)

기본적 성질	정의
신뢰성	기능저하, 기능정지를 일으키지 않는 성질(MTBF 증가)
보전성	열화의 측정, 열화복원의 용이성을 나타내는 성질(MTTR 감소)
조작성	설비의 운전과 준비 시, 정확한 조작이 신속하고 쉽게 행해지는 성질
경제성	에너지 절약으로 에너지, 공구, 유지류 등 설비의 운전에 필요한 자원의 효율을 좋게 하는 성질(LCC의 최소화) : 필요조건
안전성	인체에 직·간접적으로 위해를 끼치지 않는 성질
자주보전성	사용자가 짧은 시간에 간단히 청소·급유·점검 등의 보전활동을 할 수 있는 성질
품질보전성	제품의 품질을 보증(QA)하기 위하여 설비가 구비해야 할 성질 : 필요조건
유연성	생산조건의 변동에 대한, 즉 생산수량의 변동에의 대응성, 시방변경에의 대응성 등 범용성이 좋은 성질 : 필요조건

〈표 5.9〉 설비의 8대 기능별 MAINTENANCE FREE 세부 체크 항목

기본적 성질	MAINTENANCE FREE 세부 체크 항목
신뢰성	설비구조 / 내마모성 / 내열화성 / 적정공차 / 반복재현성 /고장 발생빈도 / 정적·동적 정밀도 측정
보전성	착탈용이성 / 적은공구 사용 / 부품호환성 / 조달성 / overhaul의 용이성 / 고장, 열화부위 발견의 신속성
조작성	set-up 변경 작업 / 준비교체 용이/ 신속한 안정화 / 운반설치용이 /이상발견 후 원점복귀의 용이성
경제성	저가부품 / 운전유지비 / 에너지 원단위 절감 / 에너지 재활용 / 고에너지 효율
안전성	폐기물 저감성 / 안전장치 / 회전, 구동부의 노출 감소 / 작업의 간소(고장정지, 순간정지 대책) / 진동, 소음
자주보전성	청소점검 용이 / 오염원 미배출 / 일상점검 용이 / 급유·갱유의 용이성
품질보전성	양품조건 / 공정능력조건 / 유지조건 / 가공조건 / 사용조건
유연성	기종호환성 / 범용성

〈그림 5.24〉의 MP 정보의 활동 플로에서는 정보가 표준화되어 피드
백되고, 설비이력 파일과 라인이력 파일에 시간별로 층별 보관된다. 한
편 많은 설비에 활용할 수 있는 공통적인 기술정보에 대해서는 기계설계
기준, 안전기준에 축적 표준화되어 전사적으로 활용할 수 있는 체계로 되
어 있다.

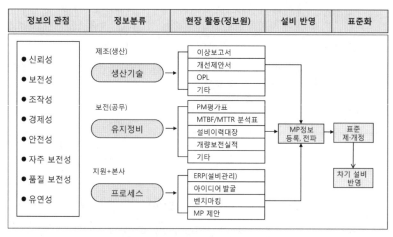

〈그림 5.24〉 MP 정보의 활동 플로

〈표 5.10〉처럼 MP 제안서에는 문제 현상요인 해석, 재발방지 조치까지
구체적이고 계통적으로 기재되며, 동시에 고장의 영향도, 대책에 의한 효과
까지 정량화되어 설계에 적용할 수 있도록 여러 가지가 담겨 있다.

〈표 5.10〉MP 제안서 발전소 사례

MP 제안서			제안부서		년	월	일		계획부서	정리	
개조	신설		기술팀	결재						제안	○
										계획	

공장	직종	공정	설비 분류	기계 NO	설비 기계명	설비랭크			
						A	B	C	D
발전/전동기		제동	Brake System	제1,2호기	Brake Segment		○		
횡 전개설비		유무	유 ( )						

이러한 불합리가 발생한다	Brake Segment는 발전/전동기의 제동 시 발생하는 마찰열로 인하여 변형이 발생되어, Brake Pad의 마모를 가속화시키고, 체결볼트의 과다한 신장으로 파손을 일으킬 우려가 있음	목적분류	○순간정지	○조작성
			○설비고장	○작업성
			●품질개선	○안전성
			○원인추구 간소화	○경제성
			○보전작업 간소화	○기타

		구분	항목		년 월	실 적	
이렇게 되었기 때문	발전/전동기에 부착된 Brake Segment의 단위 크기가 과다하여, 열로 인한 변화량이 커서 Brake Segment의 말단부는 과다한 처짐이 발생함 대책 1: Brake Segment의 단위 크기를 적게 운용 (기존 16피스 → 32피스 이상) 대책 2: 체결볼트의 수량 증가(기존 1피스당 2개 → 1피스당 4개 이상) 대책 3: 열에 의한 변형이 발생하지 않는 재질 선정 (기존 SM490A → 주물 소재) 대책 4: 체결용 볼트의 소재 선정(기존 일반 고장력 볼트 → SCNM 강)	고장의 영향	라인 정지 시간	시간	720		
				공수	100		
				에너지	–		
			타설비정지시간		0		
			고장강도율		A		
			고장건수		1		
			품질불량 발생건수		1		
		수리용이	보전 비용	발견건수	0		
				수리공수	0		
				외부지불	0		
재발방지를 제재 할만하다		유지용이	예방보전빈도				
			예방보전공수				
			외부지불				
		외부지불	품목 형식	수량	분류	구분	

제안부서/ 계획부서 검토 결과				
1. 신규 발전설비 설계 및 제작시에는 Brake Segment 및 Break Pad 소재를 열에 의한 변형에 강한 소재로 선정 2. 회전 중 발생하는 마찰열을 발산하기 용이한 형상으로 구조 개선 필요 3. Brake Segment 체결볼트 개소 증가 필요	1. 채용 2. 다른 방법으로 대책(이유 :) 3. 불채용(이유 :)			
	표준화	명칭	Brake Segment	이미 표준이 설정되어 있음
	계획부서		년 월 일	

(1) 예지보전과 그 필요성

기계·조립 산업은 고도 성장기에 그 생산량 확보를 우선으로 시간기준을 주체로 하는 보전 방식(TBM)을 적용했다. 기계가공에서는 그 기계가 지닌 복잡한 구조에 대해 TBM의 적용도 뜻대로 되지 않아 사후보전(BM)에 안주하는 체제로 되어 있었다. 최근 10년간 기계·조립산업에서 설비의 ME(Micro Electronics)화로 인하여 고도로 자동화·정밀화함에 따라서 설비 이상의 손실이 기업에 미치는 영향은 커지고 있다.

이제까지의 TBM은 설비열화에 비례하는 파라미터(시간, 생산량 등)로 정한 일정 주기별로 무조건 수리·교환되므로 간편하고 확실한 반면, 계속 앞당겨진 수리·교환에 의해 과잉 유지되어 원가 면에서 문제가 남는 방식이다. 이제는 기업환경의 변화에 따라서 보다 경제적인 보전 방식이 요구되기에 이르렀으며, 설비의 열화 상태를 측정하여 수리·교환으로 연결시키는 예지보전이 부각되고 있다. 이들의 관계를 〈그림 5.25〉에 제시한다. 예지보전의 확대 채용으로 대폭적인 보전비 절감과 계획보전 체제의 확립이 가능해진다.

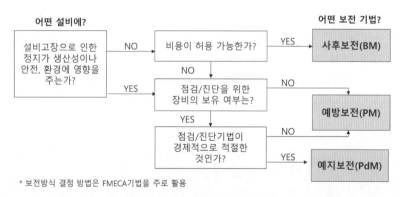

* 보전방식 결정 방법은 FMECA기법을 주로 활용

〈그림 5.25〉 보전 방식 흐름도

(2) 예지보전의 방법과 목적

예지보전은 설비의 열화 상태를 간이진단에 의한 경향관리와 그 정보에 따른 정밀진단에 의해 정량적으로 파악하고 데이터를 바탕으로 수리를 하는 보전 방식이며, 상태기준보전(CBM)이라고도 한다. 그 개념도를 〈그림 5.26〉에 제시한다.

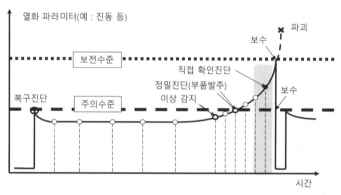

〈그림 5.26〉 예지보전(상태기준보전)의 개념

예지보전은 다음 두 가지 사항을 기본적인 사고방식으로 하고 있다.

1) 설비가 고장 나기 직전까지 사용한다.

2) 설비가 고장 나는 시기를 추정한다.

이 같은 사고방식으로, 예지보전의 목적을 실시 수준에서 보면 다음과 같이 된다.

1) 고장의 검지 : 예지보전의 초기 기술로 고장의 조기 발견, 조기 수리를 목적으로 한다.

2) 고장·불량의 예지 : 예지보전 그 자체로, 특히 기능열화형 고장 가운데 품질불량의 예지로 이어진 품질보전이 주목된다.

3) 남은 수명 예지 : 보다 적극적인 적용 분야이다. 열화마모를 측정함으로써 남은 수명을 예지한다. 최근에는 절삭기구의 수명연장 등에 적용하며 무인운전의 과제해결에도 이용되고 있다.

(3) 예지보전 추진방법

1) 예지보전 전개의 전제 조건

예지보전은 일련의 계획보전체제 구축을 위한 도전에 있어서 최종 도달 수준이다. 따라서 다음과 같은 전제 조건이 필요하게 된다.

① 자주보전, 개별개선의 진전으로 강제열화가 없어지고 자연열화만이 진행되는 상태일 것
② 돌발고장이 줄고 보전 담당자가 설비진단 기술을 습득하여 이를 실천할 수 있는 기회(기기, 시간 등)가 있을 것
③ 무조건 진단기기(수단)를 선행시키는 것이 아니라 설비를 바꾸고 사람을 바꾸면서 최선의 설비조건을 만들어 그 상태를 유지·관리하기 위해 '무엇을 측정하고자 하는가(목적)'를 발견해 나갈 것

2) 구체적인 추진방법

예지보전을 추진하는 순서는 다음과 같다. 여기서는 주로 회전계의 이상진동 진단사례를 가지고 설명한다.

① 목적은 무엇인가 : 고장을 예지하는 것인가, 불량을 예지하는 것인가
② 검사단위는 무엇인가 : 유닛단위인가, 부품단위인가
③ 성능열화 상태는 알 수 있는가 : 유닛이나 부품의 마모에 대해 시간에 따른 열화 형태(〈그림 5.27〉 참조)를 알 수 있는가

구분	열화 형태	보전 방식		
		BDM	TBM	CBM
고장률 증가형 (IFR) m>1	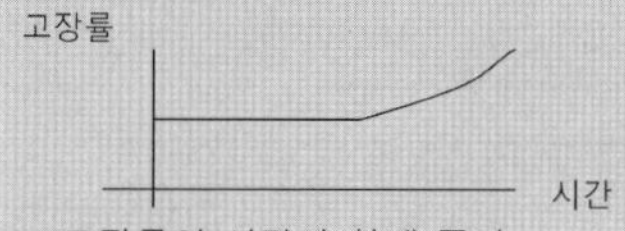 고장률이 시간과 함께 증가	×	◎	○
고장률 일정형 (CFR) m=1	고장률이 시간과 무관	○	×	◎
고장률 감소형 (DFR) m<1	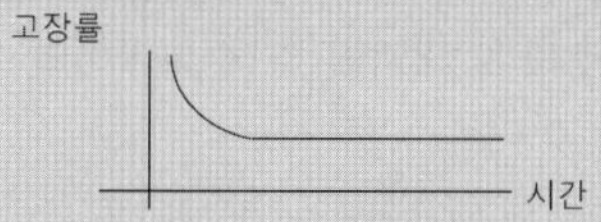 고장률이 시간과 함께 감소	×	×	◎

주(1) ◎ : 가장 적합, O : 적합, X : 부적합
주(2) BDM : 사후정비, TBM : 시간기준정비, CBM : 상태기준정비

〈그림 5.27〉 설비열화 유형과 보전 방식

④ 파라미터로 생각할 수 있는 것은 무엇인가 : 열화의 형태로부터 최적
파라미터를 선정한다. 이상진동이라면 변위인가, 속도인가, 가속도
인가(〈표 5.11〉 참조).

〈표 5.11〉 이상 종류별 측정 파라미터

측정 파라미터	이상의 종류	예
변위	변위량 또는 움직임의 크기 그 자체가 문제가 되는 이상	공작기계의 진동 현상, 회전축의 요동
속도	진동 에너지나 피로도가 문제가 되는 이상	회전기계의 진동
가속도	충격력 등과 같이 힘의 크기가 문제가 되는 이상	베어링의 흠집 진동, 기어의 흠집 진동

⑤ 파라미터의 측정은 어떤 것인가 : 어떤 기기로 무엇을 측정하는지 예
를 들어, 이상진동이라면 주파수를 측정하는 것이 일반적이다. 진동
의 주파수와 파라미터의 관계는 〈그림 5.28〉과 같다.

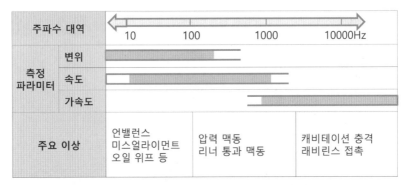

주파수 대역		10 100 1000 10000Hz		
측정 파라미터	변위			
	속도			
	가속도			
주요 이상		언밸런스 미스얼라이먼트 오일 위프 등	압력 맥동 리너 통과 맥동	캐비테이션 충격 래비린스 접촉

〈그림 5.28〉 주파수 대역별 측정 파라미터

⑥ 정기적으로 측정한다.

⑦ 파라미터와 기능열화의 상관관계가 있는가 : 파라미터의 변화와 기능의 열화 정도에 상관관계가 있는지 측정 결과를 보며 조사한다.

⑧ 잠정기준(경계값, threshold)의 설정 : 열화 정도로 추정하여 잠정한계 기준값을 설정한다.

⑨ 현물의 분해 조사 : 잠정기준을 벗어난 것은 분해 조사하고 상태를 체크한다.

⑩ 상관관계를 실증한다 : 데이터를 누적시키면서 파라미터와 성능 열화의 상관관계를 입증한다.

⑪ 경향관리시스템을 만든다 : 장래를 위해 퍼스컴을 사용한 경향관리시스템 등을 만든다.

이상의 스텝을 보전현장에서 구체적으로 실천하는 경우에는 다음 사실에 유의하면서 추진한다.

- 설비진단 기술습득을 위한 교육훈련 : 스태프가 중심이 되어 진동진단을 중심으로 한 설비진단 기술교육을 한다.
- 정착화를 위한 각종 시책 추진 : 시기를 보아 사례발표회, 진단 뉴스의 발행 등 매너리즘화 방지와 정착화를 목표로 한 활동을 지속적으로 추진한다.

- 오퍼레이터에 대한 간이진단 교육 : 오퍼레이터에게도 예지보전의 일부를 담당하도록 하기 위해 자주보전의 수준을 보고 간이진단을 할 수 있도록 교육훈련을 한다.
- 보전 캘린더에의 반영 : 계획보전의 실천으로, 연, 월간의 보전 캘린더에 반영시켜 정착화를 꾀한다.

이상의 스텝을 착실히 실천하는 것이 예지보전 성공의 열쇠가 되는데, 설비진단은 눈에 띄지 않고 빠른 효과를 기대할 수 없기 때문에 관계자의 지원이 중요하다.

(4) 예지보전 대상 설비 선정

열화부위 상태와 열화속도에 따른 보전 방식을 나타낸 〈그림 5.29〉와 같이 설정을 구체화하여 대상 설비를 선정한다.

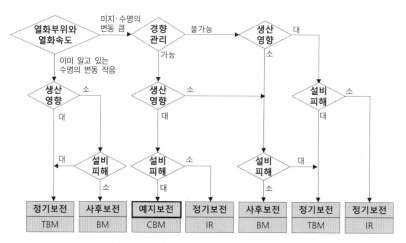

〈그림 5.29〉 예지보전 방식의 구체화

(5) 예지보전 활동 프로세스

결정된 예지보전 관리대상 항목에 대하여 점검을 통한 진단 활동(〈그림 5.30〉 참조)을 실시한다.

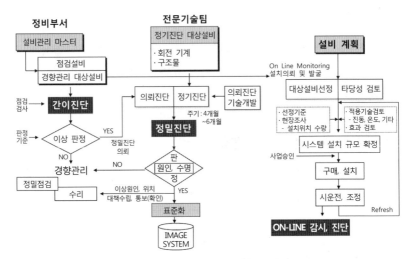

〈그림 5.30〉 예지보전 활동 전개

(6) 설비진단 기술의 종류

1) 설비진단 기술

설비진단 기술이란 '설비에 관련되는 스트레스, 고장이나 열화, 강도와 성능 등 설비의 상태를 정량적으로 파악하고, 신뢰성 또는 성능과 관련된 이상유무 등을 식별하고, 그 장래를 예측하여 취해야 할 최적 보전조처를 결정하는 기술'이며, 설비진단 기술에는 다음 세 가지 업무가 있다.

① 열화 상태를 파악하기 위한 센싱 기술
② 데이터를 해석하고 이상유무를 평가하는 기술
③ 최적 보전조처를 결정하는 기술

즉 설비진단 기술은 단순히 고장검지 기술이 아니고, 경향관리를 통해 분석과 해석을 하는 설비진단을 말한다(〈그림 5.31〉 참조).

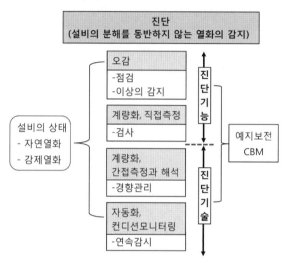

〈그림 5.31〉 설비진단 기능과 기술

2) 간이진단과 정밀진단

진단기술은 일반적으로 현장의 작업자(보전 담당자 또는 오퍼레이터)가 하는 간이진단과 전문 보전 스태프가 하는 정밀진단(〈표 5.12〉 참조)으로 이루어진다. 간이진단 기술은 설비의 상태를 신속하고 효율적으로 검사하는 것으로, 설비의 열화, 고장의 경향관리와 조기 발견을 주체로 정기적인 활동으로 추진되고 있다.

한편 정밀진단 기술은 간이진단으로, '이상이 있을 것 같다'고 판정된 설비를 전문적으로 정밀진단하고 취해야 할 보전조치를 결정하기 위한 기술이다. 그 기능은 이상원인 추구와 위험도의 진행을 예측하는 것이다.

〈표 5.12〉 간이진단과 정밀진단 개요

간이진단	정밀진단	
일상의 설비진단 실시 (체크시트 및 경향관리 그래프)	정밀진단 실시(전문 그래프-경향관리)	
	정기 정밀진단	의뢰진단
1. 머신 체커 등에 의한 열화 또는 이상유무의 상태 진단 2. 간이진단용 고정 센서를 부착하여 진단대상 기기의 상태진단 3. 절연측정기, 전류측정기, 속도측정기 등에 의한 진단	1. 중요한 설비를 지정하여 주기적(정기적)인 진단 실시	1. 간이진단에서 이상이 감지된 경우 2. 설비 이상의 상황을 정확히 파악하고자 할 때 3. 기타 설비의 상황을 정확히 파악하고자 할 때

3) 주요 설비진단 기술

① 회전기계 진단 기술

설비진단 기술 가운데 가장 빨리 개발된 분야로 펌프, 모터, 블로어, 감속기, 구동장치 등 회전기계를 대상으로 하는 것으로, 이미 체계화가 상당히 진전되어 있다. 진단 목적에 따라서 각종 센서가 개발되어 있으며 주요 기법으로 진동법, 음향 방출(Acoustic Emission)법이 있다. 음향 방출은 물질 내의 국부 발생원에서 순간적인 에너지의 해소(release)에 의해 과도 탄성 파형들이 발생되는 현상을 측정한다. 진동법에는 진동 데이터를 간이 진단계부터 전문가 시스템까지 수집 분석하는 각종 진단 기기가 실용화되어 있다.

② 구조계 진단 기술

프리 스탠드, 배관 받침대, 탱크류 등 구조물의 균열이나 내부결함 등에 관해서는 각종 비파괴검사 기술, 적외선 모니터 등을 사용하고 있다. 최근에는 배관 내부검사에 로봇 등이 활약하고 있다.

③ 윤활·마모 진단 기술

윤활유 상태의 좋고 나쁨이 기계설비의 손상이나 효율에 미치는 영향은 크다. 그러나 윤활관리를 실천하며 윤활유의 정기 정유·교환은 하더라도 보다 깊이 들어간 진단 기술의 활용도는 낮다. 간이진단으로 윤활유의 상태 가운데 중요한 수분과 잡물, 전체 산화값을 측정하는 방법이 있다. 그리고 윤활유 가운데 포함된 마모 입자를 측정하고 설비의 이상 유무를 조사하는 방법이 있다(페로그래피, SOAP 분석 등).

④ 전기·제어계 진단 기술

각종 고압기기의 절연 진단, 기름 변압기의 기름 속 가스 분석 등은 일상화하고 있다. 제어계의 진단 기술에는 아날로그계의 경년(經年) 변화와 제어 특성값을 비교하고 열화를 판단하는 방법이 있다. 디지털계에서는 그 특성을 마이컴에 의한 시뮬레이션으로 감시하는, 이른바 자기진단 기능을 내장한 설비도 나오고 있다. 다만, 예지보전의 목적으로 설치한 것인지 의심스러운 것도 있으므로 설비 도입 계획 시에는 충분한 검토가 필요하다. 〈표 5.13〉에 진단 기법의 종류를 설명한다.

4) 설비진단 기술의 자사 개발

설비진단 기술의 개발·도입은 장치산업을 중심으로 이루어져 왔으므로 기계조립산업에서는 아직 미개발 분야가 많다. 특히 최근 10여 년간에 놀랄 만한 진보를 이룩한 ME 기기가 부속된 설비의 진단 기술은 거의 확립되어 있지 못하고 이제 초기 스텝에 들어섰을 뿐이다. 따라서 시판되고 있는 진단기기를 사용해도 제대로 되지 않는 실정이다. 한편 설비자동화 기술의 진보로 각종 센서의 개발은 눈부시며, 레이저 광선이나 와전류를 이용하는 것 등 그 다양함은 괄목할 만하다. 가능하다면 이런 센서를 효율적으로 활용한 설비진단 기술을 자사에서 개발, 적용하도록 권장한다.

5) 예지보전 도입 사례

① 도입기
- 예지보전 TFT 결성
- 예지보전 방침, 목표 및 마스터 플랜 수립
- 시판되는 진단장비의 연구

〈표 5.13〉 진단 기법의 진단 내용

No	진단 기법	진단 내용
1	온도법	온도를 측정함으로써 온도의 변화를 판독하여 설비의 이상을 파악하는 방법
2	오일 분석법	설비에 사용되고 있는 작동유, 윤활유, 절연유 등을 분석함으로써 마모상태나 열화상태를 파악하여 설비의 진단을 실시하는 방법
3	누설감지법 (Leak Detection)	초음파, 할로겐가스 등을 사용하여 설비의 결함상태 파악 및 누설량을 측정 후 실링부의 결함상태를 파악하는 방법
4	균열감지법 (Crack Detection)	자분탐상검사(MT) : 금속재료를 자화시킨 후 자분을 뿌려 결함 부위에서의 집결상태로 파악하는 방법 형광액 침투검사 : 광명단을 금속표면에 도포한 후 크랙 부위의 결함상태를 진단하는 방법
5	진동법	설비 각 부위의 진동을 측정함으로써 설비진단을 실시하는 방법으로 변위, 속도, 가속도를 검출하여 파악하는 방법
6	음향법	회전부 등의 운동상태를 파악하기 위한 음의 크기를 진동수와 진폭을 이용하여 마이크 등으로 결함부위의 상태를 측정하는 방법
7	압력법	압력을 측정함으로써 설비진단을 실시하는 방법으로 압력손실, 토출압 등을 변수로 설비의 이상을 판단하는 방법
8	부식진단법	배관 내의 금속표면의 부식 및 열화상태를 파악하는 진단방법
9	치수 측정법	설비 각 부위의 치수를 측정함으로써 치수 변화에 따라 설비 이상을 판단하는 방법
10	pH 측정법	용수가 공급되는 설비의 부식방지를 위하여 pH(산성도)로 수질을 측정하는 방법
11	회전속도 측정법	회전체의 속도를 측정하여 기기의 이상 여부를 판단하는 방법
12	전기저항법	전기기기의 전기저항치를 측정하여 기기의 이상을 판단하는 방법
13	절연 측정법	전기기기 또는 선로의 절연저항치를 측정하여 기기의 이상을 판단하는 방법
14	전도도 측정법	용수가 공급되는 설비의 스케일 생성방지를 위하여 전기 전도도에 의한 수질 측정 방법

- 예지보전 대상 설비의 선정
- 진단 전문가 양성(사내·외 교육)
- 모델 설비에 대한 예지보전 적용 : 설비 중요도 등급에 의한 선정, 과거 고장이력에 의한 선정, 기능부품 전개에서 설비 상태량 도출

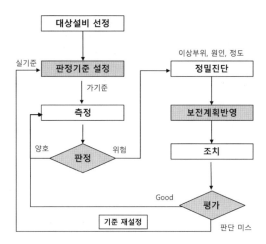

〈그림 5.33〉 예지보전 대상 설비관리 플로 사례

② 확산기

- 보전 담당자 대상 진단교육 실시 : 테스트 장비를 제작하여 사내교육
  (장비사용법, 간이, 정밀, 초·고급)
- 전체 설비에 대한 기준 설정 및 진단 실시
- 보전 담당자 : 경향관리
- 전문가팀 : 정밀진단
- 온라인 시스템의 도입

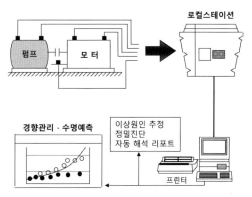

〈그림 5.34〉 온라인 시스템 구성의 예

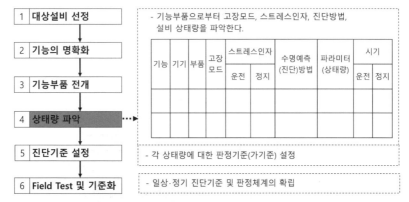

Flow (left):
1 대상설비 선정
2 기능의 명확화
3 기능부품 전개
4 상태량 파악
5 진단기준 설정
6 Field Test 및 기준화

- 기능부품으로부터 고장모드, 스트레스인자, 진단방법, 설비 상태량을 파악한다.

기능	기기	부품	고장모드	스트레스인자		수명예측(진단)방법	파라미터(상태량)	시기	
				운전	정지			운전	정지

- 각 상태량에 대한 판정기준(가기준) 설정
- 일상·정기 진단기준 및 판정체계의 확립

〈그림 5.35〉 예지보전 활동 스텝 및 기능부품의 상태 측정

③ 정착기
- 오퍼레이터 대상 진단교육 실시 : 오퍼레이터 관리 대상 설비 인계
- 일선 보전 담당자에 의한 정밀진단
- 진단팀의 역할 재정립 : 설비진단 기술 레벨업 과정
- 공정 상태량(〈그림 5.35〉 참조)과의 연계 시도
- 진단 기술의 자체 개발 시도

제6장
MP · 초기관리

제품의 다양화와 수명 단축화가 진행되는 동안에는 제품 개발에서부터 양품 개시까지의 기간 단축 등 가장 효율적인 제품 개발과 설비 투자가 중요한 과제이다. 즉 사용자의 욕구를 예측한 경쟁력 있고, 잘 팔리며, 만들기 쉽고, 불량이 나오지 않는 제품을 효율적으로 개발하는 것과 제품화를 위한 4M 조건(원재료, 설비, 방법, 사람)을 분명히 한다. 그리고 사용하기 쉽고 보전하기 쉬우며, 불량을 만들지 않고 신뢰성 높은 효율적인 설비를 만드는 것이 중요한 과제이다.

　　설비효율을 최고로 하여 로스를 극소화하기 위하여 설비의 라이프 사이클에서 경제성에 영향을 미치는 인자들을 체계화시킨다. 그리고 이들 각 인자에 대한 경제성을 기업의 전 부문이 참여하여 분석, 평가한 후에 가장 경제적인 대안을 결정한다. 이를 위해서는 연구 개발, 설계, 생산 기술, 생산, 보전은 물론, 기획·영업·경리·품질 보증의 각 부문 간 협업이 중요하다는 것은 말할 필요도 없다. 이렇게 결정된 대안을 설비관리에 적용함에 있어 전 구성원의 총체적인 참여 활동이 이루어져야 한다. 〈그림 6.1〉은 라이프 사이클에서 경제성에 영향이 미치는 인자들을 체계화시켜 놓은 것으로 제품의 초기관리와 설비의 초기관리 활동을 중요시하고 있다. 물론 이 활동에는 경제성 평가 기술(LCC의 최적화), MP 설계 기술의 발휘가 기본이 된다.

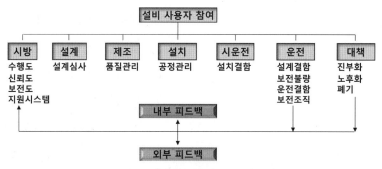

〈그림 6.1〉 설비관리 라이프 사이클

LCC(Life Cycle Cost)란 생애비용 분석기법으로 제조설비의 초기투자, 운전과 유지관리, 그리고 최종 폐기까지의 총 비용을 고려한다. 제품의 설계 시부터 생산에 관련된 제조설비와 지원에 관련된 시설의 초기투자 규모를 결정할 수 있는 합리적인 방법이다.

(1) LCC의 정의

LCC는 시스템의 예정된 유효기간 중에 직접·간접적으로 발생한 코스트(〈그림 6.2〉 참조)이며, 이는 설계·개발·생산·조업·보전·지원 과정에서 발생하는 것과 발생하리라고 예측되는 것을 포함한 총 코스트이다(〈그림 6.3〉 참조).

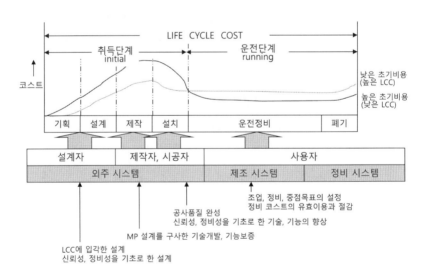

〈그림 6.2〉 단계별 LCC

전 LCC(초기조달부터 내용기간까지)			
초기조달비	**제조운전비**	**보전비**	**생산손실비**

• 자사설계·개발비
• 설비구입비
• 설치·시운전비
• 운전·보전원 훈련비
• 보전공구
  진단기기 구입비
• 초기 예비품비
	• 직·간접인건비
	• 재료비
	• 자재비
	• 용역비
	• 에너지비
	• 관리·기술부문 경비
		• 직·간접인건비
		• 자재비
		• 용역비
		• 보수가공비
		• 외주비
		• 예비품비
		• 관리·기술부문 경비
		• 설비개량비
		• 진단기기비
		• 공해대책비
		• 폐기물 처리비
			• 설비 미가동 손실비
			• 설비열화에 의한
			  제품 손실비

〈그림 6.3〉 LCC 비용항목

(2) LCC의 최적화 방안

LCC를 경제적으로 하기 위해 제품의 개발스텝에서 LCC를 설계 파라미터로 하고, 각종 트레이드 오프를 철저히 하는 체계적인 의사결정 방법이다.

1) LCC의 일반 활동 스텝

① 1스텝 : 대상이 되는 시스템의 사명(mission)을 분명히 한다.
② 2스텝 : 사명을 달성할 수 있는 여러 대체안을 열거한다.
③ 3스텝 : 시스템의 평가요소와 그 정량화 방법을 분명히 한다.
④ 4스텝 : 대체안을 평가한다.
⑤ 5스텝 : 분석 결과 및 그 과정을 문서화한다.

2) LCC의 세부 활동 스텝

① 자료 조사 : 대안 설정을 위한 목적물의 적용사례 및 경제 관련 지표 조사
② 대안의 설정 : 최소 성능기준을 만족하는 대안
③ 가정 설정 : 내구 연수, 할인율, 이자율, 분석기준 등 조사

④ 비용산출 및 발생시기 결정 : 초기투자비, 운영관리비, 기타 비용 등의 산출 및 발생시기 결정

⑤ 현재 가치로 환산 : 미래 발생비용을 현재 가치로 환산

⑥ LCC 계산 : 각 대안에 대한 유형별 비용을 총합하여 LCC 산정

> LCC = (초기투자비의 현재가) + (대상비용의 현재가)
>
>   + (유지관리비용의 현재가) − (처분비용의 현재가)

⑦ 최소 LCC 대안 선정 : 여러 대안 중 LCC 산정 결과에서 최대 순익의 대안을 선정

⑧ 측정 불가능한 비용과 편익에 대한 정성적 고려 : 대안 선정에 간접적 영향을 미치는 요소에 대해 정성적으로 고려

⑨ 민감도 분석 : 각 예측 지표의 판단 오류에 기인한 LCC 분석 결과 보완

⑩ 경제성 평가를 위한 관련 지표의 산정 : 순이익, 이익/투자비, 회수기간 등

⑪ 최적 대안 선택 : 위 과정을 거친 LCC 분석 결과, 최적 대안을 선택

2 MP 설계의 개념

(1) MP 설계의 정의

MP(Maintenance Prevention)란 보전예방이라고 한다. MP의 정의는 새로운 설비를 계획하거나 건설할 때 보전정보나 새로운 기술을 고려하여 신뢰성·보전성·경제성·조작성·안전성·융통성 등이 높은 설계를 하고, 보전비와 열화손실을 줄이는 활동을 말한다. 다시 말하면, 새로운 설비의 도입 스텝에서 고장 나지 않고, 보전하기 쉽고, 안전하고

사용하기 쉬우며, 불량이 발생하지 않는 설비를 설계하는 것이다. 즉 현재의 설비가 지닌 약점을 연구하고, 이것을 설계에 피드백하여 설비의 신뢰성을 높이는 활동이다.

(2) MP 설계의 중요성

신설하는 설비의 경우, 설계·제작·설치는 순조롭게 진행되는 듯이 보여도 실제로 시운전, 초기 유동관리 스텝으로 들어가면 문제가 속출하여 여간해서 정상운전에 들어가기 어렵다. 운전·보전 두 부문의 기술자들이 개량에 개량을 거듭하여 간신히 정상운전으로 들어가는 사례를 흔히 볼 수 있다.

정상운전에 들어갔지만, 열화와 고장을 방지하기 위한 점검·주유·청소와 작업준비·조정·수리의 작업성이 나빠서 점검·주유 등의 손질을 게을리하거나, 작업준비·조정에 시간이 걸리거나, 사소한 고장수리에도 설비의 정지시간이 상당히 길어지는 경우가 있다. 설비시스템의 높은 정밀도·대형화·연속화·고압화가 진행되고, 다시 위험 물질을 사용하는 가운데 MP 설계를 잘못하면 운전 코스트는 물론, 보전성·조작성·안전성이 떨어져 어려워질 뿐만 아니라 큰 재해와 공해사고를 일으켜 기업의 존속이 위태로워지는 경우가 있다.

특히 설비시스템을 설계까지 맡겨 전문 업체에 의뢰하거나 공사 업체에게 설계까지 함께 의뢰하는 사례가 많은데, 이 스텝에 사용자와 메이커의 관계가 좋은가 나쁜가가 초기관리를 성공시키는 중요한 열쇠가 된다. 이 관계란 설계의 초기 스텝부터 양쪽의 지식과 경험을 서로 지원할 수 있는 신뢰관계가 있는가를 말한다. 운전 초기 스텝의 많은 트러블 발생에 대해 기술이 일진월보하고, 대형화·고속화·자동화하는 과정에서 피할 수 없는 일이라고, 간단히 외면할 수 없는 일이다.

설비의 수명, 즉 설비가 만들어지기까지의 스텝과 생긴 이후의 스텝 모두를 대상으로 하는 '광의의 설비관리'와 만들어진 이후의 스텝만을 대상으로 하는 '협의의 설비관리' 두 가지가 있다.

광의의 설비관리란 설비의 조사·연구·설계·제작·설치에서 운전·보전을 거쳐 마지막으로 폐기되기까지 설비의 일생을 통해 설비를 유효하게 활용함으로써 기업의 생산성을 높이는 활동의 관리를 말한다. 협의의 설비관리란 설비가 만들어진 이후의 스텝, 즉 설치가 끝난 후의 보전관리를 의미한다. 설비를 완전히 활용해서 기업의 생산성 향상을 가능하게 하기 위해서는 협의의 설비관리로는 충분하지 못하며, 설비가 만들어지기 전과 후의 종합적인 관리가 필요하다.

여기서 사전에 설비 기술자로서 새로운 가공조건과 조업조건을 확실하게 설계조건에 반영시키거나, 설비의 신뢰성이나 보전성·조작성·안전성을 다른 사람이나 업체에 의뢰하거나 구입하는 것은 중요한 것이 아니다. 자사의 생산 기술자나 설계·보전 기술자가 과거 쓰라린 경험이나 고심 끝에 나온 축적된 자사의 기술을 구사하여, 얼마나 깊이 검토하는가에 따라서 그 후의 보전 활동이 결정된다는 사실이 중요하다.

(3) MP 설계 활동의 내용

1) 구성 요소

설비관리는 프로젝트 엔지니어링과 메인터넌스 엔지니어링으로 크게 나뉘는데, MP 설계 활동은 이 가운데 프로젝트 엔지니어링의 일환으로서 위치가 설정되며, 메인터넌스 엔지니어링과의 접점으로서 중요한 의미를 지니고 있다. 설비기술은 다음 네 개의 활동(〈그림 6.4〉 참조)으로 체계화하고 있다.

① 설비 투자계획(설비 투자의 경제성 평가기술)
② 설비 초기관리(MP 설계기술)
③ 운전·보전(기존 설비의 유지와 개선기술)
④ 합리화 대책(설비의 개발·개조기술)

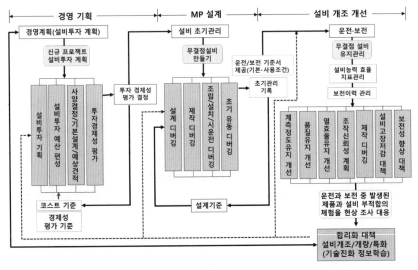

〈그림 6.4〉 설비기술 관리체계

이 가운데 MP 설계 활동을 '설비 초기관리(설계로부터 초기 유동 관리까지)'로 설정하고 있다.

2) 활동의 추진

설비 투자계획 스텝에서 검토·결정된 것을 추진하며, 다음과 같은 제약이나 목표에 따른다.

① 채용하는 기술(생산 기술, 설비 기술)
② 설비의 양적·질적 능력
③ 설비의 기본 시방
④ 투자액
⑤ 조업 비용(운전 요원, 재료·수율, 보전비, 에너지 비용 등)
⑥ 기타

3) 활동 범위

① 설계

② 제작

③ 검수

④ 설치

⑤ 시운전(성능 확인 및 초기값 기록)

⑥ 초기 유동관리(실제로 정상 운전으로 이끌어 나가는 스텝)의 실시와 각각의 스텝에 디버깅(오류나 문제점을 발견하고 수정한다) 활동이 포함된다.

⑦ 표준(기본·사용조건에 따른 방법)을 설정하여 운전자와 보전자에게 인수·인계한다.

(4) 활동의 목적

① 설비 투자계획 스텝에 검토·결정된 제약을 지키며 목표를 달성하는 것

② 설계로부터 안정 가동까지의 기간을 단축하는 것

③ 이 기간을 업무에 치우침이 없도록, 그리고 적은 인력으로 효율적으로 추진하는 것

④ 설계된 설비가 신뢰성·보전성·경제성·조작성·안전성·융통성이 높은 설비일 것

1) 활동의 목적을 달성하기 위한 수단

이 활동의 중심(〈그림 6.5〉 참조)이 되는 생산기술이나 설비설계 부문의 기술자는 높은 기술력과 감각을 지녀야 한다. 하지만, 더욱 중요한 것은 모든 기술정보를 구사하며 자사 기술개발의 연구를 거듭하고 그 결과를 신설비에 반영시키는 것이다.

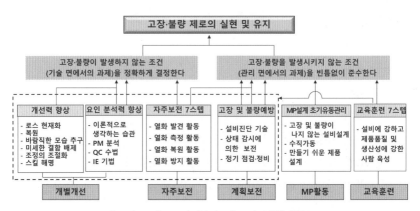

〈그림 6.5〉 고장·불량 제로의 실현 활동

제품 및 설비의 초기관리 활동을 효과적으로 하기 위해서는 다음과 같은 순서로 전개하는 것이 바람직하다.

(1) 1스텝 : 현상 조사·분석

현상(과거 1~2년)의 초기관리 상황을 다음과 같이 조사·분석하고 문제점을 밝힌다.

1) 초기관리 시점의 업무 흐름을 명확히 한다.
2) 현상의 흐름에서 문제점을 색출한다.
3) 초기 유동관리 스텝별로 예측되는 트러블 방지 대책을 파악한다.
4) 시험제작, 시운전, 초기 유동기에 있어서 트러블 발생, 대책 조처의 실적을 파악한다.
5) 시험제작, 시운전, 초기 유동기의 공정지연 상태를 파악한다.
6) 사용하기 쉽고, 만들기 쉽고, 불량이 나오지 않고, 보전하기 쉽고,

신뢰성이 높으며, 안전하고 기업 경쟁력이 있는 제품과 설비를 설계하기 위한 정보의 수집·축적·활용 상태를 파악한다.

(2) 2스텝 : 초기관리 시스템의 확립

1스텝의 문제점을 바탕으로 초기관리의 바람직한 모습을 추구한 새로운 시스템을 구축한다.

1) 초기관리의 기본 시스템 검토·확립과 시스템 적용범위를 설정한다.
2) 초기관리에 필요한 정보의 수집·축적·활용 시스템을 검토·확립한다.
3) 위 1), 2)의 시스템 운용에 필요한 각종 표준, 장표류를 제·개정한다.

(3) 3스텝 : 새로운 시스템의 디버그와 교육

1) 테마마다 초기관리의 스텝별로 전개한다.
2) 실시에 필요한 각종 표준기법 교육을 병행한다.
3) 각 스텝을 통해 새로운 시스템에 대한 이해, 기법·확보 등을 배운다.
4) 실시 결과에 따라서 시스템 및 각종 표준, 장표류를 보충, 개정한다.
5) 시스템의 활용 효과를 정리한다.

(4) 4스텝 : 새로운 시스템의 전면 활용과 정착

1) 새로운 시스템을 전면 활용한다(적용범위를 테마 전체로 확대).
2) 초기관리로 LCC의 최적화, MP 설계에 대한 정보 활용의 충실화를 꾀한다.
3) 적용 테마별, 초기관리 단계별로 문제점을 적출하고, 대책 건수, 문제발생 건수, 계획지연 월수 등을 파악하고 반기 또는 연도별로 집약하여 성과를 정리한다. 초기 유동관리 이후의 문제에 대해 해석하고 초기단계에 충족방법을 검토한 후, 표준화를 추진하여 계획 일정대로 일발양품생산을 꾀한다.

4 ▶ 제품 초기관리 활동

사용자 요구의 다양화와 품질·가격·납기에 대한 시장 경쟁이 치열한 가운데, '고객의 요구품질을 만족시키는 동시에 신속하고 값싸게 만들 수 있는 제품'을 효율적으로 기획·계획·개발·설계·시험제작하는 것이 매우 중요한 과제이다.

어떤 기업의 사례에 따르면, 제품 코스트의 80%가 설계에서 결정되며, 트러블의 손실 비용도 설계에 기인하는 것이 80% 이상을 차지하여 수익성 악화, 생산능률이나 설비종합효율 저하의 큰 요인이 되고 있다고 한다. 유사제품 생산 시의 설비고장이나 불량발생 상황과 실적을 파악하고 제품의 초기관리에 노력해야 한다. 특히 기계가공, 포장, 물류단계에 있는 것은 제품을 초기관리할 때의 생산 기술력이 LCC를 크게 좌우한다.

그러므로 앞 단계인 구상·설계단계에서 제품품질, 제조의 용이성, 불량의 억제, 사용 편이성을 제품에 확보하여 짧은 시험 제작, 초기 유동관리 기간의 일발양품생산을 꾀하는 일이 필요하다. 물론 기획, 계획단계에 잘 팔리는 경쟁력 있는 제품 개발을 위한 시장 조사와 사내 기술 대응력 등이 필요한 것은 말할 필요도 없다. 이 활동은 제품개발에 참여하는 연구소부터 제조과정에서 발생하는 생산관리, 설비관리의 관점을 이해하고, 초기관리를 할 때 시너지 효과가 증폭하기 때문에 제품개발 과정부터 생산·설비 관련자가 참여하는 기업이 늘고 있다.

오늘날 제조업계에서는 소비자의 요구사항을 최대로 수용한 신제품을 개발하고, 적기에 시장에 출시하기 위하여 단기간에 제품의 완성도를 높이고, 양산체제에 들어갈 수 있는 제품개발 인프라와 시스템이 요구되고 있다. 이러한 과제에 선진적으로 대처하고 있는 우리나라의 제조업계가 협업 및 글로벌 개발, 제조체제의 정비, 제조 프로세스의 혁신 및 효율화, 아울러 품질향상을 위한 핵심전략으로 선택한 것이 바로 PLM(Product Lifecycle Management ; 제품의 수명주기 관리) 시스템 도입이라고 할 수 있다.

PLM은 제품의 전 수명주기를 통해 제품과 관련된 정보와 프로세스를 관리하는 것이다. 여기서 제품의 수명주기란 초기제품의 요구사항부터 개념 정의, 개발 및 생산, 유통과 서비스, 그리고 마지막 단계인 운용 및 유지보수에 이어 폐기나 재활용까지를 의미한다. 1990년 중반부터 시작하여 1997년 CIM(Computer Integrated Manufacturing) 데이터에서 PDM(Product Data Management)의 정의를 완성하였다. PDM은 설계자를 비롯한 관련 부서가 제품개발 프로세스와 이에 필요한 제품의 효과적 관리를 지원하는 도구이다. PDM 시스템은 제품의 설계·생산 혹은 건설, 유지보수에 필요한 자료나 정보를 관리하게 된다.

(1) 제품개발·설계단계에서 만들기 쉬운 제품설계

제품개발·설계에서 가공, 즉 만드는 능력이 부족하여 제품 사용단계에서 문제가 발생하고 있다. 여기서는 TPM에 있어서 제품개발·설계 분야의 주체적 활동인 '만들기 쉬운 제품설계'에 대해 간단히 설명한다.

1) 만들기 쉬운 제품

만들기 쉬운 제품이란 그 제품의 생산수단을 쉽게 조달할 수 있는 것으로 생산수단에 대한 코스트가 싸고, 단순한 작업이나 설비로 생산이 가능한 것을 말한다. 절삭가공을 중심으로 하는 제품(부품)일 경우에는 다음과 같은 만들기 쉬운 요건을 생각할 수 있다. 성형·포장이 수반되는 장치공업 제품에도 다음 요건이 반영되며, 물류면에 대한 고려도 중요하다.

① 기준면을 잡기 쉽다.
② 클램프를 하기 쉽다.
③ 치공구에 대한 위치결정이 쉽다.
④ 중심이 좀처럼 어긋나지 않는다.
⑤ 흠집이 잘 생기지 않는다.

⑥ 거스러미가 잘 생기지 않는다.

⑦ 절삭하기 쉽다.

⑧ 판별하기 쉽다.

⑨ 계측하기 쉽다.

⑩ 절삭분이 잘 섞이지 않는다.

⑪ 절삭분을 처리하기 쉽다.

⑫ 조립하기 쉽다.

⑬ 자동화하기 쉽다.

2) 만들기 쉽게 하기 위한 5가지 방책

만들기 쉬운 제품을 개발·설계하기 위해서는 다음의 방책이 필요하다.

① 제품설계에 들어가기 전에 현 제품의 만들기 쉬운 점에 대한 피드백 정보의 수집과 활용

② 현 제품의 공정해석에 의한 만들기 쉬운 점에 대한 요구 발굴과 그 대책

③ 제품의 구상, 설계단계에 신제품의 공정해석에 의해 만들기 쉽게 하려는 요구 발굴과 대책

④ 신제품의 DR(Design Review)로 불량발생 가능성의 해석을 통해 불량이 생기기 어려운 제품설계의 개발

⑤ 시험제작, 시험평가단계에 양산문제를 미리 평가하여 만들기 쉬운 제품 설계 개발과 대책

　　- 양산 조건의 부가

　　- 평가법 개발에 의한 잠재 문제의 추출

　　- 체크리스트 등 표준화된 자료에 의한 DR

　　- 기능·기술이 높은 요원의 활용과 조직적 대응

(2) 제품의 초기관리 시스템

제품의 초기관리 시스템에 대한 사례를 〈그림 6.6〉에 제시한다. 제품의 개발, 설계, 시험제작, 양산화에 있어서는 제품의 종류와 형태가 다르거

나, 신제품 개발을 비롯해서 종전 제품에 새로운 기능이나 성능을 추가 또는 변경하는 형태로 부분 개발하는 것까지 그 폭이 넓다.

기업에서는 품질관리의 체계가 정해지고 운용되는 곳이 많지만 그 운용면에서 초기관리의 앞 단계에 대한 해석·검토가 불충분하다. 기술력이 집약, 발휘되지 않아 개발이 장기화됨은 물론 초기 유동 양산단계에 트러블이 많이 발생한다. 앞 단계에서 이를 확보하여 일발양품화로 안정 생산할 수 있도록 자사에 맞는 체계화가 필요하다.

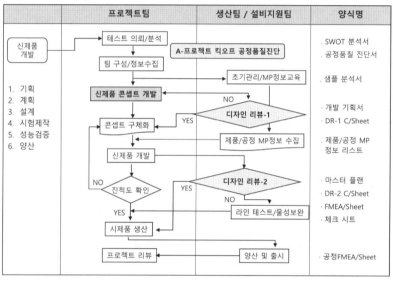

〈그림 6.6〉 제품 초기관리 시스템 사례

(3) 제품개발 테마 선정 평가방식의 확립

잘 팔리면서 경쟁력 있는 제품개발이 기업의 우열을 좌우한다. 개발 테마 선정 때에는 고품성(가격 경쟁력, 시장의 크기, 혁신도, 라이프 사이클, 발전성 등), 개발능력(개발 기술력, 가공조립 기술력, 원재료 기술 대응력), 개발일정 공수, 기업방침에 대한 합치도, 다른 제품에 대한 전개도 등에 대해 자사의 현재 기술력을 고려하여 충분히 검토·평가한다. 평가점을 높이기 위한 방책, 즉 개발방침 기본시방, 개발해야 할 내용 항목, 기타 개발에 극복해야 할 항목을 명확히 하고 대처한다. 개발 테마 선택 시트의 사례를 〈표 6.1〉에 제시한다. 여기에서는 관계자가 각각 DR을 평가하고, 각 항목의 최저점을 중심으로 토론함으로써 앞으로의 극복 항목이 명확해지고 설계, 시험제작에 대한 방향을 설정할 수 있다.

〈표 6.1〉 제품개발 평가시트 사례 (●◐○ : 평가자 이름)

평가 배점	No	세부 항목	1	2	3	4	5	합계	비고
상품성 (40)	1	가격				●○	◐		
	2	경쟁력			○	◐	●		
	3	시장의 크기			●○	○			
	4	독창성			●	○○			
	5	기대성			◐		●○		
	6	상품수명			○●○				모든 평가는 자료 (데이터)를 근거로 한다.
	7	발전가능성				●●○			
	8	특허 연계				◐○			
개발능력 (30)	1	기술력				○			
	2	인재			●○○				
	3	가공기술			◐○				
	4	조립기술			○●○				
	5	재료기술			○◐	●			
	6	재료부품 공급능력				◐○			
개발일정 (15)	1	기간				○	●○		
	2	공수				○○	●		
	3	우선도					◐○		
기타 (15)	1	회사방침 일치도					◐○		
	2	타상품 연계				○○	●		
	3	회사 이미지업 정도					◐○		
종합 평가									

(4) 설계단계에서 '만들기 쉽게' 틀 확보

기본시방(기능)을 만족시키고 불량이 나오지 않는 제품을 빨리 판매하기 위해서는 구상(조립)설계, 제작(부품)설계 단계에서 시험제작하여 이후에 불량이나 클레임이 발생하지 않도록 하는 조처가 가장 중요하다. 일반적으로 개발 테마 선정 때의 극복 항목에 따라서 다른 회사의 제품, 유사기능 제품의 정보와 설계 표준 노하우집 등을 참고로 하여 제품개발설계가 이루어지는데, 이 단계에 생산기술, 설비설계, 생산 등 각 부문의 작용이 중요하다.

시험제작, 양산단계에 이르러서 만들기 어려운 점이나 불량 클레임이 많이 발생하면 이에 대응하기 위한 시간, 노력, 설비효율 등의 손실이 아주 크다. 이 손실 배제를 위해 이 단계에 〈그림 6.7〉과 같은 FMEA (Failure Mode and Effects Analysis) 등의 해석 기법을 활용하고 예상되는 문제점(잠재)을 사전에 부각시켜 대책을 검토하고 신뢰성을 향상시키는 것이 효과적이다.

FMEA란?
제품·공정의 잠재적 고장과 그 고장의 영향을 인식하고 평가하여
- 고장영향의 심각도 평가
- 원인·발생 과정을 파악하고 발생빈도 평가
- 검출·관리방법을 파악하여 검출도 평가
→ 위험우선수(RPN)를 정하며, 높은 위험우선수의 고장유형에 대하여
　잠재적 고장발생의 기회를 제거하거나 줄일 수 있는 조치를 파악하여
　'고객만족'을 위한 제품·공정 설계과정에 하여야 하는 일을 정의한 문서

FMEA + (Potential) ----> (P)FMEA
- **P**otential : 잠재적 발생할 가능성이 있는
- **F**ailure : 고장(불량)
- **M**ode : 형태
- **E**ffects : 영향
- **A**nalysis : 분석

〈그림 6.7〉 FMEA 개요

PFMEA의 양식 사례를 〈표 6.2〉에 제시한다. 설계된 구상도나 제작도, FMEA의 결과에 따라서 설계·생산·기술·품질보증 등 관계자들이 디버깅을 하고, 기능저해 요인과 만들기 어려운 점의 누락 체크, 대책을 검토함으로써 '불량발생 억제, 제작의 용이함'을 확보할 수 있다.

〈표 6.2〉 잠재적 고장 형태 및 영향분석표(PFMEA) 사례

품명/기능 Item/ Function	잠재적 고장형태 Potential Failure Mode	잠재적 고장영향 Potential Effect(s) of Failure	심각도 (S)	분류	잠재적 고장원인 Potential Cause(s)/ Mechanism Failure	발생도 (O)	현재의 관리방법 Current Design/ Process Controls	검지도 (D)	R P N	권고 개선 사항 Recom mended Action(s)	담당자/ 완료 예정일	개선결과 Action Results				
												개선 내역 Action Taken	심각도	발생도	검지도	R P N

(5) 제품 초기관리 시스템에서의 품질 확보

양산 시험제작 또는 양산화를 할 때 초기제품에 대해 제품의 초기관리를 철저히 하여 불량을 만들지 않고, 불량품을 출하하지 않도록 생산 부문에서 대처하는 것이 가장 중요하다. 이에 대한 제조 부문의 제품 초기관리 사례를 〈그림 6.8〉에 제시한다.

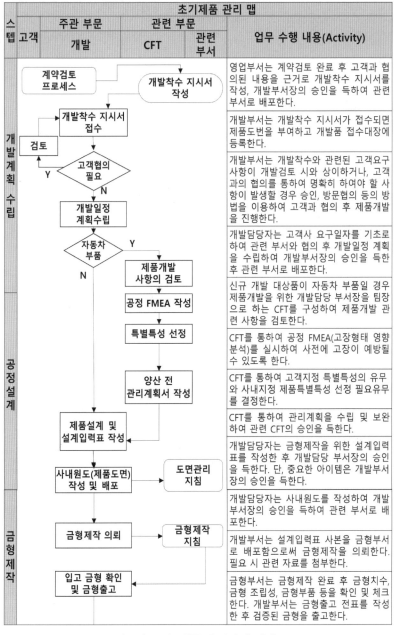

초기제품 관리 맵				
스텝	고객	주관 부문	관련 부문	업무 수행 내용(Activity)

스텝	고객	주관 부문 개발	관련 부문 CFT	관련 부서	업무 수행 내용(Activity)
개발계획 수립		계약검토 프로세스 → 개발착수 지시서 작성 ↓ 개발착수 지시서 접수 검토 → 고객협의 필요 Y / N 개발일정 계획수립 자동차 부품			영업부서는 계약검토 완료 후 고객과 협의된 내용을 근거로 개발착수 지시서를 작성, 개발부서장의 승인을 득하여 관련 부서로 배포한다.
					개발부서는 개발착수 지시서가 접수되면 제품도번을 부여하고 개발품 접수대장에 등록한다.
					개발부서는 개발착수와 관련된 고객요구사항이 개발검토 시와 상이하거나, 고객과의 협의를 통하여 명확히 하여야 할 사항이 발생할 경우 승인, 방문협의 등의 방법을 이용하여 고객과 협의 후 제품개발을 진행한다.
					개발담당자는 고객사 요구일자를 기초로 하여 관련 부서와 협의 후 개발일정 계획을 수립하여 개발부서장의 승인을 득한 후 관련 부서로 배포한다.
공정설계		제품개발 사항의 검토 공정 FMEA 작성 특별특성 선정 양산 전 관리계획서 작성			신규 개발 대상품이 자동차 부품일 경우 제품개발을 위한 개발담당 부서장을 팀장으로 하는 CFT를 구성하여 제품개발 관련 사항을 검토한다.
					CFT를 통하여 공정 FMEA(고장형태 영향 분석)를 실시하여 사전에 고장이 예방될 수 있도록 한다.
					CFT를 통하여 고객지정 특별특성의 유무와 사내지정 제품특별특성 선정 필요유무를 결정한다.
					CFT를 통하여 관리계획을 수립 및 보완하여 관련 CFT의 승인을 득한다.
		제품설계 및 설계입력표 작성 사내원도(제품도면) 작성 및 배포	도면관리 지침		개발담당자는 금형제작을 위한 설계입력표를 작성한 후 개발담당 부서장의 승인을 득한다. 단, 중요한 아이템은 개발부서장의 승인을 득한다.
금형제작					개발담당자는 사내원도를 작성하여 개발부서장의 승인을 득하여 관련 부서로 배포한다.
		금형제작 의뢰	금형제작 지침		개발부서는 설계입력표 사본을 금형부서로 배포함으로써 금형제작을 의뢰한다. 필요 시 관련 자료를 첨부한다.
		입고 금형 확인 및 금형출고			금형부서는 금형제작 완료 후 금형치수, 금형 조립성, 금형부품 등을 확인 및 체크한다. 개발부서는 금형출고 전표를 작성한 후 검증된 금형을 출고한다.

〈그림 6.8〉 제품 초기관리 사례

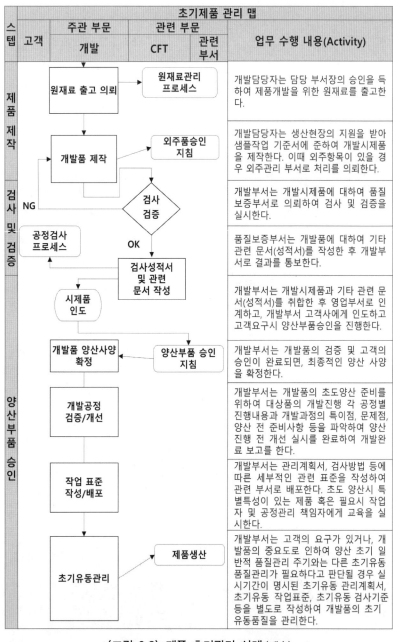

초기제품 관리 맵					
스텝	고객	주관 부문	관련 부문		업무 수행 내용(Activity)
		개발	CFT	관련 부서	
제품 제작		원재료 출고 의뢰 → 원재료관리 프로세스			개발담당자는 담당 부서장의 승인을 득하여 제품개발을 위한 원재료를 출고한다.
		개발품 제작 → 외주품승인 지침			개발담당자는 생산현장의 지원을 받아 샘플작업 기준서에 준하여 개발시제품을 제작한다. 이때 외주항목이 있을 경우 외주관리 부서로 처리를 의뢰한다.
검사 및 검증	NG	검사 검증			개발부서는 개발시제품에 대하여 품질보증부서로 의뢰하여 검사 및 검증을 실시한다.
		공정검사 프로세스 ← OK 검사성적서 및 관련 문서 작성			품질보증부서는 개발품에 대하여 기타 관련 문서(성적서)를 작성한 후 개발부서로 결과를 통보한다.
		시제품 인도			개발부서는 개발시제품과 기타 관련 문서(성적서)를 취합한 후 영업부서로 인계하고, 개발부서 고객사에게 인도하고 고객요구시 양산부품승인을 진행한다.
양산부품 승인		개발품 양산사양 확정 ← 양산부품 승인 지침			개발부서는 개발품의 검증 및 고객의 승인이 완료되면, 최종적인 양산 사양을 확정한다.
		개발공정 검증/개선			개발부서는 개발품의 초도양산 준비를 위하여 대상품의 개발진행 각 공정별 진행내용과 개발과정의 특이점, 문제점, 양산 전 준비사항 등을 파악하여 양산 진행 전 개선 실시를 완료하여 개발완료 보고를 한다.
		작업 표준 작성/배포			개발부서는 관리계획서, 검사방법 등에 따른 세부적인 관련 표준을 작성하여 관련 부서로 배포한다. 초도 양산시 특별특성이 있는 제품 혹은 필요시 작업자 및 공정관리 책임자에게 교육을 실시한다.
		초기유동관리 → 제품생산			개발부서는 고객의 요구가 있거나, 개발품의 중요도로 인하여 양산 초기 일반적 품질관리 주기와는 다른 초기유동 품질관리가 필요하다고 판단될 경우 실시기간이 명시된 초기유동 관리계획서, 초기유동 작업표준, 초기유동 검사기준 등을 별도로 작성하여 개발품의 초기 유동품질을 관리한다.

〈그림 6.8〉 제품 초기관리 사례 (계속)

(6) 제품 초기관리 중에 발생한 문제점 정보의 활용

설계단계에서 품질이나 제조의 용이성 확보에 노력해도 실제로 제품의 시험제작에서 양산단계에 이르면 사내외의 어디에선가 문제가 발생하게 된다. 이 문제에 대해 원인을 조사하여 전 공정에 피드백하고 대책을 세움으로써 재발을 방지할 수 있다. 이 문제점 정보를 활용하는 부적합 발생 대책 플로를 〈그림 6.9〉에 제시한다.

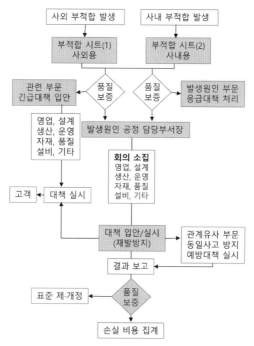

〈그림 6.9〉 부적합 발생 대책 플로

(7) 제품 초기관리 활동 추진단계

제품개발의 개념, 개발의 추진 방향, 개발 프로세스, 설계품질의 결정, SE(동시공학), 생산 시스템 구축, 공장설계, 레이아웃, 공정설계, 설비의 조달, 설계품질 달성 및 유지관리, 추진방법 및 기간이 설정되어야 한다.

신설비의 계획이나 설치 시에 신뢰성·보전성·자주보전성·조작성·융통성·자원절약성·안전성 등을 검토하여 설비에 반영함으로써 시운전 및 조기 유동기간을 단축하고, 정상 가동 시 설비의 트러블 등 열화손실을 최소로 하는 활동이다. 생산시스템 효율화의 극한을 추구하다 보면 생산 부문에서의 효율화만으로는 한계가 있음을 느낄 수 있다. 약간의 개선으로는 그 로스가 없어지지 않는 경우가 있어 신설비 때부터 단시간에 작업준비를 할 수 있도록 설계하여 로스를 미연에 방지하는 설비의 초기관리가 필요하다.

TPM에서는 단순히 '고장이 없다' 또는 '보전하기 쉽다'고 하는 차원이 아닌, 생산시스템 효율화를 저해하는 모든 로스를 사전에 방지하는 설계로 설비 초기관리를 하는데, 그 목적은 크게 3가지로 나눌 수 있다.

(1) 제품설계에서 요구된 품질의 특성치를 100% 달성하는 것이다. 이를 위해서는 공정계획에서 품질을 설정하고 100% 달성이 가능한 설비를 만들어 투입한다.
(2) 제품의 원가기획에 준하여 계획생산 능력을 확보해 나가면서, 각 공정마다 초기투자 비용과 운전 유지비의 목표치를 설정하여 100% 만족하는 설비를 설계한다.
(3) 제품의 납기를 완벽하게 보증하기 위하여 설비가동의 계획일정을 준수하고, 초기 트러블이 발생하지 않도록 정상가동을 실현시켜 계획생산량을 100% 확보한다.

이를 위해 설비가 구비해야 할 기본적 성질은 설비를 설계할 때 설비 중심의 설계로부터 탈피하여, 맨-머신 시스템의 관점에 서서 트러블이 없고 불량이 발생하지 않는 안전한 설비를 확보하는 것이 MP 설계의 목적이다. MP 설계를 할 때는 설비가 갖추어야 할 기본적 성질인 신뢰성·보전성·자주보전성·조작성·융통성·자원 절약성·안전성 등을 과제로 다루어야 한다. 그러나 이에 대한 정의가 분명하지 않으며 사람에 따라서 그 해석이 서로 다르다. 이것에 대한 정의를 〈표 6.3〉에 제시한다.

<표 6.3> 설비의 기본적 특성과 정의

항목	정의	활동 내용	
신뢰성	기능저하, 기능정지를 일으키지 않는 성질 (MTBF 長)	• 고장 발생빈도 → 低 • 일시정지 발생빈도 → 低 • 불량 발생빈도 → 低 • 준비·교체 조정 → 低	• Cycle → 안전성 • 정적·동적 강도 측정 → 용이
보전성	열화의 측정, 열화복원의 용이성을 나타내는 성질(MTTR 短)	• 고장부위 발견의 신속성 • 부품교환의 용이 • 기능복귀 확인시간의 신속성	• 열화부위 발견의 신속성 • 급유·갱유의 용이성 • Overhaul의 용이성
자주 보전성	사용자가 짧은 시간에 간단히 청소·급유·점검 등의 보전활동을 시키는 성질	• 청소·급유·점검이 용이 • 윤활유 말단 확인이 용이 • 품질보전이 용이	• 발생원, 비산의 국소화
조작성	설비의 운전과 준비 시 조작이 정확·신속하고 쉽게 행해지는 성질	• 준비·조정의 용이 • 공구교환의 용이 및 조정의 용이	• 조작 용이 (높이, 배치, 수, 형상, 색 등) • 운반, 설치의 용이
융통성 (유연성)	차기 제품의 변화를 예측하고 제품 교체 시 설비의 대응이 가능토록 하는 성질	• 제품가공 범위 • 조건 변경 시 허용범위	• Cycle Time 가변성 • 개조 가능
자원 절약성	에너지, 공구, 유지류 등 설비의 운전에 필요한 자원의 효율을 좋게 하는 성질	• 자원, 에너지의 원단위 절감 • 자원의 Recycling 제고	
안전성	인체에 직간접적으로 위해를 끼치지 않는 성질	• 고장, 잠깐 정지, 품질불량 등 대책을 위한 작업의 간소화 • 회전, 구동부분의 노출이 작을 것 • 돌기물, 장애물이 없을 것, 대피성이 양호	

(1) 설비의 초기관리 시스템

기획으로부터 초기유동관리까지 각 단계에 예상되는 문제점을 사전에 검출하고, 그 대책을 충실화함으로써 완성도 높은 설비를 확보하고 초기

유동관리를 단축시켜 일발양품생산을 목표로 하고 있다. 전체 단계 중에 1~3단계가 중요하다. 1단계는 기획, 2단계는 실행계획, 3단계는 설계이다. 이 단계에 설비 기술력의 발휘, 각 해석기법의 구사로 계획을 철저히 하고, 각 단계마다 전문가를 모아 DR을 충실히 함으로써 다음 단계인 입회 시운전의 문제점을 감소시키고 초기 유동기간의 단축을 꾀할 수 있다(〈그림 6.10〉 참조).

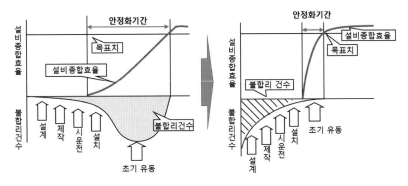

〈그림 6.10〉 DR을 통한 초기 유동기간 단축

즉 설비를 설치한 다음, 안정 가동에 들어가기까지 일발양품생산에 필요한 시간은 LCC를 증감시키는 요소이며, 오늘날 같이 기술혁신이 격심한 시기에 생산계획을 달성하지 못한다면 경영상 큰 영향을 미치게 된다. 따라서 MP 설계 항목에서 일발양품생산 시기의 설비효율 손실, 초기 유동기간을 설정한다. 세부 활동단계(〈그림 6.11〉 참조)로는 기획, 기본설계, 상세설계, 제작, 설치, 시운전(검증), 초기유동관리 순이며, 어떻게 각각 단계에서 DR을 철저히 하는가가 중요한 요점이 된다.

DR은 MP 설계의 세밀한 검토 후 누락된 문제점을 제거하고 초기 유동기로 넘기지 않는, 즉 설치 후에 일발양품생산을 실현시키기 위한 활동이다. 특히 중요한 실행계획, 설계단계를 추진하는 방법과 체크포인트에 대해 설명한다.

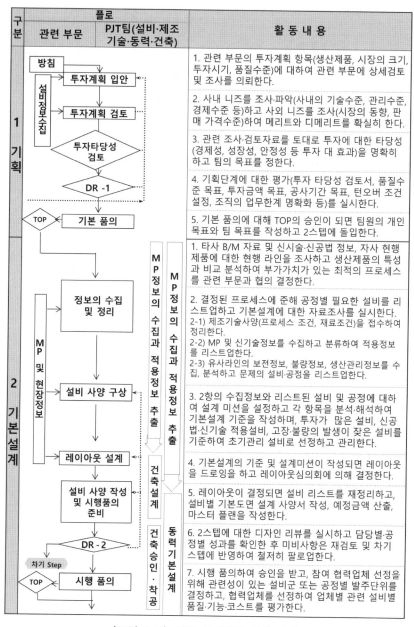

구분	플로		활 동 내 용
	관련 부문	PJT팀(설비·제조 기술·동력·건축)	
1 **기획**	방침 / 설비정보수집 투자계획 입안 투자계획 검토 투자타당성 검토 DR -1 TOP / 기본 품의		1. 관련 부문의 투자계획 항목(생산제품, 시장의 크기, 투자시기, 품질수준)에 대하여 관련 부문에 상세검토 및 조사를 의뢰한다. 2. 사내 니즈를 조사·파악(사내의 기술수준, 관리수준, 경제수준 등)하고 사외 니즈를 조사(시장의 동향, 판매 가격수준)하여 메리트와 디메리트를 확실히 한다. 3. 관련 조사·검토자료를 토대로 투자에 대한 타당성 (경제성, 성장성, 안정성 등 투자 대 효과)을 명확히 하고 팀의 목표를 정한다. 4. 기획단계에 대한 평가(투자 타당성 검토서, 품질수준 목표, 투자금액 목표, 공사기간 목표, 턴오버 조건 설정, 조직의 업무한계 명확화 등)를 실시한다. 5. 기본 품의에 대해 TOP의 승인이 되면 팀원의 개인 목표와 팀 목표를 작성하고 2스텝에 돌입한다.
2 **기본설계**	MP 및 현장정보 정보의 수집 및 정리 설비 사양 구상 레이아웃 설계 설비 사양 작성 및 시행품의 준비 DR - 2 차기 Step TOP / 시행 품의	MP정보의 수집과 적용정보 추출 / 건축설계 / 건축승인·착공 MP정보의 수집과 적용정보 추출 / 동력기본설계	1. 타사 B/M 자료 및 신시술·신공법 정보, 자사 현행 제품에 대한 현행 라인을 조사하고 생산제품의 특성과 비교 분석하여 부가가치가 있는 최적의 프로세스를 관련 부문과 협의 결정한다. 2. 결정된 프로세스에 준해 공정별 필요한 설비를 리스트업하고 기본설계에 대한 자료조사를 실시한다. 2-1) 제조기술사양(프로세스 조건, 재료조건)을 접수하여 정리한다. 2-2) MP 및 신기술정보를 수집하고 분류하여 적용정보를 리스트업한다. 2-3) 유사라인의 보전정보, 불량정보, 생산관리정보를 수집, 분석하고 문제의 설비·공정을 리스트업한다. 3. 2항의 수집정보와 리스트된 설비 및 공정에 대하여 설계 미션을 설정하고 각 항목을 분석·해석하여 기본설계 기준을 작성하며, 투자가 많은 설비, 신공법·신기술 적용설비, 고장·불량의 발생이 잦은 설비를 기준하여 초기관리 설비로 선정하고 관리한다. 4. 기본설계의 기준 및 설계미션이 작성되면 레이아웃을 드로잉을 하고 레이아웃심의회에 의해 결정한다. 5. 레이아웃이 결정되면 설비 리스트를 재정리하고, 설비별 기본도면 설계 사양서 작성, 예정금액 산출, 마스터 플랜을 작성한다. 6. 2스텝에 대한 디자인 리뷰를 실시하고 담당별·공정별 성과를 확인한 후 미비사항은 재검토 및 차기 스텝에 반영하여 철저히 팔로업한다. 7. 시행 품의하여 승인을 받고, 참여 협력업체 선정을 위해 관련성이 있는 설비군 또는 공정별 발주단위를 결정하고, 협력업체를 선정하여 업체별 관련 설비별 품질·기능·코스트를 평가한다.

〈그림 6.11〉 설비 초기관리 단계 사례

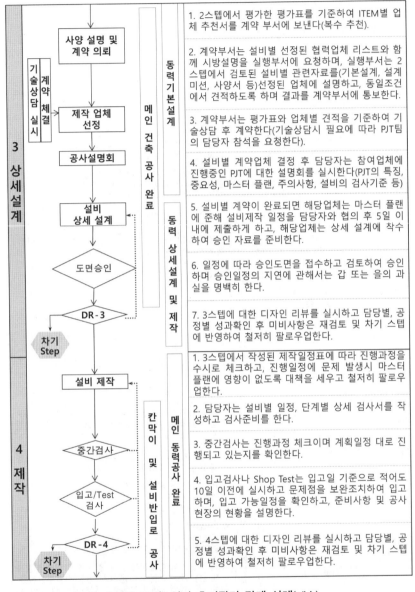

3 상세설계	기술상담 실시 / 계약체결	사양 설명 및 계약 의뢰 → 제작 업체 선정 → 공사설명회 → 설비 상세 설계 → 도면승인 → DR-3 → 차기 Step	메인 건축 공사 완료	동력 기본설계	1. 2스텝에서 평가한 평가표를 기준하여 ITEM별 업체 추천서를 계약 부서에 보낸다(복수 추천).

위 표 대신 도표 설명으로 정리:

<table>
<tr><td rowspan="7">3
상
세
설
계</td><td>사양 설명 및
계약 의뢰</td><td rowspan="7">메인 건축 공사 완료</td><td>동력 기본설계</td><td>1. 2스텝에서 평가한 평가표를 기준하여 ITEM별 업체 추천서를 계약 부서에 보낸다(복수 추천).</td></tr>
<tr><td>제작 업체
선정</td><td rowspan="6">동력 상세설계 및 제작</td><td>2. 계약부서는 설비별 선정된 협력업체 리스트와 함께 시방설명을 실행부서에 요청하며, 실행부서는 2스텝에서 검토된 설비별 관련자료를(기본설계, 설계미션, 사양서 등)선정된 업체에 설명하고, 동일조건에서 견적하도록 하며 결과를 계약부서에 통보한다.</td></tr>
<tr><td>공사설명회</td><td>3. 계약부서는 평가표와 업체별 견적을 기준하여 기술상담 후 계약한다(기술상담시 필요에 따라 PJT팀의 담당자 참석을 요청한다).</td></tr>
<tr><td>설비
상세 설계</td><td>4. 설비별 계약업체 결정 후 담당자는 참여업체에 진행중인 PJT에 대한 설명회를 실시한다(PJT의 특징, 중요성, 마스터 플랜, 주의사항, 설비의 검사기준 등)</td></tr>
<tr><td>도면승인</td><td>5. 설비별 계약이 완료되면 해당업체는 마스터 플랜에 준해 설비제작 일정을 담당자와 협의 후 5일 이내에 제출하도록 하고, 해당업체는 상세 설계에 착수하여 승인 자료를 준비한다.</td></tr>
<tr><td>DR-3</td><td>6. 일정에 따라 승인도면을 접수하고 검토하여 승인하며 승인일정의 지연에 관해서는 갑 또는 을의 과실을 명백히 한다.</td></tr>
<tr><td>차기 Step</td><td>7. 3스텝에 대한 디자인 리뷰를 실시하고 담당별, 공정별 성과확인 후 미비사항은 재검토 및 차기 스텝에 반영하여 철저히 팔로우업한다.</td></tr>
<tr><td rowspan="5">4
제
작</td><td>설비 제작</td><td rowspan="5">칸막이 및 설비반입로 공사</td><td rowspan="5">메인 동력공사 완료</td><td>1. 3스텝에서 작성된 제작일정표에 따라 진행과정을 수시로 체크하고, 진행일정에 문제 발생시 마스터 플랜에 영향이 없도록 대책을 세우고 철저히 팔로우업한다.</td></tr>
<tr><td>중간검사</td><td>2. 담당자는 설비별 일정, 단계별 상세 검사서를 작성하고 검사준비를 한다.</td></tr>
<tr><td>입고/Test
검사</td><td>3. 중간검사는 진행과정 체크이며 계획일정 대로 진행되고 있는지를 확인한다.</td></tr>
<tr><td>DR-4</td><td>4. 입고검사나 Shop Test는 입고일 기준으로 적어도 10일 이전에 실시하고 문제점을 보완조치하여 입고하며, 입고 가능일정을 확인하고, 준비사항 및 공사현장의 현황을 설명한다.</td></tr>
<tr><td>차기 Step</td><td>5. 4스텝에 대한 디자인 리뷰를 실시하고 담당별, 공정별 성과확인 후 미비사항은 재검토 및 차기 스텝에 반영하여 철저히 팔로우업한다.</td></tr>
</table>

〈그림 6.11〉 설비 초기관리 단계 사례(계속)

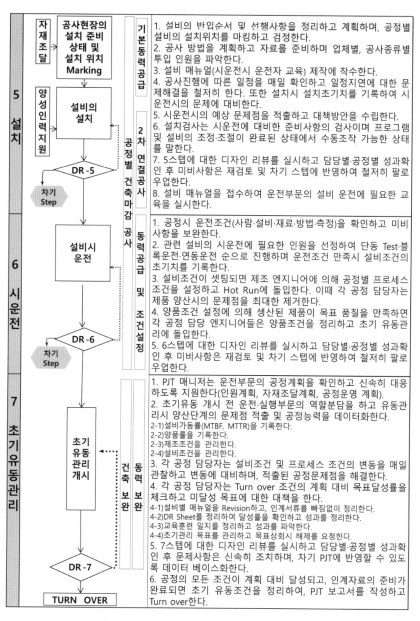

5 설치

자재조달 → 공사현장의 설치 준비 상태 및 설치 위치 Marking
양성인력지원 → 설비의 설치 → DR-5 → 차기 Step

(세로) 공정별 건축마감 공사 / 2차 연결공사 / 기본동력공급

1. 설비의 반입순서 및 선행사항을 정리하고 계획하며, 공정별 설비의 설치위치를 마킹하고 검정한다.
2. 공사 방법을 계획하고 자료를 준비하며 업체별, 공사종류별 투입 인원을 파악한다.
3. 설비 매뉴얼(시운전시 운전자 교육) 제작에 착수한다.
4. 공사진행에 따른 일정을 매일 확인하고 일정지연에 대한 문제해결을 철저히 한다. 또한 설치시 설치초기치를 기록하여 시운전시의 문제에 대비한다.
5. 시운전시의 예상 문제점을 적출하고 대책방안을 수립한다.
6. 설치검사는 시운전에 대비한 준비사항의 검사이며 프로그램 및 설비의 조정·조절이 완료된 상태에서 수동조작 가능한 상태를 말한다.
7. 5스텝에 대한 디자인 리뷰를 실시하고 담당별·공정별 성과확인 후 미비사항은 재검토 및 차기 스텝에 반영하여 철저히 팔로우업한다.
8. 설비 매뉴얼을 접수하여 운전부문의 설비 운전에 필요한 교육을 실시한다.

6 시운전

설비시 운전 → DR-6 → 차기 Step

(세로) 동력공급 및 조건설정

1. 공정시 운전조건(사람·설비·재료·방법·측정)을 확인하고 미비사항을 보완한다.
2. 관련 설비의 시운전에 필요한 인원을 선정하여 단동 Test·블록운전·연동운전 순으로 진행하며 운전조건 만족시 설비조건의 초기치를 기록한다.
3. 설비조건이 셋팅되면 제조 엔지니어에 의해 공정별 프로세스 조건을 설정하고 Hot Run에 돌입한다. 이때 각 공정 담당자는 제품 양산시의 문제점을 최대한 제거한다.
4. 양품조건 설정에 의해 생산된 제품이 목표 품질을 만족하면 각 공정 담당 엔지니어들은 양품조건을 정리하고 초기 유동관리에 돌입한다.
5. 6스텝에 대한 디자인 리뷰를 실시하고 담당별·공정별 성과확인 후 미비사항은 재검토 및 차기 스텝에 반영하여 철저히 팔로우업한다.

7 초기유동관리

초기 유동 관리 개시 → DR-7 → TURN OVER

(세로) 건축 보완 / 동력 보완

1. PJT 매니저는 운전부문의 공정계획을 확인하고 신속히 대응하도록 지원한다(인원계획, 자재조달계획, 공정운영 계획).
2. 초기유동 개시 전 운전·실행부문의 역할분담을 하고 유동관리시 양산단계의 문제점 적출 및 공정능력을 데이터화한다.
2-1)설비가동률(MTBF, MTTR)을 기록한다.
2-2)양품률을 기록한다.
2-3)제조조건을 관리한다.
2-4)설비조건을 관리한다.
3. 각 공정 담당자는 설비조건 및 프로세스 조건의 변동을 매일 관찰하고 변동에 대비하며, 적출된 공정문제점을 해결한다.
4. 각 공정 담당자는 Turn over 조건의 계획 대비 목표달성률을 체크하고 미달성 목표에 대한 대책을 한다.
4-1)설비별 매뉴얼을 Revision하고, 인계서류를 빠짐없이 정리한다.
4-2)DR Sheet를 정리하여 달성률을 확인하고 성과를 정리한다.
4-3)교육훈련 일지를 정리하고 성과를 파악한다.
4-4)초기관리 목표를 관리하고 목표상회시 해제를 요청한다.
5. 7스텝에 대한 디자인 리뷰를 실시하고 담당별·공정별 성과확인 후 문제사항은 신속히 조치하며, 차기 PJT에 반영할 수 있도록 데이터 베이스화한다.
6. 공정의 모든 조건이 계획 대비 달성되고, 인계자료의 준비가 완료되면 초기 유동조건을 정리하여, PJT 보고서를 작성하고 Turn over한다.

〈그림 6.11〉 설비 초기관리 단계 사례(계속)

(2) 실행계획 단계의 사례

사업검토를 충분히 하고 설비설계의 제작 시방을 결정한다. 그런 다음 DR에서 설비설계 제작 시방 항목에 누락이 없는가를 체크하고 계획 정밀도를 높인다(〈그림 6.12〉 참조).

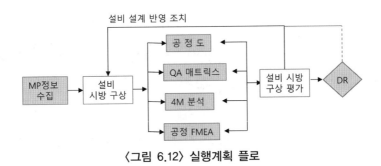

〈그림 6.12〉 실행계획 플로

1) **제조공정도** : 각 공정의 순서, 경계를 명확히 한다(단위공정으로 분해하고 그릴 것).

2) **공정 QA 매트릭스** : 제품품질과 공정(단위공정)과의 관련 내용을 분명히 한다.
   - 공정 QA 매트릭스의 사례를 〈표 6.4〉에 제시한다.

〈표 6.4〉 QA 분석표

생산 라인		QA 분석표		범례	● : 빈도가 높은 치명결함
패키지					○ : 빈도가 낮은 치명결함
품명					◆ : 빈도가 높은 중결함
작성부서		20 . . .			◇ : 빈도가 낮은 중결함
설비명					▲ : 빈도가 높은 미결함
					△ : 빈도가 낮은 미결함

구 분		제품에 발생될 수 있는 불량현상의 종류					
공정	불량현상 관련 설비						

3) 4M 분석

공정 QA 매트릭스로 밝혀진 불량발생과 관련이 높은 공정에서 5M1E
와의 관련을 분명히 하고 불량을 내지 않기 위한 설비의 조건을 명확히
한다. 〈표 6.5〉에 5M1E 분석의 양식 사례를 제시한다.

〈표 6.5〉 5M1E 사례

품명														
품번							5M1E 분석							
작성일														
공정 기능	요인		불량모드					사람	설비	방법	재료	환경	측정
	작업흐름		1	2	3	4	5	망각 간과 오류 착각 불충분	초기정밀도 불량 마모 소손 고장	제조방법 취급관리 생산조건	불량 함량 미달	춥다 덥다 오염	불가 오류
	순서	작업내용	자동										
	1												
	2												
	3												
	4												
	5												
	6												
	7												
	8												

4) 공정 FMEA

4M 분석으로 나온 문제점에 대해 공정 FMEA로 위험도를 판정한다.
위험도는 설비구상 평가를 위해 유력한 정보가 되며, 평가기준을 초과
한 것에는 대책을 강구하고 평가한다. 〈표 6.6〉에 공정 FMEA의 사례를
제시한다.

〈표 6.6〉 공정 FMEA 사례

POTENTIAL FAILURE MODE AND EFFECTS ANALYSIS
잠재적 고장형태 및 영향 분석
(Design/Process FMEA)

System :
Subsystem :
Component :
Model Year(s)/Vehicle(s)(적용설비) :
Core Team(핵심팀) :

Responsibility(권한부서) :
Key Date(완료목표일) :

FMEA Number(FMEA 번호) :
Page :

Prepare By(작성자/부서명) :
FMEA Date(FMEA 작성일) :
Revision(개정) :

품명/기능 Item/Function	잠재적 고장형태 Potential Failure Mode	잠재적 고장영향 Potential Effect(s) of Failure	심각도 (S)	분류	잠재적 고장원인 Potential Cause(s)/Mechanism Failure	발생도 (O)	현재의 관리방법 Current Design/Process Controls	검지도 (D)	RPN	권고 개선사항 Recommended Action(s)	담당자/ 완료예정일	개선결과 Action Results				
												개선내역 Action Taken	심각도	발생도	검지도	RPN

5) DR 결과의 설비시방 구상에 대한 반영

각종 기법에 의해 밝혀진 문제점의 대책은 설비시방 구상에 비추어 결정한다. 기록에는 〈표 6.7〉의 설비설계에 대한 반영 및 조치 기록표를 사용한다.

〈표 6.7〉 DR 체크리스트 사례

DR 구분	문제점	향후 대책	담당/기한
1. 설비/공정개선			
□ 양산 대상 라인은 결정 되었는가?	○○○기능성을 부가할 제품이 정해지지 않음	질석 제품 라인인 1호기로 결정(D1)	우○○ 과장 D1: 4/8
□ 기존 라인에서 양산 시 설비/공정개선 사항은 검토되었는가?	• ○○○ 적용 설비 스펙이 정해지지 않았음 • ○○○ 스프레이 분사 현장 테스트 실시 필요(D1) – 스프레이의 양과 균일도 – 수분 발생/자연건조 정도 및 강제건조 필요성, 방법 검토 – 기타 예측이 안 된 문제점	• 인쇄 건조오븐 통과 후 스프레이 설비로 ○○○ 처리 → ○○○ 스프레이 : 저압용(2kg/cm²) 신규구매 필요, 국내 Maker 조사 (Korea Spray) 후 제품결정(D1) → 스프레이 후 수분건조방법 검토 브로워+열풍기(D2) 기존 4호기 스프레이 설비 응용 (전인쇄, 고압용)	이○○ 부장 우○○ 과장 김○○ 사원 D1: 4/21 D2: 4/25
□ 조기 양산을 위한 MP 정보는 수집하고 있는가?	MP 정보는 수집하고 있으나 정리되어 있지 않음	MP 정보 Filing화, Filing 분류 및 관리 → MP 정보집 작성(D1)	우○○ 과장 D1:
□ 투자비 최소화를 위한 검토는 하는가?	질석용 스프레이 설비를 토대로 설치 투자비 최소화	질석 라인 스프레이 설비 응용	우○○ 과장
2. 제품 개발			
□ 제품화의 기술적 과제는 없는가?	시공성 : 시공시 질석 떨어짐 ○○○ 기능성 : 기능성 입증, 본드 냄새, 내후성 저하	자체 접착제 개발로 Know–how 축적 – 시공성, 냄새 개선, ○○○ 기능성 – 내후성 개선 : 접착제 물성보완(D3) → 공인시험기관 의뢰, 입증 → 대학과 연계하여 차별화 홍보	김○○ 대리 D3: 4/25

이같이 각종 분석기법에 의한 검토 및 설비시방 구상 평가표를 바탕으로 관계 부문에서 생산능력, 신뢰성, 유연성 등에 문제가 없는가에 대해 2차 DR을 하고 문제점을 적출하고 해결한다.

(3) 설계단계의 사례

실행계획 때에 작성한 설비설계 제작시방서, 구상도 및 설비 공통 시방서에 따라서 설계를 한다. 다음에 그 설계에 대해 설비의 부위 또는 구성 부품에 고장이 발생하면, 시스템 운용, 안전, 제품품질에 어떤 영향이 있는가라는 면에서 설비의 FMEA를 실시한다. 설비의 FMEA에 의해 밝혀진 문제점 대책을 설계에 반영시킨다. 이 설계도면과 FMEA를

바탕으로 관련 부서가 모여 앞 단계에서 적출된 내용이 반영되어 있는
가, 고장이나 트러블의 잠재결함에 대한 대책이 취해지고 있는가, 설계
표준서대로 되어 있는가 등에 대해 DR을 하고 문제점을 적출, 해결 개
선을 꾀한다.

(4) 설비 초기관리 SOP 활동 추진 사례

1) 목적

설비의 초기 규격 결정·발주·제작·검수·시운전·설치·가동·이력·
폐기 등 모든 플로에 대해 표준 운영 절차(〈그림 6.13〉 참조)를 구축하
고 설비의 종합관리를 통해 설비관리 범위 내에 있도록 한다.

2) SOP(Standard Operation Procedure)

〈그림 6.13〉 표준 운영 절차

3) 시운전 시의 초기관리 포인트

- 발주/제작 시방서 확인
- 시운전 검수 시트
- 계측기 목록/사용 용도
- 시운전 시 발생되는 모든 변동사항 이력내역 기록
- 가동효율 결과 SPEC-IN/OUT TEST 기록
- 공장 검수결과 자료 및 현장 시운전 자료 확보
- 관련 담당자 전원 기록 유지 확인

4) 설비별 기준서 작성 확보

각 시스템별 발주와 성능 진단 기준서를 작성한다.

(1) 초기 유동관리

초기 유동관리란 설비를 설치하고 시운전 완료 후, 실제로 제품을 생산하면서 문제점을 DR하고 조기 안정 가동을 꾀하는 활동이다(단, 설치·시운전을 초기 유동관리에 포함시키거나 이것을 함께하여 시운전이라고하는 경우도 있다). 그리고 기존설비로 신제품을 생산하는 경우도 여기에 들어간다. 물론 사전단계에 체크와 체크를 거듭하면서 만전을 기하여 문제점을 초기 유동관리 단계로까지 끌고 가지 않는 것이 기본이며, 사전에 예측이 불가능했던 문제점을 DR하는 마지막 수단이라고 생각해야 한다. 이 단계에서 고장이나 불량이 빈발한다면 사전단계의 기술력발휘가 얼마나 소홀했던가를 증명하는 것이다.

따라서 초기 유동관리 단계에서의 DR 대상은 유동하는 제품의 공정능력, 품질 트러블과 재료투입이나 반송 트러블에 중점을 두게 된다. 그리고 이 단계에는 운전, 보전 부문에 대한 인도에 대비하여 조작·준비작업의 표준이나 급유, 점검, 정기정비 등 보전기준을 작성하고, 운전이나보전 담당자의 교육훈련을 실시하여 중요한 활동 항목으로 삼아야 한다.

(2) 초기 유동관리 시스템의 사례

〈그림 6.14〉에 초기 유동관리의 흐름을 사례로 제시한다. 이 사례의첫 번째 특징은 사용 부문, 보전 부문, 계획(설계) 부문이 각각 역할분담을 명확히 하고 협조 체제 아래 추진하고 있다는 점이다. 초기 유동관리는 설계와 운전·보전의 접점이 되는 활동으로, 이 같은 체제로 추진하지 않는다면 제대로 되지 않는다는 사실을 쉽게 알 수 있다. 두 번째 특징은 초기 유동관리의 지정과 해제를 명확히 정하고 있다는 점이며, 지정 시점에 생산능력이나 정지도수율, 강도율 및 불량률 등에 대해해제 항목을 지정하고 있다는 점이다.

〈그림 6.14〉 초기 유동관리 사례

설비랭크 구분
A: 신설(주문M/C) B: 신설(일반M/C)
C: 개조(大) D: 개조(小) E: 기타 수리

Step	플로	승인자	내용	A	B	C	D	E	계획	실행	차이	양식	생기	보전	제조	총무	품종	생관	개발	구매	경리	표준류
6. 설비의 설치	7. 연속가공 & 부하 생산시작		7-1 CP식 취득계획의 작성과 실시	○									◎				○					
			7-2 Cycle Time의 확인	○									◎	○	○			○				
			7-3 순간정지 현황 확인	○									◎	○	○							
			7-4 볼트너트 적출	○									◎	○	○							
			7-5 볼트너트 대체의 전체 확인	○									◎	○	○			○				
			7-6 공수의 파악	○																		
			7-7 준비교체 감소	○																		
	8. DR-6		8-1 볼트너트대책 내용의 보고	○									◎	○				○				
	사동의 확인																				
7. 설비 초기 유동	1. 생산상황 확인 초기유동 개시		1-1 순간정지	○									○	○	◎							
			1-2 생산 Tact	○									○	○	◎							
			1-3 품질상황(가부, 계블율 공정능력←관리도 등)	○									○	○	◎	○						
			1-4 인전성	○									○	○	○	◎						
			1-5 볼트너트 상황의 볼트너트 대책 진척 확인	○									◎	○	◎	○		○				
			1-6 작업성	○									○	○	○			○				
			1-7 에너지 사용량	○									○	◎				○				
			1-8 공구 원단위 가격	○									○	◎	○							
			1-9 공수 확인	○									○	○	○							
			1-10 준비교체 시간 확인	○									○								◎	

7 제품설계 기술정보 및 MP 설계정보의 수집과 활용

(1) 정보의 수집과 활용 체계

〈그림 6.15〉에 MP 제품/설비정보의 수집과 활용의 흐름 사례를 제시한다. 이것들은 모두 품질, 생산기술, 보전, 안전 등 사내외의 각종 정보가 망라하여 피드백되고 표준화될 수 있도록 되어 있다. 이같이 각 단계에서 체크시트와 설계표준 등에 반영되도록 하는 시스템화가 필요하다.

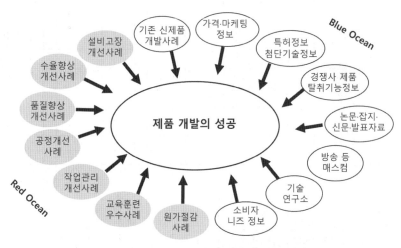

〈그림 6.15〉 MP 정보 수집 대상 사례

(2) 설계의 기준화

신제품, 제품개량이나 신설비, 설비개조에 신뢰성·작업성·보전성이 여간해서 반영되지 않는 것은 기술축적과 전산의 미비가 가장 큰 요인이다. 정보가 무조건 파일링만 된 상태라면, '죽은' 자료에 불과하며 기술축적은 될 수 없다. 그리고 경험이 깊고 기술력이 높은 설계자라고 하더라도 그 기술이 본인의 머릿속에만 축적되어 있다면, 경험이 적은 설계자로서는 여간해서 기술력을 습득할 수 없다.

따라서 이런 정보나 경험으로 얻은 기술을 기준화하여 설계자의 개발력을 높이고, 아울러 실패를 방지하기 위한 가이드 북으로 만들 필요도 있다. 부품 제작이나 조립작업은 물론, 보전작업의 능률을 저해하는 가장 골치 아픈 문제 가운데 하나로 사용부품의 다양성이 있다. 동일한 기능을 지닌 부품이라도 사용자의 요청이나 메이커에 따른 형식의 차이로, 부품 점수가 늘어나고 가공 단가의 증가, 부품 재고의 증가를 초래할 뿐만 아니라 부품 절품에 의한 장시간 정지 또는 조립, 수리 오류의 원인이 되기도 한다.

그러므로 사용부품을 최대한 통합하여 설계 기준화하고 사용부품의 다양화에 제동을 거는 일도 필요하다. 사용부품의 다양화는 설계 기술자가 열심히 연구한 결과이기 때문에 덮어놓고 나쁘다고만은 할 수 없지만, 단순한 카탈로그 마니아나 무조건 새로운 것만을 추구하는 사람이 되지 않도록 주의해야 한다.

그리고 모처럼 설계기준을 작성했어도 이를 충분히 활용하지 않는다면 의미가 없다. 그러나 '내용이 너무 방대해서 검색하기 어렵다', '내용을 알기 어렵다', '진부하다' 등의 이유로 충분히 활용되지 않는 사례도 많다. 설계기준은 일단 만들면 그것으로 끝나는 것이 아니다. 내용을 교재로 하여 학습하고 새로운 정보를 바탕으로 개정하여 실제 설계에 활용하면서 사용하기 쉬운 것으로 만들어 나가는 노력이 필요한 것이다. 설계기준을 충분히 활용하여 트러블을 미리 방지하기 위한 효과적인 수단은 다음과 같다. 설계기준에 따라서 설비의 계획·설계·제작·설치·시운전, 초기 유동관리의 단계별로 만들어진 체크리스트에 의한 설계자의 자주 체크와 관계자에 의한 DR을 빼놓을 수 없다.

그러나 이같이 미리 준비된 표준적 체크리스트의 활용만으로는 DR이 불충분하다. 단계별로 체크 내용과 대책 결과를 다시 검토하고, 트러블의 가능성을 추정하여 다음 단계에 중점적으로 체크해야 할 항목을 정

리함으로써, 표준적인 체크리스트로는 커버할 수 없는 그 설비 고유의
항목을 보충해야 한다. 설계기준 가운데 각 설비에 공통적인 항목은 '공
통시방서'로 기준화하고, 개별설비의 설계와 구입 시의 기준을 빠짐없이
반영시켜야 한다.

제7장
품질보전

1 품질보전의 개요

(1) 품질보증과 품질보전의 개념

시대의 변화에 따라 고객의 요구사항은 점점 높아지고 제품의 고급화와 고정밀도화가 요구되고 있으며, 제품품질의 향상은 생산 활동의 중요한 이슈로 떠오르고 있다. 이와 같이 기업에서는 고객이 요구하는 품질보증의 수준을 높이기 위해서 제품의 기획단계, 설계단계, 생산기술단계, 제조의 각 단계별로 불량 제로를 위한 요구조건을 설정하고 각 단계에서 그 조건을 준수함으로써 비로소 사용자의 요구품질을 보증할 수 있다.

제품보증을 위한 품질관리 체제에서는 일반적으로 〈그림 7.1〉에서 나타낸 바와 같이, 각 단계별로 결과계의 품질을 관리하는 데 초점을 두고 있다. 그러나 결과계의 관리만으로는 고품질의 확보를 기대할 수 없다. 즉, 이들의 결과로 발생되는 원류 품질관리, 다시 말해 원인계의 조건을 관리하는 것이 대단히 중요하다. 원인계에서의 조건관리를 위해서는 무엇보다도 품질과 설비의 정밀도, 품질과 치공구의 정밀도, 품질과 제조조건, 품질과 작업방법 등의 인과관계를 명확히 하고, 원인계에서의 조건을 유지관리하는 체계를 만들어야 한다.

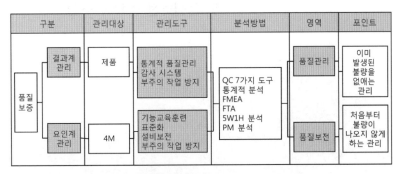

구분	관리대상	관리도구	분석방법	영역	포인트
품질보증	결과계 관리 — 제품	통계적 품질관리 감사 시스템 부주의 작업 방지	QC 7가지 도구 통계적 분석 FMEA FTA 5W1H 분석 PM 분석	품질관리	이미 발생된 불량을 없애는 관리
	요인계 관리 — 4M	기능교육훈련 표준화 설비보전 부주의 작업 방지		품질보전	처음부터 불량이 나오지 않게 하는 관리

〈그림 7.1〉 제품보증을 위한 품질관리 체제

이러한 시각에서 품질보전은 결과계의 관리에서 벗어나 품질을 만들어 내는 설비 그 자체와 설비의 운전조건, 사람에 의한 운전 조작방법, 재료, 정보 등 품질에 영향을 미치는 요인계를 관리하는 조건을 설정하고, 이 조건들을 유지관리함으로써 불량 제로를 실현하는 것이다. 다시 말해, TPM 활동을 기초로 한 품질보전은 요인계 관리의 체제 구축을 통한, 즉 공정에 대해 4M 요인관리를 통한 품질을 확보하여 궁극적으로는 제품의 불량 제로화를 달성하는 것이라고 할 수 있다.

이상을 정리하면, 품질보전에서는 기획단계, 설계단계, 생산기술단계 및 제조의 모든 단계에서의 조건관리를 포함한 '넓은 의미의 품질보전'과 제조단계 원인계에서의 조건관리를 지향한 '좁은 의미의 품질보전'이 있다고 할 수 있다. 이 장에서는 특별한 언급이 없는 한, 좁은 의미의 품질보전 전개에 대해 설명하기로 한다.

(2) 품질보전 추진 목적 및 정의

제조현장에서 정밀도가 높은 제품을 가공할 때, 조정을 당연한 작업으로 생각하는 경우가 많이 있다. 그러나 시간이 지나면 그 제조현장은 설비의 자동화·무인화가 진전되어 설비가 사람을 대체하게 된다. 이와 같은 현장에서 각 공정의 품질을 확보하기 위해서는 설비에 의한 양질의 품질을 확보하는 것이 가장 중요하다. 왜냐하면 제품의 품질을 결정하는 것은 설비의 상태에 따라서 크게 좌우되기 때문이다.

그리고 설비의 상태에 의해 품질이 좌우되는 경우 '품질불량이 나오지 않는 설비의 가공조건을 찾아내어, 그 조건 변화에 대한 경향을 관리함으로써 불량이 발생할 가능성을 사전에 제거한다'는 예방적인 대책을 취할 필요가 있다.

이와 같이 예방적 대책을 취하기 위한 설비보전의 방법이 품질보전이다. 품질보전은 목표품질 달성을 위하여 품질특성과 가공조건, 설비정도, 환경조건 및 재료의 관련성을 추구하고, 불량이 나지 않는 조건을 설정하여 확실한 예방활동 및 유지관리에 의해서 불량발생을 미연에 방지하는 활동이라고 할 수 있다. 품질보전이란 결국 다음과 같이 정의할 수 있다.

품질의 완전성(100% 양품의 상태)을 유지하기 위해 품질불량이 나오지 않는 설비관리를 목적으로
- '불량 제로'의 조건을 설정하고
- 그 조건을 기준값 이내로 유지하여 품질불량을 예방하고
- 그 조건을 시간의 흐름에 따라 점검·측정하고
- 측정값의 경향관리를 통해 품질불량 발생 가능성을 예지하여
- 품질불량이 발생되기 전에 대책을 취하는 활동이다.

(3) 품질보전과 TPM 전개의 5개 기둥

품질보전을 전개하기 위해서는 공정에서 품질을 확보하기 위한 설비, 치공구, 가공조건, 사람의 기능이나 작업 방식 등을 바람직한 모습으로 만드는 것이 전제조건이 된다. 이를 위해서는 TPM 전개를 위한 8개 기둥 가운데 개별개선, 자주보전, 계획보전, 초기관리, 교육훈련의 5개 기둥을 확실하게 전개시켜야 한다. 이를 바탕으로 불량이 나오지 않는 조건이 설정되고 불량 제로를 실현하여 유지할 수 있는 체제가 갖추어지게 된다.

〈그림 7.2〉에서는 TPM 전개의 5개 기둥과 품질보전의 관계를 제시하였다. 그림에 제시한 바와 같이 개별개선에서는 개선하는 능력과 요인을 분석하는 능력의 향상을 꾀하고, 자주보전에서는 열화를 발견하여 복원 및 개선하는 능력을 향상시킨다. 품질보전 측면에서 보았을 때 계획보전에서는 설비진단기술을 적용하여 상태감시 수준의 향상을 꾀하고, 초기관리에서는 설비설계와 제품설계의 양면에서 불량을 내지 않도록 조건을 정비한다. 교육훈련에서는 이상 발생 현상을 확실하게 할 수 있는 설비·제품·작업에 강한 사람을 육성한다. 품질보전에서는 불량이 발생하지 않는 조건과 불량을 발생시키지 않는 조건을 설정하여 불량 제로를 달성하도록 추진한다.

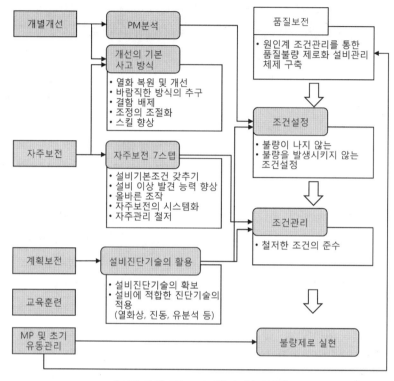

〈그림 7.2〉 TPM 5기둥과 품질보전

(1) 품질보전 전개 개요

　품질불량 발생의 원인은 제품설계의 미숙 등 제조단계 이전의 문제도
있지만, 일반적으로 제조단계의 설비정밀도, 가공조건 및 오퍼레이터
에 의해 발생하는 경우가 대부분이다. 다음에 제조단계에서 '좁은 의미의
품질보전'을 전개하는 경우의 기본적인 방법에 대해 알아보기로 하자.

일반적으로 제품의 설계·제작·설치 및 운전단계에서 설비 정도가 떨어지거나 가공조건의 불안정으로 불량이 발생된다. 또한 불량자재를 투입하거나 오퍼레이터의 운전 조작의 잘못으로 품질불량이 발생되기도 한다. 이러한 설비가동 상황에서 발생되는 불량을 방지하기 위해서는 품질보전 활동을 강화하여 불량이 발생되지 않는 조건을 설정하고 불량을 내지 않는 조건을 관리해야 한다.

불량을 내지 않는 설비 구조를 만들기 위해서는 품질보증 활동과 설비관리 활동을 연결시켜 보증해야 할 품질특성과 설비정밀도 및 가공조건 사이의 관련성을 추구한다. 또한 불량이 발생되지 않는 조건을 설정하고 관리해야 한다. 여기서 말하는 조건설정이란 불량발생의 메커니즘을 추구하여 불량으로 이어지는 요인계의 항목을 명확히 하는 것이다. 그리고 동시에 그 요인계가 양품을 만들기 위해 유지해야 할 설비정밀도나 가공조건의 영역을 설정하는 것이다. 이 항목과 범위를 설정할 때는 PM (Phenomena Mechanism) 분석이 매우 효과적이다.

한편, 오퍼레이터에 의해 발생되는 불량은 자주보전 활동과 교육훈련으로 원인계의 이상을 미리 발견할 수 있으므로, 신속·정확하게 조치할 수 있는 설비에 강한 오퍼레이터 육성이 필요하다. 교육훈련을 통해 육성된 오퍼레이터가 불량이 나오지 않는 조건의 관리를 추진함으로써, 불량 제로의 실현과 유지를 꾀하려는 것이 품질보전 전개의 기본적인 개념이다.

불량이 나오지 않는 조건을 설정하는 측면에서 중요한 것은, 제품을 검사하고 대책을 수립하는 불량대책 방법으로부터 품질에 영향을 미치는 각 항목을 시간 경과에 따라 측정하는 것이다. 그 값이 기준값을 초과하기 전에 대책을 수립하고 조치를 취하는 예방대책 방법으로 추진한다. 즉 후조치관리에서 벗어나 불량의 사전 예방대책을 취하기 위해서는 '결과를 체크하는 관리 항목'에서 '원인계를 체크하는 점검 항목'으로 변경해야 한다.

(2) 품질보전 추진방법

품질보전을 추진하기 위해서는 다음 두 가지 전제조건을 만족시켜야 한다.

> - 강제열화가 철저히 배제되고, 자연열화만이 진행되는 안정된 설비 상태일 것
> - 관리자와 오퍼레이터가 설비에 강하고, 설비의 기능·구조를 제대로 이해하고, 충분한 점검기능을 지니고 있을 것

설비의 강제열화가 방치된 상태에서는 조건관리를 추진하려 해도, 그 조건을 좌우하는 구성부품의 수명이 불안정하여 단명하고 만다. 설비에 종사하는 사람을 설비에 강하게 만들기 위해서 자주보전, 개별개선, 품질보전을 위한 PM 분석 발표회, 기능 교육훈련 등을 추진해야 한다. 이 같은 배경에서 품질보전에 전개되는 시기는 일반적으로 강제열화가 없는 현장과 고장이 없는 현장으로 정비된 시점, 자주보전의 단계에서 말하는 4단계 총점검의 종료 시점 무렵이다.

여기서는 '고장을 감축시킬 수 없는 상태라면 불량도 감축시킬 수 없다'는 사실을 명심해야 한다. 다만, 전사적인 전개에 앞서서 프로젝트 팀에 의한 개별개선을 전개하는 단계에 공정불량 대책을 테마로 정할 경우, 의식적으로 품질보전 전개의 모델을 구축하는 것이 효과적이다. 품질·생산·보전·설계 관련 부서원들로 구성된 프로젝트 팀을 결성하여 품질보전을 전사적으로 전개하는 경우에 큰 효과를 창출할 수 있을 것이다.

(3) 품질보전을 전개하는 순서

품질보전을 전개하는 순서는 다음의 〈그림 7.3〉에 제시한다.

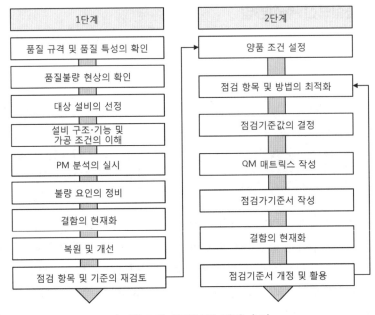

1단계	2단계
품질 규격 및 품질 특성의 확인	양품 조건 설정
품질불량 현상의 확인	점검 항목 및 방법의 최적화
대상 설비의 선정	점검기준값의 결정
설비 구조·기능 및 가공 조건의 이해	QM 매트릭스 작성
PM 분석의 실시	점검가기준서 작성
불량 요인의 정비	결함의 현재화
결함의 현재화	점검기준서 개정 및 활용
복원 및 개선	
점검 항목 및 기준의 재검토	

〈그림 7.3〉 품질보전 전개 순서

품질보전 전개 순서 가운데 특히 주의해야 할 항목과 그 요점에 대해 알아보자.

① 품질불량 현상의 확인

품질보전은 공정별로 문제가 되고 있는 불량 현상을 충별하고 현상을 파악하는 일부터 시작한다. 파악해야 할 내용으로는 발생한 불량 현상의 도출과 명확화, 각 공정에서의 불량 현상별 발생 상태, 불량 발생의 빈도, 각 공정에 있어서 품질특성별 산포 상태 및 공정능력 등이 있다. 이들에 대한 현상파악을 바탕으로 발생빈도에 따라 중요도가 높은 공정부터 차례로 개선을 실시한다.

② 대상 설비의 선정

불량 현상을 발생 부위별·형태별로 명확히 한 후 품질보전을 추진할 대상 설비를 선정한다. 대상 설비 선정 시에는 주로 품질문제가 많이 발생하는 설비를 대상으로 하며, 설비중요도 및 고장등급을 고려하여 선정한다.

③ 설비의 구조·기능 및 가공조건의 이해

설비의 시스템(가공원리, 구조, 기능 등)을 명확히 이해한 다음에 PM 분석을 하지 않으면 충분한 해석을 할 수 없다. 이에 따라 설비의 가공점 분석과 구조·기능·특성·원리 등에 대해 학습을 한 후 PM 분석을 실시하면 많은 도움이 된다.

④ PM 분석의 실시

품질보전을 전개하기 위해서는 문제점으로 판단되는 요인을 우선적으로 명확히 하는 것과, 각 요인을 얼마만큼의 기준값 이내로 유지해야 하는가를 결정하는 것, 즉 조건설정에 그 요점이 있다고 해도 과언이 아니다.

그러나 현재 시행하는 방법으로 경험에 의한 판단이나 확신으로 조건을 설정한다면 불량 제로를 실현시키거나 유지할 수 없다. 현상을 물리적·과학적으로 분명히 밝히고 이론적으로 요인을 추구하는 것이 중요하다. 바로 이러한 것이 PM 분석방법에 의해 요인을 추구하는 중요한 이유인 것이다. PM 분석절차 및 방법에 대해서는 이 장의 후미에 언급되어 있다.

⑤ 점검(또는 진단) 항목 및 기준의 재검토

각 점검 항목에 대해 기준값을 결정하고 실제 설비정밀도 등을 그 기준값 이내로 유지한 경우 모든 품질특성을 만족시킬 수 있는가를 확인해야 한다. 만족시키지 못할 경우에는 점검 항목에 누락이 있거나 기준값이 허술하다는 것이다. 기존의 점검 항목과 기준이 적합하게 구현되어 있는지 재검토한다.

⑥ 점검 항목의 최적화

조건관리를 정확하게 추진하기 위해서는 점검 항목 그 자체를 재검토하고, 다음 조건을 만족시키는 것이 중요하다.

- 설비의 운전 및 열화상태 파악을 위해 점검 항목을 최적화한다.
- 강제열화를 배제하여 점검주기를 길게 한다.
- 점검곤란 부위에 대한 대책을 추진하여 점검시간을 짧게 한다.

설비의 관리를 위한 활동에서 점검 항목이 많고, 점검주기가 짧고, 점검시간이 길어지면 유지관리가 어려워지며, 결과적으로 달성수준이 악화된다. 따라서 점검 항목의 최적화를 잘 추진해야 유지관리하는 데 효과적이다.

⑦ QM 매트릭스의 작성

불량 제로 현장을 구축하기 위해서는 품질특성과 점검 항목의 관계를 QM 매트릭스에 정리하는 것이 중요하다. 이를 정리함으로써 품질특성에 조건관리가 왜 필요한가를 오퍼레이터에게 이해시킬 수 있다. 조건관리를 확실하게 실시하기 위해서는 QM 매트릭스의 내용을 각 기준서나 표준류에 반영시키고 각 체크리스트에 따라서 점검해야 한다. 불량발생을 사전에 예지하고 문제점에 대한 대책을 수립하기 위해서는 점검항목이 기준값 내에 있는가를 판정해야 할 뿐만 아니라, 변화의 정도를 시간경과에 따라 파악하고 그 경향을 기록하는 것이 중요하다.

⑧ 점검기준서 개정 및 활용

품질특성값을 규격 안에 들어가도록 하기 위해 설비정밀도 허용값(기준값)을 진도측정법에 의한 대용 특성값으로 설정한다. 점검기준서가 정비되면 관련 부서 담당자에게 교육을 실시하고 기준서에 대한 추가 기록은 분임원이 직접 하도록 한다.

3 점검 항목의 최적화

(1) 점검 항목 최적화의 기본방식

PM 분석에 의거하여 도출된 점검 항목들은 일반적으로 상세하고 구체적인 내용으로 구성되어 있기 때문에 이들 모두를 점검하려면 많은 시간이 소요된다. 그러므로 점검 항목을 업무량에 적합하게 최적화하고, 점검주기도 늘리는 작업이 필요하다. 그렇다고 최적화하지 않은 상태에서 점검 항목을 대폭 줄이고 점검주기도 늘리는 것은 문제가 있기 때문에, 여기서는 점검 항목을 최적화하고 점검시간을 단축하는 경우의 방법에 대해서 알아보기로 하자.

점검 항목의 최적화를 위한 기본적인 방법은 PM 분석으로 도출한 점검 항목을 우선적으로 고정요인화하는 것이다. 변동요인은 정적 정밀도, 동적 정밀도 및 가공조건으로 구분한다. 그리고 정적 정밀도는 문제 발생 시 치수정밀도 불량 등으로 이어지므로 점검하기 쉬운 점검 항목을 최적화하여 동적 조건을 설정한다.

일반적으로 동적 정밀도는 외관정밀도 불량으로 이어진다. 이는 대용 특성에 의한 점검 항목의 최적화를 꾀하고 동적 정밀도에 대해서는 진동, 열화상, 초음파 등 설비진단 기술에 의해 측정한 값을 적용하여 조건을 설정하면 좋다. 가공조건에 대해서는 정량화 · 정수화를 꾀하며 고정요인으로 만들어 최적화한다.

(2) 정적 정밀도에 의한 점검 항목 최적화

정적 정밀도가 변동하는 경우, 그 영향은 제품의 치수정밀도 불량으로 이어지는 경우가 많다. PM 분석에 의해 도출된 불량발생 요인을 전개할 경우, 〈그림 7.4〉에서와 같이 2차 수준에서 3차 수준으로 전개하게 되면 점검해야 할 요인이 수십에서 수백 가지가 되는 경우도 있을 수 있다. 따라서 여기서는 성립되는 조건의 수준(1차, 2차, 3차 수준)에서 점검 항목을 어떻게 결정하는가가 요령이다.

이런 경우에 설비 유닛에서 정밀도 점검을 할 수 있는 측정 기준면이 없는 경우가 많다. 이러한 문제점을 해결하고 정적 정밀도에 의한 점검 항목을 최적화하기 위해서는 측정기준면의 적용을 검토하는 일이 중요하다.

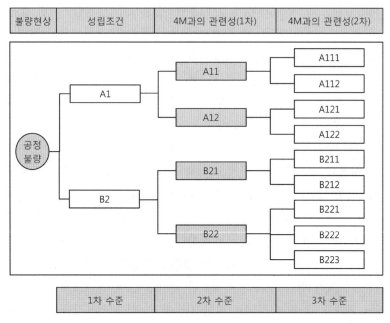

불량현상	성립조건	4M과의 관련성(1차)	4M과의 관련성(2차)

〈그림 7.4〉 정적 정밀도에 의한 점검 항목 최적화의 기본 방식

(3) 동적 정밀도에 의한 점검 항목 최적화

동적 정밀도가 변동하는 경우에는 제품의 외관정밀도나 정밀측정을 필요로 하는 품질특성이 불량으로 이어지는 경우가 많다. 이 같은 품질특성에서는 경험적으로 진동 등의 정적 정밀도와 상관관계가 높다는 사실이 알려져 있다. 그러므로 표면거칠기나 진원도 등 정밀도 불량을 일으킬 것으로 생각되는 점검 항목의 최적화를 위해서는, 동적 정밀도에 의한 대용특성으로 조건설정을 검토하는 것이 효과적이다.

동적 정밀도에 의한 측정방법에는 다음과 같은 것이 있다.

1) 정밀측정이 필요한 품질특성 항목과 진동값과의 상관관계 연구

2) 메가 테스터를 절연저항값 관리에 적용

3) 텐션 관리를 위해 텐션미터 활용

4) 설비의 열변형을 진단하기 위한 서모트레이서 응용

5) 열화상 장비의 적용

이런 정적 정밀도에 의한 계측방법의 연구는 지키기 쉬운 대용특성으로 조건설정을 하는 측면에서 앞으로 매우 중요한 과제이다.

여기에서 정밀측정이 필요한 품질특성 항목과 진동값과의 상관관계를 알아보도록 하자. 진동값에 의한 조건설정의 방법을 다음과 같이 설명할 수 있다.

① 측정 부분·방법의 검토

- 품질문제를 발생시키고 있는 측정 대상 설비의 시방·구조·설계·운전·작동·환경 조건 등을 면밀히 조사한다.

- 설비의 기능 측면에서 모든 품질 항목 측정값 중 가장 좋은 설비와 가장 나쁜 설비의 진동을 측정하여 비교한다.

- 차이가 가장 많이 발생하는 측정방법을 선정한다.

- 진동주파수 분석에 의해 측정 부분의 최적화를 꾀한다.

② 기준값의 설정

- 모든 측정 대상 설비의 진동값을 측정한다.

- 문제가 되는 품질특성과 진동값의 상관관계를 조사하고 회귀곡선을 구한다.

- 회귀곡선에 의해 품질특성값이 규격 안에 들어가도록 하기 위한 허용값(기준값)을 결정한다.

- 동일 대상 설비가 없는 경우에는 공표된 진동 기준(ISO 10816 등)에 따라 품질특성과의 관련성을 검토하고 잠정 기준값을 결정한다.

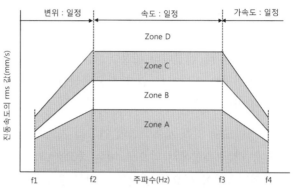

변위 : 일정   속도 : 일정   가속도 : 일정

진동속도의 rms값(mm/s)

Zone D

Zone C

Zone B

Zone A

주파수(Hz)

f1   f2   f3   f4

〈그림 7.5〉 진동 판정 기준(ISO 10816-1)

- 진동의 크기에 대한 판정 기준(사례)
• Zone A : 양호
• Zone B : 장시간 운전 허용
• Zone C : 제한된 기간 동안 운전 허용(보수 조치 필요)
• Zone D : 허용 불가
• Alarm(경고) : Zone B의 1.25배 정도
• Trip(비상정지) : Zone C의 1.25배를 넘지 않을 것

〈표 7.1〉 대표적인 진동영역 경계값(ISO 10816-1)

RMS 진동속도(mm/s)	Class I	Class II	Class III	Class IV
0.28	A	A	A	A
0.45				
0.71				
12	B			
1.8		B		
2.8	C		B	
4.5		C		B
7.1			C	
11.2	D			C
18		D	D	
28				D
45				

• Class I : 일반 소형 전동기로 출력이 15kW 이하나 소형 설비
• Class II : 특별한 기초를 가지지 않는 중형 기계
• Class III : 대형 원동기 및 대형 회전기에서 기초 또는 진동측 정방향에
비교적 높은 강성을 가지는 무거운 기초 위에 설치된 것
• Class IV : 대형 원동기 및 대형 회전기에서 진동의 측정방향에 비교적
유연한 강성을 가지는 기초 위에 설치된 것

〈표 7.2〉는 주요 점검(진단) 측정 항목별 측정기기의 종류들을 나타낸 것이다.

〈표 7.2〉 점검(진단) 측정 항목별 측정기기

NO.	측정 항목	측정기기	NO.	측정 항목	측정기기
1	축의 요동	다이얼 게이지 스몰테스터	25	안지름 치수	실린더 게이지 에어마이크로
2	단면의 요동	다이얼 게이지 스몰테스터	26	진원도	진원도 측정기
3	직진도	오토콜리 미터	27	원통도	원통도 측정기
4	평면도	오토콜리 미터 레이저 간섭 평면도계	28	면 거칠기	표면 평활도계
5	직각도	레이저 측정기 직각 스코어	29	연삭면 진동	고배율 표면 평활도계
6	사이클 선도	비지그래프	30	마모	형상 측정기
7	벨트의 텐션	텐션 미터	31	경도	경도계
8	요동	다이얼 게이지 스프링 저울	32	표면 경도	슈퍼피셜 경도계
9	진동	진동계, FFT	33	접촉도	브루 접촉도
10	회전수	회전계, 바이브로 테스터	34	잔류 응력	X선 응력 측정장치
11	회전 불균형	바이브로 테스터	35	잔류 자기	가우스 미터
12	그라인더 밸런스	바이브로 테스터	36	연삭 균열	침산 시험, 염산마크로시험
13	주파수	오실로스코프	37	기어 접촉	기어 접촉 시험기
14	부하 전류	전류계, 펜 레코더	38	각도	각도계, 오토콜리 미터, 로터리 엔코더
15	전력	전력계	39	작동유의 오염도	자동 미립자 계측기
16	저항	절연 저항계	40	냉각재 오염	밀리포어 측정
17	온도	온도계, 열화상, Temp, Gun	41	PH도	PH계, 화학 분석
18	온도 분포	방사 온도계, 열화상 (서모트레이서)	42	공기 청정도	버티컬 카운터
19	변형	변형계	43	소리	소음계, FFT
20	볼트 죄는 힘	토크렌치	44	밝기	조도계
21	토크	토크 미터	45	유량	유량계
22	힘	하중 측정기, 환상력계	46	수평도	수준기
23	압력	압력계, 미압계	47	중심 구멍	피아노선
24	바깥지름 치수	마이크로 미터 다이얼 게이지	48	성분·조성	X선 마이크로 애널라이 저 전자 현미경

(4) 진동값에 의한 조건설정과 조건관리의 전개 사례

품질특성은 품질항목에 대한 평가의 대상이 되는 성능을 의미한다. 품질특성은 참품질특성과 대용특성으로 구분한다. 참품질특성은 디자인 등 관능적인 요구품질을 말한다. 대용특성은 참품질특성을 외관, 치수 등의 품질요소로 해석한 것이다. 여기에서는 대용특성에 의한 조건설정 가운데 대표적인 진동값에 의한 조건설정과 조건관리를 추진한 사례를 소개한다. 이 사례는 드릴 연삭공정에서 만성적으로 발생하던 '융기 불량'을 개선한 사례다. 연삭기를 〈그림 7.6〉에 제시한다.

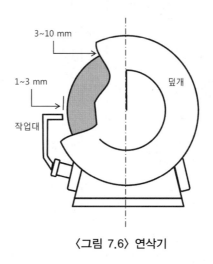

〈그림 7.6〉 연삭기

1) 주제선정 사유

① 연삭기 작동 시 스핀들부에서 진동유발로 인한 만성불량이 발생하고 있으며, 재손질을 반복하고 있다.

② 양질의 품질확보를 위해 드릴의 제작시간을 길게 하고 있다.

2) 조사내용 및 결과

① 연삭점을 구성하는 연삭기의 스핀들부와 기어 박스의 진동을 측정하였다.

② 설비의 진동을 수직(V), 수평(H), 축(A) 방향으로 모두 측정하였다.

③ 조사 결과, 스핀들부와 기어 박스 모두 수평 방향(H) 진동속도 피크값을 측정했을 때 진동의 크기를 판단하기가 가장 용이하였다.

④ 각 진동의 주파수를 분석하였다.

⑤ 진동의 크기와 품질판정 수준 사이의 상관관계를 조사하였다.

⑥ 조사 결과, 진동의 크기와 품질판정 수준 사이에는 상관관계가 있다는 것을 알 수 있었다.

⑦ 진동속도의 피크값 1.5mm/s 부근을 경계로 품질수준의 등급이 결정된다.

3) 조건관리

조건관리 순서는 5W1H에 근거하여 다음과 같이 실시한다.

- 기계별로 월 2회(기계가 안정되어 있는 오후)로 운전 중에 실시하며
- 오퍼레이터 또는 PM 담당자가
- 머신 체커로
- 머신 체커의 Low 범위에서 연삭기 스핀들부의 정해진 진동 측정점(진동 포인트 표시점)에서 월 2회 주기적으로 측정하고, 기계별 경향관리 및 기록을 유지한다.

(5) 기준설정

〈그림 7.7〉에 진동측정 결과 처리절차 및 기준의 재설정 방법을 제시하였다. 이 사례에서는 '연삭기에 드릴을 연마할 때 연삭 가공점에 산포가 발생한다'는 문제로 PM 분석을 하였는데, 설비가 품질에 영향을 미치는 요인을 발견하였다. 이에 따라 진동에 의한 문제를 해결하고 진동값에 따른 조건관리를 재설정하였다.

사후관리 결과 개선 후 불량은 발생하지 않았으며, 앞으로 진동 경향관리를 지속적으로 할 경우, 융기불량 발생을 예방할 수 있다는 것이 밝혀졌다.

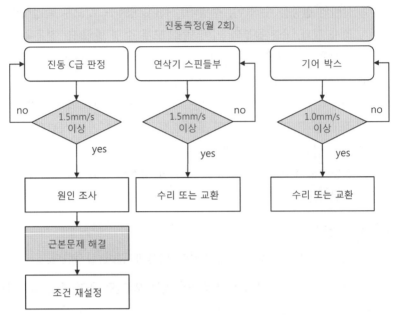

진동측정(월 2회)

진동 C급 판정 → 1.5mm/s 이상 — no / yes → 원인 조사

연삭기 스핀들부 → 1.5mm/s 이상 — no / yes → 수리 또는 교환

기어 박스 → 1.0mm/s 이상 — no / yes → 수리 또는 교환

근본문제 해결

조건 재설정

〈그림 7.7〉 진동측정 결과 처리절차 및 조건 재설정방법

4 QM 매트릭스와 점검 기준의 최적화

(1) QM 매트릭스의 작성

기준으로 결정한 점검 항목을 빠짐없이 확실하게 점검하기 위해, 설비의 각 부위(개소)와 품질특성의 판정 기준값의 관계를 정리한 것이 QM 매트릭스이다. 설비와 품질특성 양자를 매트릭스화함으로써 다음 사항을 정리하는 데 유용하게 활용할 수 있다.

● 각 점검 항목이 품질특성에 어떤 영향을 미치는가
● 각 품질특성을 유지하기 위해서는 어떻게 유지관리해야 하는가
  – 어느 정도의 조건관리 항목에 대해서 무엇이, 어떤 주기로, 얼마의 기준값 내에 있다는 사실을 점검해야 한다.

QM 매트릭스의 사례는 〈표 7.3〉에 제시한다.

〈표 7.3〉QM 매트릭스 사례

점 검 기 준						품 질 특 성			
점검개소	점검항목	점검방법	판정기준	주기	담당	면거칠기	진원도	안지름 치수	원통도
세트지그	오프셋량	마스터 플레이트	±1.02mm	준비 작업 시	홍길동	○	○	○	○
스핀들	진동	간이 진동계	1.5mm/s 이하	1.2W	O/P	○	○		
그라인더 헤드	연삭 사이클	비지코더	B% 이내	1/M	보전담당	○		○	
워크헤드	단면요동	다이얼 게이지	0.005mm 이하	부품 교환 시	O/P		○		○

(2) 점검 기준 최적화와 경향관리

QM 매트릭스에 정리한 각 조건관리 항목에 대해서는 정해진 주기와 방법으로 점검하고 그 변화의 정도를 경향관리한다. 이런 조건관리의 체제를 확립하기 위해서는 생산과 품질 부서뿐만 아니라, 보전 부서에도 점검의 필요성과 점검 기준(개소, 항목, 방법, 주기 등)을 설정한 후 그와 관련된 교육훈련을 실시하여야 한다.

QM 매트릭스로 정리한 각 점검 개소별 항목, 방법, 판정기준 및 주기에 대해 점검 기준 최적화를 실시한다. 기준을 최적화할 때에는 점검자 자신이 지켜야 할 사항을 각 기준서나 표준서에 기재해야 한다. 우선적으로 불량이 나오지 않는다는 조건으로 밝혀진 점검 항목 가운데에서, 특정 기술이 필요한 것과 분해 점검이나 시간이 걸리는 것에 대해서는 보전 부문이 담당한다.

이 밖에 점검 항목에 대해서는 생산(운전) 부문이 자주보전을 담당하게 된다. 보전 부문의 점검 항목은 정기점검 정비기준을 정해 정기보전 계획에 따라 수행한다.

생산(운전) 부문의 점검 항목은 자주보전기준에 담아 '일상적인 모니터링으로 관리할 항목'과 작업표준에 담아 '작업 중에 체크할 항목'으로 구분한다. 연속 가동 중에 발생하는 공정불량은 앞에서 언급한 것과 같은 방법으로 예방할 수 있지만, 불량은 기타 준비작업의 조정 중에도 발생할 가능성이 있다.

이러한 불량을 방지하기 위해서는 준비작업 때의 조정을 배제하고, 준비작업 직후부터 양품 가공을 지향해 일괄적으로 양품화를 추진할 필요가 있다. 그 조건을 준비작업표준이나 작업표준에 담아 각각의 작업 중에 체크한다. 이같이 불량을 내지 않는 조건관리와 양품 준비작업이 결부되어야 공정의 불량 제로 상태를 유지할 수 있다.

5 품질보전 발표회 추진

(1) PM 분석 발표회의 추진

품질보전을 수행하는 데 있어서 PM 분석의 역할이 큰데, PM 분석의 주요 장점에는 다음의 세 가지가 있다.

① 원리·원칙에 따라서 해명하기 위해 점검 항목을 빠짐없이 도출할 수 있다.
② 이론적으로 해명하기 위해 기준값을 합리적으로 설정할 수 있다.
③ 관리자부터 오퍼레이터까지 설비에 강해지게 육성할 수 있다.

PM 분석 발표회는 관리자의 능력향상을 위해서 추진한다. 감독자와 분임조 리더의 수준향상을 위해 일정한 주기를 정하여 발표회를 개최하는 것이 중요하다.

1) 계획준비

품질보전을 수행하기 위해 해당 공정의 품질불량 발생상황 및 현상을 파악하고 대상 설비를 선정한다.

2) 교육

- 설비의 구조·기능·특성·원리, 작동시스템 및 가공조건을 이해한다.
- PM 분석에 대한 교육훈련을 실시하고 유지해야 할 품질특성값, 설비정밀도 및 가공조건의 관계를 정량적으로 명확히 한다.
- PM 분석 방법과 절차에 대해 교육을 실시한다.

3) 현장 적용 및 확인

- PM 분석 방법에 따라 설비의 정밀도를 체크하고 개선방안을 마련하여 문제점에 대한 복원 및 개선을 실시한다.
- 개선한 품질특성값의 추이를 체크하고 결과를 사후관리한다.
- 개선 결과에 대한 PM 분석 발표회를 실시한다.

(2) PM 분석 전개방법

PM은 '현상(phenomena)을 물리적(physical)으로 해석하고, 메커니즘(mechanism)을 해명한다'는 뜻으로, PM 분석은 만성적인 문제를 해결하는 데 적합하다.

만성화된 문제를 감소시키기 위해서는 종래의 개선기법으로 현상을 해석하는 것만으로는 충분하지 않다. 형식적으로 리스트업하여 중요한 요인을 빠뜨린다든지, 없는 요인을 리스트업하면 여러 대책을 시행하여도 문제를 저감시키는 데 상당히 어렵다. 이와 같은 경우에 PM 분석을 이용하면 만성 로스 감소에 유용하다.

PM 분석의 진행은 다음과 같이 8단계로 전개한다.

1) 현상의 명확화(현상파악)

설비의 기능이 이상발생으로 정지한다든지, 가공하는 설비의 정밀도가 저하된다든지, 제품의 정도(精度)가 떨어진다든지 하는 상태를 고장이나 불량이라고 한다.

따라서 사물의 본질을 파악하기 위해서는 현상을 바르게 이해하는 것이 가장 중요하다. 현상을 바르게 파악할 수 있다면 문제의 50%는 해결했다고 판단할 수 있다.

현상을 바르게 파악하지 않고 PM 분석을 하게 되면 불량 제로를 달성할 수 없다. 5W1H 등의 기법을 활용하여 3현주의에 입각하여 파악하고, 다른 현상과 구분하고 현상의 형태(패턴)를 층별, 세분화하여 개선해야 할 항목들을 파레토도 등으로 나타내어야 한다.

2) 설비·구조 및 가공의 원리·원칙을 이해한다

가공원리란 물체를 변형·변질시키는 근본 원칙이다. 가공원리를 아는 것은 현상의 물리적 해석을 하기 위하여 가공 메커니즘을 이해하는 것이다. 설비의 기구·구조를 이해하지 않고 PM 분석을 하게 되면

① 성립조건과 설비, 치공구, 재료, 방법 사이의 관계에 있어서 연결이 맺어지지 않는다.
② 설비, 치공구, 재료, 방법에 관한 문제 항목에 누락이 많이 발생하고, 탁상적인 PM 분석이 된다.
③ 구조도를 스케치하게 되면, 설비에 대한 이해도가 높아져 설비 각 부위를 점검할 때 각종 불합리를 발견할 수 있다는 장점이 있다.

3) 현상을 물리적으로 해석한다

물리란 사물의 도리이며, 해석이란 사물을 세밀히 해부하고 이론에 근거하여 연구하는 것이다. 즉 현상의 물리적 해석이란 현상 자체를 물리적 원리·원칙(자연법칙)에 따라 설명하는 것이다. 가공원리(작동 원리)를 통하여 현상이 일어나는 메커니즘을 확실히 밝히는 것으로 다음의 절차에 따라 진행한다.

① 현상의 물리적 조건이 무엇인가를 명확히 한다.

② 가공·작동·생성의 원리·원칙으로부터 현상에 관련되는 필요조건을 명확히 한다.

③ 현상이 정상일 때의 필요조건이 어떻게 변화되거나 벗어나서 이상현상으로 나타나는가를 명확히 한다. 이상을 정리한 뒤 필요 항목과 물리적 조건이 어떠한 장소·시간·방향·양·크기 등으로 변화되거나 벗어나 있는지 표현한다.

4) 현상의 성립조건을 모두 찾아낸다

성립조건이란 현상의 물리적 해석에서 메커니즘이 일어날 수 있는(성립하는) 모든 조건을 말한다. 이러한 조건이 갖추어지게 되면 경험이나 느낌 또는 감각적 판단에 따르지 않고 논리적으로 이끌어낼 수 있다.

〈표 7.4〉 현상의 물리적 해석과 성립조건 사례

No.	현상의 물리적 해석	성립조건
1	구두 밑창과 바닥면 사이의 마찰력이 약하다.	• 구두 밑창의 마찰력이 약하다. • 바닥면의 마찰력이 약하다. • 바닥면에 마찰력을 약하게 하는 매개물이 있다.
2	가공물의 회전 중심과 바이트 날 끝과의 거리가 ±로 어긋난다.	• 가공물의 회전 중심이 ±로 어긋난다. • 바이트 날 끝 위치가 ±로 어긋난다.

5) 4M과의 관련성 및 바람직한 모습을 검토한다

4M(설비, 사람, 재료, 방법)은 각각의 성립조건에 대하여, 그것이 성립하기 위해서는 어떤 요소로 구성되어야 하는가를 찾아내는 것이다. 즉 성립조건과의 원인과 결과 관계를 4M에 대입시켜 찾아내는 것이다.

〈표 7.5〉 PM 분석표

PM 분석표 공정명 :　설비명 :　작성일:	테마명				결재	작성	검토	승인
현상 파악 (사진)	물리적 해석	성립되는 조건	4M과의 관련성	기준값 (허용값)	조사 방법	조사 결과	판정	개선안 도출
			1차 요인	2차 요인				

6) 조사방법의 검토

PM 분석에 근거하여 어떤 방법으로 측정·조사할 것인가를 검토한다. 항목 중에는 어떻게 측정하면 좋은지를 모르는 것도 있지만, 찾아보면 의외로 여러 가지 방법이 있으므로 폭넓게 조사하는 것이 좋다. 누가 할 것인지 역할분담을 하고, 또 가동 중에 할 것인지 정지 중에 측정할 것인지를 정하고, 측정방법(오감, 측정기)과 각 요인의 허용치(또는 가기 준치), 간이측정법 등을 검토한다.

7) 개선안의 도출

바람직한 상태의 추구, 미결함의 배제라는 관점에서 개선안을 도출한다. 결함이 크다고 생각되는 것을 2~3개 발견한 경우, 그것에 만족하고 그 밖의 요인을 조사하지 않는 경우가 많은데, 기여율에 관계없이 모든 요인에 대해 조사하는 것이 중요하다. 개선안에 대해서는 '왜 그렇게 되었는가, 그 원인은 무엇인가'에 대하여 정확히 분석한다.

8) 대책의 실시와 결과의 확인

① 먼저 철저히 복원을 한다.

② 그리고 나서 개선을 한다.

- 복원만으로 해결이 안 될 경우(강성 부족, 기구상의 문제)
- 현 시점에서 기술적으로 진부화해 있는 경우

③ 결함은 전부 모아서 고친다(요인과 결과의 관계를 추구해도 알 수 없다).

④ 불량대책의 경우, 공정능력의 향상 여부를 데이터(Cp값 등)로 명확히 한다.

⑤ 불량 제로, 잠깐정지 제로 등 성과로 이어지지 않을 경우, PM 분석을 다시한다.

(3) 품질보전 발표회의 추진

품질보전 발표회도 PM 분석 발표회와 함께 추진하는 것이 좋다. 품질보전 발표회는 주기적으로 다음의 절차에 따라 실시하는 것이 바람직하다.

1) 계획 조사

- 불량발생 상황을 공정별·설비별·현상별·발생상태별로 층별하고, 중점적으로 대처해야 할 공정을 선정한다.
- 공정에서의 설비 운전조건, 작업조건, 작업방법의 차이 등에 대해 철저히 조사한다.

2) 조건 설명

- 이미 관리상태에 있는 점검 항목에 조건이 설정되어 있지 않은 품질 특성에 대해서는 PM 분석을 실시하고 QM 매트릭스로 정리한다.
- 조사·분석 내용에 대해 공유회를 실시한다.

3) 개선 실시와 결과의 확인

- 품질보전을 위한 설비 문제점의 복원 및 개선과 함께 점검 항목의 최적화를 검토한다.
- 작성한 QM 매트릭스를 재검토하고 결과를 확인한다.
- 개선내용에 대해 공유회를 실시한다.

4) 조건관리와 추적의 확인

- 점검 항목을 해당 기준서에 반영하고 경향관리를 추진한다.
- 경향관리의 결과와 각 품질특성의 추이를 정리하고 기준값, 점검 방법을 재검토한다.
- 품질보전 활동을 수행한 결과에 대해 최종 발표회를 갖는다.

제8장
사무지원 효율화

1 ▶ 사무지원 부문의 TPM 전개

(1) 사무지원 TPM

사무지원 부문 TPM은 TPM 8대 기능 중 하나로, 전원 참여의 TPM을 구현하기 위해서는 반드시 추진해야 할 활동이다. 특히 5S 활동은 부문을 가릴 필요 없이, 전 부문이 참여하여 TPM 활동의 기반을 구축해야 한다.

현장은 설비를 통해 생산성 및 품질을 향상하지만, 사무실은 문서를 통해 사무 생산성 및 사무품질을 향상해야 한다. 따라서 사무지원 TPM은 사무지원 5S 활동, 문서 파일링 체계 구축 및 사무 생산성 향상의 3단계로 추진한다. 물론 각 단계별 추진은 지속적이고 체계적으로 해야 함은 당연한 것이다.

(2) 단계별 사무지원 TPM 전개

사무지원 TPM의 단계별 추진 목표 및 방법은 다음과 같다.

1) 사무지원 5S

사무업무를 수행하는 공간은 여러 사람이 함께 단위업무를 수행하는 공간이다. 따라서 공간의 효율을 최적화하고 구성원 상호 간에 편한 공간을 창출하기 위해서는, 사무공간의 정리·정돈·청소·청결·습관화라는 5S를 추진하여 그 목표를 달성해야 한다.

2) 문서 파일링 체계

사무업무의 아웃풋은 문서다. 따라서 문서의 작성·사용 그리고 보관에는 사무업무 종사자 전원이 어떤 체계에 의해 관리되어야 하는데, 이를 문서 파일링 체계라고 한다. 그 목표는 언제 어디서나 필요할 때 쉽게 검색되어야 하며, 작성된 문서는 문서 파일링 체계에 의해 파일링되어야 한다. 최근에는 IT의 발전과 더불어 문서 파일이 하나의 콘텐츠로 저장되고, 필요할 때 쉽게 검색된다. 문서작성도 종이가 아닌 액정 모니터에 직접 입력·저장하는 '문서 없는(paperless)' 사무실을 만들기 위해서도 파일링 체계는 매우 중요한 것이다.

3) 사무 생산성 향상

현장은 시간당 생산량(UPH) 또는 한 개를 만드는 시간, 즉 사이클 타임을 어떻게 줄이느냐 등 생산성 향상 활동을 활발히 전개하고 있으나, 사무간접 부문은 그렇지 못한 것이 사실이다. 사실 사무간접 업무는 그 생산성 자체를 평가하는 수치화가 어려운 것도 사실이다.

따라서 사무간접 부문의 아웃풋이라고 할 수 있는 생성시간 대비 문서의 가치를 평가하여 수치화가 된다면 사무간접 생산성 지표로 사용할 수 있을 것이다. 즉 사용시간 대비 가치가 없는 업무는 없애거나 시간을 줄이는 활동을 전개하면 시간 대비 업무의 가치를 높이는 활동을 전개할 수 있다. 그리고 이 같은 활동을 통해 창출되는 시간으로 새로운 업무를 할 수 있는 시간적 여유를 가질 수 있다. 이를 통해 사무 생산성을 지속적으로 높여갈 수 있다.

(3) 사무지원 TPM 추진 단계

사무지원 TPM 추진 단계는 보통 1단계 6개월, 2단계 12개월, 3단계 지속추진 형태로 추진하며, 전체적인 프레임은 〈그림 8.1〉과 같다.

구분 (기간)	1단계 (6개월)	2단계 (12개월)	3단계 (지속)
목표 이미지	• 혁신 MIND SET • 사무환경 개선	• 합리화 MIND SET • 문서관리 환경 개선	• 사무 생산성 향상
활동	■ 3정 5S 활동	■ 파일링 체제 구축	■ 사무간접 TPM

〈그림 8.1〉 사무지원 TPM 프레임

보통 사무 5S는 6개월 정도 추진하면 기본 프레임을 만들 수 있다. 그러나 중요한 것은 만드는 것보다 유지하는 것이다. 인간의 신체는 기존의 습관이나 행동에 길들여져 있다. 그래서 새로운 프레임에 적응하고 익숙해질 때까지에는 시간이 걸린다. 보통 '행동이 익숙해지려면 1,000번을 반복하라'는 말이 있다. 지속되는 반복이 새 프레임을 체질화시킬 수 있다.

이어 파일링(문서관리) 체계를 재구축하여야 한다. 문서는 부서의 존재 이유, 즉 미션을 잘 정의해야 하며, 미션 수행을 위한 큰 업무를 설정해야 한다. 큰 업무 수행을 위한 중간 업무, 중간 업무 수행을 위한 작은 업무 순으로 층을 나누어야 하며, 업무는 층 단위로 코드화하여 추진하면 조금은 쉽게 문서체계를 구축할 수 있다. 또 문서관리 체제를 재구축할 때는 기존 문서관리 틀을 제로 베이스에서 새로 구축하는 것이 좋다.

다음 활동은 사무 생산성 향상인데, 1차 업무 코드별로 소요되는 시간을 측정하여 비용화한다. 비용화는 실제 지급되는 연봉기준으로 시간당 비용을 설정한다. 보통 업무의 아웃풋은 문서인데, 문서를 작성하는 시간, 검토하는 시간, 승인하는 시간, 그리고 실행하는 시간 등에 산출 시간당 비용을 곱하면 업무단위 비용을 산출할 수 있다. 연 단위 총 업무 비용은 부서별 총 연봉을 합한 것과 일치해야 한다.

다음은 업무 단위로 부서 미션 수행에 대한 가치를 설정한다. 가치는 업무 단위 최종 결재권자의 의견을 반영하되, 총 업무 가치 코스트의 합은 총 연봉의 합이 되도록 한다. 업무 단위로 업무 코스트 대비 가치 코스트비를 설정하여 업무 코스트 대비 가치가 적은 업무를 개선 대상으로 한다. 개선의 결과는 업무 코스트를 줄이는 것인데, 줄인 업무 코스트로 새로운 업무에 배정할 수 있으며, 이는 수치화가 가능하여 사무 생산성 지표로 많이 사용한다.

(1) 사무지원 부문의 5S란 무엇인가

5S 활동은 현장만 필요한 것이 아니다. 사무공간도 현장과 마찬가지로 5S가 기본이 되어야 한다. 사무공간도 정리·정돈·청소·청결·습관화라는 기본활동이 전개되어야 사무공간 내 효율이 창출된다. 사무 5S도 현장의 5S와 같은 개념으로 다음과 같이 정의된다.

1) **정리** : 필요한 것과 불필요한 것을 구분하여 불필요한 것을 처리하는 것. 여기서 불필요한 것은 불요불급한 것으로, 사용 요구가 없는 것과 급하지 않은 것이다.

2) **정돈** : 필요한 것을 필요할 때 바로 쓸 수 있도록 놓는 방법을 정하는 것. 현장과 마찬가지로 필요한 것을 놓을 장소를 정해 적치공간을 확보하여 구획선 또는 형틀을 제작하여 정해진 곳에 놓는다.

3) **청소** : 더러움이나 오염을 제거하여 깨끗한 상태로 만드는 것. 청소를 통해 단순히 깨끗함만을 추구하는 것이 아니라, 정리·정돈 상태를 점검하는 청소가 이루어져야 한다.

4) **청결** : 정리·정돈·청소 상태를 유지하는 것. 청소 점검과 병행하여 활동한다. 세부적인 청소 점검이 되기 위해서는 정리·정돈·청소 기준을 작성, 하나하나 청소 점검을 하면서 체크한다. 체크 결과 불합리에 대해서는 복원 및 개선을 한다.

5) **습관화** : 정리·정돈·청소 상태를 몸에 배게 하는 것. 정리·정돈·청소 활동을 통해 변한 환경을 체질화하기 위해서는 최소 3년간 변한 상태에 적응해야 한다. 적응하지 못하면 다시 과거 체제로 돌아가는 경우가 많다. 5S 활동의 실패는 대부분 습관화가 되지 않아 실패하는 것이므로 습관화에 5S의 성패를 걸어야 한다.

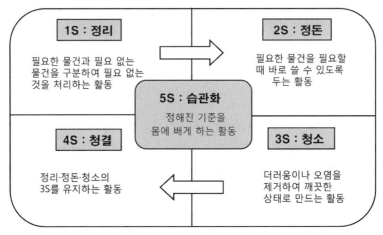

〈그림 8.2〉 사무지원 부문의 5S

(2) 사무지원 부문의 5S 목적

모든 혁신 활동은 어떤 목적을 갖고 추진을 한다. 사무지원 부문의
5S 역시 목적이 있는데 그 목적은 다음과 같다.

1) **정리** : 사무 공간 내에는 필요한 것과 불필요한 것이 혼재해 있어 항
상 스페이스가 부족하다. 따라서 불필요한 것을 제거하여 스페이스
로스를 제로화하는 것이 목적이다.

2) **정돈** : 정리 활동 후에는 필요한 것만 남게 되는데 필요품이 어디 있
는지 공유가 안 되어 있어 찾는 시간 동안 로스가 발생된다. 따라서
정돈의 목적은 시간 로스를 제로화하는 것이다.

3) **청소** : 더러움이나 오염이 방치되지 않도록 청소 점검을 통해 깨끗
함을 추구하면서 정리 정돈을 병행 점검해야 한다. 청소의 근본 목
적은 깨끗함 추구를 통해 사무 공간 내 잔존하는 불합리 로스를 제
로화하는 것이다.

4) 청결·습관화 : 정리·정돈·청소 상태가 유지되면 종합적으로 사무
능률이 향상되게 된다. 이 같은 사무능률은 구성원 간의 불편함을 최
소화하고 인간관계를 향상시키는 부수적 효과를 얻게 된다.

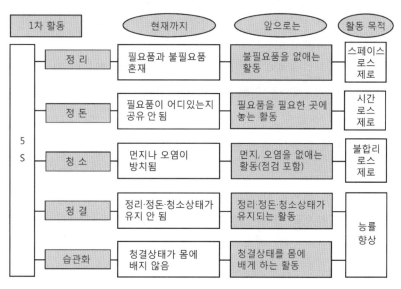

〈그림 8.3〉 사무지원 부문의 5S 활동 목적

(3) 사무지원 부문의 5S 단계적 활동

1) 정리 활동

정리 활동은 1차로 필요한 것과 불필요한 것을 구분하여 불필요한 것
을 처리하는 활동인데, 여기서 끝나면 시간이 지나 또 불필요한 것이 나
오게 된다. 따라서 사무 5S에서의 정리 활동은 2차 예방정리 활동까지
전개해야 한다.

예방정리 개념은 불필요한 것이 시스템적으로 나오지 않게 시스템까지 개선하는 것을 말한다. 예를 들면 사무용품 정리에서 1차 불필요한 사무용품을 정리했다고 해도 사무용품 발주를 예측 발주체제로 운영하면 시간이 지나면 또 불필요한 것이 나오게 된다. 따라서 예측 발주체제를 사용품을 보충하는 부정기 정량발주방식으로 바꿔야 불필요한 사무용품을 구매하지 않는다.

예방정리 단계까지 추진하기 위해서는 근본문제인 발주방식을 개선해야 하는데, 개선을 위해서는 반드시 왜-왜 분석을 실시하여 근본 원인을 찾아 개선해야 한다.

사무용품 불용품 발생 ⇒ 1차 활동 : 정리한다.
2차 활동 : 왜 발생할까로 분석해야 한다.

사무용품 불용품 발생은 '사용을 예측해서 발주했기 때문'이고(예측이 잘못되어 불용품 발생), 예측해서 발주한 이유는 '매월 1회 정기발주체제이기 때문'이므로, 대책은 '필요 시 부정기 필요량 발주체제'로 바꾸면 된다.

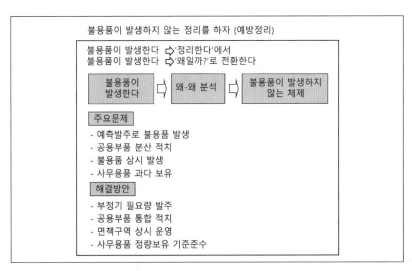

〈그림 8.4〉 불용품이 발생하지 않는 정리

2) 정돈 활동

정돈 활동은 1차 '흐트러진 물품을 정돈한다'에서 2차 '왜 물품이 흐트러지는 것일까'로 전환하는 것인데, 이를 예방정돈이라고 한다. 사무 5S 정돈은 예방정돈까지 전개해야 한다. 예방정돈의 개념은 흐트러지지 않게 정돈해야 하는 것을 의미한다.

예방정돈 단계까지 추진하기 위해서는 흐트러짐의 근본 원인을 왜-왜 분석을 통해 해결해야 하는데, 주요 문제는 정돈과 관련된 정해진 룰이 없다든가, 룰은 있는데 공유가 안 된다든가, 룰을 지키지 않는다든가 등이다. 일반적인 해결방법은 형적정돈, 색별정돈, 간반정돈, 사용점 정돈, 순서별 정돈 등의 개선 방식이 있다.

사무기기 흐트러짐 발생 ⇒ 1차 활동 : 정돈한다.

2차 활동 : 왜 발생할까로 분석해야 한다.

사무기기 흐트러짐 발생은 왜일까? 사무기기 고정이 안 되어 있기 때문이고, 고정이 안 된 것은 고정 틀이 없어서이며, 그 대책은 고정 틀을 만들어 형적정돈을 하는 것이다.

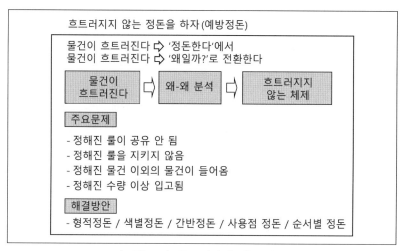

〈그림 8.5〉 흐트러지지 않는 정돈

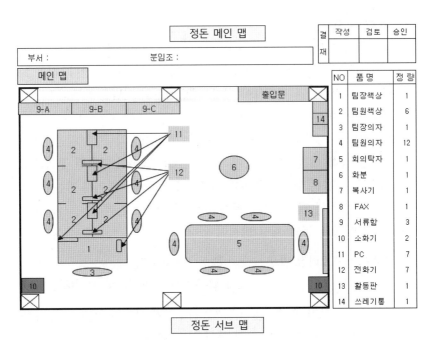

정돈 메인 맵

결재	작성	검토	승인

부서 :   분임조 :

메인 맵

NO	품 명	정 량
1	팀장책상	1
2	팀원책상	6
3	팀장의자	1
4	팀원의자	12
5	회의탁자	1
6	화분	1
7	복사기	1
8	FAX	1
9	서류함	3
10	소화기	2
11	PC	7
12	전화기	7
13	활동판	1
14	쓰레기통	1

정돈 서브 맵

| 9 | 서류함 |

| 9-A | 9-B | 9-C |

구분	제목	발행년도	발행부문	위치
Six σ	Six Sigma Blackbelt 과정	2005-05-07	자료	9-A1
Six σ	Six Sigma 활동 추진철	2005-05-07	파일	9-A1
Six σ	6시그마 추진현황(6개사 사례)	2005-05-07	자료	9-A2
Six σ	품질경영 팀사명 및 Six Sigma 활동추진안	2006-05-28	자료	9-A2
Six σ	06년 품질경영 운영방안	2005-12-25	자료	9-A3
Six σ	품질경영 방침전개(6σ중심)	2007-09-10	자료	9-A3
Six σ	RTY 적용사례 소개	2007-10-09	자료	9-B1
Six σ	6시그마 현장활동(안)	2007-05-07	자료	9-B2
Six σ	미니탭 교육(실험계획부문)	2007-06-07	교재	9-C1
TPM	STEP1 행동하는 5S	2007-07-07	교재	9-C2
TPM	STEP2 효과 있는 5S	2007-08-08	교재	9-C3

〈그림 8.6〉 사무 부문 정돈 맵 사례

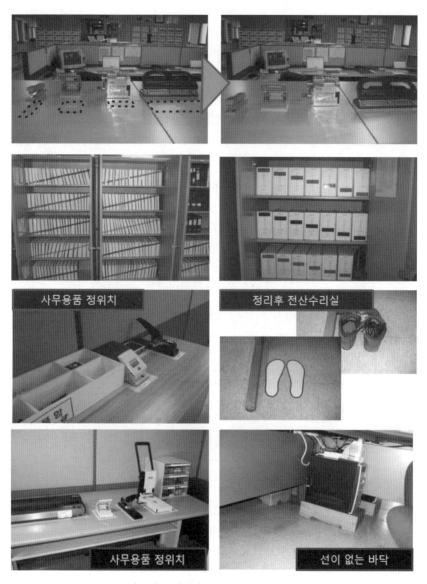

〈그림 8.7〉 사무 부문 정돈 사례

3) 청소 활동

청소 활동은 1차의 '더러워져서 청소한다'에서 2차로 '왜 더러워지는 것일까'로 전환하는 것인데, 이를 예방청소라고 한다. 사무 5S 청소는 예방청소까지 전개해야 한다. 예방청소 개념은 청소를 안 해도 항상 청소된 상태가 유지되도록 하는 것이다.

이같이 예방청소 단계까지 추진하기 위해서는 청소의 근본원인을 왜-왜 분석을 통해 해결해야 하는데, 주요 문제는 청소와 관련된 오염 발생원이 항시 존재하든가, 오염원이 비산되든가 등의 문제가 있다. 일반적인 해결방법은 발생원을 없애든가, 오염원이 전이가 안 되도록 차단하는 것 등의 개선 방식이 있다.

더러워진다. ⇒ 1차 활동 : 청소한다.
　　　　　　2차 활동 : 왜 더러워질까를 분석해야 한다.

더러워진다, 더러워진 이유는 청소를 안 해서이고, 청소를 안 한 것은 청소기준이 없어서이고, 대책은 청소기준을 만드는 것이다.

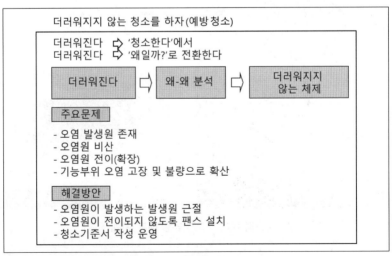

〈그림 8.8〉 더러워지지 않는 청소

4) 청결·습관화 활동

청결·습관화 활동은 1차의 '정리·정돈·청소 상태를 유지한다'에서 2차로 '왜 유지가 안될까'로 전환하는 것인데, 이를 예방청결·습관화라고 한다. 사무 5S 청결·습관화는 예방청결·습관화까지 전개해야 한다. 예방청결·습관화 개념은 정리·정돈·청소 상태 유지를 안 해도 항상 청결·습관화된 상태가 유지되도록 하는 것이다.

이같이 예방청결·습관화 단계까지 추진하기 위해서는 청결·습관화의 근본원인을 왜-왜 분석을 통해 해결해야 한다. 주요문제는 청결·습관화의 유지가 안 되는 발생원이 항시 존재하든가, 습관화로 연결되지 않는 등의 문제가 있는데, 일반적인 해결방법은 유지가 안 되는 발생원을 없애든가, 습관화되지 않는 요인을 차단하는 개선을 해야 한다.

유지가 안 된다. ⇒ 1차 활동 : 유지한다.
　　　　　　　　　　　 2차 활동 : 왜 유지가 안 될까로 분석해야 한다.

유지가 안 되는 이유는 유지가 1회성으로 끝나기 때문이고, 1회성으로 끝나는 것은 유지기준이 없기 때문이다. 그 대책은 정리·정돈·청소 유지기준을 작성하고 유지기준을 작성 주기적으로 체크하면 된다.

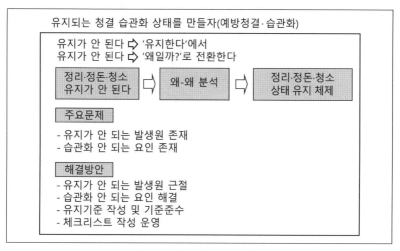

〈그림 8.9〉 유지되는 청결

정리·정돈·청소 상태를 유지하기 위해서는 우선 유지기준서를 작성해야 한다. 유지기준서는 유지가 안 되는 구역을 선정하고, 유지를 위한 방법, 도구, 유지기준, 주기, 담당을 설정하면 된다.

유지기준은 반드시 전체 팀원이 합의하여 설정해야 하며, 기준이 제대로 유지되는지 점검 체크를 하여 유지가 잘 안 되는 항목은 추가해야 한다. 또한 유지를 쉽게 하기 위해서 '소장단(少長短)' 개선활동을 지속해야 한다.

정리·정돈·청소 유지 점검기준서	결재	작성	검토	승인

부서		분임조		청소구역			청소내용						
구역				NO	대상	방법	기준	도구	일	주	월	담당	비고
				2	책상	상판 및 하부 서랍을 청소하며 정돈 실시	깨끗하고 정돈된 상태	보루	O			홍OO	
				7	복사기	구석구석 먼지 제거 및 주변 복사지 정돈 상태 확인	깨끗한 상태 및 정돈 상태	진공청소기		O		김OO	
				9	서류함	구석구석 먼지 제거 및 서류의 정위치 상태 확인	깨끗한 걸레 상태 및 서류 정돈 상태	걸레		O		이OO	
				10	소화기	먼지제거 및 상하 흔들어 줌	깨끗한 상태	보루			O	박OO	

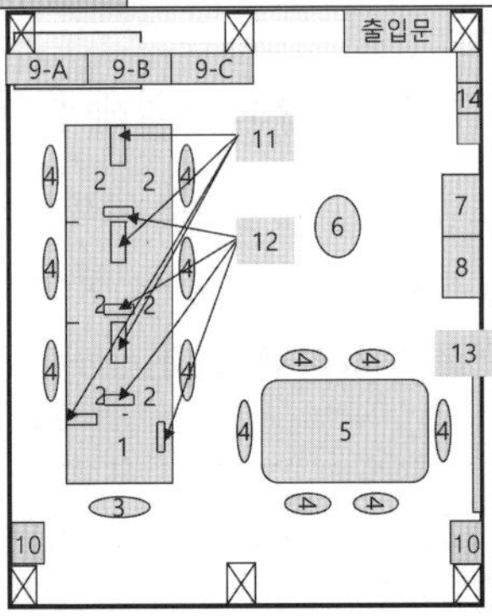

〈그림 8.10〉 정리·정돈·청소 유지 점검기준서

정리·정돈·청소 유지 점검기준서는 유지를 위한 표준 지침서다. 따라서 지침에 따라 상시 유지 여부를 점검 체크해야 한다. 보통 퇴근 시에 유지 여부를 체크하게 되는데, 보통 체크는 O, ×로 하고 유지가 안되는 경우, 불합리 적출리스트에 기재한다.

불합리는 즉시 개선을 원칙으로 하고, 스스로 개선이 어려운 경우에는 공무 부서에 개선을 의뢰한다. 이 같은 점검 체크 및 유지개선 활동을 반복적으로 진행하면 정리·정돈·청소 유지상태가 확보되며, 지속적으로 반복하면 습관화로 연결될 수 있다.

정리·정돈·청소 유지점검 체크리스트		설비명:			결재	작성	검토	승인
팀명:		분임조:						

NO	청소대상	주기 일	주	월	(20** 년 1 월) 1 2 3 5 6 7 8 9 10 12 13 14 15 16 17 19 20 21 22 23 24 26 27 28 29 30 31	비고
2	책상	o				
7	복사기		o		×	
9	서류함	o			×	
10	소화기			o		

청소 맵 넘버와 일치

체크 일자 미리 필요없는 월별로 표시

불합리내용은 하단에 1차 기록하며 최종 불합리적출 리스트에 기록한다.

점검 체크범례	일자	불합리 적출	일자	불합리 적출
o 이상 없음 × 불합리 발생	1/1 1/2 1/5	문서위치 바뀜 복사지 부족 소화기 정위치 안 됨		

〈그림 8.11〉 정리·정돈·청소 유지점검 체크리스트

유지가 제대로 안 되는 항목은 소장단(少長短) 개선활동을 해야 한다. 소(少)는 유지 항목을 없애는 개선활동이다. 유지관리를 하지 않더라도 유지가 자동화되도록 개선하는 활동인데, 유지가 자동적으로 되면 유지관리 항목 자체를 삭제할 수 있다. 예를 들어, 청소유지 항목에 매일 1회 거실 청소를 하게 되어있는 것을 소(少)개선활동으로 관리하려면, 매일 7시에 자동으로 로봇 청소기가 청소를 하게 세팅하면 된다. 그러면 사람이 매일 거실 청소를 안 해도 청소된 상태를 유지할 수 있다.

장(長)은 유지 주기를 늘리는 개선활동이다. 매일 점검을 해야 유지되는 항목이 있다면, 이것은 점검주기를 1주일 또는 1달에 한 번만 점검해도 유지되게 개선하는 활동이다. 예를 들면, 공중 화장실의 두루마리 휴지는 매일 점검을 해야 유지할 수 있을 것이다. 그런데 이를 대용량 휴지로 교체한다면 그 정도에 따라 1주일 또는 10일마다 점검해도 되도록 할 수 있다.

단(短)은 유지시간 자체를 단축하는 개선활동이다. 즉 깨끗한 상태를 유지하기 위해 청소하는데 1시간이 걸리던 것을 개선하여 10분 이내에 처리할 수 있도록 하는 활동이다. 예를 들면, 수작업으로 청소하던 것을 청소차를 구입하여 청소를 한다면 10분 이내로 마무리할 수 있다.

3 문서 파일링

(1) 문서

문서는 일단 작성·분류·보관·보존·폐기라는 단계를 거치는데 이를 '문서의 생애'라고 한다.

1) **작성단계** : 업무의 자기기록이라고도 하는데, 업무 매뉴얼이나 업무 목록표에 따라 작성된다. 작성 시 문서의 분류번호 및 작성 관련 규정이나 지침 또는 근거를 표기한 후 작성한다. 문서의 전결규정에 따라 작성·검토·승인 관련자를 명기하고, 필요 시에는 협조 부서의 합의 과정을 표시한다.

2) **분류단계** : 보관을 위한 전 단계로 보통 분류 코드에 따라 분류하는데, 보통 대분류·중분류·소분류 등 규정된 분류 코드를 사용한다. 분류 코드는 부서의 미션을 근거로 대분류 후 중분류, 중분류 후 소분류하는데, 소분류의 단위는 단위 파일과 일치하면 된다. 또한 각 분류의 단위 업무 크기는 가급적 일치시킨다.

3) **보관단계** : 보관은 사무실 보관과 문서고 보관으로 나누어지는데, 보관기간은 보통 문서관리기준에 따라 결정된다. 여기서 법적인 문서를 우선한다. 또한 문서고는 문서를 찾기 쉽게 분류 코드별 보관, 보존 기간별 보관 등 여러 면을 고려해야 한다.

4) **보존·폐기** : 문서보존 기간 동안 문서가 양호한 상태로 보존되도록 침수·해충·습기 등으로부터 예방되는 조치가 취해져야 한다. 또한 문서 보존기간이 지난 문서는 통상 연도 단위로 폐기를 하는데, 일반적으로 소각하여 폐기한다.

개선활동이란 한마디로 문제를 찾아 그것을 해결하는 것이다. 따라서 문제를 찾아내는 것은 문제의식에서부터 시작된다. 이때 바람직한 상태와 현재의 상태를 비교함으로써 그 차이가 무엇인지 인식하는 것이 필요하다. 문제가 분명히 인식되면 다음은 그 문제를 반드시 해결해야 한다.

파일링 시스템이 필요한 일반적인 현상
− 서류 검색에 많은 시간 소요
− 불필요한 문서 다량 보관
− 유효한 자료의 활용 미흡
− 담당자 부재 시 서류검색 불가
− 폐기 또는 보존의 판단 곤란
− 서류정리에 많은 시간 소요

〈그림 8.12〉 문서의 생애

(2) 문서 파일링 개요

문서 파일링은 1차 부서의 미션에 따라 시스템적으로 구성되어야 한다. 그러나 실제 업무는 시스템과 별도로 수직적 지시나 상황에 따라 진행되는 경우가 많다. 따라서 업무에 수반되는 문서의 파일링도 이에 따라

유동적인 변화나 개선이 필요하게 된다. 물론 부서의 미션도 중장기적으로 검토해야 하는 것은 당연하다. 문서 파일링은 문서의 작성으로부터 시작되는데, 이를 문서의 자기 기록이라 한다.

문서의 자기 기록은 업무 매뉴얼 및 업무 목록표에 따라 작성하게 되는데, 이때 올바르지 않은 경우가 있다. 따라서 정기적으로 파일링 시스템을 개선하여야 하며 문서의 분류·보관·이관·보존·폐기라는 문서의 생애에 대해 전반적으로 검토하고 개선해야 한다. 즉 파일링 시스템의 개선은 일부 개선이 아닌 문서의 작성에서부터 폐기에 이르기까지 전반적으로 검토·반영되어야 함을 의미한다.

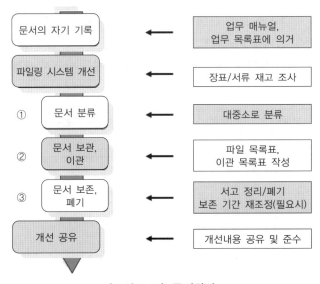

〈그림 8.13〉 문서관리

또한 최근에는 '문서 없는 사무실 만들기'의 일환으로, 전자결재시스템 문서 스캐닝 보관이 요구되는데, 그 근간이 파일링 시스템과 연계되어야 하는 것은 당연하다. 그리고 문서의 PC 처리가 일반적인 현실에서, PC 디렉터리 관리도 파일링 시스템과 일치시켜야 하는 것이 기본이다.

1) 파일링 시스템의 도입

파일링 시스템 도입은 필요한 정보를 누구나 신속히 찾을 수 있도록 방법을 만들어 관리하는 것이다. 이를 통해 문서의 사물화(私物化)를 방지하고, 문서의 작성에서 폐기까지 문서의 생애를 일괄적으로 관리한다. 이는 문서 검색시간을 단축하고, 문서의 훼손 및 분실을 예방하는 이점이 있다. 따라서 문서 파일링 시스템 도입은 표준화·간소화 측면에서도 적극 추진해야 한다. 여기에는 '누가 무엇을 하는가?(Who does what?)'라는 역할이 연계되어, 문서 작성·검토·승인이라는 결재 3단계 및 전결 규정과도 연계해서 검토되어야 한다.

문서 파일링 시스템 도입

사무실에 꼭 필요한 문서(=정보)만을 누구나 신속히 찾을 수 있는 방법으로 관리하는 것

파일링 시스템의 도입

문서관리 체계의 확립,
사무의 표준화 및 간소화,
문서의 사물화 방지 ⇨ 창조적 업무 수행을 통한 사무 생산성 향상 도모 ⇨ 제3의 이윤 추구

파일링 시스템의 이점

- 문서의 사물화 방지
- 문서의 보관에서 폐기까지 일괄 관리
- 문서의 검색 시간 단축
- 중요 문서의 훼손, 분실 예방

〈그림 8.14〉 문서 파일링 시스템

문서 파일링 시스템은 모든 시스템이 그렇듯이 어느 정도의 규제가 필요하다. 이때 너무 세밀한 곳까지의 규제는 사무 생산성을 저해할 수 있다. 따라서 그 목적이 창조적 업무수행을 위한 사무 생산성 향상이라는

것과 모든 경제의 원칙인 이윤추구라는 점을 인지하고 규제 범위를 설정해야 한다.

또한 앞서 언급했듯이, 문서 없는 사무실 구현이라는 미래의 모습을 고려하여 파일링 시스템을 도입해야 하는 것은 두말할 필요도 없다.

2) 문서의 분류

문서 파일링 시스템 중 가장 중요한 부분이 문서의 분류이다. 문서를 분류할 때 부서단위보다는 회사 조직단위부터 전사적 관점에서 추진하는 것이 보통인데, 대분류는 단위부서의 미션과 연계된 큰 타이틀이 부여된다. 〈그림 8.15〉의 사례와 같이 영업부의 미션은 판매로, 바로 대분류 코드에 판매를 코드화하면 된다.

중분류는 판매계획, 마케팅, 판매실적, 고객 관리 등으로 분류할 수 있다. 중분류는 대분류와 연관된 하부 분류로 중분류 업무의 총합이 대분류가 되도록 하면 된다. 중요한 것은 중복되거나 필요한 것을 누락하면 안 된다는 것이다.

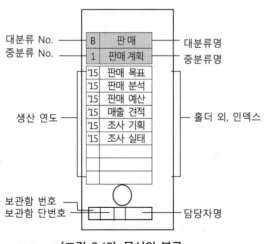

〈그림 8.15〉 문서의 분류

소분류는 연도표시와 순차별 표가 필요하다. 즉 판매계획과 관련된 소분류는 판매 목표, 판매 분석, 판매 예산, 판매 견적 조사, 기획, 조사, 실태 등으로 실제 문서를 파일링하는 단위가 된다.

파일링은 '파일에 같은 문서를 철하는 것'이라고 표현되는데, 문서가 많거나 담당별로 구분이 필요한 경우에는 코드를 분기하는 것이 아니라 문서명을 조정하면 된다. 즉 '판매목표 1', '판매목표 2', '판매목표 3' 등과 같이 표시하면 된다. 그리고 파일은 중분류 단위로 보조 보관철을 이용하게 되는데, 이 역시 중분류 파일이 많아지면 '판매계획 1', '판매계획 2' 등으로 표시하면 된다. 그리고 보관철은 선반 내 보관위치 및 보관단 등의 표시를 하는 것이 좋다.

3) 현안 문서 보관

완성된 문서는 파일링 후 기준에 따라 문서 선반에 보관하면 된다. 미완성된 현안 문서에 대한 보관 문제가 대두되는데, 현안 문서는 개인별 책상에 보관하면 된다. 보통 책상의 구조는 3단으로 구성되는데, 1단은 필기구류를, 2단은 명함, 개인수첩, 스테이플러 등 개인 사무용품을, 3단은 미처리 현안 문서를 보관하면 된다.

새로운 문서를 작성할 때 보관 중인 문서를 참조하는 경우가 많은데, 참조 후에 반드시 파일은 제자리로 복귀시켜야 한다. 처음에는 번거로울 수 있으나 습관화되면 더 편한 것을 느끼게 된다.

그리고 현안 문서가 많은 경우 또는 현안 문제가 프로젝트성인 경우에는 현안 문서 파일을 별도로 만들어도 좋다. 보통 현안 문제가 많은 경우 책상 위에 모두 펼쳐 놓고 일하는 경우가 많은데, 이렇게 하면 문서를 찾는데 시간이 많이 소요된다. 그래서 '1업무 1처리' 원칙에 따라 책상 위에는 해당 업무 관련 문서만 놓고 일하는 것이 업무 집중력을 높여 처리가 빠르다.

서랍 1단　　　　　　　　　　　　서랍 2단

〈그림 8.16〉 책상의 정리·정돈 사례

4) 업무 매뉴얼 및 문서관리

업무처리를 위해서는 표준화된 업무 매뉴얼 및 문서관리 체제가 뒷받침되어야 한다. 업무 매뉴얼에는 단위업무 추진 관련 각종 표준화 절차가 언급되어야 하고, 전체 절차를 명시한 매뉴얼이 있어야 한다. 또한 이러한 매뉴얼을 뒷받침하는 규정, 실시를 위한 지침이 있어야 한다. 지침은 업무의 성격에 따라 세칙·요령·방법·표준 등으로 나누어지는데, 이를 업무 추진 시스템을 위한 표준화라고 한다.

업무처리 관련 품질보증에 관한 업무의 예를 들면, 품질보증을 위한 품질보증 매뉴얼이 있어야 하고, 품질보증 매뉴얼에는 업무처리에 관련된 조항별 절차 및 관련 규정이 언급되어야 하고, 규정 시행에 따른 세부 지침이 패키지로 묶여 있어야 한다.

요즘 품질 또는 환경안전 등 외부 진단이 많은데, 이처럼 진단 시 관련 매뉴얼 규정 지침에 따라 처리되고 있다는 것을 보여주어야 한다. 또한 진단 시 요구조건에 맞지 않을 때 매뉴얼이나 규정이 잘못되어 있으면 이를 고쳐야 하고, 규정대로 일 처리가 안 되면 시정조치를 하여야 한다. 〈그림 8.17〉은 업무 추진 시스템에 대한 사례다.

구분	주요 문서
매뉴얼	QES 통합 매뉴얼
규정	안전 보건 관리 규정, 안전 작업 허가 규정, 관계 법규 관리 규정, 공정 사고 관리 규정, 비상 조치 규정, 소화기 관리 규정
지침	사고 조사 관리 세칙, 정전기 관리 세칙, 건강 관리 운영 세칙, 작업 환경 관리 세칙, 자체 검사 관리 세칙, 순회점검 관리 세칙, 작업장 관리 세칙, 방폭 지역 관리 세칙, 위험 기계·기구 관리 세칙, 적재물 관리 세칙, 중량물 관리 세칙, 지게차 관리 세칙, 보호구 관리 요령
표준	배관 안전 표시 표준, 탱크 로리 주입 표준, 진공 펌프 작업 표준, 니다기 운전 표준, 디스퍼셔 운전 표준, 탱크 믹서 운전 표준, 볼 밀 운전 표준, 포장용 롤러 운전 표준, 구노 필터 운전 표준, 액화 질소 저장 탱크 관리 표준, 공기 압축기 운전 표준, 플로 미터 표준, 전동 호이스트 운전 표준, 스파클러 필터 운전 표준

〈그림 8.17〉 업무 추진 시스템 사례

(3) 문서관리 진단

문서관리 전반적인 내용은 문서관리기준에 따라 관리하게 된다. 기준에 의해 제대로 관리하는지 점검하며, 문제가 있을 때는 바로 시정조치하는 단계이다.

문서관리 진단은 체크리스트로 진단하는 것이 일반적인데, 문서 기록 관리, 문서 캐비닛, 파일 분류, 책상 및 비품, 일반사항을 점검하여 종합 의견을 제시하게 된다. 항목별 점검 포인트는 다음과 같다.

1) 문서 기록관리

문서 분류의 정확성, 파일명과 파일철의 일치성, 파일 누락 여부, 분류 내용의 일치성 등을 점검한다.

2) 문서 캐비닛

문서 분류 코드순에 의한 정돈 여부, 파일의 정리·정돈 상태, 비밀문서의 경우 캐비닛 보안 상태, 문서목록 유무, 파일 위치의 정위치 상태 및 눈으로 보는 관리 여부

3) 파일

파일의 분류 번호(대·중·소) 일치 여부, 목록과 문서의 일치 상태, 간지 및 태그 여부, 파일 분류별 색상 표시 및 눈으로 보는 관리 여부

4) 책상

책상 위의 업무기준 준수 여부, 책상 서랍 1단의 필기구 정리·정돈, 책상 서랍 2단의 수첩 및 명함, 사무용품 비치 상태, 구분관리를 위한 형적정돈 상태, 책상 서랍 3단의 현안 문서 정리·정돈 상태

5) 공용 비품

공용 비품관리 책임 여부, 공용 비품의 정위치 상태 및 정돈 맵 표시 여부, 공용 비품관리점검 체크 현황, 체크 결과 부적합 시 조치 내용

6) 일반사항

문서 검색 1분 이내 준수 여부, 청결 상태 및 근무 분위기, 사무실 정돈 맵 부착 여부, 문서관리 기준 유지 및 개선 현황

7) 종합 의견

진단점검 전체 현황 및 장점 및 단점 기술

<표 8.1> 문서관리 진단 체크리스트 예시

파일링 체크리스트

	팀 장	임 원	사 장
	/	/	/

일자 :   년   월   일   체크자 :

구분	체크 내용	5	4	3	2	1
기록 관리 기준	1. 추가 발생 파일명은 기록관리 기준표에 기록되었나?					
	2. 분류 번호순에 따라 작성되었는가?					
	3. 누락 여부는?					
	4. 파일명은 명확한가?					
	5. 분류는 정확하게 되었는가?					
캐비닛	6. 캐비닛 안의 정리 및 관리 상태는?					
파일 분류	7. 분류 번호에 따라 배열되었는가?					
	8. 겉표기와 파일명은 일치하는가?					
	9. 겉표기와 기록관리 기준표는 일치하는가?					
	10. 보관문서 스티커와 파일 조건표 색상은 일치하는가?					
파일	11. 스티커 부착 및 필요 기재사항 누락은?					
	12. 기록의 편철 및 기록(150매 이내)은?					
	13. 파일명과 파일의 내용은 유사한가?					
	14. 기록목록은 작성되었는가?					
책상 및 비품	15. 도서, 전산파일, 기술자료 등의 정리 상태는?					
	16. 분류, 정리되지 않은 문서는 없는가?(미정리 등)					
	17. 이관 대상 문서가 사무실에 남아있지는 않은가?					
	18. 폐기 대상 문서가 사무실에 남아있지는 않은가?					
일반 사항	19. 보존기록 목록은 작성되었는가?					
	20. 기록 작성 시 분류번호, 보존연한은 기재하는가?					
	21. 1분 이내에 검색은 가능한가?					
	22. 진행 중 박스(파일 에이드)의 관리 상태는?					
	23. 전체적인 유지관리 상태는?					
	24. 전원 참여 여부는?					
종합 의견						

4 ▶ 사무 효율화

(1) 사무간접 업무의 개요

1) 사무간접 업무의 특징

사무간접 업무는 자연적으로 증대되는 경향이 있다. 이는 사무간접 업무의 관리가 세밀해지고, 통제가 심해질수록 업무가 상대적으로 증가하기 때문이다. 이는 자칫 관리를 위한 관리, 통제를 위한 통제로 잘못 전개될 경우가 많아 불필요한 업무가 증가될 수 있다. 또한 업무의 증가는 업무 상호 간에 복잡한 관계가 형성되어 업무 스스로 자기증식을 하는, 업무가 업무를 만드는 경우가 많다.

사무간접 업무는 업무의 가치판단이 어려워 평가가 어렵고, 업무의 코스트 개념이 없는 상태에서 업무가 이행되는 경우가 많다. 따라서 업무의 효율화 정도 또는 생산성 파악이 어려워진다. 그러다 보니 평가관리가 부적절해지고, 업무의 효율화보다는 사람과 사람의 속인적(屬人的) 성향에 의해 평가가 이루어져 조직의 불신을 가져오는 경우도 많다. 또한 자칫 성향이 비슷한 사람끼리, 끼리끼리 집단화로 나아갈 수가 있다. 이는 결국 인사에 영향을 주어 파벌을 형성하기도 한다.

사무간접 업무는 업무 내용이 다양해지면서 부서와 부서의 대립으로 나아가기도 하고, 어떤 업무는 서로 챙기지 못해 큰 문제를 야기하기도 한다. 이 같은 문제는 업무의 효율 저하로 이루어지고, 결국 새로운 부서를 만드는 방향으로 나아가 사무간접 업무는 자꾸 커지고 비대해지는 경향으로 가기도 한다.

사무간접 업무는 관리업무가 주가 되다 보니, 관리통제형으로 빠지기 쉽다. 즉 관리보다는 통제를 위한 관리가 되기 쉬운 것이다. 이는 조직 각 부문이 자율적이고 창의적인 업무 수행에 저해될 뿐만 아니라, 조직이 경직되어 다양한 환경 변화에 대응하기 힘들게 된다.

2) 사무간접 부문의 비대화

사무간접 업무에 소요되는 비용은 앞서 설명한 사무간접 업무의 특징으로 인하여 증가하는 것이 일반적인 현상이다. 비교적 매뉴얼이 잘 되어 있는 선진국보다 우리나라는 그 정도가 훨씬 심각한 것이 현실이다. 따라서 정기적인 직무분석을 통해 적정성을 주기적으로 파악해 보아야 한다.

3) 직무분석

직무분석은 조직의 사명, 사명의 실현을 위한 단위업무, 단위업무 수행을 위한 세부업무 등으로 직무를 파악하고, 직무의 난이도, 업무량, 업무수행 소요 공수 등을 고려하여 적정 인원을 산정한다. 그러나 실제 현업에서는 현재하고 있는 업무량을 부풀리거나, 현재 공수에 맞추어 업무량을 배분하는 형식적 수준에서 분석하는 것이 고작이다. 즉 방대한 업무를 대상으로 직무분석에 투입하는 비용 대비 산출물이 적어, 한 두 번 시행하다 포기하는 경우가 많다.

4) 조직의 횡적 과제

조직의 횡적 과제로는 조직 간의 이기주의 및 힘의 균형이 맞지 않는 근본적인 문제뿐만 아니라, 기능의 중복에 따른 낭비 또는 기능의 텍사스 존에 의한 공백이 있을 수 있고, 문제해결을 위한 회의의 빈도가 높고, 시간의 낭비가 많다. 그리고 보고 및 결재라인이 길어 문서의 양이 비대해지며, 비대한 양의 문서를 만들기 위한 시간 낭비 등이 결국 사무 효율화를 저해하게 된다.

5) CARE 측면의 과제

CARE란 능력(Capability), 권한(Authority), 책임(Responsibility), 평가(Evaluation)를 의미하며, 조직력은 책임과 권한, 능력과 평가에 의해 좌우된다. 능력은 자발적으로 업무를 수행하는 능력이 개발되어 있지 않고, 평가는 업무에 직접 연결된 내용이 평가되지 않고, 책임은 사명이 불분명하여 책임 한계를 정하기 어렵고, 권한은 의사결정 권한이 부여되지 않아 결정력 부족 상태에서 일이 추진되는 등 조직상의 CARE 문제가 사무 효율화에 저해 요소로 작용된다.

(2) 사무 효율화의 필요성

일반적으로 제조업은 생산 업무와 이를 관리하는 사무간접 업무로 나눌 수 있다. 생산 업무는 생산 관련 목표 대비 실적 차원에서 목표를 올리기 위해 다양한 생산성 향상, 품질 향상, 코스트 절감, 납기준수율 향상 등 다양한 개선활동을 하고 있지만, 사무간접 업무는 그렇지 못한 것이 사실이다.

그러면 사무간접 업무는 과연 사무 효율화 관련 생산성 활동이 필요 없는 건지, 아니면 생산성 활동방법이 없는 건지 의심해 볼 필요가 있다. 당연히 답은 '필요가 있다'이다. 그러면 어떻게 할 것인지, 활동 후 효과는 어떤 형태로 나타낼 것인지, 그 효과는 경제적으로 얼마인지 등을 검토 후 시행해야 할 것이다.

기업의 경영환경은 급속히 변하고 있다. 어제의 업무가 오늘은 필요 없는 일이 되고, 어제 안 하던 일을 오늘 해야 한다. 문제는 이러한 판단이 바로 이루어져야 하는데 실상은 그렇지 못하다. 필요 없는 일을 밤 늦게까지 하지는 않는지, 필요한 일을 그냥 지나치지는 않는지, 문제가 터져야 그때서야 발등에 떨어진 불 끄듯이 처리하지는 않는지 등 모르는 상태에서 지나가는 것이 너무나도 많은 것이 사실이다.

일은 바쁘게 하는데 성과는 오르지 않고, 그래도 바쁘니까 인원을 충원하는 등의 오류는 없는지 이제는 바로 알아야 한다. 사무간접 부문의 사무 효율화는 이런 부문에 초점을 맞추어 진행하여야 한다. 현재 하고 있는 일을 최소화하고, 부가가치가 큰 업무를 인원 충원 없이 수행하여야 한다. 이런 일을 지속적으로 추진해 나아갈 때 사무 생산성이 높아졌다고 말할 수 있는 것이다.

(3) 사무 생산성 향상 개념

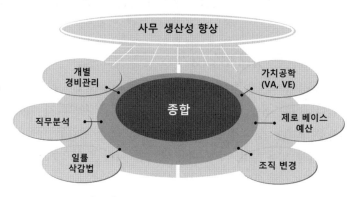

〈그림 8.18〉 사무 생산성 향상 개념

1) VE 기법 적용

사무 생산성의 첫 번째 개념으로 VE(Value Engineering) 기법을 적용한다. 제품의 가치는 제품의 기능을 비용으로 나누면 된다.

$$가치(V) = 기능(F) / 비용(C)$$

즉 가치를 올리려면, 다음과 같은 4가지 방법이 있다.

- 기능을 올리고 비용을 낮추면 된다(가치＝상).
- 기능을 올리고 비용을 유지하면 된다(가치＝중).
- 기능을 많이 올리고 비용을 조금 높이면 된다(가치＝소).
- 기능을 유지하고 비용을 낮추면 된다(가치＝중).

이를 사무 효율화 관점으로 전환하면 다음과 같다.

> 단위업무 가치지표(V) = 단위업무 가치(F) / 단위업무 비용(C)

여기서 단위업무 가치는 경영환경에 의해 변할 수 있으며, 단위업무 비용은 업무처리를 위해 소요된 비용을 말한다. 그리고 단위업무 가치의 총합은 단위업무 비용의 총합과 일치시킨다.

즉, 사무 생산성 향상을 위해서는 단위업무 가치가 단위업무 비용보다 낮은 업무를 대상으로 개선(업무가치 지표가 1보다 작은 업무 대상을 개선)하면 된다.

2) 가치 평가는 결재자가 평가

단위업무 가치는 최종 결재자가 단위업무 총비용을 가치 중심으로 재할당한다. 이때 최종 결재자는 평가의 객관성을 확보하기 위해 단위업무비용을 모르는 상태에서 평가해야 한다. 즉 단위업무 가치지표는 업무처리 실제 비용 대비 가치 비용 정도를 나타낸 것으로, 지표 수치가 클수록 사무 생산성이 높다고 할 수 있다.

3) 제로 베이스 평가

사무 생산성은 매년 제로 베이스에서 평가하게 된다. 예를 들면, 100이란 비용에서 개선하여 비용을 90으로 줄이면 10이 개선되어 100/90=111%가 되며, 다음 차수에 다시 100에서 시작하는 제로 베이스 평가체제를 적용한다. 즉 매 차수 향상률이 나오는데, 차수별 누적은 계속 곱하면 된다. 1차수 111%, 2차수 115%, 3차수 110%인 경우의 누적은 1차수 111%, 2차수 128%, 3차수 141%이다. 여기서 3차수 추진 누적 141%가 사무 생산성 향상률이다.

4) 효율화 개선안은 전사적 관점에서 추진

사무 생산성 향상을 대폭 올리기 위해서는 부서 단위보다는 전사 단위로, 조직의 규모가 클수록 효과가 좋다. 부서 단위 효율화 개선은 결국 한계가 있는데, 전사 단위로 확대하면 그 한계가 무너질 수 있다. 전사 단위로 확대할 때 유사기능이 합해지고, 조직 간 업무 조율을 통해 부서 자체가 없어지는 경우도 효율화 안으로 나올 수 있다.

그러나 이 활동이 사무 생산성 향상이라는 본질이 잘못되어, 사무간접 업무의 구조 조정으로 연결되어 인원 감축으로 이어지면 이 활동의 결말은 실패로 끝날 것이다.

5) 효율화 안에 대한 강력한 개선체계

사무 생산성 향상은 효율화 안의 강력한 시행을 바탕으로 이루어진다. 효율화 안은 잘 구상되었어도 실행력에 문제가 있으면 목적 달성이 어렵다. 즉, 개선안을 제시하는 조직과 실행하는 조직이 달라야 한다. 그러기 위해서는 개선안을 전담해야 하는 조직 또는 담당이 있어야 하고, 추진에 대한 진척은 최고경영자가 점검해야 한다. 또한 효율화 실행안의 개선에 시간이 많이 소요되면 안 된다. 보통 3개월 이내에 단기적으로 끝나야 효과가 극대화될 수 있다.

6) 기존 활동과의 차별성

사무간접 부문의 혁신 활동은 예산을 중심으로 한 원가절감이 축을 이루고 있으나, 개선이 뒷받침되지 않기 때문에 효과도 적고 원상태로 되돌아가는 경우가 많다. 20% 삭감 등 일률적으로 절감하는 활동도 흔히 볼 수 있는데, 이 역시 일시적인 경비절감으로 끝나는 경우가 많다. 인원 감축 역시 개선안 자체가 나오기 어려운 환경에서 실시되어 분위기가 나빠지고 갈등만 고취되는 경우가 많다.

따라서 사무 효율화 활동은 기존 업무처리를 가치 중심으로 정리하고 가치가 없는 업무를 효율화 개선을 하여 공수를 창출한다. 창출된 공수를 부가가치 있는 새로운 업무에 재투자하자는 개념이며, 새로운 일을 더 할 수 있다는 개념의 효율화 활동임을 인지해야 한다.

7) 사무 효율화 부가적 효과

철저한 코스트 의식이 생기며, 스스로 업무의 가치를 제로 베이스에서 생각해 보는 기회를 갖게 된다. 이때 효율화 안 작성 및 실행과정에서 직무능력 향상에 대한 동기부여가 이루어진다. 부서를 초월한 효율화 안을 구상하면서 공동의 이해 및 문제해결을 위한 시도를 통해, 전체를 보는 시야 및 활력을 가질 수 있어 전사적으로 도움이 된다. 조직도 정체되면 고인 물과 같아 생동감이 사라진다는 것을 명심해야 한다.

8) 원가절감 및 가치창출

효율화 안 추진을 통해 창출된 원가절감(공수 창출)은 가치에 투자하여 극대화하여야 한다. 전사 차원에서 사무지원 부문의 효율화 추진을 통한 공수 창출은 전사 차원의 가치 창출을 위한 영업 및 생산에 공수를 투자하여 수주 확대 및 생산량 증대에 기여하면 된다. 부서단위 사무지원 효율화 추진은 공수를 창출, 새로운 가치 창출형 업무에 투자하거나, 개인 역량 강화를 위한 교육훈련에 투자를 해도 좋다.

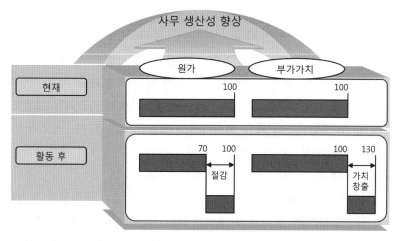

〈그림 8.19〉 원가절감과 가치창출의 관계

(4) 사무 효율화 5스텝

사무 효율화 추진은 5스텝을 걸쳐 실시되는데, 추진을 위한 사무국을 TFT로 구성하여 추진하는 것이 좋다. 5스텝은 다음과 같이 구성된다.

- 1스텝 : 업무 세분화 및 코스트 산정
  - 부서별 명칭 작성
  - 업무 세분화(직무분석 자료 참조)
  - 업무별 코스트 산정(업무별로 공수 산정 및 공수당 비용 적용)

- 2스텝 : 업무가치 부여 및 효율화 안 작성
    - 업무별 가치 평가(평가자는 최종 결재자)
    - 가치지표 산출 및 효율화 안 작성
- 3스텝 : 효율화 안 선택
    - 업무별로 효율화 안 선택(가치지표 향상 폭이 큰 업무 중심)
- 4스텝 : 실행계획서 작성 및 실행
    - 업무별 효율화 안 실행계획서 작성
- 5스텝 : 공수 창출 및 활용
    - 창출 공수를 사전 계획된 순위별로 활용 방안 추진

1) 1스텝 : 업무 세분화 및 코스트 산정

① 목적 : 업무를 상세하게 분석, 효율화 안 작성을 위한 코스트를 산정한다.

② 내용 : 부서의 총 코스트를 산정하고, 업무를 분석하여 업무 코스트를 산정한다. 전 직무를 리스트업하고 주요 업무, 부수 업무 등으로 분석한다. 상세 업무 단위 코스트를 산정하고 부서 총 코스트와 비교, 정도를 체크한다. 각 업무의 최종 성과를 확인한다. 기간은 4주 내에 끝내야 한다.

2) 2스텝 : 업무가치 부여 및 효율화 안 작성

① 목적 : 업무별 가치를 부여하고 가치지표를 산출하여 효율화 안을 작성한다.

② 내용 : 1차 상세 업무 단위 가치를 부여하는데, 업무 코스트를 모르는 상태에서 업무 자체의 가치를 부여한다. 가치는 총가치 대비 백분율로 표시하되 소수점 한 자리까지 부여한다. 가치 부여는 업무 단위 최종 결재권자가 한다.

총가치의 합은 총 코스트의 합과 일치시킨다. 2차 코스트 대비 가치 지표를 산출하는데 가치지표가 1보다 작으면 효율화 안 작성 대책이 된다. 효율화 안 코스트 절감 목표는 전체 코스트의 40%를 목표로 한다. 활동 기간은 6주 이내에 완료하여야 한다.

3) 3스텝 : 효율화 안 선택

① 목적 : 효율화추진위원회를 구성하고, 추진위원회에서 효율화 안을 최종적으로 선택한다.

② 내용 : 효율화 안에 대한 최종 선택 기준은 3개월 이내에 실시 가능한지, 절감 코스트가 큰지, 가치지표 상승률이 큰지 등이 된다. 효율화 안은 전체 코스트의 20%를 목표로 하고 활동 기간은 2주 이내에 완료하여야 한다.

4) 4스텝 : 실행계획서 작성 및 실행

① 목적 : 효율화 안이 선택되면, 실행계획을 수립하고 실시한다.

② 내용 : 효율화 안 실시 후 예상되는 공수를 산정하고 공수 활용계획을 사전계획과 조율한다. 실행계획에 의거하여 실행하고 실행 완료시점에서 공수를 뺀다.

5) 5스텝 : 공수창출 및 활용

① 목적 : 공수창출 및 공수계획에 따라 운영한다.

② 내용 : 창출된 공수는 다음 순위에 의해 투자한다. 1순위는 새로운 업무 프로젝트, 2순위는 부가가치 창출형 업무, 3순위는 인재육성을 위한 교육 및 미래 대비 활동이다. 이 같은 순위는 일반적인 수순이고, 기업의 비전과 목표, 기업문화에 맞추어 변화를 주어도 된다.

제9장
안전 · 환경

(1) 안전·위생 및 환경관리의 개요

안전문제가 사회적 이슈가 되면서 안전·위생 및 환경관리의 혁신활동과 관련된 기업의 관심도 매우 높아졌다. 안전사고 또는 환경사고는 종업원 개인에게 치명적인 손상을 입히게 되고, 경영자나 주주에게는 많은 손실을 야기시킨다. 또한, 사회적 문제를 일으켜 국가에도 막대한 손실을 일으키게 된다. 사업장에서의 폭발사고나 유해물질의 누출로 인하여 인근지역 주민과의 갈등이 발생되면 기업경영이 매우 어려운 국면으로 빠지게 된다. 이렇듯 기업은 종업원의 안전·위생과 사회적 책임을 다하기 위해 반드시 안전·위생 및 환경을 위한 TPM 활동을 수행해야 한다.

안전·위생·환경관리 TPM(이하 '안전관리'라 한다)은 기업에서 우선적으로 수행해야 할 매우 중요한 기본활동이다. 기업에서의 안전관리는 재해 제로·공해 제로를 목표로 해야 한다. 또한, 종업원의 신체를 보호하고, 업무상 발생하는 재해를 미연에 방지하고, 발생된 재해에 대해서는 그 원인을 찾아 신속하게 처리해야 한다.

이 장에서는 우리의 작업현장에 재해 제로·공해 제로 체제를 구축함에 있어서 안전관리 등을 각각 세분화한 TPM 전개가 아니라, 안전관리에 있어 공통적이고 기본적으로 수행해야 할 과제에 관한 TPM 전개방법을 설명한다. 왜냐하면, 안전관리의 개념과 추진방향은 기본적으로 같은 맥락을 갖고 있기 때문이다. 즉, 안전관리에서 TPM 전개방법에 대해 무엇을, 어떻게, 왜 하는가에 역점을 두고 설명한다.

TPM을 도입·전개할 때 안전관리라는 측면에서 유의해야 할 점은, 단순히 다른 현장의 체제를 모방하여 적용하게 되면 효율적인 재해 제로·공해 제로의 체제 구축은 어렵다는 것이다. 안전관리 분야에서 필요한 것은 우선 TPM의 개념을 이해하고, 무엇을 할 것인가와 왜 하는가를 경영자로부터 현장 작업자에 이르기까지 전 직원의 참여를 바탕으로 공유하고 실천하면서 진행해 나가야 하는 것이다.

그리고 안전관리와 TPM을 동일한 맥락으로 간주하고 활동해야 한다. 안전이란 '편안하며 재해의 위험이 없는 것, 특히 인간의 재해로 이어지는 위험이 없는 것'이라고 한 연구자는 정의하였다. 이를 TPM 방식으로 해석하면, '안전이란 안심의 보전'이라고 할 수 있다. 즉, 우리의 마음을 편안한 상태로 만들기 위한 활동이 안전관리라고 할 수 있다. 기업 측면에서는 깨끗한 작업환경에서 작업자 심신의 안정된 상태와 작업의 안정적인 가동상태를 유지하는 것을 의미한다.

〈그림 9.1〉에 제시한 바와 같이 안전관리이든 환경관리이든 관리의 대상이나 범위는 다르지만, 안심의 완전성을 유지하는 데는 변함이 없으며, 안전관리는 '인간의 안심을 추구하는 종합 기술'이라고 할 수 있다.

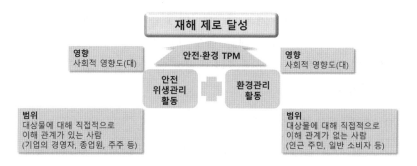

〈그림 9.1〉 안전·위생 및 환경관리의 목적

(2) 안전·환경과 TPM

'안전·환경'과 TPM의 관계는 〈표 9.1〉과 같다.

〈표 9.1〉 안전·환경과 TPM의 관계

인풋 / 아웃풋	금액			관리방법
	사람	설비	원재료	
Production (P) 생산량				Production Control 공정관리
Quality (Q) 품질				Quality Control 품질관리
Cost (C) 코스트				Cost Control 원가관리
Delivery (D) 납기				Delivery Control 납기관리
Safety (S) 안전 위생 환경				Safety & Pollution 안전환경관리
Morale (M) 작업의욕				Human Relation 노무관리
아웃풋 / 관리방법	정원 관리	설비 관리	자재 관리	$\dfrac{\text{아웃풋}}{\text{인풋}}$ = 생산성 기업 활동의 목적

TPM은 설비관리를 기본으로 설비의 효율성을 추구해 나가는 기업의 혁신활동이다. 이는 고장 제로, 불량 제로뿐만 아니라 재해 제로를 추구하는 관리를 기반으로 하여 보다 안전한 맨-머신 시스템 구축을 지향하는 것이다.

1) 재해 제로를 추구하는 관리

TPM은 앞서 살펴본 바와 같이, 그 이념은 철저히 제로를 지향하는 데 목적이 있다. 제로를 지향하려면 미연방지를 꾀하는 것이 활동의 근거가 된다. 안전·환경 TPM에 있어서도 마찬가지로 제로에 철저할 것을 요구하고 미연에 방지하는 사고예방이 기본적이다. 제로 지향의 안전·환경 활동을 전개하면서 TPM을 도입·전개한 기업이 안전성이 더 크게 향상되고 있는 것은 무슨 이유인가를 생각해 볼 필요가 있다.

① 안전관리 활동을 통하여 사람·설비·자재·방법(4M)의 관리가 명확해지고, 그 요소를 철저히 관리함으로써 불안전한 부위가 표면화된다.

② 미결함, 불필요품, 오염 발생원, 청소·점검·급유 곤란개소, 불안전개소 등 불합리가 철저히 제거되며, 눈으로 보는 관리를 통하여 불안전개소를 포함한 잠재결함이 가시화된다.

③ 고장 제로·불량 제로의 수준이 향상되고 불필요한 작업을 제거하여 비정규 작업을 정규 작업화함으로써 최적화된 안전 예방점검과 안전작업표준으로 훈련할 수 있다.

④ 오퍼레이터는 안전을 기반으로 하여 설비의 이상과 가공조건의 이상에 대한 판단과 조치가 빨라지게 된다. 자주보전과 개별개선 활동을 통해 이상 현상에 대한 예지·판단·조처 및 대책 등 일련의 능력이 길러진다.

⑤ 정해진 일이 정확히 지켜지게 된다. 오퍼레이터 스스로 기준을 지킴으로써 그 의의를 이해할 수 있고, 스스로 지키겠다는 의식이 형성된다. 이것을 안전의 기본이라고 할 수 있다.

그러나 과거의 '안전·환경'의 경영 측면에서는 다음과 같은 문제점이 있었다.

- 오퍼레이터의 안전 불감증
- 실천 측면에서 철저함의 결여
- 각 관련 부서의 상호 이해와 협조 불충분
- 경영자의 강한 의지 결여

이상의 문제점을 해결하지 않는다면, 제로관리 기반의 안전·환경 체제 구축은 어려워진다.

2) 보다 안전한 맨-머신 시스템 구축

일반적으로 맨-머신 시스템이란 오퍼레이터와 설비의 기능이 통합된 시스템을 의미한다. 여기에서 맨-머신 시스템은 사람이 기계를 활용하여 생산함에 있어서 기계와 사람을 하나의 시스템으로 '부가가치를 창출'하는 것을 말한다.

일반적으로 안전한 맨-머신 시스템에서 운전하기 위해서는 공정에서 발생될 수 있는 유해·위험요소를 발굴하여 개선해야 한다. 공정별 단위 작업으로 구분하고 각 단위 작업별로 잠재되어 있는 유해·위험요소가 있는지 상세하게 분석해야 한다. 이때 작업에 대한 잠재된 유해·위험요소를 도출하여 개선대책을 수립한다든가 위험성을 파악하여 위험성 평가를 통한 위험도를 줄이는 개선 활동을 실시하여야 한다.

또한, 작업분석 시에는 정밀촬영 도구를 활용하고, 촬영한 후 현재의 작업 상황을 상세하게 분석한다. 안전보증을 가장 바람직한 상태로 인식하고 현 상태에서 안전사항과 바람직한 상태의 차이(gap)와 변동(variance) 요인을 찾아 분석하고 개선해야 한다. 〈그림 9.2〉는 바람직하고 안전한 작업 모습과 현상에 대해 나타낸 것이다. 이때 차이와 변동을 가려낼 수 있는 능력을 TPM에서는 '불합리 발견 능력'이라고 한다.

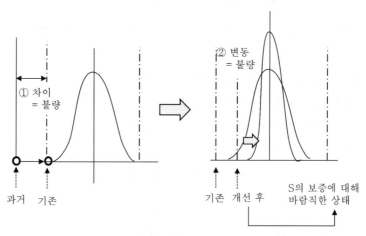

〈그림 9.2〉 바람직한 상태의 차이와 변동

대부분의 작업현장에서는 볼트·너트 체결 공구로 멍키스패너를 사용하고 있다. 멍키스패너는 실용성 있고 편리한 도구이기는 하지만, 정규 작업에서 체결 부품들을 토크 기준에 적합하게 체결해야 한다. 그런데 작업자에 따라서 기준과의 차이가 항상 발생하고, 체결작업 결과 과도

하게 체결됨으로써 나사산이 소손되거나, 덜 죄어져 풀림을 유발하여 설비의 고장이나 안전의 위험성이 높아지게 된다.

그러나 대부분의 기업에서는 이러한 차이나 변동을 줄여 나가기 위한 설비기능 교육을 거의 수행하지 않고 있다. 이와 같은 상황은 자주보전 활동에서도 자주 발생되고 있으며, 정비 부서에서 긴급 보전작업 시에도 발생되는 경우가 종종 있다. 이러한 경우에 변동을 보다 작게 하고, 올바른 사용법의 교육훈련이나 변동 상태에 대한 관리가 필요하다. 안전한 맨-머신 시스템을 구축하기 위해서는 생산설비에서의 직접적인 변동요인 파악이나 간접적인 양면 작업을 해야 한다.

사람의 행동 특성을 살펴보면, 보거나 듣는 등 오감을 통해 각종 정보를 수집하여 합리적인 행동을 하려는 경향이 있다. 사람은 과거에 얻은 지식이나 경험을 바탕으로 의사결정을 하는데, 잘못을 범하거나 해야 할 것을 잊어버리기도 한다. 또한, 현장작업의 기능 훈련이 덜 되었거나 마음이 불안정할 때에는 의사결정 결과의 신뢰도가 현저하게 저하되기도 한다. 즉, 재해는 불안전한 행동으로부터 기인되는 경우가 많다.

발생된 재해사고 원인들을 분석해보면, 현장의 정리·정돈이 안 되어 어지럽혀져 있다든가, 개인 보호구를 착용하지 않았다거나, 작업도구를 제대로 갖추지 않고 매뉴얼대로 진행하지 않았다거나, 작업자의 자세가 불안정할 때 사고로 이어지는 경우가 많다.

산업이 점점 발달되어 감에 따라 안전·환경 측면도 과거의 물적 조건과 환경 조건의 정비에서, 인간의 행동과 관련된 문제로 초점이 바뀌었다. '인간은 실수할 수 있는 동물이다'라고 어느 학자가 말했듯, 작업현장에서는 사람의 불안전한 행동에 기인한 실수들이 많이 발생하고 있다. 오퍼레이터가 설비 기능과 작업방법을 충분히 이해하고 작업을 한다고 하더라도 가끔은 실수하기 마련이다.

이러한 실수를 방지하기 위하여 사고예방을 위한 안전교육이나 현장 설비의 구조·기능·특성·원리 등 자기가 맡고 있는 설비에 대해 충분히 훈련되어야 한다. 오퍼레이터가 충분한 교육을 받고 운전한다고 하더라도 휴먼에러가 발생할 수 있다. 휴먼에러는 설계·제작·설치·검사·운전 및 보전활동 각 단계에서 언제든지 발생할 수 있으며, 이러한 휴먼에러를 줄이기 위해 철저한 교육훈련과 오퍼레이터를 보호하기 위한 기계적 안전장치가 설치되어야 한다.

또한, 현장에서는 자신의 안전을 확보하기 위해서 유해·위험요소를 철저하게 발굴하여 제거하는 활동을 기본적으로 수행해야 하며, 작업 중에 실수로 인하여 발생할 수 있는 휴먼에러를 방지하기 위해 풀프루프(fool proof) 시스템 및 무결안전 시스템(fail-safe-system)을 구축해야 한다. 이와 더불어 생산이나 설비 운전 시 안전을 확보하기 위해 작업절차를 마련하여 운영하여야 한다.

『하이테크 사회와 노동』이라는 책에서도 '사람에게 익숙할 수 없는 기계나 시스템은 오래 지속될 수 없다'고 설명하고 있다. 이 말은 맨-머신 시스템을 구축하는 데 중요한 시사점을 준다. 이는 TPM 활동의 지침인 '자기 설비는 스스로 지킨다'는 말과 같은 관점에서의 발상이라고 할 수 있다.

2 재해 제로·공해 제로의 개념

(1) 생산활동 기반의 안전관리

'천재(天災)는 잊을 무렵에 찾아온다'라는 말은 천재지변에 대한 예방이 얼마나 어려운가를 적절히 표현한 것이다. 이는 기업의 안전·환경에도 똑같이 적용되는 말이다. 〈그림 9.3〉에 제시했듯이 재해 제로·공해 제로를 지향하는 안전·환경은 생산활동의 기반이라고 생각해야 된다.

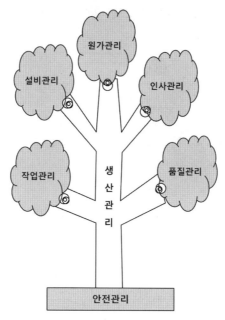

〈그림 9.3〉 안전관리와 생산활동

　생산 시스템은 현실적으로 사고·재해를 일으키는 위험 요인을 항상 내포하고 있다. 즉 현재 제로 재해를 지속 달성하고 있는 현장에서도 재해발생의 잠재성이 존재한다는 사실을 기업에서 일하는 모든 사람이 항상 인식하고 있어야 한다는 말이다. 그리고 과거의 재해 발생 경험을 잊지 말고 '타산지석'으로 삼아 타사의 재해 사례를 자사의 잠재 위험으로 여겨 대책을 강구해야 한다.

　TPM을 전개하는 기업에서 재해의 사례에 관하여 청취할 기회가 있었는데, 발표되는 각각의 사례에 공통되는 재해발생 상황은 건설이나 정비 작업 시에 발생되는 경우와 설비고장이나 품질불량 등이 발생하는 경우가 많다는 것을 알 수 있었다. 이것은 단 한 번의 트러블이나 고장이 재해발생의 계기가 될 수 있다는 것이며, 일상적으로 수행하는 예방적 차원의 안전 TPM 활동은 재해 제로·공해 제로 활동을 위해 아주 효과적인 방책이라고 할 수 있다.

이상의 사실을 정리해보면 〈그림 9.4〉의 '재해발생 피라미드'가 된다.

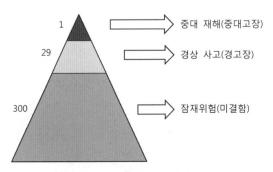

〈그림 9.4〉 재해발생 피라미드

산업현장에서 발생한 노동재해에 관한 미국 하인리히의 연구에 의하면, 어떤 산업재해로 중상자가 1명 발생되었을 때 그 전에 같은 원인으로 경상자가 29명이 발생되었고, 또 그 전에 같은 원인으로 부상을 당할 뻔한 300번의 사고(아차사고)가 발생되었다고 한다(하인리히의 1 : 29 : 300 법칙). 재해의 경우는 설비고장이나 불량도 마찬가지로 비교할 수 있다.

여기서 '아차사고'란 작업자의 실수, 설비 결함 등으로 사고가 일어날 수 있는 상황이 발생했으나 직접적인 사고로 이어지지는 않은 상황으로, 협착·충돌·전도·화상·추락·근골격계 등을 유발한다. 산업현장에서는 아차사고도 사고로 간주하여 집중적인 관리가 필요하다.

(2) 재해발생 메커니즘

재해발생 메커니즘을 중요한 키워드인 '미결함'에 착안하여 정리하면 다음과 같으며, 미결함은 계속 성장한다.

- 더 이상 상세하게 나누는 것이 곤란한 상태의 불합리한 점
- 일반적으로 결과에 미치는 영향이 적다고 생각하고 있는 것
- 이치에 비추어 보아 이상하다고 생각되는 것

- 정상과 이상의 사이에 있는 것
- 먼지, 오염, 흔들림, 마모, 녹, 구멍, 흠, 변형 등을 말하며, 현장에서 아차사고를 일으키는 요인이 포함된다.
- 현장의 만성 로스 대부분은 미결함의 방치로 인하여 발생된다.

미결함이 어떻게 발생·성장하고 재해를 일으키는가에 대한 안전·환경의 재해발생 메커니즘을 도식화하면, 〈그림 9.5〉와 같다. 미결함이 근원(source)이 되어 사람·설비·물질·환경 및 관리의 부재로 인하여 불안정한 상태에 놓이게 되거나, 불안전한 행동으로 인하여 사고가 발생되고 결국 재해로 손실이 발생된다.

따라서 각 단계별로 사전대책을 강구하여 재해예방에 만전을 기하여야 한다.

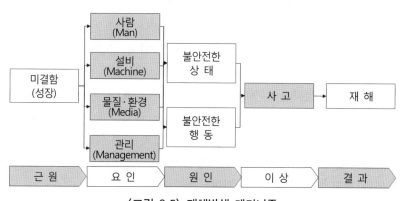

〈그림 9.5〉 재해발생 메커니즘

재해발생 메커니즘을 미결함 측면에서 살펴보면 〈그림 9.6〉과 같이된다. 이는 〈그림 9.5〉의 저변에 있는 미결함이 어떻게 발생·성장하여재해를 일으키는가를 관찰함으로써 미결함의 발생·성장단계에서 예방책을 강구할 수 있다. 미결함을 성장시키는 토양은 4M 요인으로 분석할수 있다.

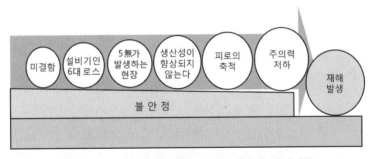

〈그림 9.6〉 미결함 측면에서 본 재해발생 메커니즘

설비(Machine)적인 측면을 고려해 볼 때 기계설비의 구조상 결함이나, 안전설계의 부족, 비상시 또는 비정상 작업 시 안전 연동장치의 결함, 위험방호 장치의 불량으로 인하여 안전문제를 야기시킬 수 있다. 사람(Man) 측면에 있어서는 작업자가 초보자로서 기계의 구조·기능·특성·원리를 이해하지 못한 상태에서 작업을 하거나, 부적절한 작업방법, 개인보호구의 미착용 및 불안정한 행동으로 인하여 발생될 수 있다.

물질·환경(Media) 측면에서는 취급하는 물질을 잘 이해하고 있지 않다든가 작업공간이 협소하거나 현장의 정리·정돈이 안 되어 있는 상태라면 안전사고 발생의 위험성이 항상 존재하게 된다. 또한, 관리(Management)적인 측면에서는 해당 작업의 안전·환경 매뉴얼에 따라 규정을 준수하지 않아 안전 문제를 발생시킬 수 있다. 결국 재해 제로를 위한 철저한 매니지먼트가 결여된 것이다.

여기서 기능의 결여란 다음 3가지를 말한다.

① 미결함에 대해서 모른다

현장에 잠재되어 있는 불안전한 미결함을 미결함으로 인식하지 못하며, 경결함이 중결함으로, 중결함이 대결함으로 커져야 비로소 결함이라는 사실을 인지하는 수준(교육 부족)

② 알고 있어도 할 수 없다

미결함 단계를 알고 있음에도 불구하고 적절한 조치나 대책을 취할 능력이 부족한 수준(교육훈련 부족)

③ 알고 있어도 하지 않는다

미결함을 가려낼 수 있는 지식과 기능을 지니고 있음에도 불구하고 스스로 실행하지 않는 수준(의욕 부족)

즉 미결함의 발생·성장은 제로에 철저한 매니지먼트의 부족으로 생기는 기능 부족이 인적 요인이며, 맨-머신 시스템의 미결함 방치가 물적 요인이라고 할 수 있다.

(3) 안전관리 활동으로 안전성 제고

안전관리에서 종합적이라는 의미는 TPM에 있어서 Total과 같은 뜻이다. 전원이 참여하고, 전 부문의 협력을 기반으로, 생산설비 라이프 사이클 전반에 걸쳐 안전관리의 활동 전체 영역을 대상으로 하며, 안전성을 높이는 데 그 목적이 있다.

이상과 같이 안전관리는 그 활동 방향으로 보아 '공략 활동'과 '수비 활동'으로 구분할 수 있다. 안전·환경 활동에서 공략 활동이란 재해발생을 최대한 감소시키는 것을 목적으로 하며, 고장이나 트러블 등 재해발생의 원인이 되는 요인을 제거하기 위한 활동이다. 이를 위해서는 우선적으로 설비의 구조·기능·특성·원리와 가공조건을 이해하고 미결함을 적출하여 복원 및 개선할 수 있는 기능을 갖춘 안전에 강한 오퍼레이터를 육성하는 것이 주안점이 된다.

한편 '수비 활동'이란 재해가 발생하더라도 그 피해의 정도, 영향 범위를 최소한으로 줄이는 데 목적을 둔 활동이다. 이 공수 양면의 활동이 안전성을 목표로 생산설비의 신뢰성을 측정하는 척도로써 일반적으로 사용되는 가동성과 안전성을 대비해 보면, 그 특징을 알 수 있다. 이를 〈그림 9.7〉에 제시해 놓았다.

여기에서 우리가 알 수 있는 것은 생산설비의 가동성(신뢰성 및 보전성)과 안전성은 발생 형태가 완전히 다르고, 재해의 발생 빈도나 크기도 설비고장이나 트러블 등의 정지 횟수에 비해 매우 낮다는 것이다. 일반적으로 안전성에 대한 척도는 무재해 시간을 사용하고 있으며, 현장의 안전·환경을 위해서는 공장별·공정별 아차사고 건수나 위험도 등을 평가하고 그 지표를 관리해야 한다.

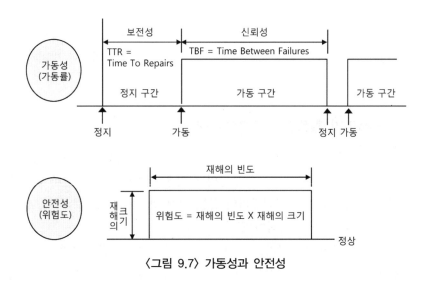

〈그림 9.7〉 가동성과 안전성

안전관리의 중점 시책과 단계별 전개

(1) 안전관리의 중점 시책

재해 제로 기반의 맨-머신 시스템 구축을 위한 중점 시책을 〈그림 9.8〉에 제시한다. 맨-머신 시스템은 사람에 대해서 안전에 강한 인재를 육성하고 현장·현물에 대해서는 안전한 설비 운영 체제를 구축하는 것이다. 사람에 대해서는 행동 재해 방지를 위한 대책으로 올바르게 작업할 수 있도록 철저한 교육훈련을 실시해야 한다. 설비에 대해서는 사람의 재해방지를 위한 풀프루프와 설비고장이 발생되더라도 2차, 3차 고장으로 인한 손실이 발생되지 않도록 페일세이프 체계를 구축해야 한다. 매니지먼트 시스템은 안전·환경제도를 규정화하여 운영되도록 해야 한다. 이러한 맨-머신 시스템과 매니지먼트 시스템의 기반 하에 재해 제로·공해 제로의 목표를 달성할 수 있다.

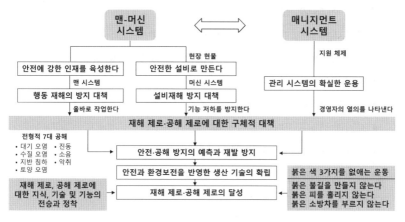

<그림 9.8> 안전·환경 중점 시책

　맨 시스템, 머신 시스템, 매니지먼트 시스템의 재해 제로·공해 제로를 위한 각 부문별 활동에 대해서 알아보면 다음과 같다.

1) 맨 시스템 활동

- 환경과 설비의 문제점 적출
- 불안전개소의 적출 및 개선 활동
- 재해발생 가능성 추출 활동
- 위험예지 활동의 정착
- 조작 오류방지 활동의 정착
- 지시 호칭 조작의 정착
- 휴먼에러의 원류 대책
- 정기수리 등 공사 안전 확보 대책
- OJT에 의한 개별 지도, 교육훈련
- 취급 물질의 위험도 평가 및 교육
- 협력 회사의 산재 예방 활동 지원

- 안전·환경 법규의 설비 관련 교육
- 교통안전의 철저

2) 머신 시스템 활동

- 설비사고 제로, 재해 제로의 방법 확인
- 운전 중 설비 이상의 조기 발견(운전 중인 설비의 수명관리)
- 안전·환경·공해방지 설비의 평가와 개선
- 설비의 잠재 결함 대책
- 정기적 설비 진단
- 강제열화 제로의 보전 기술
- 시스템 평가 기술의 개발과 대책
- 불요 설비, 배선 철거

3) 매니지먼트 시스템 활동

- 전사적 안전·위생, 환경보전 추진을 위한 기본적 방법, 추진 조직, 방법의 수립
- 안전보전 교육 체계의 확립 및 재해방지 기술 매뉴얼 제정과 운용
- 안전 표창제도의 제정 운용
- 경영자 감사시스템의 제정 운용
- 안전대회 등 제도의 제정 실행
- 안전, 공해방지 등의 예산제도
- 사내외 트러블 정보관리 시스템 확립(사외의 클레임 포함)
- 안전 확인 제도의 확립
- 신설비, 신제품의 안전 공해 사전 평가시스템 확립

보다 안전한 맨-머신 시스템을 구축하기 위한 중점 시책은 '안전한 설비를 만드는 것은 곧 설비재해를 방지하는 것이고, 안전에 강한 인재를 육성하는 것은 곧 행동재해를 방지한다'는 두 가지 측면에서의 접근이 필요하다.

① 안전한 설비를 만드는 것은 곧 설비 재해를 예방하는 것이다

TPM 전개를 위한 5개 기둥을 추진하고 설비고장, 품질불량, 일시정지 등 불안전한 상태를 조성하는 손실을 철저히 추방하는 일이 설비 재해 예방에는 매우 효과적이다. '돌발'이라는 상황은 재해발생의 위험성을 높인다. 따라서 돌발을 정기적으로 예방함으로써 표준화 및 적절한 조치와 대책도 추진하기 쉬워지며, 위험을 줄일 수 있다. 이 위험 수준과 설비 상태 사이의 관계를 〈그림 9.9〉에 제시한다.

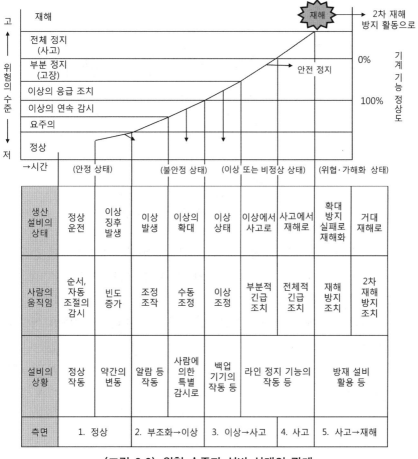

〈그림 9.9〉 위험 수준과 설비 상태의 관계

② 안전에 강한 인재를 육성하는 것은 행동 재해를 예방하는 것이다

불안전한 행동에 의한 재해를 방지하려면 사람의 의식을 바꾸는 일이
중요하다. 일반적으로 행동 재해를 예방하는 데는 지시·호칭이 그 대책
이다. 〈그림 9.10〉과 같이 지시·호칭은 효과적인 수단이다. 여기서 기능
수준의 3단계를 떠올리기 바란다.

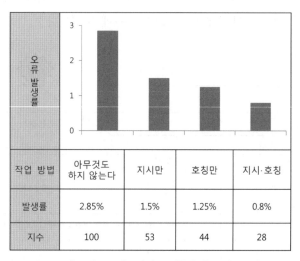

작업 방법	아무것도 하지 않는다	지시만	호칭만	지시·호칭
발생률	2.85%	1.5%	1.25%	0.8%
지수	100	53	44	28

〈그림 9.10〉 지시·호칭의 유효성

지시·호칭은, 예를 들어 '모른다', '할 수 없다'는 교육훈련의 충실화
로 해결할 수 있지만, '아무것도 하지 않는다'는 의욕 부족은 대처할 특
효약이 없다.

그러나 TPM에서는 사람이 달라질 것을 요구한다. 그렇다면 어떻게
해야 사람이 바뀌고, 행동 재해의 큰 요인인 '아무것도 하지 않는다'를
위한 대책을 마련할 수 있는가? '하지 않는다'의 문제는 일방적인 강요의
관리 체제 하에서 생기는 것으로 간주한다. 그러므로 행동 재해의 방지
를 지시·호칭이라고 단순하게 생각해서는 안 된다.

아무리 효과적인 수단이라도 사용하는 본인 스스로 그 의의를 정확하게 인식하지 못한다면 효과는 거둘 수 없다. 수단의 의의를 인식하도록 하려면, 이른바 사기진작이 요구된다. 또한, TPM의 안전·환경 활동은 단계별로 전개하는 것이 반드시 필요하다. 안전·환경 활동의 기본이 사람이므로 '사람이 바뀐다'는 것 이상으로 중요한 것은 없다. 그러나 이것을 실천하는 가운데 사람이 바뀌게 되므로 시간이 걸린다. 따라서 당장의 특효약은 없으며 지속적인 교육훈련이 필요할 뿐이다.

(2) 안전관리의 단계별 전개

TPM 전개의 5개 기둥 가운데 하나인 자주보전은 그 활동 방식으로 단계적 추진 방식을 채택하고 있다. 단계별 추진 방식의 장점은 각 단계별로 활동목표를 수립하고 단계적으로 바람직한 상태를 구현하는 데 있다. 안전관리 활동에서도 이 단계별 방식은 매우 유용하다. 왜냐하면 종전의 안전·환경의 매니지먼트로 문제점을 단기간에 해소할 수 있는 것이 아니라, 중장기에 걸쳐 단계적으로 실천하는 가운데 그 해답을 알 수 있는 성격의 것이기 때문이다.

안전관리의 단계별 전개 사례를 〈표 9.2〉에 제시한다. 이 단계별 전개 방식의 특징은 자주보전 활동과 맞추어 설비개선을 포함한 개별개선을 하면서 오퍼레이터의 기능 향상을 꾀하는 행동, 계획보전의 수준 향상 활동과 연계하여 설비 트러블이나 재발 고장의 방지 등의 활동 및 설비 진단 기술의 활용에 의한 예지보전 활동을 지향하는 서브 전개 방책으로 구성되어 있다는 점이다.

⟨표 9.2⟩ 안전관리의 단계별 전개 사례

구분	준비기	도입기(1Y)	실천기(2Y)	실천기(3Y)	정착기
도입 준비	• 안전 TPM 활동 준비 • TPM 도입 교육 • 재해 제로와 위험 예지				
자주 보전 활동 의 단계 별 전개		**1스텝 : 초기청소** • 위험예지 및 안전 문제점 적출 • 3S활동 전개 • 유해·위험요인 적출 – 아차사고 발굴 • 개인보호구 착용 **2스텝 : 발생원 곤란 개소 대책** • 불안전(설비·환경· 작업)의 개선 • TRA 분석 • 표지판 부착 및 개선 • 불안전개소 맵 작성			
		• 안전 OPL 교재에 의한 활동 • 교통안전의 철저	**3스텝 : 자주보전 (가)기준서 작성** • 1인 위험예지 • 눈으로 보는 관리 충실화 • 지시·호칭의 정착화 **4스텝 : 총점검** • 재해 등 OPL 사례에 의한 교육		
		• 방재훈련 – 통보, 연락, 구급, 초기방재, 2차 방재, 사후처리 및 방재 활동, 방재 설비의 검토		**5스텝 : 자주점검** • OPL학습 • 조작오류 방지 의 구체적 실현 • 풀프루프 **6스텝:표준화** • 기준서의 재검 토 및 개정	

계획 보전 활동 의 단계 별 전개	• 도입교육 – 자사, 협력사 • 협력사 위험 　예지활동	• 위험예지 · 위험 작업의 안전화 – 화기, 고소 등 　특수작업	1인 위험예지 · 동작 의 지시 호칭		
		국면1 : 반복고장 의 재발 방지	국면2 : 약점설비의 발굴과 개선 • 풀프루프 • 페일세이프 국면3 : TBM 확립 • 설비노후화에 　초점을 둔 검사	국면4 : 고장예지 • 기기결함의 　예측	계획 보전 의 정착
스태 프 활동	FMEA, PM 분석, FTA 등의 기법을 사용한 평가				

(3) 단계별 전개 추진 도구

재해 제로 · 공해 제로를 위한 안전관리 전개를 효과적으로 추진하려 면 다음과 같이 추진 도구의 활용이 요구된다.

① 위험예지 활동
② 활동판
③ 원 포인트 레슨(OPL)
④ 단계별 진단

자주보전의 추진 도구로 활동판, 회합, OPL이 '3대 보물'이라고 불릴 정도로 중요하다는 사실은 이미 설명했지만, 안전 · 환경의 단계별 전 개를 추진하는 측면에서도 회합과 활동판의 활용은 중요하다. 다만, 회 합에 있어서는 이미 많은 기업에서 위험예지 훈련을 도입 · 전개하고 있 으므로 위험예지 훈련에서 예지 활동으로 발전한 활동을 이 단계별 전 개의 추진 도구로 삼는 것이 바람직하다. 많은 기업에서 위험예지 훈련을 실천하는 광경을 볼 기회가 있는데, '안전을 업무에 내재화시킨다', '업무를 수행하면서 안전을 확보한다'는 유해·위험예지 활동에서 불충분한 느낌을 받을 경우가 있다. 예를 들면 위험요소를 적출해도 불안전 현상의 확인은 인지만으로 그치며, 어떤 큰 재해를 일으키는가(영향의 예측), 왜 발생했는가(요인의 추구)까지 사례연구 활동을 하는 기업은 드물다.

자주보전 활동에서는 불안전개소에 대해 '붉은 표찰 작전'을 하는 가운데 '문제점을 문제점으로 보는 안목을 기른다'는 의식이 단계적으로 싹트게 된다. TPM에 있어서 위험예지 활동은 이 '붉은 표찰' 활용을 3현주의(현장·현물·현상) 기반으로 추진해야 한다.

이상의 위험예지 활동, 원 포인트 레슨, 활동판이 일상업무 가운데서 활용되는가를 진단하는 것이 '단계별 진단'이다. 단계별 진단의 흐름은 자주보전의 흐름과 마찬가지다. 그러므로 자주보전의 단계별 진단 가운데 안전·환경의 진단 항목을 포함시켜 추진하는 경우도 있고, 자주보전의 단계별 진단과는 별도로 안전·환경의 단계별 진단을 할 때는 5요소의 진단과 함께 추진하는 경우도 있다. 이 흐름을 〈그림 9.11〉에 제시한다. 또 그때 활용하는 진단 항목 및 체크리스트의 실례를 〈표 9.3〉과 〈표 9.4〉에 제시한다.

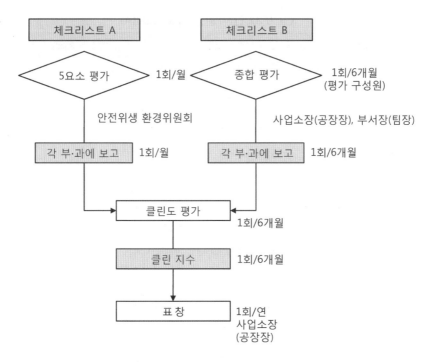

• 클린 지수의 산출

$$클린 \ 지수 = (\frac{6개월의 \ 5요소 \ 평점 \ 합계}{6}) \times 0.8 + (종합 \ 평가점) \times 0.2$$

〈그림 9.11〉 안전·환경 진단 흐름도

NO.	항목	요점	체크	비고
1	커버 및 난간 등	• 절삭분, 냉각제 등의 비산 방지 커버는 설치되어 있는가 • 회전부, 미끄럼부 등에 끼인 위험한 부위에는 안전 커버가 설치되어 있는가, 손상은 없는가 • 점검·조정·급유 등을 위한 승강 설비와 발판은 있는가 • 선반·난간·스토퍼·방액 울타리 등 안전시설에 손상은 없는가 • 바닥면, 개구부 주위에 난간은 있는가		
2	위험 부위	• 피트 내부 등에 점검용 조명은 있는가 • 작업 바닥면에 미끄럼, 단차는 없는가 • 슈트, 컨베이어 등 반송 설비에 걸림, 막힘은 없는가 • 방음 문짝은 안팎 어느 쪽에서도 열리는 구조인가 • 낙하물의 위험은 없는가 • 증기관 등 고온부에 접촉 화상의 우려는 없는가 • 지하실, 창고 등의 긴급용 보안등, 유도 표지는 만전을 기하고 있는가		
3	작업성	• 기동 버튼, 조작 레버, 각종 조작판의 위치는 적절한가 • 조작 레버, 핸들이 무거운 것은 없는가 • 설비의 중량을 알기 쉽게 표시하고 있는가		
4	안전 장치	• 방화설비(스프링클러, 방연 셔터, 소화전, 가스검지기, 소화기) 등의 작동 상태는 정상인가 • 비상정지 장치의 기능은 정상인가, 그리고 정지 버튼은 손 닿는 곳에 있는가 • 조작 오류를 유발하는 버튼의 위치 및 조작회로는 없는가 • 경보 버저, 경고등, 각종 인터록, 리밋 스위치 등은 정상으로 작동하는가		
5	위험 및 안전 표지	• 고압 가스, 위험물, 약품 등의 표지는 정확히 표시되어 있는가 • 유독 가스, 산소 결핍 가스 및 위험물 등의 주의 표지는 완비되어 있는가 • 차량의 제한 속도 및 표시는 있는가 • 고압 전원 통전 중 위험 등의 표시는 있는가 • 장갑 착용 금지, 회전체 주의, 머리 주의, 발밑 주의 등의 주의 표지는 제대로 되어 있는가		
6	통로의 안전	• 가설물은 허가받은 것인가, 통로를 방해하고 있지 않은가 • 안전 통로, 작업 구역 등은 식별할 수 있는가 • 유류, 산소, 아세틸렌, 봄베 등의 보관장을 다른 것과 구분하는 울타리나 표지는 완전한가		

〈표 9.4〉 안전·환경 체크리스트(B)

제1단계 위험 원인의 총점검 (회전부, 미끄럼부)		사업장명 또는 설비명		진단자	
		진단 날짜		년 월 일( )	
		진단 구분(O표)	자기 진단	팀장 진단	

구분	NO.	진단 항목	판단 기준(☆)	판정	비고 (특기사항· 문제점)
1. 회전 부 · 미끄 럼부	1	회전 부분이 노출되어 있지 않은가	확실한 커버, 이면에 손이 들어가지 않는다.		
	2	회전축에 돌기물은 없는가 (비스, 커플링 등)	세트 볼트는 매몰형으로 한다.		
	3	실린더, 대차 등의 움직임에 손가락이 끼지 않는가	프레임 등의 사이는 3cm 이상으로 한다.		
	4	운전 중 장치가 가까운 곳에서 조정할 필요는 없는가	멈추고 조정할 수 있어야 한다. (부주의하게 접촉하지 않는 위치에 있을 것)		
	5	운전 중 부주의하게 위험 범위에 들어가는 상태로 되어 있지 않은가	선반 또는 체인으로 차단한다.		
	6	롤이 말려드는 쪽이 노출되어 있지 않은가	커버 또는 바를 설치한다.		
	7	중요한(중대 재해로 이어지는) 커버는 인터록으로 되어 있는가	벗기면 즉각 정지해야 한다.		
	8	스크루에 말려들지 않는가	로터 설치는 표시한다.		
	9	블로어의 공기 흡입구는 안전한가	쇠그물로 커버를 한다.		
	10	실린더의 에어, 오일뽑기 대책은 좋은가	낙하방지 대책이 있어야 한다.		
	11	회전 방향을 알 수 있는가	표시를 해두어야 한다.		
	12	위험 부위를 한눈에 알 수 있는가	위험색 등으로 표시를 해두어야 한다.		

〈표 9.4〉 안전·환경 체크리스트(B) (계속)

구분	NO.	진단 항목	판단 기준(☆)	판정	비고 (특기사항· 문제점)
2. 비상 정지	1	비상정지 버튼은 누르기 쉬운 위치에 있는가	위치를 바로 알 수 있고 긴급 시에 스스로도 누를 수 있어야 한다.		
	2	비상정지 버튼의 색, 형태는 적정한가	적색, 버섯형 등		
	3	비상정지 버튼을 누르면 안전 상태가 되는가	롤 등이 열린다.		
3. 관리	1	중점 부위에 지시·호칭의 표시가 있는가	표시되어 있다.		
	2	TBM 등으로 잠재 위험의 적출과 시정이 되어 있는가(작업 방법 포함)	전원이 알 수 있도록 표시되어 있다.		
	3	배치 전환 교육, 설비 또는 작업 내용 변경에 따른 교육을 하고 있는가	매뉴얼이 있고 적절히 개정되며 교육 실적이 기록되어 있어야 한다.		

* 판정 사례

이 판단 기준(☆)으로 평가(개선 종료, ◎)하거나, 정당한 사유로 이 수준까지 개선할 수 없는 경우에는
① 이 수준으로 만들기 위한 실행 계획(5W1H)리스트를 만든다.
② 색 표시, 위험 라벨 표시 또는 금지사항 표시를 만족시키면 시정된 것으로 판단한다.

* 적부 판정

1. 위험 수준이 경미한 것이 4건 이상 적출 누락이 있으면 불합격
2. 위험 수준이 큰 것(휴업 재해 이상)이 하나라도 적출 누락이 있으면 불합격
3. 시정 100%로 합격

4 ▶ 안전관리의 단계별 전개

(1) 자주보전에서의 단계별 전개

자주보전 활동에서의 안전 단계별 전개(자주안전)는 자주보전 각 단계의 목적을 생각할 때 다음과 같이 전개하는 것이 기본적인 추진방법이다.

1) 1단계 : 초기청소(청소·점검)

안전·환경상의 문제점 적출과 복원이 이 단계의 활동 목표이지만, 위험예지 훈련의 4라운드법을 활용하면 효과적이다. 〈표 9.5〉는 T자동차의 위험예지 훈련 4R법을 이 단계에 실시한 사례다.

〈표 9.5〉 안전·환경 활동 사례

위험예지 실시일		월 일		제공자 :
불안전한 행동		위험 요인		불안전한 상태
	1R	2R	3R	4R
	어떤 위험이 잠재해 있는가	위험의 포인트	당신이라면 어떻게 할 것인가	우리는 이렇게 한다.
1	안전 체인 걸기가 불안전하다.	벗겨져서 가동부에 말려든다.	정해진 곳에 건다.	국소 커버를 설치한다.
2	입구 게이트에 개구부가 있다.	손이 낀다.	가동부에 손을 넣지 않는다.	
3	트랜스퍼 가동부가 손 닿는 곳에 있다.	손을 찧는다.	가동부에 손을 내밀지 않는다.	
4	게이트, 실린더 가동부가 손 닿는 곳에 있다.	손을 찧는다.	미끄럼부에 손을 내밀지 않는다.	

2) 2단계 : 발생원·곤란개소 대책

이 단계는 1단계에서 위험예지 훈련 4R법에 의해 적출된 문제점에 대해 개선을 추진하는 단계이다.

발생원 대책은 안전을 고려한 국소 커버 작성이 요점이다. 곤란개소의 대책은 위험 영역에 들어서지 않으면 청소·점검·급유를 할 수 없는 부분의 색출과 그 대책을 취하는 것이다.

〈표 9.6〉 자주보전 (가)기준서 사례

구분			포인트수	부위	판정기준	방법	도구·조치	시간	주기	담당	가동중	정지중
안전	고장	품질										
		○	4	척 센터 볼트	풀림이 없을 것	죄기	스패너	5분	1개월	OP		○
		○	4	척 토(toe)	요동이 없을 것	촉각		5분	3개월	OP		○
○			5	안전 커버	변형이 없을 것	육안		5분	매일	OP		○
○			5	↑	설치 볼트의 풀림이 없을 것	죄기	L봉	10분	↑	OP		○
		○	4	척 토 클램프 볼트	풀림이 없을 것	↑		10분	1개월	OP		○
		○	4	척 토	떠오름이 없을 것	워크를 처킹	다이얼 게이지	15분	2개월	OP		○
		○	4	척 토 워크 파악면	흠집, 피로가 없을 것	촉수·육안		5분	교체시	OP		○
		○	4	로케이터 풀림 방지 너트	풀림이 없을 것	촉수·죄기	스패너·L봉	10분	주	OP		○
		○	4	로케이터	굽음이 없을 것	육안	스케일	2분	1개월	OP		○
		○	4	로케이터 첨단 워크	마모, 변형이 없을 것	↑			↑	OP		○
		○	4	로케이터 높이	산포가 없을 것	다이얼 게이지로 측정	다이얼 게이지	10분	↑	OP		○
○			6	척 커버	변형이 없을 것	육안		1분	1개월	PM		○
○			6	척 커버 설치 볼트	풀림이 없을 것	죄기	L봉	10분	↑	PM		○
			2	주축 풀리	이상음이 없을 것	청각		1분	매일	OP	○	
			2	↑	이상 발열이 없을 것	자각		1분	↑	OP	○	

3) 3단계 : 자주보전 (가)기준서의 작성

(가)기준서를 작성하는 요령으로 〈표 9.6〉에 제시한 사례와 같이 안전상 필요한 부분 등도 명시해 두면 좋다. 그리고 1인 위험예지를 추진함으로써 재해·고장·불량을 방지하고 작업의 품질을 높이는 연구도 필요하다.

4) 4단계 : 총점검, 5단계 : 자주점검

설비 및 가공조건의 이상에 대해 강한 인재의 육성이 목표가 되는 이 단계에서는 과거의 OPL을 이용한 기능 향상 훈련과 재해발생 잠재성이 높은 설비에 대한 '총점검', 그리고 재발방지를 위한 계획보전과의 연계를 강화한 '자주점검'으로 설비·가공조건에 강한 사람을 육성해야 한다.

5) 6단계 : 표준화, 7단계 : 자주관리

이들 단계는 TPM 활동의 성숙단계이며, 5개 요소에 위험예지 활동 등 안전·환경의 필수조건을 총점검하고, 신설비에 대해 설계−시운전 − 운전 단계로부터 오퍼레이터의 참여 아래 '상태가 좋은 설비 만들기'를 지향한다.

(2) 계획보전에서의 단계별 전개

안전·환경 TPM에서 계획보전 단계를 전개할 때는 다음 항목이 중요한 요점이 된다.

1) 설비진단 기술의 활용

생산설비에는 여러 가지 잠재결함이 내재되어 있다. 사고재해의 예방은 잠재되어 있는 이상 현상을 '확인'하는 것부터 시작되어야 한다. 왜냐하면 예측할 수 없는 것은 예방할 수 없기 때문이다. 예방하기 위해서는 이상 현상의 확인이 중요하다. 이 이상 현상의 징후를 조기에 발견하여 적절한 조처·대책을 취하는 것이 사고재해 예방의 기본적인 방법이다. 〈그림 9.12〉는 천장크레인 훅(hook)의 균열을 초음파 탐지법으로 실사한 사례다. 이같이 설비진단기술은 보전 공수의 감축과 이상 현상에 대한 검지능력 향상 등의 양면을 목표로 추진해야 한다.

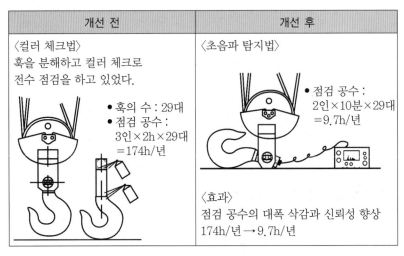

개선 전	개선 후
〈컬러 체크법〉 훅을 분해하고 컬러 체크로 전수 점검을 하고 있었다. ● 훅의 수 : 29대 ● 점검 공수 : 3인×2h×29대 =174h/년	〈초음파 탐지법〉 ● 점검 공수 : 2인×10분×29대 =9.7h/년 〈효과〉 점검 공수의 대폭 삭감과 신뢰성 향상 174h/년 → 9.7h/년

〈그림 9.12〉 천장크레인의 훅 점검 사례

2) 진단시스템 분석 및 평가 기술의 개발

계획보전 체제 구축 시에 설비진단 기술은 하드웨어 장비를 활용한다. 하드웨어를 활용하는 소프트웨어에 해당되는 것이 시스템 분석평가 기술이다. 시스템 평가 기술은 시스템의 신뢰성·보전성·경제성·안전성을 여러 제약 조건 하에 종합적으로 검토해야 한다. 그러나 대부분의 기업에서 볼 수 있는 것은 단편적으로만 진단시스템 평가가 이루어지지 않고 있다는 사실이다.

그리고 사용조건에 대한 기준이 불명확한 경우가 많다. TPM의 계획보전 체제 구축이 지향하는 방향은 '철저히 눈에 보이게'하는 것이다. 필요한 정보가, 필요한 부문에서, 필요할 때 보이는 형태로 되어 있지 않다면 정보의 가치도 떨어지고 만다. 한편 FMEA(Failure Mode and

Effect Analysis), FTA(Fault Tree Analysis) 등 신뢰성 해석의 기술을 안전·환경에 활용하고는 있지만, 자사의 현상과 맞지 않는 경우가 있다. 단지 기술을 사용하는 것이 목적이 되어 무엇에 대해 왜 사용하는가 하는 기본을 잊어버리고 '목적과 수단'을 혼동하는 경우가 있는데, 시스템 평가 기술을 개발·활용할 때에는 현장의 상황, 즉 자사의 현상을 정확하게 진단해야 한다.

5   안전관리와 MP 활동

생산설비는 기능적 진부화라는 측면에서 노후화된 설비는 폐기되고, 신설비로 교체되어 새로운 기능을 부여받은 시스템으로 다시 태어나는 사이클을 되풀이해야 한다. 기존의 생산설비에 실시한 자주보전, 개별개선, 계획보전의 각 활동으로 얻은 지식·경험을 신규 생산설비에 얼마나 효율적으로 활용하는가가 중요하다는 사실을 알 수 있다.

TPM의 MP 활동은 보전 활동이 불필요하게 하는 안전화 설계에 해당된다. 이것은 기존 생산설비에 실시해 온 안전·환경 TPM 활동의 경험으로부터 얻은 지식을 바탕으로 개선한 사항을 설계단계에 활용하여 더이상 안전에 문제가 발생하지 않도록 하는 것이며, 그 설계의 추진 요점은 다음과 같다.

① 안전·환경 사항을 MP 설계의 사내 규정에 명확히 설정한다.
② 안전·환경 사항을 포함하여 시스템 평가의 기술 지침과 매뉴얼을 정비한다.
③ 새로운 설비의 규모에 맞는 사전관리를 철저히 한다.
④ 평가에 대해서는 폭넓은 각도에서 전문가를 참여시킨다.
⑤ 평가는 단계관리를 하고 폴로업 체계를 확립한다.
⑥ 초기 유동관리에서는 현물의 상황을 평가한다.

기업 존속의 기반인 안전·환경을 강화하기 위한 방법으로 다음의 사례를 소개한다.

〈표 9.7〉 공장의 안전관리 활동 추진 사례

목적 (이념)	TPM 전개시책	목표	활동 항목	활동 내용
재해 제로 달성	안전보건 체제 구축	생산설비 안전의 노하우 확립	안전의 일상 활동 - 소집단 중심의 활동으로 매일 아침 안전 회합	- 3요소(정리·정돈·청소) - 위험예지(위험한 작업의 안전화) - 지시·호칭의 사용 - 규칙의 준수 및 개정 - 안전 원 포인트 레슨 활용 - 안전 정보의 수집 - 사내 교통안전(지게차 등)
			생산설비의 신뢰성 향상 활동 - 신증설 개조·개선 검토항목과 시스템 평가 등에 대해 프로젝트 팀 편성, 추진	- FMEA, FTA, PM 분석 - PSM 제도 적용 - 위험성 평가 및 개선 - 설비진단기술의 적용
			경영자에 의한 안전진단 실시 - 경영진이 연간 1회 정도 일정한 서식에 따라 현장진단 실시	- 안전의 목표와 계획 수립 - 교육훈련 계획과 실시 - 안전 일상활동의 실시 - 비정규 작업의 관리 상황 - 현장의 자주보전 상황 - 프로젝트의 테마 추진 상황 - 법정 자격 취득 상황

재해 제로 달성	설비 효율화의 개별개선	설비종합효율의 향상과 트러블 제로 지향	설비 로스의 파악, PM 분석 및 공정, 설비의 개선	
	오퍼 레이터의 자주보전 체제 구축	설비에 강한 오퍼레이터 (자기 설비는 자기가 지킨다)	자주보전 7단계 전개	
	보전 부문의 계획보전 체제 구축	예방보전과 개량보전 체제를 확립하고 수익이 오르는 보전을 지향	설비진단기술의 향상	설비의 중요도 평가 확립
	운전 보전의 기능향상 훈련	운전담당자의 보전기능 습득과 보전 담당자의 기능 향상	보전기능 보충 강좌 이외에 자주보전 4단계에 필요한 훈련 실시	– 보전 : 보전기능사 취득 – 운전 : 가공조건의 재교육 및 필요한 자격 취득 (위험물 관리, 소방, 보일러, 안전·환경 등)
	초기관리 체제 구축	고장불량을 발생 시키지 않는 설계 및 적용	– MP 설계의 반영 – LCC의 검토 – 디버깅 실시	안전상 예견할 수 없는 사항은 없는가

(1) 현장 소집단에 의한 일상 안전 활동

설비와 가공조건에 강한 오퍼레이터의 소집단 활동을 통하여 안전을 확보한다. 안전·환경 TPM 활동 그 자체가 기본 업무이며, 누가 시켜서 하는 안전 활동이 아니라 일상적으로 꾸준하게 하는 활동으로, 재해 제로·공해 제로의 기반을 만들어 나갈 수 있다.

(2) 기술지원 부문의 신뢰성 향상 활동

기술지원 부문에서는 기존·신규를 불문하고 생산설비의 시스템 평가에 의해 계획보전, MP 활동 등 설비의 구조적인 형태에 대한 문제점 개선과 수평전개로 생산설비의 신뢰성 향상에 도전한다.

(3) 경영자에 의한 정기진단 실시

현장을 중시하는 경영자의 강한 의욕이 안전·환경을 강화하며, 수동적 관리가 아니라 스스로 실천하는 능동적 관리로 기업의 안전·환경 문화를 조성해야 한다. 결국 안전·환경은 사람이 수행하는 것이며, 안전관리가 절대로 탁상 행정이 되어서는 안 된다. 현장에서 일하는 개개인 모두가 안심하고 일할 수 있도록 우리가 만들어 나가야 한다.

생산설비라는 하드웨어, 움직이는 소프트웨어, 이 양자를 연결하는 휴먼웨어의 존재를 중시하고 3가지 모두에서 안전을 확보할 수 있도록 해야 한다. 안전관리로 개개인 모두가 안전한 환경에서 근무함으로써 기업의 생산성도 높이고 자산도 보호하는 것이 안전관리를 추진하는 바람직한 모습일 것이다.

제10장
교육훈련

(1) 교육훈련의 특징

TPM 교육훈련의 가장 큰 특징은 자신의 업무능력의 향상을 통하여 생산성을 향상시키는 실무 교육이라는 것이다. 따라서 교육보다는 훈련, 즉 OJT(On the Job Training)에 더 중점을 맞추며, 자신의 업무 범위를 생산에 한정하지 않고 보전, 품질 및 환경 안전 등에도 관심을 갖도록 육성한다.

- 미국의 사례를 보면, 기업이 시설 투자를 10% 증액한 경우에는 생산성이 3.6% 향상되었으나, 교육훈련 투자를 10% 증액한 경우에는 생산성이 8.4% 향상된 것으로 나타났다.
- 생산성 증가 측면에서 시설 투자보다 인적 자원 투자가 더 효율적이라는 조사 결과에서도 나타나듯이, 지식 기반 사회에서 양질의 인적 자원의 중요성이 자본 기술 등 물적 요소를 능가한다.

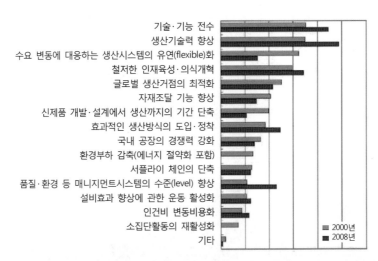

〈그림 10.1〉 생산 부문에서 일본 기업이 가장 중요하게 취급하는 과제

일본 기업의 생산 부문에서 가장 중요하게 취급하고 있는 과제를 순서대로 열거한 자료(〈그림 10.1〉 참조)를 보면 생산기술력 향상과 기술·기능 전수를 가장 우선적으로 꼽고 있다. 이러한 상황은 우리에게도 전혀 무관하지 않은 것이 현실이다.

(2) 교육훈련의 목적

TPM 교육훈련의 가장 큰 목적은 설비와 공정을 제대로 아는 기능인을 육성하는 것이다. 설비와 공정의 관련 문제를 올바로 알고, 이를 개선, 표준화할 수 있는, 설비와 공정에 능숙한 기술자로 육성하는 것이 교육훈련이 필요한 이유다. 교육훈련을 통해 이상을 발견하여 복구하고, 기준을 설정하여 공정을 정상적으로 유지 및 운전하는 능력을 갖추어야 하며, 자신의 지식과 기능을 향상시켜 문제해결 능력을 키워야 한다.

1) 4가지 힘을 기르자

- 이상발견 능력을 키우자

설비 이상을 적출하고 설비 이상의 원인을 찾아내는 힘을 키우자.

- 이상처리 복구 능력을 키우자

설비 이상에 대해 신속하고 올바르게 대처하자.

- 기준설정 능력

정상과 이상을 판정하는 힘을 키우고, 정상 상태를 유지하기 위한 기준을 수립하자.

- 공정의 정상 상태 유지 및 운전 능력

설비의 기능 및 구조를 완전히 이해하고 표준대로 운전하는 능력을 키우자.

2) 설비를 안다

- 자신의 사고방식을 바꾼다

청소는 점검이고 설비를 몸으로 배우는 단계다. 자기 설비는 자기가 지키고 개선하자(My Machine 활동).

- 지식과 기능을 체득한다

설비를 점검하는 기준을 이해하고, 이상을 판단하는 능력을 갖추어 결함을 스스로 정비하는 능력을 향상시키자.

- 문제해결을 꾀한다

설비 6대 로스를 이해하고, 로스를 철저히 제거하자.

설비를 알면 설비 및 공정에 강한 오퍼레이터가 될 수 있는데, 교육훈련의 목적은 바로 여기에 있다.

(3) 기능의 정의와 기능의 4단계

1) 기능의 정의

기능이란 모든 현상에 대하여 체득한 지식을 근거로 바르게, 반사적으로(주저함 없이) 행동할 수 있는 힘이며, 장시간에 걸쳐 지속되는 능력으로 정의된다. 주의력·발견력·판단력·처치력·행동력·회복력·예방력·예지력 등을 통칭한다. 주의력·발견력은 현상을 파악하게 하고, 판단력은 현상을 바르게 판단하게 하며, 처치력·행동력은 현상에 대해 바른 조치를 취하게 한다. 또한 회복력은 원상태로 되돌리도록 하고, 예방력은 현상을 예방하고, 예지력은 현상을 예지하게 하는데, 이 모든 능력을 보통 기능이라고도 한다.

2) 기능의 4단계

기능은 설비 관련 또는 공정 관련 1~5점 평가를 실시하여, 각 점수대별 기능 레벨을 평가한다. 레벨별 수준은 다음 〈표 10.1〉과 같다.

〈표 10.1〉 기능 레벨 4단계

기능 점수	기능 수준	설비 관련	공정 관련
4.0~5.0 (레벨 4)	전수 교육 실시 가능 관리 감독 가능	1) 설비의 자주적 개선 능력 확보 2) 설비의 이상예지 능력 확보	1) 이상 현상의 추정 능력 2) 정기 개방 점검이나 부품 교환 능력
3.0~4.0 (레벨 3)	확실한 실행 가능 다른 부문 지원 가능	1) 설비와 품질의 관계 이해 능력 2) 설비 이상예지와 원인계 발견 능력 3) 설비의 수리 능력 확보	1) 이상의 조기 발견 능력 2) 이상의 올바른 조치 능력
2.0~3.0 (레벨 2)	확실한 내용 숙지 혼자 작업 가능 돌발 시 대처 곤란	1) 설비의 구조·기능 이해 능력 2) 올바른 점검 실시 능력 3) 이상의 원인계 발견 및 수리 능력	1) 공정의 물성 이해 능력 2) 정확한 조정·조절 능력 3) 이상의 응급조치 능력
1.0~2.0 (레벨 1)	간단한 기초 숙지 혼자 작업 곤란	1) 불합리 발견 능력 2) 열화예방 감지 능력	1) 프로세스의 성능·기능 이해 능력 2) 프로세스의 올바른 조작 능력

2 효율적인 교육훈련체계 구축

(1) 교육훈련체계 구축을 위한 스텝

TPM 교육훈련 활동의 목적은 안정된 설비 또는 공정을 운영할 수 있도록 능력을 향상시키는 것이다. 1차적으로는 설비 및 공정에 대한 기본을 전 사원 대상으로 실시하고, 2차적으로 개인별 육성 방향을 설정하여 전문화를 진행하는데, 효율적 진행을 위해 다음과 같은 스텝으로 추진한다.

- 1스텝 : **교육훈련 현상 파악**
  - 교육훈련 현상을 조사하고 방침을 설정하는 단계
- 2스텝 : **교육훈련체계 수립**
  - 교육훈련체계를 직능별·직급별로 시계열적으로 작성 운영
- 3스텝 : **교육훈련 실시**
  - 교육계획을 수립하고 계획에 준한 실시 단계
- 4스텝 : **개인별 능력개발 체제 운영**
  - 개인별로 능력개발 체제를 수립하여 운영
- 5스텝 : **평가 및 레벨업 방향 설정**
  - 개인별 평가 및 평가에 준한 방향을 설정하여 육성
- 6스텝 : **자기계발 환경 구축**
  - 자기계발을 위한 방향과 교육장 및 교육 프로그램 운영

교육훈련 6스텝 중 1~3스텝은 전 사원 대상으로 진행하는 기본교육이고, 4~6스텝은 개인별 육성을 위한 전문화된 기능향상 교육이다. 또한 이를 PDCA 사이클로 연계시키면, 1·2스텝이 P(계획), 3·4스텝이 D(실시), 5스텝이 C(체크), 6스텝이 A(표준화)라 볼 수 있다. 또한 교육훈련은 현장의 자주보전 활동과 연계하여 추진해야 하기 때문에 자주보전 추진 마스터 플랜과 맞추어 교육훈련 6스텝을 전개해야 한다.

보통 3스텝 교육훈련 실시는 교육훈련의 시작이면서 설비계통의 교육이 적용되는 자주보전 4스텝 설비 총점검과 같이 진행해야 하므로, 자주보전 4스텝 추진 6개월 전에 시작하는 것이 좋다. 그리고 설비계통 교육은 기능 교육장을 설립하고 자체 강사를 육성해야 하므로 그 전에 계획하여 교육장을 설립해야 한다. 그리고 공정에 대한 교육은 자주보전 5스텝 프로세스 총점검과 연계해야 한다.

(2) 1스텝 : 교육훈련 현상 파악

학습 대상은 1차적으로 설비의 전반적인 영역으로 보통 설비 6계통 전반을 다루는데, 기업의 특성에 따라 일부 추가되는 경우도 있다.

설비 6계통은 다음과 같이 구성된다.

1. 구동전달 계통	2. 윤활 계통
3. 유압 계통	4. 공압 계통
5. 전장제어 계통	6. 설비 본체 및 체결 부품

1) 설비 전문가 양성 학습 대상 영역

설비 계통(요소)별 구성 부품 및 학습 대상은 다음과 같다.

〈표 10.2〉 설비 계통별 학습 대상

설비요소	설비 계통별 학습 대상
기계요소	체결 부품, 축 및 베어링, 실 부품, 압력용기, 열교환기, 관 및 관 이음, 밸브
구동장치	구동부(모터), 벨트, 체인, 기어, 변속기, 클러치, 브레이크, 캠, 안내면
그리스 계통	그리스, 그리스 팩, 펌프 유닛, 분배 밸브, 배관 및 커플링, 윤활부
윤활 계통	윤활유, 오일 탱크, 흡입 필터, 펌프 유닛, 압력계, 역지 밸브, 배관 및 이음부, 분배 밸브, 윤활부(회전부), 윤활부(습동부)
유압 계통	작동유, 작동유 탱크, 흡입 필터, 라인 필터, 펌프 유닛, 압력 제어 밸브, 방향제어 밸브, 유량제어 밸브, 배관 및 커플링, 액추에이터
공압 계통	공기압원 시스템, 흡입 여과기(필터), 압력제어 밸브, 오일러, 배관 및 커플링, 방향제어 밸브, 유량제어 밸브, 액추에이터
전기기기	설비 메인 스위치, 제어반, 조작반, 외부 배선, 중계 박스, 전동 모터, 리밋 스위치, 광전 스위치, 변압기(변대)
계장설비	온도계, 압력계, 차압계(마노미터, 유면계, 유량계, 수위계)
범용기기	펌프, 블로어, 압축기

2) 공정 전문가 양성 학습 대상 영역

학습 대상은 공정 전반적인 영역을 다루어야 하며 직무별 구분이 필요하다. 다음 사례는 A업체의 직무별로 다루어야 할 학습 대상이다.

〈표 10.3〉 공정 전문가 학습 대상 사례

Foreman	Board	Head field	운전원
1. 플랜트 종합효율 1) 양품률 산정기준 - 공정 중간 및 최종 제품 2) 가동률 분석 - 계획 정지시간 분석 - 비계획 정지시간 분석 3) 성능효율 - 각 설비의 CAPA - CAPA 대비 운전 효율 분석 2. 전문운전원의 교육 1) 기존설비의 이해 (문제점 및 개선사항) 2) 신규 설비의 원리 및 조작 3) 품질수준과 운전조건 이해 4) 기존 설비의 대체 설비 검토 3. 제조비용 관리 1) 원가의 개념 2) 제품별 원가구조 3) 원료유에 따른 원가	1. PFD의 이해 및 활용 1) 유량 온도 압력 프로파일 2) 그레이드별 현상 파악 3) 비정상적 요소 파악 2. 공정품질상 이상요인 분석 1) 생산설비 관리 상태 점검 2) 품질이상 시 조치 3) 원부재료 및 재생품의 효율적 처리 3. 작업표준 작성 및 개선 1) 현 작업표준 숙지 및 활용 2) 작업표준의 애로사항 보완 및 변경 3) 작업표준의 단순화 4. 조원의 교육 1) 제조공정 일반 2) 주요 설비운전 요령 및 주의사항 3) 비상 시 긴급대응 방법	1. 프로세스 조정 능력 1) 공정 및 설비의 조정 2) 품질과 연관된 조정능력 2. 품질 지식 1) 그레이드별 제품 규격 2) 그레이드별 주요 사용 용도 3) 주요 품질관리 항목 및 사유 3. 응급처치 능력 1) 설비가동 정지 시 조치방법 (기계 및 전기) 2) 정전 시 주요 조치 요령 3) 긴급 가동정지 요령	1. 화학공학의 기초 지식 1) 화공 일반 2) 단위 환산 2. 프로세스 기초 지식 1) 유틸리티 설비 2) 리액터 및 열교환기 3) 집진설비 4) 건조 및 저장 설비 3. 운전조작 및 응급처치요령 1) 각종 밸브 및 댐퍼 개폐 요령 2) 회전기기의 가동 및 정지방법 3) MCC 패널의 조작

(3) 2스텝 : 교육훈련체계 수립

● 교육훈련체계 수립 사례

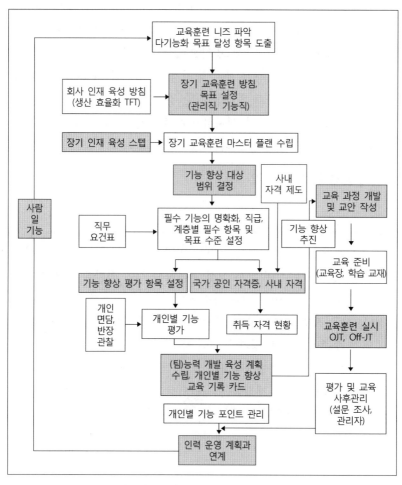

〈그림 10.2〉 기능 향상 프로그램

(4) 3스텝 : 교육훈련 실시

1) 설비 6계통 기능 교육

교육훈련 실시는 교육훈련 체계에 의한 계획적 실시가 기본이며, 일반적으로 설비 6계통 기능 교육을 통해 설비에 대한 기본을 전수한 후, 문제해결 능력을 향상시키는 방향으로 실시한다.

보통 설비 6계통 기능 교육은 작업자 중 설비를 다루는 능력이 있는 사람을 선임하며 강사로 위촉하는데, 강사가 교재를 만들고 실습 키트 및 커트 모델을 제작하여 설치하므로 실무자가 직접 강의하는(동료가 동료를 교육하는) 눈높이 교육을 실시하면 좋다.

2) 자주제작 기능 교육

보통 자주보전 5스텝 프로세스 총점검부터는 설비의 성능·기능 향상 조정·조절기능, 이상발생 및 예측 시 조치를 위한 간단한 개선 교안 제작이 필요하다. 이때 공무부에 제작을 의뢰해도 되지만, 제때 제작해 주지 못하는 경우가 많다. 따라서 직접 제작하는 것이 편한데 해본 적이 없는 것이 문제가 된다. 이런 경우 자주제작 기능 교육 과정을 개설하여 철판 절단·절곡 작업, 드릴 및 탭 작업, 전기용접 작업 등을 훈련시킨다.

일정 수준에 오르면 평가에 의해 자주제작 사내 자격 1, 2급을 부여한다. 자격 소지자는 자주제작실에 와서 필요한 제작물을 항시 제작할 수 있도록 해준다. 물론 제작물은 제안으로 인정해주어, 동기부여를 한다. H회사는 자주제작으로 제안을 한 경우, 제안평가에서 한 등급 우대해주어 자주제작을 활성화하고 개선내용을 미니어처로 제작하여 경진대회를 하기도 한다.

3) 문제해결 능력 향상 교육

설비 6계통 기능 교육 실시 후 공정 전문가 과정을 직무별로 받아야 한다. 이를 통해 전문가로 육성되어 어떤 문제도 해결할 수 있는 경쟁력 있는 능력자로 탈바꿈하게 된다. 보통 공정 전문가 과정은 사내 공정 전문가에 의해 진행되는데, 공정을 이루는 것이 설비인 만큼 설비 6계통 기능 교육 수료자를 대상으로 진행해야 한다.

또한 일부 회사는 공정 전문가 과정을 OJT로 대치하고 문제해결 능력 향상 교육과 연계하여 추진하기도 한다. 다음 사례는 B업체의 문제해결 능력 향상 교육 사례다.

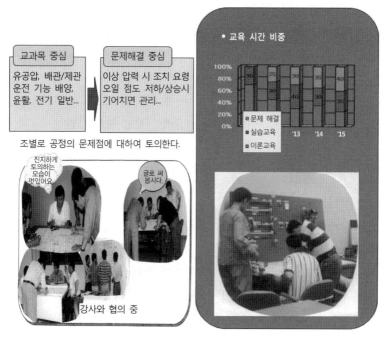

〈그림 10.3〉 문제해결 능력 향상 교육 사례

(5) 4스텝 : 개인별 능력개발 체제 운영

설비 6계통 학습을 통한 점검 및 조치 능력, 공정에서 발생하는 이상에 대한 문제해결 능력은 사람마다 각기 다르다. 따라서 교육훈련을 통해 어느 정도의 수준까지 올려 주어야 하며, 개인별로 능력관리가 되어야한다. 개인별 능력관리의 목적은 더 나은 개인의 발전을 위한 것이다.

1) 점검능력 향상

설비 6계통 중심의 기능 교육 후 자기 설비에 대한 총점검을 실시하면서 서서히 점검능력을 향상시켜야 한다. 점검능력은 점검 항목에 대한 점검 OPL을 작성하여 1차 학습하고, 2차 실제 점검을 실시하여야 한다. 이때 감독자는 점검능력이 90점 이상 되도록 지도해야 한다.

2) 문제해결능력 향상

공정에서 발생하는 각종 품질문제에 대해 불량의 유형을 파악하고 불량의 원인을 설비와의 연관성(가공점)을 고려하여 파악한다. 이에 대한 원인을 해결하는 대책안을 수립하여 개선으로 연결할 수 있도록 분임조 활동을 통해 학습시킨다. 이때 기본적으로 'QC 7가지 기법'을 사용할 수 있도록 지도하고, 고유 기술에 적합한 분석 기법인 왜-왜 분석, FMEA 분석, PM 분석 등 다양한 기법을 지도하여 문제해결능력을 향상시켜야 한다.

3) 다기능화

기업이 설비와 공정에 대한 경쟁력을 갖기 위해서는 라인화·자동화·무인화라는 과정을 거치게 된다. 이는 거부할 수 없는 과정이고, 이를 거부할 때 기업은 존폐의 위기에 몰리게 된다. 따라서 작업자는 이 같은 추세에 맞추어 다기능화되어야 한다. 1대의 설비를 다루다 설비가 연결되는 라인을 담당하게 되면 라인에 있는 모든 설비를 알아야 함은 자명한 일이다. 다기능화의 이유가 여기에 있는 것이다.

다기능화 추진은 최근 많은 필요성을 느끼고 있으나, 아직 거부하는 현장도 많다. 따라서 다기능화 추진은 근무자와 충분한 협의를 거쳐 작업자의 육성 방향을 설정한 후 추진되어야 한다.

4) 능력개발을 위한 OPL 활용

개인별 능력개발은 교육훈련을 통해 육성하는 것도 중요하지만, 배운 것을 정리하고 교안으로 만드는 것이 더욱 중요하다. 이렇게 함으로써 배운 내용이 자신의 것이 되는 것이다. TPM에서는 교안을 만들 때 OPL

을 많이 사용한다. OPL은 TPM 활동의 3대 보물(활동판, 회합, OPL) 중 하나이다.

OPL은 자기가 알고 있는 내용을 다른 사람에게 교육하기 위한 교안 이다. 다른 사람에게 설명이 가능해야 비로소 자신의 것이 된다는 의미 이다. 참고로 OPL 작성에 대한 기준은 다음과 같고, 상세 내용은 뒤에 서 다시 다루겠다.

① One Point Lesson의 머리글자이다.
② 현장 OJT를 위한 기초 교안이다.
③ 다른 사람을 위한 교육 자료다.
④ 본인이 교육받은 내용·경험·체험 중 한 테마를 한 페이지에 요약 정리한 것으로, 근무 중 동료에게 교육하기 위한 자료다.
⑤ 교육의 기본요소(목적·테마 평가)를 모두 포함해야 한다.
⑥ 남에게 설명이 가능해야 하며, 이해하기 쉬워야 한다.

(6) 5스텝 : 평가 및 레벨업 방향 설정

1) 전문화·다기능화 영역

소속 직능 고유기술의 프로의식을 가진 전문요원으로서의 발전과 더 불어 부수적·필수적인 범용 기술의 다기능화를 통하여 장치공정의 안정 ·안전 가동능력을 향상시킨다. 일반적으로 다기능 영역은 설비, 공정, 문제해결 3가지 방향으로 나누어지고, 각각의 내용에 대한 전문성을 레 벨 평가하여 이루어진다.

일반적으로 입사 시 우선 설비 가동방법을 배우게 되고, 공정을 이해 하게 된다. 그리고 설비 및 공정에 이상발생 시 문제를 해결하는 능력을 배우게 되는데, 어느 정도의 레벨을 갖고 있느냐가 평가의 척도가 된다.

기업의 경쟁력은 경쟁력을 갖춘 사람을 얼마나 보유하느냐에 의해 결정 된다. 사람의 경쟁력은 바로 다기능화와 레벨의 심도에 따라 좌우된다고 볼 수 있다. 사람은 아는 만큼만 볼 수 있다. 보이는 문제만 볼 수 있는 사람과, 잠재되어 있는 문제도 볼 수 있는 사람의 차이는 엄청난 것이다.

〈그림 10.4〉 다기능화와 전문화

2) 레벨업을 위한 기능평가

레벨업을 위한 기능평가는 교육훈련 방침과 목표를 설정한 후 이루어 진다. 방침과 목표가 설정되어야 목표로 하는 목표기능이 설정되고, 목표 기능에 대한 기능평가를 실시할 수 있다. 평가 후 목표기능에 대한 차이 분석을 통해 육성해야 할 기능을 교육훈련과정을 통해 이루어야 한다.

보통 교육훈련은 앞에서도 언급했듯이 OJT, Off-JT, 사외 위탁교육 등 다양한 방법으로 진행할 수 있는데, 모두 사전에 계획된 방법으로 추진 해야 한다. 이때 교육 대상자에게 사내자격이나 국가기술자격, 기능경진 대회 등에 참여하게 하여, 이를 승진에 반영하면 좋은 동기부여가 될 것 이다. 이 같은 동기부여는 기능 향상을 위한 도전으로 이루어져 교육훈련 의 내실을 강화할 수 있다. 보통 기능평가는 1년에 1회 또는 2년에 1회 실시하는 것이 좋고, 평가 결과는 반드시 인센티브로 연결되어야 한다.

3) 기능평가의 레벨

기능평가는 크게 4단계로 나눈다.

① 1단계 : 알고 있는 수준. 보통 입사를 하면 신입사원 사내교육 프로그 램에 따라 기본 직무에 대한 교육을 실시한다. 이 단계는 교육을 받고 현업에 배치된 수준 정도이다.

② 2단계 : 겨우 할 수 있는 수준. 반드시 옆에서 지도사원 지도 하에 작업을 할 수 있는 수준으로, 보통 입사 후 수습기간에 해당된다.

③ 3단계 : 혼자서 할 수 있는 수준. 수습 과정을 거쳐서 이제는 혼자서 작업을 할 수 있는 수준으로, 정해진 표준에 의해 작업을 진행할 수 있는 수준이다.

④ 4단계 : 남을 가르칠 수 있는 수준. 작업에 대한 기능 및 이론에 대해 다른 사람에게 설명할 수 있는 수준으로, 매우 숙련된 수준이다.

4) 기능평가를 위한 다기능 레벨 및 평가

① 레벨 4
  - 공정, 설비의 생산성 향상, 원가절감, 자동화, 인력절감을 위한 개선안을 제시하고 실시할 수 있는 능력이 있다.
  - 다기능 수준표의 평점이 80점 이상인 자

② 레벨 3
  - 공정, 설비의 대고장 및 반복고장의 원인을 분석 기법에 의하여 정확히 분석하고 개선 대책을 제시할 수 있다.
  - 다기능 수준표의 평점이 70점 이상 80점 미만인 자

③ 레벨 2
  - 스스로 공정 운영, 일상 보전 업무 수행이 가능하다.
  - 공정작업 표준, 보전작업 표준, 점검 기준을 정확히 이해하고 표준과 기준에 따라 실시가 가능하다.
  - 다기능 수준표의 평점이 60점 이상 70점 미만인 자

④ 레벨 1
  - 공정, 기계 및 전기의 기초 지식을 보유하고 있다.
  - 윗사람이나 선임자의 지시에 의해 일상보전 업무 수행이 가능하다.
  - 다기능 수준표의 평점이 60점 미만인 자

⑤ 평가 리스트 분류

구 분	대분류	중분류	소분류
분류기준	직무별	업무별	단위 작업별

⑥ 기능 구분 : 지식·기능(주기능, 보조 기능)

⑦ 평가 구분

구 분	1차	2차	3차
평가자	본인	반장	담당/부문장
가중치	40%	30%	30%

⑧ 평가 항목수 : 250~350개 항목(세 분류 기준)

⑨ 기능 점수 관리 : 공개

　– 기능 점수 관리표, 개인별 기능 기록 카드

⑩ 기능 점수 사후 관리

　– 고과 및 OJT / Off-JT 교육의 기초 자료화

(7) 6스텝 : 자기계발 환경 구축

1) 자기계발 동기부여

　모든 일이 다 그렇듯이 자기 스스로 자율적으로 목표를 갖고 추진해야 바람직하다. 누가 시켜서 억지로 하면 그 효과는 반감될 것이다. 그리고 사람은 시키지 않아도 자기 스스로의 경쟁력을 확보하기 위해 자기계발에 노력을 하고 있다. 이것은 사회가 경쟁사회 구조로 되어 있기 때문이기도 하다.

　6스텝은 교육훈련 활동의 마지막 스텝으로, 자기계발을 스스로 하기 위한 장을 만들어 주어야 한다. 여기에는 기능자격제도를 운영하며 수당을 지급하는 기업도 있고, 기능 레벨을 승진에 반영하는 기업도 있다. 어떤 기업은 국가기능사 자격을 3개 획득 시 '기능명인'으로 인정, 가족을 초청하여 최고경영자와 함께 기념 식수(植樹)를 하는 곳도 있다. 한마디로 인센티브 또는 명예를 부여하는 인프라다. 이 같은 기업의 인프라는 자기계발에 뜻이 있는 사람에게는 큰 촉진제가 되고 있다.

또한 기능 자격은 실제 업무에 연결, 자격이 있는 사람이 직무를 수행하는 모습으로 전개되어야 한다. 즉 직무별로 필요한 자격 적격자를 배치하면, 직무 수행이 한결 수월해질 수 있다. 다음은 국가자격제도와 직무를 연결한 내용이다.

자격구분	기능사 2급	기능사 1급	기능장
필요 기능	보전기능	운전+보전기능	보전 + 운전 + 진단, 측정, 분석
직급	설비보전원	운전원	반장, 직장

2) 중장기 교육훈련 마스터 플랜

자기계발 환경 구축에 기본 축이 되는 것이 교육훈련에 대한 중장기 마스터 플랜이다(〈표 10.4〉 참조). 자사가 연차별로 추구하는 교육훈련에 관한 방향 및 계획을 알아야 거기에 맞추어 자기계발 방향 및 계획을 수립할 수 있고, 기업과 개인이 Win–Win할 수 있는 구조로 갈 수 있다.

3 교육훈련을 위한 도구

(1) OPL 작성 및 운영

1) OPL 정의

일본플랜트메인터넌스협회(JIPM)의 『TPM 용어집』에 의하면 'OPL은 설비·기기의 구조, 점검방법, 운전방법, 보수방법 등에서 1개의 항목을 한 장의 시트에 자신들이 정리하여 5~10분간 자주적으로 학습하는 것을 말한다. 현업 부문은 교육을 위하여 일정한 시간을 잡기가 곤란하거나 한 번 교육을 받더라도 반복해서 복습하지 않으면 익숙해지지 않기 때문에, 조례나 소집단 회합 시 짧은 시간을 이용하여 일상 활동 중 학습할 때 가장 효과적이며, 자주보전 활동을 추진할 때 필수적으로 실시하는 학습 활동방법이다'라고 정의되어 있다.

〈표 10.4〉 교육훈련 중장기 마스터 플랜 사례

구 분		1년차	2년차	3년차	4년차	6년차
단 계		• TPM 교육훈련 기반 체계 구축 • TPM 마인드 조성	• 오퍼레이터의 자주보전 의식 강화 • 전원 참가의 TPM 활동 기반 구축	• TPM 분야별 추진 능력 향상 • 설비보전의 다기능화	• 분야별 설비보전 기능교육 강화 • 설비 자주관리 능력 제고	• 자동화 설비에 강한 생산 기술자 육성 • 전문 기술 및 고도의 보전기술 습득
조직·운영		교육훈련 전담 조직 운영/ 교육훈련 분과 및 소분과 위원회 운영				
추진 체계 확립		TPM 교육훈련 체계도 작성/ 교육훈련 실적 관리 체계 확립/ 교육훈련 체계 미흡 사항 보완				
TPM 사내 교재 개발	보전기술 기초	보전기술 기초				
	부품별 총점검 매뉴얼				기계 요소/ 구동 장치/ 윤활 장치/ 유공압전기/ 진단 장치	
	보전 기능 교육	기계 요소/ 구동 장치/ 윤활 장치/ 유공압/ 전기 장치/ 진단 장치				
	추진 매뉴얼			5S/ 자주보전/ 개발 개선/ 계획보전/ MP·초기 관리/ 교육훈련/ 품질보전/ 안전, 환경 보전/ 사무 효율화/ TPM 일반 매뉴얼		
	TPM 일반		TPM 초·중급 과정	TPM 초·중급 과정 TPM 워크숍	TPM 초·중·고급 과정 (기본·응용 과정)	TPM 중·고급 과정 (응용·전문 과정)
계층별 교육 훈련 운영	사내교육	스텝 전개 요령(자주보전, 계획보전)/ TPM 일반(초급, 중급, 고급, 관리 기법, 워크숍)				
	사외교육	TPM 기본 과정/ TPM 진흥 사업 참가, 참관/ TPM 실무 과정/ 설비보전 기술 과정				
OP 교육 훈련 운영	사내교육	보전 기술 기초/ TPM 일반(초·중·고급, TPM 기법, 워크숍) TPM 추진 요령 교육(5S, 자주보전, 개별 개선)/ 부품별 총점검 매뉴얼 교육(자주보전 4스텝)				
	사외교육	TPM 기초 입문/ TPM 추진 종합 실무/ 품질보전 활동 실무/ 설비 관리사 향상 과정 TPM 실무 과정/ 자주보전 총점검 실무 과정				
보전맨 교육 훈련 운영	사내교육				전문 보전기술 능력 확보 교육 보전 기능 교육 CMS 교육(계획보전)	
	사외교육	보전 기술 과정(자동 설비, 보전 기술, 총점검 실무 과정, 설비 간이 진단 기술) TPM 실무 과정(5S, 자주보전, 개별 개선, 계획보전, 품질보전, TPM 워크숍 등)				
표준화		사내 강사 운영 계획	TPM 교육훈련 추진 매뉴얼 완성			

즉 OPL은 자기가 알고 있는 내용(교육훈련, 경험 및 체험 등을 통해 얻은 것)을 타인에게 전달하기 위해, 내용을 테마별로 한 장의 시트에 정리해 놓은 것을 말한다.

TPM에서 OPL이 차지하는 비중은 매우 높다. 흔히 TPM 활동의 3가지 보물을 'TPM의 3기'라고 하는데 3기 중에 하나가 OPL인 것을 보면 그 중요도가 짐작될 것이다.

여기서 TPM 활동의 3기는 활동판, 회합, OPL을 가리킨다. 왕이 왕권을 강화하기 위해서는 통치력이 나라 곳곳에 미쳐야 하는데, 중세 때 왕은 이를 위해 정기적으로 재상을 모아 국정을 논했다. 이는 TPM의 '회합'에 해당하고, 논의된 국정 현안 및 결정 내용을 통치권 내에 전파하는 것은 TPM의 '활동판'에 해당한다. 그리고 왕에게 충성을 하고 공을 세운 사람에서 금은보화를 하사하는데, 이는 TPM의 'OPL'에 해당한다.

사실 TPM에서 OPL은 개인 능력 또는 경쟁력이라 보는데, 이를 동료에게 지도하고 전파한다는 것은 왕이 금은보화를 하사하는 것과 맥이 같다고 볼 수 있다. OPL은 사실 테마별로 볼 때 한 장의 시트에 지나지 않지만, 이를 얼마나 많이 갖고 있는가는 그 사람의 능력을 평하는 잣대가 될 수 있다.

현재 우리나라의 산업은 베이비붐 세대가 중심이 되어 오늘의 성장을 만들어 왔다. 이제 그 세대들이 정년이라는 형태로 퇴직을 하고, 그 자리는 신입사원으로 대체되고 있다. 베이비붐 세대의 퇴직으로 그동안 갖고 있던 경험과 체험, 그리고 노하우 등이 함께 사라지는 것이다. 참으로 안타까운 일이 아닐 수 없다. 경험과 체험, 노하우의 단절이 기업의 큰 문제가 될 수도 있다.

P업체는 이 점에 착안하여 정년 퇴직자를 후배사원을 지도하는 계약직 지도사원으로 영입하여, 경험과 체험, 노하우를 OPL로 작성하게 하고 이를 후배사원에게 전수하는 프로젝트를 가동하기도 한다. 기업이 영속하기 위해서는, 바로 이 같은 경험과 체험, 노하우를 전수해야 한다.

2) OPL 작성과 활용

현장에서 교육훈련이 잘 안 되는 이유는 다음과 같다. 첫째, 생산활동이나 보전업무 등의 본업에서 할당된 교육시간이 부족하다. 둘째, 현장교육에서 일정한 틀 없이 '주먹구구식의 전달 교육'을 하고 있다. 셋째, 교육을 실시할 때 '충분한 자료 준비'가 되어 있지 않다. 넷째, 매뉴얼화한 교육은 가능하지만 '실전 경험을 통한 교육'은 제대로 이루어지지 않고 있다. 다섯째, 현장에는 '교육 시설이 미흡한 상태'이다. 여섯째, 기존의 교육은 '수직적인 교육'만을 하고 있다. 일곱째, 교육이 지루하고 딱딱하다. 따라서 살아있는 교육훈련이 되기 위해서는 OJT를 통한 교육훈련이 강화되어야 하며, OJT 시에는 반드시 OPL을 통한 교안이 사전에 작성되고 활용되어야 한다. 여기서 OPL 작성 포인트는 〈그림 10.5〉와 같다.

One Point(한 가지 주제)에 충실하라

목적 · 목표를 분명히 하라

손에 쥐어주고, 입에 넣어주고, 머리에 심어줘라

실제 사례를 많이 사용하라

만화 · 그림 · 도표 · 사진을 최대한 많이 사용하라

중요한 부문은 강조하라

설명하고 지도하라

이해가 안 되면 다시 설명하라

다른 자료 인용 시에는 출처를 분명히 하라

교재를 그대로 복사해서는 의미가 없다

〈그림 10.5〉 OPL 작성 포인트

3) OPL의 종류

OPL의 종류는 유형에 따라 〈표 10.5〉와 같이 구분한다. 물론 기업의 필요에 따라 상황에 맞는 OPL 유형명을 사용할 수 있다.

〈표 10.5〉 OPL의 종류

구분	OPL 내용
기초 지식	기계 요소, 기능 장치, 유·공압, 윤활장치, 전기장치, 계장류 등 구조 및 원리, 보전 기술 등의 기초 지식
고장 사례	설비고장 사례 중 국소적 고장 (제조 설비, 유틸리티 설비, 환경 설비, 안전 설비, 기타)
불량 사례	5S 활동, 자주보전, 개별개선 활동 등의 분야에서 중복 소집단 활동 (TFT, 연구회, 분임조) 및 제안, 소개선 활동의 사례
개선 사례	품질불량 유발 요인에 대한 품질불량 방지 대책의 사례
기타	올바른 작업법(운전·보전·표준)의 주의, 안전 등

① 기초 지식을 가르치는 것 → 기초 지식 OPL

일상적인 생산 활동이나 TPM 활동을 전개할 때 '알아야 할 것을 알고 있는가'라는 관점에서 부족한 지식을 보충하기 위하여 작성하고 교육할 목적으로 사용한다(신입사원 교육 시, 기존 사원 재교육 시).

② 트러블로부터 배우는 것 → 고장 사례 OPL

실제 현장에서 발생한 트러블 사례로 고유기술과 3현주의에 입각하여 '무엇이 문제가 되어 트러블이 발생했는가'라는 관점에서 원인 규명 및 재발방지 요령을 가르칠 목적으로 사용한다(설비의 고장 사례, 품질불량 사례, TPM 활동 사례).

③ 개선 사례를 정리하는 것 → 개선 사례 OPL(MP 정보 포함)

불합리 부위 또는 불량의 근본대책을 수립한다는 관점에서 자주보전, 개별개선 활동을 통하여 효과적으로 해결된 개선 사례를 수평전개하기 위하여 개선 사고방식이나 대책 내용, 성과를 종합적으로 알리기 위하여 사용한다(개선 후 보고 시, 개선 내용을 다른 부문에 적용 시).

④ 불량 사례를 정리하는 것 → 불량 사례 OPL

　품질 문제에 대한 불량 사례 OPL로, 발생된 내용을 5W1H에 입각하여 불량발생 사실을 신속하고 정확하게 알리기 위해 작성한다. 물론 추후 개선이 되면 개선 사례 OPL로 연결할 수 있다.

⑤ 기타 사례를 정리하는 것 → 기타 사례 OPL

　앞의 유형에 포함되지 않는 OPL로, 필요 시 유형을 신규로 등록할 수 있다.

4) OPL 작성 운영 절차

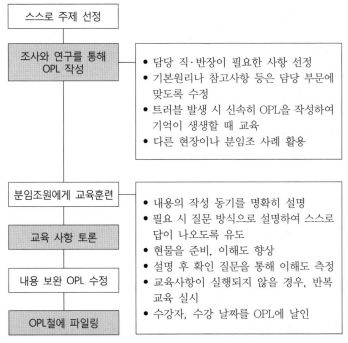

〈그림 10.6〉 OPL 작성 및 운영 절차

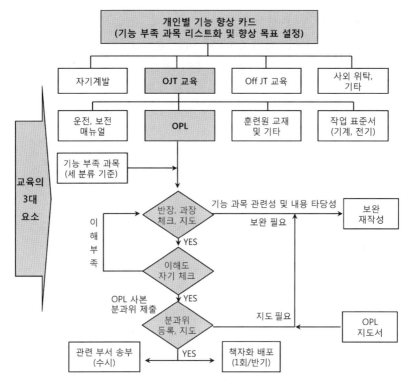

〈그림 10.7〉 개인별 기능 향상 카드 운영 플로

(2) 기능 교육장 설립

기능 관련 교육훈련은 이론만 가지고는 효과가 없다. 실습이 반드시
뒤따라야, 즉 몸이 기억해야 오래 간다. 그렇기 때문에 기능 교육장이
필요하다. TPM 자주보전 활동 4스텝 설비 총점검 시에 설비 6계통에
대한 기능 교육이 필요하고, 이때 기능 교육장 설립 및 교육훈련 프로그
램을 개발한다.

1) 기능 교육장 설립

기능 훈련 대상은 설비 6계통에 대한 총점검이며, 이를 위해 계통별 기능과 기능 유지를 위한 총점검 항목 점검방법을 숙지하는 것이 주요 과제가 된다. 설비는 어떤 설비든 6가지 계통으로 이루어져 있다. 즉 설비 6계통만 숙지하면, 어떤 설비든 모두 소화되는 단계로 기능도가 올라간다.

기능 교육장은 이에 맞추어 계통별 키트(kit)를 이루는 부품을 전시하거나, 부품명과 부품의 기능, 기능 유지를 위한 점검 항목을 게시하거나 구조가 복잡한 부품은 커트(cut) 모델을 전시하기도 한다. 그리고 계통별 주요 부품은 분해·조립과 부품의 구조를 통해 숙지하도록 실습 준비를 한다.

2) 교육 프로그램 개발

이 교육은 실습이 주가 되는 교육이다. 따라서 이론 교육과 실습은 2 : 8 정도로 실습 중심의 교육훈련이 되도록 프로그램을 구성하고, 강사는 전부 현장에서 숙련도가 우수한 사람을 선정하여 교육하는 형태로 진행하는 것이 좋다. 눈높이 교육이 되어야 하고, 교육에 대한 자신감을 위해 강사가 교재를 개발하는 형태를 취한다.

그러면 교재 개발과정에서 강사가 가르치는 교육 내용이 우선 학습이 되고 교육에 자신감이 붙게 된다. 교재는 이론 교재와 실습 교재로 이루어지며, 이론 속에서 실습 대상이 언급되어 자연스럽게 이론과 실습이 연결되어야 한다.

실습은 계통별 키트의 분해 조립, 부품의 분해 조립, 키트 가동 상태에서의 점검실습 등으로 구분하여 진행한다. 물론 계통별 키트 부품 준비는 강사가 하여야 한다.

교육 대상은 전 사원이 되고, 보통 한 차수에 15~18명 정도가 적당하다. 그리고 실습 시 보조강사를 투입하여 실습을 보조하고, 실습과정에서 오는 불안전 행위를 자제시켜야 한다.

교육은 보통 4일 또는 5일 과정으로 진행하는데 현장 근무자의 기능도에 따라 결정하면 된다. 교육 수료 후 '나의 다짐'을 발표하게 하여 교육내용을 실행으로 연결하도록 촉진하고, 다짐을 실천할 수 있는 체제를 갖추면 좋다. 그리고 수료증 수여 및 기념품 증정은 담당 임원이 한다. 기념품으로는 기능 실습에 관련된 공구류 또는 테스터 등을 수여하면 의미도 살고 기능 향상에도 도움을 줄 수 있으며 수강생 반응이 좋아진다.

아래의 사진은 P업체의 기능교육장 모습이다. 보통 3명이 한 조로 실습조를 구성하고, 강사는 실습이 제대로 진행되도록 순회하며 도움을 주고 있다.

기능교육장

(3) 강의방법

강의에는 왕도(王道)가 없다. 수강자를 사로잡는 OBM 시스템을 활용한다. OBM 시스템은 수강자의 마음을 열게 하고(Open), 수강자가 믿고 수긍이 가게 하고(Believe), 수강자의 마음을 움직이게 하는(Move) 단계별 강의로, 그 방법은 다음과 같다.

1) 마음의 문을 열어라(Open)

① 즐겁게 시작한다

음악, 이야기, 유머, 관심을 끄는 비주얼 PT 자료 등을 준비한다. 시작 전에 가급적 뮤직비디오를 틀어주면, 수강자의 주의를 끌 수 있다. 강의 시작은 강의 내용과 관련이 있는 이야기나 유머를 준비하여 수강자의 시선을 잡아야 한다. 3분 이내에 잡지 못하면 강의의 내용이 좋아도 실패할 수 있다.

② 기대감을 갖게 하라

비전 제시와 강의 결과를 구체화한다. 관심을 모은 후 교육 내용의 비전을 제시하고 강의 결과를 구체화하여 설명한다. 강의에 대한 기대감을 갖게 하여 시선을 유지해야 한다.

③ 강의 목적을 정확히 하라

왜 이 강의를 들어야 할까? 강사 중심이 아니라 수강자 중심으로 강의를 들어야 할 이유를 정확하게 전달해야 한다. '지금까지 설비의 기능을 몰라도 이상 없이 작업해 왔는데 왜 이제 알아야 하지'라는 생각을 없애 주어야 한다.

이상 3가지를 적절히 조합하여 시작하면 수강자의 시선을 집중시킬 수 있다.

2) 믿고 수긍하게 하라(Believe)

① 핵심의 선정

수강자가 무엇을 위해 이 자리에 모였는지 분석해야 한다. 가끔 수강자가 불특정 다수인 경우가 있는데, 이때 역시 수강자 전체를 포괄하는 내용과 전달하고자 하는 내용을 잘 믹스하여 준비하면 핵심이 될 수 있다. 핵심은 설비에 강한 오퍼레이터 육성임을 명심해야 한다.

② 핵심의 제시

시각화가 가장 효과가 있다. PT를 활용하여 시각화를 하고, 특히 핵심

부분은 동영상이나 애니메이션으로 강조한다. 그리고 필기는 최소화시키고 강사의 말에 집중하도록 해야 한다. 또 집중이 잘 안 될 경우에는 질문을 해서 분위기를 반전해야 한다. 핵심의 제시는 연역법이 좋다.

- 연역법 예시 : 모든 부품은 고장이 난다, 실린더는 부품이다, 베어링도 부품이다, 모터도 부품이다, 감속기도 부품이다. 그러므로 실린더, 베어링, 모터, 감속기는 고장이 난다.

③ 핵심의 풀이

수강자의 눈높이에 맞춰, 쉽게 설명을 하는 것이 좋다. 가급적 실제 사례 또는 실습을 병행하는 것이 좋다. 항시 수강자의 반응을 주시하고, 그 반응에 신속히 대처해야 한다. 10이란 수준의 강의인데 수강자 수준이 5라고 판단되면, 강의의 수준을 바로 5로 낮추어야 한다.

④ 핵심의 강조

강조해야 할 부분은 목소리를 높인다거나, 잠시 뜸을 들인다거나, 분위기를 전환하는 등의 환기법을 써야 한다. 수강자들이 내용을 이해했는지 반드시 확인한 후에 결론을 맺고 멋진 명언 등을 인용하면서 마무리하면 된다.

3) 수강자의 마음을 움직여라(Move)

핵심의 강조에 이어 마무리를 위하여 등장하는 단계에는 비전을 제시한다.

① 자신의 미래 모습에 대한 확실한 그림을 그려 준다

자신의 미래에 관심 없는 사람은 없다. 기능 교육이든 공정 교육이든, 문제해결 능력 향상 과정이든 모두 수강자의 미래 경쟁력 확보에 연결된다. 교육을 통해 자신의 경쟁력이 높아지면 반드시 몸값이 높아진다는 것을, 그리고 위치가 올라간다는 것을 강조한다. 여기서 무엇보다도 중요한 것은 교육훈련 과정을 통해 얻는 성취감, 그리고 그 과정에서 느끼는 새로움을 즐기도록 유도하는 것이다.

② 생각보다는 실천을 유도

하고자 하는 의욕을 굳힐 수 있도록 한다. 그렇게 생각을 해도 현업으로 돌아가 하루가 지나면 교육 내용의 50%를 잊는다. 이틀이 지나가면 70%를 잊고, 일주일이 지나면 90%를 잊는다고 한다. 따라서 바로 실천하도록 유도해야 한다. 교육 후 나의 다짐이나 실천 계획을 수립하게 하며 마무리하는 것도 좋은 방법이다. 그리고 이 같은 실천 계획은 바로 실천으로 이루어지도록 연결하는 체제로 추진되어야 한다.

제11장
TPM 효과 측정

(1) 효과 측정의 필요성

TPM 활동으로 효과를 측정한다는 것은 지속적인 추진을 위하여 매우 중요한 사항이다. 특히 혁신 활동으로의 TPM을 보다 더 발전시켜 나가기 위한 필연적 과정이다. TPM은 국내 혁신 활동에서 오랜 기간 지속적으로 기업의 경쟁력 향상에 많은 기여를 해왔으며, 국내뿐만 아니라 해외에서도 많은 나라에서 사람과 설비의 체질개선을 위한 방법으로 확산·추진되어 왔다. TPM이 이처럼 좋은 평가를 받고 있는 것은, TPM을 추진한 기업에서 구체적이고 유효한 성과를 올려 왔기 때문이다.

그러나 이러한 성과가 기업경영이나 현장에 어떤 공헌을, 얼마나 했는지 파악하지 못한다면 지속적인 혁신 활동의 방법으로 주목을 받기 힘들 것이다. 따라서 TPM의 궁극적인 목적인 기업의 체질을 개선하여 경쟁력을 강하게 하기 위해서는 TPM 활동의 성과에 대한 효과 측정이 반드시 실시되어야 한다.

(2) 목표설정

TPM은 기업의 체질을 개선하여 이익을 극대화하는 것이 활동의 목적이다. 따라서 경영의 기본방침이나 중·장기 경영계획을 달성하는데 TPM이 어느 정도 공헌해야 하는가를 추진 목표로 설정해야 한다. 다시 말하면 경영방침에 따라 TPM 방침이 설정되고 경영목표와 TPM 추진 목표가 일치되어야 한다는 것이다. TPM 활동이 좋은 평가를 받는 것은 구체적인 성과를 거두어 왔기 때문이다. 즉 분임조, 현장 리더, 팀장 등 관리자 수준, 경영자 측면에서 계층별로 목표를 설정하고 이를 달성하기 위해 구체적인 활동을 하여 전원 일체가 되어야 한다. 그리고 이런 성과가 기업경영에 어떻게 이바지했는가, 또 공헌도가 낮다면 무엇이 문제인가, 이를 해결하려면 어떻게 해야 하는가 등을 파악할 수 있는 체계가 필요하다.

2 효과 측정을 위한 관리지표

(1) 3대 제로 지향

TPM 활동의 목표는 재해 제로, 불량(부적합) 제로, 고장 제로로, 다소 이상적인 목표라고 볼 수 있다. 품질혁신 활동인 6시그마(최근에는 Lean 6시그마라고도 한다) 활동에서 추구하는 최종 목표가 3.4ppm의 부적합 품률인 것을 보더라도 제로라는 것이 얼마나 달성하기가 어려운 것인가를 알 수 있다.

TPM 활동에서의 3대 제로 목표를 달성하기 위해서 가장 중요한 사항은 재해나 부적합, 고장이 발생하기 전에 잠재된 문제점을 철저히 찾아내는 것이다. 이를 위한 기본적인 활동이 불합리 발견 및 복원·개선의 실시이다. 불합리란 앞의 자주보전 활동에서 자세히 언급했지만, 설비나 공정의 기능상, 또는 생산현장의 관리 기준상 바람직하지 못한 사항을 말하는 것으로, 문제가 발생하기 전에 미결함적인 상태에서 조치하여 고장이나 부적합 등으로 나타나지 못하도록 하는 것이다.

재해 제로 등 TPM의 3대 제로를 지향하기 위해 중점적으로 실시해야 할 사항은 철저한 재발방지 대책의 실행이다. 물론 이것은 이전에 발생한 부적합이나 고장은 인정하고, 이후부터의 목표를 제로화한다는 전제가 필요하다. 한 번 발생한 재해나 부적합은 다시 재발할 가능성이 있기 때문에 철저한 재발방지가 필요하다. 이를 위해서는 발생 원인을 근본적으로 분석하고 재발방지를 위한 대책을 설정하여야 한다.

고장이나 불량 제로를 달성하기 위해서는 전체 공정이나 라인을 대상으로 하는 것보다는, 가장 중요한 라인부터 단계적으로 재해·불량(부적합) 제로·고장 제로화 라인의 성공 사례를 만들어 나가야 한다.

제11장 TPM 효과 측정 | **413**

(2) 관리지표 달성

1) 관리지표의 구분

TPM 활동에서 활용되는 관리지표에는 활동지표와 성과지표가 있다. 활동지표는 TPM 활동 과정에서의 실시 항목을 지표화한 것으로 제안 건수, 불합리 발견 건수 및 조치율, 자주보전 단계 등으로 나타내며, 이것을 KAI(Key Activity Indicator)라고도 한다.

반면에 성과지표는 TPM에서의 개선 활동 등을 통해 나타나는 업무상 결과로 산출되는 사항을 지표화한 것이다. 조직의 목표로 관리하는 지표 중에서 선정하는 것이 대부분이며, 기업에서 일반적으로 많이 사용되는 KPI(Key Performance Indicator)도 성과지표라고 할 수 있다.

현재 국내 TPM 추진 기업에서 보편적으로 사용되는 성과지표로는 설비종합효율, 고장률, 노동생산성, 수율, 원단위(유틸리티, 부자재) 등이 있다. 최근에는 TPM 활동의 성과가 경영상의 수익 구조에 어느 정도 기여를 하느냐에 대한 산출의 필요성이 제기되고 있으며, 이러한 수익의 성과가 재무 회계적인 측면에서 산출할 수 있도록 하는 방안에 대한 관심이 점차 증대되고 있다. 〈표 11.1〉은 TPM 활동에서 활용되는 수익성 성과지표에 대한 실적 산출표의 기본 활용 사례이다.

〈표 11.1〉 수익성 성과지표 실적 산출표 활용 사례 (단위: 천원)

성과 지표		단위	전년도(B.M)	당해년도	향상치	성과금액	비고
수율	생산 1팀	%	98.2	98.4	+ 0.2p	34,560	
노동생산성	생산 2팀	kg/M.Hr	240.3	251.6	+11.3p	20,736	
설비종합효율		%	77.2	84.2	+ 7.0p	623,000	
고장강도율		%					
에너지 원단위	전기	kWh/톤	125.6	113.8	11.8	93,156	
	가스	m^3/톤					
	용수	L/톤					
보전비 원단위		원/톤					
개선 성과금액		천원				190,856	

2) 관리지표의 종류

① 경영 성과 관리지표

경영 성과로 사용되는 관리지표에는 다음과 같은 것들이 있다.

- 매출액
- 신제품 매출액
- EBIT(이자비용 및 법인세 전 이익)
- 경상이익
- 총자본 이익률
- 매출이익률
- 손익분기점 비율(예: 지수 100 → 82)
- 고정비액(변동비율)
- 직접 제조원가(예: 100% 기준 → 64.5%, 35.5% 저감)
- TPM 성과 금액(개선 효과 금액을 수익과 미수익 효과 금액으로 구분)

② 생산성 성과 관리지표

생산성의 성과를 나타내는 지표는 생산의 아웃풋 요소인 P, Q, C, D, S·E로 구분하여 제시한다.

가. 생산성 측면(Productivity)

- 생산종합효율
- 설비종합효율
- 시간가동률
- 성능가동률
- 노동생산성
- MTBF(고장간격 평균시간)
- MTTR(평균 수리시간)
- 고장강도율
- 고장도수율
- 돌발고장 건수, 긴급보전 건수

- 순간정지 건수
- 고장대책 직행률
- 생산 대응률
- 시스템 고장 건수

나. 품질 측면(Quality)

- 수율
- 부적합품률
- 클레임 발생률
- 고객불만 건수
- 공정능력지수
- 시그마

다. 원가 측면(Cost)

- 제조원가 비율(매출액 대비 등)
- 생산단위당 제조원가
- 재료비 원단위
- 에너지 원단위
- 보전비 원단위

라. 납기 측면(Delivery)

- 리드타임(lead-time)
- 납기준수율
- 자재 불합격률

마. 안전·환경 측면(Safety·Environment)

- 산재 건수
- 재해도수율
- 소음지수 dB(83dB → 72dB)

③ 활동 관련 관리지표

활동 관련 관리지표로는 자주보전 활동 등의 기능 활동을 통하여 나타

나며, 활동 관리지표가 좋아져야 경영 성과 및 생산성 성과지표가 향상
될 수 있다.

- 불합리 발견 및 조치 건수(누계치)/ Work-Order
- 스텝 추진도(자주보전, 계획보전 활동 등)
- 5S 평점
- 자주보전율
- 제안 건수
- OPL 작성 건수
- 개선 건수
- 청소시간 감소치(3년 후 1/2로 감소)
- 설비보전 기능사 자격보유 건수
- 특허출원 건수
- 기능스킬 평가지수

3) 관리지표 활용 사례

국내·외 TPM 추진 기업에서는 다양한 관리지표를 선정하여 TPM 활
동의 성과를 지표화하여 나타내고 있는데, 기업별 공정상의 특성에 따
라 지표 항목들이 다소 다르게 활용되고 있다. 〈표 11.2〉는 국내 A기업
에서 활용하고 있는 관리지표인데, 여기서는 경영지표와 관리지표, 보
전지표로 구분하고 있다.

〈표 11.3〉은 일본 B기업에서 TPM 활동의 관리지표로 활용하고 있는
사례이다. 활용 사례에서도 알 수 있듯이 최근의 TPM 관리지표는 생산
적인 지표뿐만이 아닌 기업경영과 관련되는 전반적인 측면에서의 관리
지표를 성과지표화하여 활용하고 있다. 물론 이 중에는 성과지표만이
아닌 활동지표까지도 포함하고 있다. 또한 관리지표를 금액화하려는
노력도 보이고는 있으나, 성과지표를 금액화하기 위해서는 성과지표별
금액 산출 공식을 객관화시키려는 시도가 필요하다.

⟨표 11.2⟩ 국내 A기업의 관리지표 활용 사례

구분		지표	단위	산출식
경영관리지표		생산량	톤	
		노동생산성	톤/인	생산량/직접인원
		제조원가율	%	공장제조원가/총원가
관리지표 (성과/활동)	P(생산성)	생산종합효율	%	부하율×설비종합효율
		설비종합효율	%	시간×성능×양품률
	Q(품질)	제품불량률	%	
		공정불량률	%	
		수율	%	생산량/원재료 투입량
		오염률	%	
	C(원가)	에너지절감 금액	천원	
	D(납기)	재고 일수	일	
	S(안전)	재해 건수	건	
	E(환경)	COD	ppm	
	M(사기)	제안 건수	건/인·년	
		인당 교육시간	시간/년	
		OPL	건/인·년	
보전지표	A, B급 설비	돌발고장 건수	건	
		돌발고장 시간	Hr	
		고장강도율	%	고장정지시간/부하시간
		고장도수율	%	고장정지횟수/부하시간
		MTTR	분	고장정지시간/고장정지 횟수
		MTBF	Hr	가동시간/고장정지횟수
		고장대책 직행률	%	재발방지건수/고장건수
	전 설비	고장건수	건	
		고장시간	Hr	
		보전비 원단위	천원/톤	수선비/생산량
		예방보전율	%	
		HFI	지수	연간 윤활유 사용량/ 윤활유 탱크용량

〈표 11.3〉 일본 B기업의 관리지표 활용 사례

구분	관리지표	구분	관리지표
원가·회계	신기종 출하량 비율	품질·납기	재고보유 일수
	총 코스트		제조 리드타임
	고정비액		납기준수율
	변동비율		클레임 건수
	원가 차액	설비	설비초기유동관리 합격률
	재고자산		설비고장 건수
	투자액		순간정지 건수
	투자회수율		경제성 평가 적용 건수
	회수기간	사기	분임조 테마 건수
	1인당 인원절감 금액		개선제안 건수
	개선 금액		TPM 논문 응모 건수
	1인당 매출액		OPL 작성 건수
	1인당 부가가치액	안전	휴업재해 건수
	가공량 생산성		설비 기인 휴업재해 건수
	재료 실패비율		

3 TPM의 평가

(1) 평가시스템 확립

 TPM 활동에 의한 성과를 측정한다는 것은 지속적인 추진을 위하여 매우 중요한 사항이다. 특히 혁신 활동으로의 TPM 활동을 보다 더 발전시켜 나가기 위해서 꼭 필요한 사항이다. '측정 없이 관리 없다'라는 말이 있듯이, 혁신 활동에서의 성과를 측정하고 이러한 성과를 평가하기 위한 시스템 확립은 대단히 중요하다. 다만, 보다 객관적으로 활동의 성과를 평가하기 위한 시스템이 확립되어야 한다. TPM 활동 특성상 처음부터 재무적인 측면에서의 성과를 측정하기보다는 생산 활동의 아웃풋 측면, 즉 P(Productivity : 생산성), Q(Quality : 품질), C(Cost : 원가 또는 비용), D(Delivery : 납기), S(Safety : 안전), E(Environment : 환경), M(Morale : 사기) 관점에서의 성과를 기업 특성에 맞게 반영하여 운영하는 시스템을 확립하는 것이 보다 효율적이라고 할 수 있다. 〈그림 11.1〉은 TPM 활동 평가 항목을 정하여 활용한 사례이다.

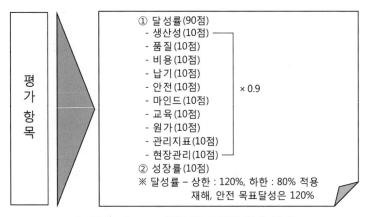

〈그림 11.1〉 TPM 활동 평가 항목 활용 사례

(2) TPM 평가의 효과

TPM 활동이 국내외에서 지속적으로 추진되고 있는 것은 TPM 기능활동을 통한 구체적인 성과가 기업경영에 전반적으로 기여하고 있기 때문이다. 이러한 성과가 어떠한 형태로 나타나는가는 기업에 따라 다소 달라질 수 있다. 기업의 공정 특성에 따라 성과의 형태와 범위는 다르게 나타난다.

TPM 활동은 설비와 사람의 체질을 개선함으로써 기업의 경쟁력을 강한 체질로 변화시켜 경영이익을 극대화하고자 하는 것이다. 또한 TPM의 성과는 활동 초기 현장의 환경적인 변화부터 나타나게 된다. 기름의 누유와 분진, 부식 등으로 오염된 현장이 자주보전 활동에서의 청소 등을 통하여 깨끗하고 안전한 작업장으로 바뀌게 되는 것이다. 불안전한 요소들이 제거되어 안전한 작업 현장을 만들게 된다. 이러한 성과는 정성적인 성과로 중요한 의미를 가지게 된다.

또한, 정성적인 성과도 중요하지만, TPM이 기업경영에 직접적으로 기여하기 위해서는 정량적인 성과가 중요하다. 활동이 진행됨에 따라 점차 정량적인 성과도 나타나게 되는데, 잠재적인 결함 등에 대한 복원 및 개선을 통해 설비의 열화가 줄어들게 되어 설비에 일어나는 고장이 감소하고 설비 가동률이 향상하게 되는 것이다. 이러한 정량적 성과는 생산성 향상이나 경영이익 달성에 기여하게 되는데 생산성 향상에 관련되는 성과는 생산의 아웃풋적 요소인 P, Q, C, D, S, E와 관련되는 성과로 나타나게 된다.

이 외에도 사기(morale)적인 측면에서의 제고를 통한 성과가 포함되기도 하는데, 제안 건수의 증가 등 정량적 성과로 산출되는 경우도 있다. 〈표 11.4〉는 TPM 활동의 일반적인 측면에서 정량적 성과와 정성적 성과를 정리한 것이다.

〈표 11.4〉 TPM 활동의 정량적 성과와 정성적 성과

정량적 성과	정성적 성과
• 부가가치 생산성 1.5~2배 향상 • 설비고장 건수 50~70% 감소 • 설비종합효율 30~50% 향상 • 공정불량률 1/10로 감소 • 고객불만 건수 제로 • 제조원가 30% 절감 • 제품·재공품 재고 1/2로 감소 • 휴업재해 제로 • 환경사고 제로 • 제안 건수 5~10배 향상	• '하면 된다'는 자신감을 갖게 된다. • 기름이나 분진, 먼지가 많은 현장이 깨끗하게 바뀌게 된다. • 중복 소집단 활동을 통한 협력체제가 조성된다. • 설비에 대한 애착심을 갖게 된다. • 고객에게 좋은 기업 이미지를 주게 된다.

TPM 활동을 통한 성과는 최근과 같은 저성장 시대에서는 기업의 경영이익에 더 크게 기여하게 되는데, 판매량이 증가하게 되면 손익분기점이 비용 대비 낮아지게 되어 이익이 발생하므로 고정비의 부담이 적어진다. 하지만 판매량이 정체하게 되면 손익분기점 판매량이 제한되므로 비용의 부담이 이익 발생에 큰 영향을 끼친다.

TPM에서의 개선 방향은 고정비의 비중을 낮추고 변동비의 변동비율을 낮추게 하는 측면에서 추진되고 있다. TPM 추진 성과를 재무제표상으로 파악하여 기업 활동의 손익 구조에 어떠한 영향을 끼치고 있는가를 실질적으로 관리하여야 한다. 이를 위해서는 사전에 선행하여야 할 많은 제약조건들이 있는데, 이러한 조건들은 기업의 사정에 따라 적용하면 된다.

참고문헌

1. 김창은, 『신설비관리』, 영진서관, 1999.
2. 기술표준원, 설비보전관리 용어 표준화 및 용어집 발간을 위한 조사 연구, 2004.
3. 이순용, 『생산관리론』, 법문사, 2012.
4. 이영상·권기수, 『하이브리드 TPM』, 한국표준협회, 2003.
5. 이영상, '지표관리와 경영성과 달성', 한일 TPM대회 문집, 2002.
6. 이영상, 'TPM For TOP ①~⑪', 월간 『품질경영』, 한국표준협회, 2010.
7. 이영상, 'TPM 혁신활동의 변화와 추진전략', 글로벌 혁신 컨퍼런스, 2011.
8. 이영상, 'TPM 변화 Trend ①~⑤', 월간 『품질 그리고 창의』, 한국표준협회, 2015.
9. 이진식, 『최신 설비관리』, 형설출판사, 1992.
10. 풍산 안강사업장, 'TPM 현황설명서', 2013.
11. 한국표준협회, '관리자 TPM', 2007.
12. 한국표준협회, 'TPM 추진종합실무', 2012.
13. 한국표준협회, '고장로스 개선추진방법', 2013.
14. 한국표준협회, '자주보전 매뉴얼', 2013.
15. 한국표준협회, '설비효율화를 위한 개별개선 과정', 2014.
16. 한국표준협회, 'TPM 인스트럭터', 2014.

17. 한국표준협회, '공장혁신 5S와 눈으로 보는 관리', 2015.

18. 한국표준협회 역, 『생산혁신을 위한 신 TPM전개 프로그램(장치공업)』, 한국표준협회, 1996.

19. 한국표준협회 역, 『생산혁신을 위한 신 TPM전개 프로그램(가공조립)』, 한국표준협회, 1996.

20. 한국표준협회 역, 『경영혁신과 TPM』, 한국표준협회, 1997.

21. 함효준, 『수익성 중심의 설비관리』, 동현출판사, 2005.

22. KMAC TPM 추진본부 편역, 『TPM·설비관리 대백과사전』, 일본플랜트메인터넌스협회 원저, 1996.

23. TCC 동양, 'TPM 현황설명서', 2011.

24. 이데미츠 코산 편, 『이데미츠의 TPM』, 일본플랜트메인터넌스협회, 1994.

25. 일본능률협회컨설팅 저, 『TPM 성공의 비결』, 일본플랜트메인터넌스협회, 1996.

26. 카야바공업주식회사 저, 『완전생산 공장에의 길』, 일본플랜트메인터넌스협회, 1997.

27. 나카노 킨지로, 『계획보전의 추진방법』, JIPM, 1999.

28. Blanchard, B., D. Verma, & E. Peterson, 『Maintainability』, John Wiley & Sons, Inc, New York, 1995.

29. Campbell, J. D. and K. S. Jardine, 『Maintenance Excellence』, Marcel Dekker, Inc, New York, 2001.